司法試験&予備試験
令和6年 論文過去問

再現答案から
出題趣旨を読み解く。

はしがき

本書は、令和６年司法試験論文式試験の選択科目を除く必須７科目の問題・出題趣旨・採点実感及びその再現答案、並びに令和６年司法試験予備試験論文式試験の選択科目を除く必須８科目の問題・出題趣旨及びその再現答案を掲載・合冊した再現答案集です。

論文式試験において「高い評価」を得るためには、「出題趣旨」が求める内容の答案を作成する必要があります。しかし、単に「出題趣旨」を読み込むだけでは、「出題趣旨」が求める内容の答案像を具体的にイメージするのは困難です。出題趣旨の記述量が少ない予備試験では特にそのように言えます。

そこで、本書では、極めて高い順位の答案から、不合格順位の答案まで、バランス良く掲載するとともに、各再現答案にサイドコメントを掲載しました。サイドコメントは、主観的なコメントを極力排除し、「出題趣旨」から見て、客観的にどのような指摘が当該答案にできるかという基本方針を徹底したものとなっています。順位の異なる各再現答案を比較・検討し、各再現答案に付されたサイドコメントを読むことによって、**「出題趣旨」が求める内容の答案とはどのようなものなのかを具体的に知ることができます**。そして、「出題趣旨」を読み解き、当該答案がどうして高く、又は低く評価されたのかを把握することによって、いわゆる**「相場観」や「高い評価」を獲得するためのコツ・ヒントを得ることができる**ものと自負しております。

本書は、司法試験論文式試験については、それぞれ再現答案を４通（Ａランク２通、Ｂランク１通、Ｃランク１通）掲載し、予備試験論文式試験についても、それぞれ再現答案を４通（Ａランク２通、Ｂランク１通、Ｃランク１通）掲載しています（ただし、予備試験における民法科目については、Ａランク３通、Ｂランク１通）。

なお、懲役刑・禁錮刑を「拘禁刑」に統一する令和４年刑法改正（令和４年法律第67号）が令和７年６月１日に施行される予定となっており、令和８年から同改正を踏まえた出題が予想されます。そこで、司法試験・刑事系科目第２問（刑事訴訟法）については、同改正に対応させるべく、注意書き（［注：拘禁刑］又は［注：有期拘禁刑］）を挿入しています（例：「１０年以下の懲役［注：拘禁刑］に処する。」）。

令和６年司法試験の最終合格者数は**1,592人**（令和５年：1,781人、令和４年：1,403人、令和３年:1,421人、令和２年:1,450人、令和元年:1,502人）となりました。受験者数は3,779人（令和５年：3,928人、令和４年：3,082人、令和３年：3,424人、令和２年：3,703人、令和元年:4,466人）、短答式試験の合格に必要な成績を得た者の数は2,958人（令和５年:3,149人、令和４年：2,494人、令和３年：2,672人、令和２年：2,793人、令和元年：3,287人）でした。受験者数が令和５年から増加していますが、これは令和５年から法科大学院生の在学中受験が可能になったためです。

合格率は、**受験者数ベース**でみると**約42.13%**（令和５年：約45.34%、令和４年：約45.52%、令和３年：約41.50%、令和２年：約39.16%、令和元年：約33.63%）、**短答式試験合格者数ベース**でみると**約53.82%**（令和５年：約56.56%、令和４年：約56.26%、令和

３年：約 53.18％、令和２年：約 51.92％、令和元年：約 45.70％）となっています。

なお、令和６年司法試験論文式試験の合格点は、総合評価の総合点 770 点以上（令和５年：770 点以上、令和４年：750 点以上、令和３年：755 点以上、令和２年：780 点以上、令和元年：810 点以上）となっています。

次に、**令和６年司法試験予備試験論文式試験の合格者数**は **462 人**（令和５年：487 人、令和４年：481 人、令和３年：479 人、令和２年：464 人、令和元年：494 人）、**最終合格者数**は **449 人**（令和５年：479 人、令和４年：472 人、令和３年：467 人、令和２年：442 人、令和元年：476 人）となりました。

受験者数は 12,569 人（令和５年 13,372 人、令和４年：13,004 人、令和３年：11,717 人、令和２年：10,608 人、令和元年：11,780 人）、短答式試験の合格者は 2,747 人（令和５年：2,685 人、令和４年：2,829 人、令和３年：2,723 人、令和２年：2,529 人、令和元年：2,696 人）でした。

論文式試験の合格率については、**受験者数ベース**でみると**約 3.68%**（令和５年：約 3.64％、令和４年：約 3.70％、令和３年：約 4.09％、令和２年：約 4.37％、令和元年：約 4.19％）、**短答式試験合格者（採点対象者）数ベース**でみると**約 17.65%**（令和５年：約 19.14％、令和４年：約 17.95％、令和３年：約 18.29％、令和２年：約 19.11％、令和元年：約 19.25％）でした。

また、令和６年司法試験予備試験論文式試験の合格点は 245 点以上（令和５年：245 点以上、令和４年：255 点以上、令和３年：240 点以上、令和２年：230 点以上、令和元年：230 点以上）となりました。

論文式試験は、司法試験及び司法試験予備試験のいずれにおいても難関試験ですが、〔設問〕の題意を正しく把握できる学力を身に付け、判例や条文の知識・制度趣旨に基づいた論理的な論述をすることができれば、必ず合格することができます。しかしながら、具体的な合格答案のイメージをもっていなければ、アウトプットの訓練もままならず、判例や条文のインプット学習も漫然とただ繰り返すだけのものとなりかねません。具体的な合格答案のイメージをもつことは、日頃の勉強の精度に重大な影響を及ぼすものなのです。

そこで、本書や『司法試験＆予備試験　再現答案から出題趣旨を読み解く。』シリーズを活用して頂くことで、より具体的な合格答案のイメージをもつことができるでしょう。

皆様が司法試験・司法試験予備試験に合格なさることを心から祈念致します。

2025 年２月吉日

株式会社　東京リーガルマインド
ＬＥＣ総合研究所　司法試験部

目次

【司法試験】

公法系

民事系

第3問　民事訴訟法

刑事系

第1問　刑法

第2問　刑事訴訟法

【司法試験予備試験】

憲法

行政法

民法

商法

民事訴訟法

刑法

刑事訴訟法

法律実務基礎科目（民事）

法律実務基礎科目（刑事）

受験生別掲載答案一覧表

本書では、各科目の問題に対して、どのような内容の答案を作成すれば高い評価を得られるのかという視点を重視しています。このような視点から、本書は、司法試験・予備試験ともに、Aランク２通、Bランク１通、Cランク１通ずつ再現答案を掲載（ただし、予備試験における民法科目については、Aランク３通、Bランク１通掲載）し、各々の答案を比較・検討していただくことを想定しています。そのため、論文式試験の順位や総合順位が高い受験生の答案であっても、すべての科目の答案を掲載していない場合があります。そこで、各受験生のどの科目の答案が掲載されているのかを容易に調べることができるよう、本表を作成致しましたので、参考にしていただければ幸いです。

なお、司法試験におけるAランクは合格順位、Bランクは中位～ボーダー付近、Cランクは不合格順位の答案となっています。また、予備試験におけるAランクは合格順位、Bランクは中位～不合格順位、Cランクは不合格順位の答案となっています。詳細は、以下のとおりです。

●司法試験論文式試験における順位ランク（A～E）

A：1000位まで　　B：1001～1500位まで　　C：1501～2000位まで
D：2001～2500位まで　　E：2501位以下

●予備試験論文式試験における順位ランク（A～F）

A：300位まで　　B：301～600位まで　　C：601～900位まで
D：901～1200位まで　　E：1201～1500位まで　　F：1501位以下

【司法試験・受験生別掲載答案一覧表】

		公法系			民事系			刑事系		
受験生氏名	順位 （論文／総合）	点数	科目別順位	ランク	点数	科目別順位	ランク	点数	科目別順位	ランク
M・Hさん	52／53	145.97	26～29	憲A 行政A	194.26	140～151	民A 商A 民訴A	129.08	128～142	刑A 刑訴A
J・Nさん	142／115	132.21	112～120	憲A 行政A	179.98	390～407	民A 商A 民訴B	136.91	54～64	刑A 刑訴A
E・Tさん	169／165	123.06	261～294	憲A 行政A	168.67	639～669	民B 商A 民訴A	144.96	17～21	刑A 刑訴A
S・Sさん	185／184	127.88	192～204	憲A 行政A	192.11	165～182	民A 商A 民訴A	110.33	756～810	刑A 刑訴C
K・Iさん	245／230	112.64	612～648	憲B 行政A	192.69	165～182	民A 商A 民訴A	123.60	244～279	刑A 刑訴A
K・Mさん	253／228	118.42	397～439	憲A 行政A	183.03	323～337	民A 商B 民訴A	123.50	244～279	刑A 刑訴A
Y・Yさん	302／390	139.65	47～56	憲A 行政A	150.95	1202～1220	民B 商D 民訴A	125.84	194～214	刑A 刑訴A
T・Mさん	314／404	131.83	121～140	憲A 行政A	172.12	541～565	民A 商A 民訴B	110.67	756～810	刑B 刑訴A
Y・Fさん	363／320	104.56	951～1003	憲B 行政A	190.34	200～220	民A 商A 民訴A	127.25	163～181	刑A 刑訴A

		公法系			民事系			刑事系		
受験生氏名	順位 （論文／総合）	点数	科目別順位	ランク	点数	科目別順位	ランク	点数	科目別順位	ランク
R・Sさん	442／412	106.02	859～906	憲B 行政A	169.03	611～638	民B 商A 民訴A	130.60	110～127	**刑A** 刑訴A
S・Uさん	454／541	86.08	1868～1902	憲D 行政C	208.31	55～57	**民A** 商A 民訴A	108.49	851～908	刑C 刑訴A
N・Tさん	658／813	118.85	397～439	憲A **行政B**	141.40	1477～1509	民B **商B** **民訴C**	130.72	110～127	刑A 刑訴A
K・Wさん	727／719	115.59	512～556	憲C 行政A	149.52	1221～1254	民A 商D 民訴A	109.66	811～850	**刑C** 刑訴A
K・Hさん	822／839	96.38	1370～1423	憲B **行政C**	176.95	450～476	民A 商A 民訴B	96.17	1474～1518	**刑B** 刑訴C
S・Uさん	878／866	97.54	1319～1369	憲C 行政A	165.46	719～755	**民A** 商A 民訴A	101.34	1205～1255	刑B **刑訴B**
Y・Gさん	983／1005	106.24	859～906	**憲C** 行政A	165.20	719～755	民A **商C** 民訴A	96.56	1474～1518	刑B 刑訴C
R・Hさん	1163／1194	106.04	859～906	憲B 行政A	146.36	1313～1351	民B 商C **民訴B**	96.54	1474～1518	刑D 刑訴A
N・Eさん	1538／1496	93.79	1514～1577	憲C 行政B	128.09	1904～1930	**民C** 商C 民訴D	108.85	851～908	刑A 刑訴C

＊　ランク欄において○で囲まれているものは、本書の再現答案として掲載されていることを表しています。

【予備試験・受験生別掲載答案一覧表】

		憲法		行政法		民法		商法		民事訴訟法		刑法		刑事訴訟法		法律実務基礎	
受験生氏名	順位	ランク	掲載	ランク	掲載	ランク	掲載	ランク	掲載	ランク	掲載	ランク	掲載	ランク	掲載	ランク	掲載
S・Mさん	25	A	○	D		A	○	A	○	A	○	B		A	○	A	○
T・Iさん	77	C		A	○	A	○	A		C		A	○	A		A	
K・Nさん	103	A		C		A	○	B	○	B		C		A		A	○
S・Yさん	121	D		B		B		B		A	○	A		C		B	○
R・Sさん	209	F		B		B	○	D		A		C		A		B	
K・Sさん	224	A	○	F		A		E		B		B		B	○	B	
K・Iさん	229	A		F		F		C		B	○	A		B		A	
T・Aさん	294	D		A	○	D		F		A		B		A		A	
Y・Hさん	316	F		A		A		B		A		D		C	○	C	○
S・Tさん	347	D		B		F		A	○	C	○	A	○	A	○	B	
H・Nさん	377	A		B		E		E		B		B	○	A		D	
A・Aさん	749	B	○	F		F		C		F		B		F		D	
Y・Aさん	887	C	○	C	○	D		F		C		C	○	D		E	
K・Eさん	910	F		A		F		C	○	B		E		E		B	
T・Tさん	1360	F		B	○	E		C		F		D		D		F	

司法試験

公法系

第 1 問　憲法

問題文

［公法系科目］

〔第１問〕（配点：１００）

我が国におけるペット、取り分け、犬又は猫（以下「犬猫」という。）の関連総市場規模は拡大傾向にあり、ペットの種類が多様化する中、犬猫の飼養頭数割合は相対的に高いままで推移している。他方で、販売業者が、売れ残った犬猫を遺棄したり、安易に買取業者に引き渡し、結果として、犬猫が殺され山野に大量廃棄されたりしたことが大きな社会問題となった。また、飼い主が、十分な準備と覚悟のないまま犬猫を安易に購入した後、想定以上の手間、引っ越し、犬猫への興味の喪失等を理由に犬猫を遺棄することも大きな社会問題となった。さらに、各地方公共団体は、飼い主不明や飼養不可能になった犬猫を引き取り、一定期間経過後に殺処分としているが、それについても命を軽視しているとの批判が大きくなった。

２０＊＊年、Ａ省では、犬猫の殺処分を禁止し、現在行われている民間団体での無償譲渡活動と地方公共団体での犬猫の引取りを統合した無償譲渡の仕組みを全国的に整えることが検討されている。具体的には、飼い主が飼養できなくなった犬猫を保護する「犬猫シェルター」を制度化するというものである。これにより、保護された犬猫は飼養を希望する者に無償譲渡され、譲渡先の見つからなかった犬猫は、犬猫シェルターで終生飼養されることとなる。犬猫シェルターの設置・運営は民間団体が行い、各地方公共団体は必要な経費の一部を公費で助成する。もっとも、犬猫シェルターが制度化され、殺処分がなくなると、飼養できなくなった犬猫を手放す飼い主の心理的ハードルが下がる結果、犬猫シェルターに持ち込まれる犬猫の頭数が収容能力を大幅に超えることが懸念されている。

このような背景から、飼い主や販売業者による犬猫の遺棄や、犬猫シェルターへの持込みの増加という問題への対応は、飼い主個人の意識改革だけでは限界があり、犬猫の販売については、販売業者を各地方公共団体に登録させる現行制度を改めるなど、規制全体を見直す必要があるとの声が国会議員の間で上がった。そこで、Ａ省による犬猫シェルターの制度の検討と並行して、超党派の国会議員は、「犬猫の販売業の適正化等に関する法律（仮称）」（以下「本件法案」という。）の制定を目指す議員連盟（以下「議連」という。）を発足させた。

【別添資料】は、議連で検討されている本件法案の骨子である。特に問題になっているのは、本件法案骨子の第２と第４に挙げられた免許制の導入及び広告規制の実施であり、その内容は、次のとおりである。

規制①　犬猫の販売業を営もうとする者は、販売場ごとに、その販売場の所在地の都道府県知事から犬猫の販売業を営む免許（以下「犬猫販売業免許」という。）を受けなければならない。

犬猫販売業免許の申請に対して、都道府県知事は、販売場ごとに犬猫飼養施設（犬猫の飼養及び保管のための施設をいう。）に関する要件が満たされているかどうかを審査する。

加えて、都道府県知事は、当該都道府県内の需給均衡及び犬猫シェルター収容能力を考慮し、犬猫販売業免許の交付の許否を判断する。

規制②　犬猫販売業免許を受けた者（以下「犬猫販売業者」という。）は、犬猫の販売に関して広告するときは、犬猫のイラスト、写真及び動画を用いてはならない。

議連の担当者Xは、本件法案について、法律家甲に相談した。その際の甲とXとのやり取りは、以下のとおりであった。

甲：本件法案は有償での犬猫の販売業についての規制ということですが、規制①及び規制②が必要と判断された背景には、犬猫が飼い主や販売業者によって遺棄されている現状や、犬猫シェルターへ持込みが増加する懸念があったということですね。

X：はい。本件法案は、犬猫の適正な取扱いのための犬猫飼養施設に対する規制にとどまらず、更に一歩踏み込んでいます。本件法案は、甲さんの挙げたそれらの問題が、供給過剰による売れ残りや、売れ残りを減らそうとする無理な販売により生じているという認識に基づいています。そこで、犬猫の販売業を免許制にして、犬猫の供給が過剰にならないように、犬猫の需給均衡の観点から免許発行数を限定することが必要だと判断しました。また、犬猫シェルターの収容能力に応じて、免許発行数を調整することも必要だと判断しました。それに加えて、購買意欲を著しく刺激し安易な購入につながるので、広告規制も必要だとの結論になりました。

甲：ということは、本件法案の目的は、犬猫の販売業の経営安定でも、犬猫由来の感染症等による健康被害の防止でもないのですね。

X：はい。そのいずれでもありません。本件法案は、ペット全体についての動物取扱業や飼い主等に関する規制等を定めた「動物の愛護及び管理に関する法律」（以下「動物愛護管理法」という。）の特別法です。動物愛護管理法の目的は「人と動物の共生する社会の実現」であり、本件法案も、その目的を共有しています。

甲：規制①で満たさなければならない要件のうち、まず、犬猫飼養施設に関する要件は、どのようなものですか。

X：犬猫の販売業を営もうとする者は、犬猫販売業免許の申請の前提として、販売場ごとに、犬猫の販売頭数に応じた犬猫飼養施設を設けることが必要です。各犬猫飼養施設につき、犬猫の体長・体高に合わせたケージ（檻）や運動スペースについての基準及び照明・温度設定についての基準がそれぞれ満たされる必要があります。飼養施設に関する基準は動物愛護管理法上の販売業者の登録制においても存在しますが、諸外国の制度や専門家の意見を踏まえて、現行の基準より厳しくなっています。

甲：ということは、それは国際的に認められている基準の範囲内ということですね。

X：はい、そのように考えています。

甲：さらに、犬猫販売業免許の交付に当たっては犬猫の需給均衡も要件とするのですね。

X：はい。需給均衡の要件については、都道府県ごとの人口に対する犬猫の飼育頭数の割合や犬猫の取引量等を考慮して各都道府県が基準を定める予定です。

甲：需給均衡の要件に対しては、規制すべきなのは、売れ残ること自体ではなく、売れ残った犬猫を適切に扱わないことであるという意見もあると思いますが、いかがですか。

X：確かに、そうかもしれません。ですが、日本では生後2、3か月の子犬や子猫の人気が高く、体の大きさがほぼ成体と同じになる生後6か月を過ぎると値引きしても売れなくなるといわれています。したがって、犬猫の供給が過剰になり、売れ残りが出ること自体を抑制すべきと判断しました。

甲：さらに、都道府県知事は、犬猫シェルターの収容能力も犬猫販売業免許の交付に際して考慮するとのことですが、犬猫シェルターは、これまでの地方公共団体による犬猫の引取りと同様に、犬猫販売業者からの引取りを拒否できると規定する予定なのですよね。犬猫販売業者は、売れ残った犬猫については終生飼養するか、自己に代わりそれを行う者を、責任を持って探すことになりますね。そうすると、飼い主による持込みの増加が仮に起こるとしても、それは、直接は犬猫販売業者のせいではないという意見もあると思います。この点はいかがですか。

X：確かにそうかもしれません。しかし、問題はそれだけでは解決しません。売れ残りを減らそうとする犬猫販売業者による無理な販売も、飼い主による犬猫シェルター持込み増加の要因となると認識しています。また、犬猫シェルターを適正に運営するために、犬猫シェルターで収容する頭数が、地方公共団体や民間団体で現在引き取っている頭数を超えないようにするための方策を検討してほしいとの要望が多くの都道府県から寄せられています。そのため、犬猫シェルターの収容能力も免許交付の基準として考慮することにしました。

甲：犬猫販売業免許の発行数を限定するとなると、新規参入者だけではなく、既に犬猫を販売しているペットショップにも関係しますね。

X：はい。ですが、規制の対象は犬猫に限られていますので、それ以外の動物、例えばうさぎや鳥、観賞魚等を販売して営業を続けることは可能です。統計資料によれば、ペットとして動物を飼養している者のうち、犬を飼っているのは３１パーセント、猫については２９パーセントですから、やはり犬や猫の割合は多いといえます。ただし、犬猫以外の多種多様なペットを飼う人も増加傾向にあり、現在その割合が５０パーセント近くになっています。犬猫販売業免許を取得できなかったとしても、ペットショップとしての営業の継続は可能だと議連では考えています。

甲：規制②の内容はどのようなものですか。

X：犬猫の販売に関しては、犬猫のイラストや写真、動画を用いての広告を行うことができません。愛らしい犬猫の姿態を広告に用いることが安易な購入につながっているとの認識から、広告規制が必要であると判断しました。近年ではインターネット広告が増加していますので、ウェブサイトやソーシャルネットワーキングサービス（ＳＮＳ）にそれらを掲載することも当然禁止されます。

甲：動画等の情報は、直ちに問題のある情報とはいえないので、これらを規制することは不要ではないかという意見もあると思いますが、いかがですか。

Ｘ：確かに、そうかもしれません。しかし、広告に際して、犬猫販売業者は、品種、月齢、性別、毛色、出生地等の情報は文字情報として用いることが可能です。品種等の文字情報に比べて、イラストや写真、動画は、視覚に訴える情報であり、購買意欲を著しく刺激し、十分な準備と覚悟がないままの購入につながるので、やはり規制が必要だと判断しました。また、犬猫販売業者は、実際に販売する段階では、購入希望者に対面で適正な飼養に関する情報提供を行い、かつ現物を確認させることが、動物愛護管理法と同様に、義務付けられています。

甲：分かりました。憲法上の問題点については検討しましたか。

Ｘ：規制①及び規制②の憲法適合性の検討はこれからですので、この点について甲さんに判例を踏まえたご検討をお願いしたいと考えております。

〔設問〕

あなたが検討を依頼された法律家甲であるとして、規制①及び規制②の憲法適合性について論じなさい。なお、その際には、必要に応じて、参考とすべき判例や自己の見解と異なる立場に言及すること。既存業者の損失補償については、論じる必要がない。

【別添資料】

犬猫の販売業の適正化等に関する法律（仮称）の骨子

第１　目的

この法律は、犬猫の販売業について、虐待及び遺棄の防止、犬猫の適正な取扱いその他犬猫の健康及び安全の保持等の動物の愛護に関する事項を定めて国民の間に動物を愛護する気風を招来するとともに、生命尊重、友愛及び平和の情操を涵養し、もって人と動物の共生する社会の実現を図ることを目的とする。

第２　犬猫販売業免許

犬猫の販売業を営もうとする者は、販売場ごとに、その販売場の所在地の都道府県知事から犬猫販売業免許を受けなければならない。次の各号のいずれかに該当するときは、都道府県知事は、犬猫販売業免許を与えないことができる。

１　販売場ごとに設けられた犬猫飼養施設の状況により、犬猫販売業免許を与えることが適当でないと認められるとき。

２　当該都道府県内の犬猫の需給均衡の観点から、犬猫販売業免許を与えることが適当でないと認められるとき。

３　当該都道府県内の犬猫シェルター収容能力の観点から、犬猫販売業免許を与えることが適当でないと認められるとき。

第３　販売に際しての情報提供

犬猫販売業者は、犬猫を販売する場合には、あらかじめ、当該犬猫を購入しようとする者に対し、販売場において、対面により適正な飼養のために必要な情報を提供するとともに、当該犬猫の現在の状態を直接見せなければならない。

第４　広告の規制

犬猫販売業者は、犬猫の販売に関して広告するときは、犬猫のイラスト、写真及び動画を用いてはならない。

（参照条文）動物の愛護及び管理に関する法律（昭和４８年法律第１０５号）

（目的）

第１条　この法律は、動物の虐待及び遺棄の防止、動物の適正な取扱いその他動物の健康及び安全の保持等の動物の愛護に関する事項を定めて国民の間に動物を愛護する気風を招来し、生命尊重、友愛及び平和の情操の涵養に資するとともに、動物の管理に関する事項を定めて動物による人の生命、身体及び財産に対する侵害並びに生活環境の保全上の支障を防止し、もつて人と動物の共生する社会の実現を図ることを目的とする。

MEMO

出題趣旨

【公法系科目】

〔第１問〕

１．本問は、架空の法律（原案）を素材に、職業選択の自由及び営利表現の自由の制約の憲法適合性について問うものである。いずれも憲法上の権利が争点となる訴訟及びその学習において大きなウェイトを占める権利であり、これらの権利の制約をめぐっては参考となり得る多くの事例が存在する。本問では、直接には、訴訟ではなく立法過程において憲法上の疑義を払拭し、より憲法適合的な法案とするための憲法論を展開することが求められているが、設問文で指示されているように「参照に値する事例」に言及する必要があり、それを踏まえて立論すべきである。

２．規制①は、飼い主や販売業者等による犬猫の遺棄や、犬猫シェルターへのやむを得ない理由のない持込みの増加への懸念に対応するために、人と動物の共生する社会の実現という目的で、犬又は猫の販売業について、免許制を導入するものである。憲法第２２条第１項の保障する職業選択の自由には狭義の職業選択の自由と職業遂行の自由とが含まれる（薬事法事件（最大判昭和５０年４月３０日民集２９巻４号５７２頁））と解されるところ、規制①は犬猫の販売業に免許制を導入するものであって、狭義の職業選択の自由の制限に該当すると言えそうである。しかし、規制対象は犬又は猫に限定されているため、職業＝「動物の販売」と捉えれば職業遂行の自由の制限と見ることも可能である。

職業の自由に対する規制措置は多種多様な形をとることから、過去の裁判例では、規制の目的、必要性、内容、これによって制限される職業の自由の性質、内容及び制限の程度を検討し、比較考量した上で慎重に決定される必要があり、その検討を行うのは第一次的には立法府の権限と責務であるため、立法府の判断が合理的な裁量の範囲にとどまる限り、立法政策上の問題としてその判断を尊重すべきとし、裁判所は、具体的な規制の目的、対象、方法等の性質と内容に照らして、これを決定すべきとしてきた。かつては規制目的に着目して審査基準を使い分ける規制目的二分論が有力であったが、本件法案の規制目的は消極目的でも積極目的でもないことから、規制目的のみに着目して審査基準を設定することはできない。

その上で、規制①を狭義の職業選択の自由そのものに制約を課すものと見る場合、薬事法事件で示された、狭義の職業選択の自由の規制は「職業の自由に対する強力な制限であるから、その合憲性を肯定し得るためには、原則として、重要な公共の利益のために必要かつ合理的な措置であることを要」するとの枠組みを踏まえることがまずは求められる。薬事法事件では、さらに、消極的・警察的措置であることを挙げて「よりゆるやかな制限……によつては……目的を十分に達成することができないと認められることを要する」との基準が示されたが、規制①は先述のように消極目的規制や積極目的規制の枠に分類できないものであり、規制目的二分論の論理をそのまま用いることはできない。具体的に権利制限の重大性や規制の性質等に照らした判断が必要となる。

また、職業選択の自由の制約は、職業を行う条件として一定の個人的な資質や能力を要求する場合（主観的制限）と、当該職業を行おうとする者の個人的な資質や能力には関わらない基準による場合（客観的制限）とに大別できる。学説には、後者は前者以上の審査密度の下で正当化されるべきであると唱えるものがある。本件法案骨子の第２のうち、１の要件は主観的制限に当たるものであり、この学説の考え方によれば、審査密度は相対的に低いもので足りる。当該要件は、既存業者にとって、施設の改修・変更が必要となることから、その負担次第では廃業も選択肢に入るものであり、重い権利制限を伴う規制といい得るものの、諸外国や専門家の意見を踏まえて設定されており、犬猫の適正な取扱いとの関連性があることから、いずれも適合性・必要性を認めることは難しくない。

これに対し、本件法案骨子の第２のうち、２及び３の要件は、需給均衡のため、ないし犬猫シェルターの安定的運営のために設けられた客観的制限による規制であり、前記学説によればその正当化はより厳密な審査の下でなされる必要がある。また、薬事法事件が前記のように厳密な手段審査を行ったことを距離制限が客観的制限であることと結び付けて理解する見方もあり、その立場からすれば、本件法案骨子の第２のうち、２及び３の要件も同様の基準で審査されるべきと主張することが可能である。

これに対し、規制①を職業遂行の自由の制約と捉える場合には、合憲性の推定はより強く働く。しかし、本件の立法事実によれば、規制対象となる犬又は猫は、ペットとして飼養されている動物の約半数を占めている。そのため、職業遂行の自由の制約であっても、制限の程度が甚だしいとして審査密度を上げるべきとの主張をなすことが考えられる。この点、薬事法施行規則による医薬品インターネット販売規制に係る事件（最判平成２５年1月１１日民集６７巻1号１頁）及び「医薬品、医療機器等の品質、有効性及び安全性の確保等に関する法律」による要指導医薬品の対面販売規制に係る事件（最判令和３年３月１８日民集７５巻３号５５２頁）が参考になるだろう。前者は施行規則が委任の範囲を逸脱した違法なものであると認定した判決であるが、その前提として、当該施行規則により新たにインターネットを通じた郵便等販売が禁止された医薬品が広範に及ぶことから、規制が「郵便等販売をその事業の柱としてきた者の職業活動の自由を相当程度制約する」としたのに対して、後者は、要指導医薬品の市場規模が１％に満たない僅かなものであることなどから「職業活動の内容及び態様に対する規制にとどまるものであることはもとより、その制限の程度が大きいということもできない」と断じている。

さらに、審査基準を設定した上での具体的検討に際しては、客観的制限といった特定の要素のみで結論を導出することなく、当該事例での制約の程度や権利の内容等を総合して審査することが求められよう。本件法案骨子の第２の３は、本件法案骨子の第２の２と異なり、犬猫の販売業には直接関係のない要件である。その審査に際して、いわゆるＬＲＡの審査等の規制手段としての必要性を問題にして結論を出すだけではなく、問題視されている社会的状況と規制の不存在との間に合理的な因果関係があるといえるのかについて、設定した審査基準の審査密度に応じて論じることにより論証を補強することも考えられよう。これについても薬事法事件において、薬局開設の自由化により生じると主張された不良薬品の供給の危険性について、その因果関係が合理的に裏付けられるかについて検討されていたことが参考になる。

３．規制②は、犬猫の販売業における広告へのイラスト、写真及び動画の使用の禁止である。

規制②は典型的な営利広告の自由の規制である。規制②は、販売物の販売方法に関する規制とみれば憲法第２２条第１項との適合性が問題となるが、広告を一種の表現とみれば、又は、販売場における写真等の掲出に着目すれば、表現の自由に対する規制と捉えることも可能である。

表現の自由は、一般には、いわゆる二重の基準論によってその規制の合憲性は厳格に審査しなければならないとされるが、営利表現の場合には、自己統治の価値との関連性が希薄であることや萎縮効果に乏しいこと、裁判所の審査能力の点から必ずしも厳格な審査を要求するものではないとする見解もある。先例としては、あん摩師等法による灸の適応症広告事件（最大判昭和３６年２月１５日刑集１５巻２号３４７頁）が挙げられるが、ここでは誇大広告等による弊害を未然に防止するためにやむを得ない措置であるとして精緻な審査基準を示すことなく合憲の結論が導かれている。これに対し学説は、合法的活動に対する真実で誤解を生まない表現の場合には、主張される規制利益が実質的で、規制がその利益を直接促進しており、その利益を達成するために必要以上に広汎でないこと、という基準で審査すべきとするものが有力である。

灸の適応症広告事件は、広告掲載事項をごく限定したものであり、規制②の広告規制と共通点を持つが、同事件で規制目的とされた誇大広告等による弊害の防止は、実際に販売する犬又は猫の写真を含めて広告への掲載を禁止する規制②の規制目的とは異なる。そのため、真実の表現についての規制がどこまで正当化されるかを慎重に検討する必要がある。

採点実感

1 全体について

⑴ 職業の自由に対する規制と、営利的表現に対する規制という基本論点に関する出題であり、問題も規制ごとに論ずべき事柄を丁寧に示しているため、完全に論点を外して加点事由がほとんどないという答案は僅かであった。しかし、基本論点だからこそ、事案の個性を十分に考慮せずに型にはまった解答をする答案が多かったため、全体としての出来は必ずしもよくなかった。とりわけ、規制①について、狭義の職業選択の自由に対する規制なのか、職業遂行の自由に対する規制なのかを十分に意識していない答案が多かったのは残念である。また、本問においては、許可制（免許制）それ自体の憲法適合性ではなく、許可要件ごとの憲法適合性の検討が求められている。これらの論点に関してしっかりとした記述をした答案のほとんどは、全体的に高得点となる内容のものであった。

⑵ 規制①については、規制の対象となる人権の種類に基づいて審査基準を定立する際に、この規制がどのような性質をもち、どれくらい権利に重大な制限を課すのかを見極めるところに大きな比重をかけて解き明かすことが必要不可欠であった。

⑶ 他方で、違憲審査基準の定立のための検討につき、目的の合理性、手段の相当性など基準定立後の当てはめの議論と見間違えると言わざるを得ないような、個別具体的な当てはめをして基準を導いているものが散見された。結果として、当てはめの部分は、同じ内容の書き直しか、「前記のとおり」で極めて簡易に終わってしまうものとなっており、評価が伸びないものとなった。こうした答案は、侵害される権利の一般的な性質・重要性や規制の類型といった規範定立のために検討すべき事項と、個別具体の事情として検討すべき要素を混同し、両者の区別ができていないと言わざるを得ない。

⑷ 例年も同様の問題があるが、当てはめにおいて、単に問題文に記載された事実を列挙し、直ちに「重要である」とか、「合理的である」という結論を示しているものが多い。当てはめでは、当該規範の考慮要素に係る事項を摘示した上で、それをどう評価したかを示すことが高評価に結びつく。逆にそうした評価がなく結論のみ述べているものは、そうした評価過程が不明であり、得点に結びつかない。

⑸ 「参考とすべき判例」に言及すべきことが問題文に明記されているにもかかわらず、判例又はその趣旨に関する言及のない答案は、参照の必要性を認識できなかったと解さざるを得ず、結果として、低い評価を与えざるを得なかった。薬事法事件判決（最大判昭和５０年４月３０日民集２９巻４号５７２頁）について言及している答案も、その判旨を正確に理解し、本問との関係・異同に着目しながら論じようとしていた答案はほとんどなく、判旨の各所に現れたキーワードをつまみ食いし、順序を独自に入れ替えて切り貼りしただけものとなっているものが大半であり、その結果、全体の論旨が不明瞭になっていたり、判例の理解が十分に示されているとは評価できないものとなっていたりするものが多かった。

2　狭義の職業選択の自由・職業遂行の自由について

(1)　規制①については、前述のとおり、そもそもこの規制が狭義の職業選択の自由の問題なのか、それとも職業遂行の自由の問題なのかを全く検討していない答案が少なからず見られたが、そうした答案は、事案の分析・検討を欠いた答案として低く評価せざるを得ない。他方で、犬猫をペットとして飼養している人の割合等に照らしてこの検討が丁寧になされている答案の評価は高くなった。いずれの立場を採るにせよ、薬事法事件判決に基づけば、規制①による権利制限の程度が、その職業の遂行を不可能にし、実質的に狭義の職業選択の自由を制限するほどの重大な制限となっていないか見極める必要がある。その際、犬猫以外のペットは規制①の対象外であり、それらのシェアが５０パーセント近くまで拡大している点を、この解釈の手掛かりの一つにしている答案が一定数見られ、この点は評価できる。

(2)　判例によって憲法第２２条第１項の保障内容に狭義の職業選択の自由と職業遂行の自由とが含まれるとされていることは、多くの答案が適切に論述していた。しかし、狭義の職業選択の自由と職業遂行の自由とでは合憲性の推定の程度が異なることについて、適切な言及がなされている答案は少なく、それを具体的な違憲審査のレベルに反映できている答案となるとその数は更に減少する。具体的な審査の段階で適切に区別ができなければ、憲法第２２条第１項の保障範囲に２種類の自由が含まれると論じることの意義は大きく損なわれる。

(3)　新規参入業者と既存業者を区別して論じる答案も一定数あった。両者を区別することは、理論上は可能だが、具体的な検討内容に有意な差がない場合や、両者で合憲・違憲の結論を分けている際の理由付けに十分な説得力がない場合、答案作成者が想定する独立の「職業」の定義の観点からすると、両者を区別すること自体が不自然な立論になっている場合、そうした答案は高く評価することはできなかった。

(4)　なお、過去の採点実感でも累次にわたり指摘されてきたところであるが、問題となる権利を細分化して設定するもの、すなわち「犬猫を販売する自由」や「イラスト・写真・動画等を用いて宣伝する自由」などと、当事者の具体的な行為ないしそれを類型化したものをそのまま権利内容として設定する答案が、なお相当数に上っている。だが、問題の所在を的確に把握した論述のためには、憲法第２２条第１項が保障する狭義の職業選択の自由や職業遂行の自由に犬猫の販売行為が含まれるかどうか、憲法第２１条第１項が保障する営利的表現の自由にイラスト・写真・動画等を用いた宣伝行為が含まれるかどうか、という形で、当事者の行為・状態が、憲法の規範内容として導出される権利・自由の内容に包摂される否か、という観点から論述することが必要であろう。

3　狭義の職業選択の自由・職業遂行の自由に対する規制の合憲性について

(1)　判例への言及に関し、薬事法事件判決について言及している答案も、その大半は、いわゆる規制目的二分論の文脈で同判決に触れるのみであり、同判決が判断枠組みの構築に際し、その二分論（消極目的規制）に触れる前提として、下記のように出発点において立法裁量論や目的審査（公共の福祉に合致）、手段審査（必要性・合理性）の一般論に言及していたことや、許可制という規制の態様に言及していたことについて全く言及がない答案が多数に上っており、そうした答案は、重要基本判例についての知識・理解に難があるものとして評価できなかった。同判決は、職業への規制に際して必要となる衡量判断が「第一次的には立法府の権限と責務」であり「規制の目的が公共の福祉に合致するものと認められる以上、そのための規制措置の具体的内容及びその必要性と合理性」については立法裁量に委ねられるとしつつ、「許可制は、単なる職業活動の内容及び態様に対する規制を超えて、狭義における職業の選択の自由そのものに制約を課するもので、職業の自由に対する強力な制限であるから、その合憲性を肯定しうるためには、原則として、重要な公共の利益のために必要かつ合理的な措置であることを要」する、としている。もとより判例とは異なる見解を採用すること自体は差し支えないが、その場合でも、判例法理に明示的に言及し、その問題点を指摘した上で立論を構築することが求められる。

(2) 積極目的・消極目的いずれでもないことが問題文中で示唆されているにもかかわらず、無理に積極目的若しくは消極目的の規制であると解した上で、論述を展開する答案が相当数見られた。自分の知っている、若しくは書きやすい形に無理に落とし込むようなことはせず、素直に問題文から読み取れる規制の趣旨を踏まえて、違憲審査基準を定立すべきであった。

(3) 規制①に含まれる３つの要件には、主観的制限と分類し得るものと客観的制限と分類し得るものの双方が含まれる。客観的制限であることを理由として違憲審査の密度を上げる必要があることについては、少なくない答案が言及できていた。しかし、それにもかかわらず、具体的な審査の段階において、主観的制限とみるべき要件と客観的制限とみるべき要件とを区別して論じた答案は極めて少なかった。「客観的制限については審査密度を上げるべき」ことを知っていたとしても、それを具体的な審査段階で適切に実践できていない答案には、それほど高い評価を与えることはできない。逆に、要件を主観的制限と客観的制限とに適切に区別し、それぞれについて丁寧に論述が行われていた答案は、高く評価した。

(4) 問題文において、本件法案は動物の愛護及び管理に関する法律の特別法であるとして、その目的を共有する旨明示されているにもかかわらず、各規制の違憲審査の目的及び手段審査において、この点を看過したと考えられる答案があった。また、各規制がどのような目的によるものか具体的な検討を欠いたまま、表面的に手段審査を行って憲法適合性を結論付ける答案も見られた。例えば、手段審査に関して、本件法案骨子の第２の１の要件の規制目的は、法案の目的に照らし「適切な飼養の確保」にあると読み解くことが求められているところ、当該規制目的が需給均衡ないし供給制限にあるとして、第２の１の要件は目的との実質的関連性がないと結論付ける答案もあった。

(5) 本問で表れた具体的な事情を適切に評価しているものは多くなかった。例えば、規制対象が犬猫に限られ、それ以外の動物を販売することに規制がかかっていないことや犬猫の市場占有率について触れられていない答案が相当数見られたことは残念である。この点について、同じ動物とはいっても管理の仕方や必要な施設が異なることを指摘して、説得的な論述を展開している答案は高く評価できた。

4　営利広告の自由について

(1) 職業の自由の問題としてのみ憲法適合性を検討し、営利的表現の自由が問題となり得ることについて全く触れられていない答案も散見された。

(2) 営利的表現を表現の自由として保護すべき理由として、消費者の知る権利に資することなどを適切に指摘できていない答案が一定数あった。

(3) 営利的表現の自由については、自己統治の価値が不在であること、純粋な表現の自由ほど高い審査密度を要しないことへの言及はよくできていた。他方で、営利的表現の制約の可否は、誇大広告や虚偽広告だけではなく真実の表現についても問題になることを理解している答案は極めて少なかった。

5　営利広告に対する規制の合憲性について

⑴　規制②に関しては、営利的表現の自由について、その特性等の基本的な事項が丁寧に説明され、それを踏まえて規制②の合憲性の判断基準が設定されていた答案は、営利的表現の自由に関する理解が伝わり、相対的に良い評価が付いたように思う。他方、規制②が内容規制か内容中立規制かという点について厚く論じている答案が相当数あったが、営利広告に関する規制にはそもそも内容規制が含まれており、内容規制・内容中立規制の二分論で審査密度が決まるものではないという理解に欠けているものと思われ、残念であった。

⑵　規制②を「事前規制」とする答案が相当数あったが、およそ法における一般的な行為強制・禁止規定などの全てが事前規制に当てはまるかのような書きぶりのものは評価できなかった。事前規制の典型は、許可留保が付された制度のように、私人の個々の行為の許否を当局の審査に係らしめる（その前提として審査のための種々の提出義務を行為前に課す）場面であろう。

⑶　営利的表現の自由の審査密度について、先例となり得るあん摩師等法による灸の適応症広告事件判決（最大判昭和３６年２月１５日刑集１５巻２号３４７頁）について言及できている答案は極めて少なかった。

⑷　飼い主等による犬猫シェルターへの持込み増加等の問題への対応は飼い主個人の意識改革だけでは限界があるという立法事実や、規制②の規制対象にＥＣサイトが含まれており、経済活動の自由の制約の側面が強く表れるということに言及できている答案は極めて少なかった。

⑸　目的審査については、規制②がパターナリスティックな側面を含むことについて言及できている答案はかなり少なかった。また、手段審査について、本件法案骨子の第３の存在（甲とＸとのやりとりにも言及あり）を検討していない答案がかなり多くあった。時間配分の問題かもしれないが、問題文及び検討する法案については、答案構想の段階で丁寧に検討をしてほしい。

6　形式面について

⑴　極めて小さい字で書かれたものや、あまりにも字が汚いものなど、判読できない答案が散見された。採点者が読めない文字では評価の対象にならないことを十分に意識した上で解答を作成願いたい。

⑵　記述途中に「＊部分を挿入」とか「後述の○頁○行目の記述を挿入」などと記載して、他の場所に書いてある文章を前の方の文章の補遺として使う答案が見られるが、十分な答案構成をして文章全体を順序良く記述することが望ましい。

再現答案①　Aランク　26～29位（145.97点、M・Hさん　論文順位52位）

第1　規制①について
1　規制①は犬猫販売業者が犬猫を販売する自由（以下「本件自由1」）を不当に侵害しており違憲といえないか。
(1)　憲法22条1項は「職業選択の自由」を保障しているところ、職業はその選択だけでなく選択後の遂行について保障されて初めて選択の自由を保障した意味がある。そのため、職業遂行のための営業の自由についても同様に憲法上保障されると考えるべきである。そして、本件自由1は犬猫販売業者が犬猫販売という営業活動を行う自由であるから、憲法は本件自由1を保障しているといえる。
(2)　そして、規制①は免許を取らなければ犬猫の販売ができないという規制であり、誰しもが自由に犬猫を販売できなくなったという点で本件自由1を制約している。
(3)　では、この制約は公共の福祉（憲法22条1項）による合理的な制約として許されるか。その判断基準が問題となる。
ア　制約の合理性の判断基準については、制約される権利の重要性と制約の強度から判断する。
まず、職業は、人が自己の生計を維持するために行う活動であるだけでなく、社会の存続と発展に寄与する社会的機能分担の活動であり、各人が自己の持つ個性を全うすべき場所として、個人の人格的価値と不可分の関連を有する非常に重要なものである（薬事法判決）。そのため、職業を遂行するための営業の自由は精神的自由と同様に重要な権利といえる。しかし、同時に社会的経済活動として社会的相互関連性も大きく、性質上内在的に制約が存している。そのため、事の性質から立法裁量による大きな規制を受けることがある。
イ　そして、規制①は免許を得なければ犬猫の販売ができないとするものであるが、この免許制は原則として犬猫の販売を禁止した上で都道府県知事の裁量に免許付与の有無を委ねている。そして、免許有無の要件としては犬猫の需要均衡（本件法案第2の2号）や犬猫シェルターの収容能力（3号）という本人による努力に関わらない客観要件が挙げられている。そうすると、規制①による制度は許可制として強い強度を課すものである。このような許可制の規制は原則として許されないと解すべきである（薬事法判決）。
また、同判決は規制の目的が職業による不利益を防止するという消極目的であったために立法裁量が広範に認められないとしている（目的二分論）。しかし、職業規制は様々な目的が複合的に存在しているのであり、安易に目的を二分して立法裁量の広狭を判断すべきではない。実際、規制①の目的は、犬猫の供給が過剰になることを防止して人と動物の共生する社会を実現することで、犬猫の販売業の経営の安定という積極目的や犬猫由来の感染症等による健康被害防止という消極目的を明確な目的としているわけではない。
ウ　そこで、規制①の目的が重要であり、目的と手段に実質的関連性がある場合には公共の福祉による制限として正当化されると考える。

● 採点実感によれば、規制①について、狭義の職業選択の自由に対する規制なのか、職業遂行の自由に対する規制なのかを十分に意識していない答案が多かったところ、本答案は憲法22条１項が「職業選択の自由」として職業選択後の遂行についても保障されていると述べた上で、職業遂行の自由として構成している。

● 薬事法違憲判決（最大判昭50.4.3／百選Ⅰ［第７版］〔92〕）の判旨を意識した論述ができている。

● 出題趣旨によれば、規制①に含まれる３つの要件は、主観的制限と客観的制限に大別できるとあるが、本答案は、「免許有無の要件としては犬猫の需給均衡（本件法案第２の２号）や犬猫シェルターの収容能力（３号）という本人による努力に関わらない客観要件」として上記点を意識して論述できており、出題趣旨に合致する。

● 出題趣旨によれば、規制①は規制目的二分論の論理をそのまま用いることはできないとされているところ、本答案は、「規制①の目的は、犬猫の供給が過剰になることを防止して人と動物の共生する社会を実現することで、犬猫の販売業の経営の安定という積極目的や犬猫由来の感染症等による健康被害防止という消

(4) これを本件についてみる。

ア　規制①の目的は人と動物の共生する社会を実現することである(本件法案第一)。現代において犬猫の遺棄や殺処分が問題となっていることからすれば、動物の生命を大切にして共生していくという目的は重要である。

イ　そして、手段については都道府県知事が免許を付与する際の具体的な要件について検討していく。

まず、犬猫飼養施設の要件については、犬猫販売業免許の申請の前提として、販売場ごとに犬猫の販売頭数に応じた犬猫飼養施設を設けることが必要になっている。このためには犬猫の体長・体高に合わせたケージや運動スペースについての基準及び照明・温度設定についての基準が満たされる必要があり、これらは動物愛護管理法上の販売業者の登録制のものより厳しくなっているが、国際的に認められる基準の範囲内である。この要件は業者が犬猫の販売の際に犬猫を良好・適切な環境で管理を行うためのものであり、販売業者の販売環境を良好に保つことは本件目的に適合していて、国際的に認められる範囲内であれば過度ともいえない。そのため、手段として実質的関連性を有する。

次に、犬猫の需給均衡要件については、都道府県ごとの人口に対する犬猫の飼育頭数の割合や犬猫の取引量等を考慮して各都道府県が基準を定めることになる。これについて、規制するべきは売れ残り自体よりも売れ残った犬猫の管理が適切になされないことという意見がある。しかし、売れ残ってしまった犬猫は販売品としての価値がなくなり売れ残りの時点からその管理が適切になされない危険性があることから、犬猫の生命を大切にしていくためには売れ残ること自体を抑止する必要がある。また、売れ残りになるのが生後6か月と非常に早いことからすれば、なおさら販売量について制限して売れ残りが出ないように規制をする必要がある。そのため、上記要件は目的に適合していてその必要性も認められる。

続いて、都道府県知事は免許付与の考慮事項として犬猫シェルターの収容能力を考慮するとしているが、これは犬猫を飼えなくなった飼い主が大量に犬猫をシェルターに放棄すると右収容能力を超えてしまうため、販売数を規制することで放棄数をそもそも減らそうとするものである。実際、多くの都道府県は犬猫シェルターの収容数が地方公共団体や民間団体で現在引きとっている頭数を超えないようにするための方策を検討してほしいとの要望を出している。しかし、犬猫販売の頭数が増えたとしてもそれによって直ちに収容シェルターへの放棄数が増える関係があるとはいえず、たとえわずかな因果関係があったとしても直接的な原因でない犬猫販売業者の販売数を規制することは過度である。したがって、この考慮要素が存することは目的との間に実質的関連性がない。

また、この免許制は新規参入者ではなくすでに犬猫を販売している業者にも影響を及ぼすことになる。規制①の対象は犬猫の販売に限るため、犬猫以外の販売については従前通り続けられると

極目的を明確な目的としているわけではない」と論述しており、出題趣旨に合致する。

● 採点実感によれば、手段審査に関して、本件法案骨子の第2の1の要件の規制目的は、「適切な飼育の確保」にあると読み解くことが求められているところ、本答案は、第2の1の要件は「業者が犬猫の販売の際に犬猫を良好・適切な環境で管理を行うためのもの」と論述できている。

● 出題趣旨によれば、本件法案骨子の第2の3は、本件法案骨子の第2の2と異なり、犬猫の販売業には直接関係のない要件とされているところ、本答案は、「直接的な原因でない犬猫販売業者の販売数を規制すること」と論述しており、出題趣旨に合致する。

ころ、確かに犬猫以外のペットを飼う人は５０パーセント近くと半数近くの割合を占めている。しかし、ペット飼育者のうち３１パーセントは犬、２９パーセントは猫を飼育しており、ペットのうち犬猫は依然としてメインの動物となっている。そのため、新規参入者に対して急に免許制による制限を行うことも実質的関連性を有するとはいえない。

２　したがって、規制①の目的は重要であってもその手段に実質的関連性がなく、本件自由１への制約は正当化されない。よって、違憲である。

第２　規制②について

１　規制②は犬猫販売業者が犬猫の写真やイラストを用いて広告を行う自由（以下、「本件自由２」）を不当に侵害しており違憲ではないか。

⑴　本件自由２は営利目的で写真やイラストを外部に発信するものであり、これは「表現」といえる。そして、憲法２１条１項は「一切の表現の自由」を保障しているため、営利的表現である広告もこれによって保障されているといえる。

⑵　そして、規制②は犬猫販売業者が犬猫の写真やイラストを用いて広告を行うことをインターネット上かどうかに限らず一切禁止するものであり、本件自由２を制約するものである。

⑶　では、この制約が公共の福祉（憲法１２条後段、１３条後段）によるものとして正当化されないか。その判断基準が問題となる。

ア　まず、本件自由２は犬猫販売業者がどのように自己の商品を外部へアピールし、顧客を集めるかに関わるため、法人を発展させるという自己実現の価値を有する。しかし、民主主義に資する自己統治とは直接的に関わるとはいえず、その点で表現の中で比較的重要性に劣る。

イ　そして、制約②はイラストや写真の内容に関わらず犬猫のイラストや写真を用いて広告をするという表現の手段の一律的な規制であり、内容中立規制であり恣意的な表現内容の検閲的部分は持たない。もっとも、犬猫のイラストや写真や販売業者が商品そのものの視覚的な情報を外部に発信するために必要不可欠なものであり、これを一律に規制することは販売の本質的な部分についての表現を規制する点で強度といえる。

ウ　したがって、規制②の目的が重要であり、その手段が目的と実質的関連性を有する場合には制約が正当化される。

⑷　これを本件についてみる。

ア　まず、犬猫の姿態を広告に用いることの危険性として、安易な犬猫の購入につながってしまい、後から犬猫の不当な放棄につながってしまうことが考えられる。そこで、深く考えずに犬猫を購入してしまうケースを減らすという目的のもと規制②がされている。この目的は本件法案の大元の目的である人と動物の共生する社会の実現につながることであるから、重要といえる。

イ　そして、手段として規制②は犬猫のイラストや写真、動画といった視覚的な情報の載った広告を行うことができないとしている。これについて、あくまでも視覚的な商品情報について規制しているにすぎず、文字情報として商品の月齢、品種、性別等を伝

● 出題趣旨によれば、規制②が営利広告の規制であること、広告を一種の表現とみれば、表現の自由に対する規制と捉えることも可能とされているところ、本答案は、「本件自由２は営利目的で写真やイラストを外部に発信するものであり、これは『表現』といえる」と「表現」の解釈から論述できており、出題趣旨に合致する。

● 出題趣旨によれば、営利的表現の場合、自己統治の価値との関連性が希薄であることを言及することを要求されているところ、本答案は、「民主主義に資する自己統治とは直接的に関わるとはいえず」と論述しており、出題趣旨に合致する。

● 採点実感によれば、営利的表現の自由について、その特性等の基本的な事項を丁寧に説明し、それを踏まえて規制②の合憲性の判断基準が設定されていた答案は、営利的表現の自由に対する理解が伝わり、相対的に良い評価となった。本答案は、営利的表現の自由について、基本的な事項を丁寧に論述しており、相対的に良い評価につながったものと考えられる。

● 他の多くの答案と異なり、本答案

えることは可能であるという指摘がある。しかし、商品の情報が文字によって羅列されていても商品が愛玩動物である以上、実際の見た目や質感といった見た目の情報は消費者にとって非常に重要である。また、インターネット広告においてはネット上から顧客を店舗や自社サイトに誘導する効果が重要であるところ、単なる文字情報ではその効果を十分に得ることは容易ではない。犬猫のイラストや写真による愛らしいイメージの想起によって初めて顧客が興味を持つ場合は多いと考えられ、実際に店舗で販売する場合になって初めて視覚情報が得られるとするのでは大きく販売利益が下回るといえる。そうすると、全面的な犬猫のイラスト、写真、動画の広告利用禁止は必要性に対して過度である。

また、そもそも犬猫のイラスト等を広告に用いることは視覚に訴える情報として購買意欲を著しく刺激するものであり、十分な準備と覚悟のないままの購入につながるために規制をすべきとしているが、実際に右のような購入と視覚的情報の広告に因果関係があるかは甚だ疑問である。確かに、愛玩動物をアクセサリーやただの道具のように考えて安易な購入を行う顧客がいることも事実であるが、そのような購入の原因が上記広告の制限によって減らすことができるとは考えにくい。それよりも、購入者の情報の保管や、購入後のケアを徹底することによって安易な購入を減らすための工夫を行うことができる。そのため、この手段は目的の間に関連性がない。

2　したがって、規制②の目的は重要であってもその手段に実質的関連性がなく、本件自由2への制約は正当化されない。よって、違憲である。

以　上

は問題文をただ摘示するだけにとどまらず、文字情報と視覚情報を比較することで視覚情報の重要性を論じられており、他の答案と差が開いたものと考えられる。

● 採点実感によると、規制②がパターナリスティックな側面を含むことについて言及できている答案はかなり少なかったとされているところ、本答案でも上記点につき言及できていないが、差が開かなかったものと考えられる。

再現答案② Aランク 47～56位（139.65点、Y・Yさん 論文順位302位）

第一 設問
1 本件法案第2について
(1) 本件法案第2各項は、犬猫の販売業を行おうとする者の職業選択の自由を制約し、憲法22条1項に反して違憲であるか。
(2) 同項は、職業の開始・継続・廃止の自由である狭義の職業選択の自由（以下、「狭義の自由」）とその内容・態様における自由である営業の自由が含まれる。そして職業とは、人が自己の生計を維持するためにする継続的活動をいう。
本件では、犬猫の販売業を行おうとする者が、免許を受けなければ事業を営むことができない点で、職業の開始の自由として狭義の自由の保障範囲に当たる。
(3) 本件法案第2各項は、それぞれ犬猫飼養施設の状況、需給均衡、犬猫シェルター収容能力という観点から、事業を行おうとする者に対して免許を与えるか検討しており、狭義の自由に対する制約が認められる。
(4) 職業選択の自由も無制限に認められるものではなく、「公共の福祉」（同項）による制約が認められる。そこで、このような制約が正当化されるか。基準の判断として、①権利の重要性、②制約態様、③制約目的を考慮する。
ア 権利の重要性につき、二重の基準論より精神的自由に比べて経済的自由たる職業選択の自由は要保護性が低い。しかし、営業内容の自由よりも根源的な制約である、狭義の自由は、権利の重要性が高い。

● 出題趣旨によれば、規制①は犬猫の販売業に免許制を導入するものであって、狭義の職業選択の自由の制限に該当すると捉えることができるとされているところ、本答案は、「犬猫の販売業を行おうとする者が、免許を受けなければ事業を営むことができない点で、職業の開始の自由として狭義の自由の保障範囲に当たる」と論述しており、出題趣旨に合致する。

イ 制約態様につき、許可制は職業選択の自由に対する強度の制約とも考えられる。
しかし、私見として、条件には様々なものがあり、条件として一定の個人的な資質を要求する主観的条件よりも、自己の意思と能力によって左右できない基準である客観的条件の方が、制約態様として強いものと評価できる。そのため、各条件につき区別して検討する。
(ア) 犬猫飼養施設の状況は、事業者自らが工夫して改善することが可能な主観的条件であるため、制約態様は比較的弱くなるといえる。
(イ) 一方、犬猫の需給均衡や犬猫シェルター収容能力は、事業者になる者の努力によって左右することができない条件であり、客観的条件としてなお制約態様は強いといえる。
ウ 立法目的につき、本件法案は、犬猫の販売業の経営安定でも、犬猫由来の感染症等による健康被害の防止でもなく、積極的、消極的目的規制のどちらでもない。
エ ここで、薬事法違憲判決は、①狭義の自由、②許可制の場合には、規制目的が重要な公共の利益のためで、目的達成のために必要かつ合理的な手段であれば、当該制約は合憲であるとする。しかし、③消極目的達成のためであれば、規制目的が重要な公共の利益のためで、より制約的でない営業の自由に対する制約によっては目的を十分に達成できない場合にのみ、当該制約が正当化されるとした。また酒類免許販売事件は、③規制目的が税法的観点

● 採点実感によれば、職業を行う条件に関して主観的制限と客観的制限に区別して論じることが要求されているところ、本答案は「犬猫飼養施設の状況は主観的条件、犬猫の需給均衡や犬猫シェルター収容能力は客観的条件」として適切に区別して論述しており、一定の評価につながったものと考えられる。

による中立的なものであれば、目的達成のために手段が合理的であることが著しく不合理であれば、違憲とした。

本件では、①狭義の自由、③中立目的規制であり、②主観的条件である犬猫飼養施設の状況については、酒類免許販売事件と同じ基準、需給均衡とシェルターの収容能力は客観的条件として、目的達成のために必要かつ合理的であるか判断する。

オ　第１項の規制につき、人と動物の共生する社会の実現を図ることは、重要な目的といえる。そして、犬猫飼養施設の環境を改善することは、このような社会を実現するために効果的であり、適切であるため合理的であることが著しく不合理といえない。

第２、３項の規制につき、上記の目的は、重要な公共の利益のためといえる。確かに、事業者は、動物を引き受けた以上責任をもって育てるべきであり、適切な制約であるため、営業態様の制約によっても達成できないとも思われる。しかし、私見として、犬猫の需給均衡は、犬猫事業者の生育態様とは無関係であり、後述するシェルターによる制約がより最小限度の制約である以上、必要最小限度の制約といえない。

一方、犬猫シェルター収容能力は、社会問題とも密接に関連しており、事業者の営業の自由を考慮しても、その収容能力を鑑みて許可を与えるか判断することは必要最小限度の制約であり、他の営業態様における制約ではなし得ないものである。

よって、第１、３項は合憲だが、第２項は違憲である。

2　本件法案４について

● 本答案は、本件法案の第２の１の要件の目的手段審査のあてはめ部分に関して、「適切な飼育の確保」への言及が欠けていることなど、踏み込んだ論述ができていない（再現答案①との対比推奨）。

● 本答案では、本件法案の第２の２と３の要件を分けて論述できていないため、踏み込んだ論述ができていない（再現答案①との対比推奨）。

(1)　本件法案４は、事業者の表現の自由（憲法２１条１項）を制約し、違憲となるか。

(2)　表現の自由は、情報収集、受領、提供の自由からなり、ここでいう情報には、思想・信条・意見に限られずに事実も含まれる。そして、事業者が広告として犬猫のイラスト等を投稿することは、情報提供の自由に含まれる。

しかし、反論として、博多駅事件は報道の自由が国民の知る権利に奉仕するためであり、報道機関が主体となって初めて保障されるところ、事業者が犬猫販売のために行う場合には、保障範囲に含まれないとも考えられる。私見として、情報社会が発達した現在、判例のような限定をすることは不合理であり、一般人による情報の発信も情報伝達の自由として保障される。

(3)　上記自由は、第４条によって広告に掲載することを禁止されることから、制約が生じている。

(4)　上述の制約が正当化されるかは、①権利の重要性と②制約の態様によって判断基準を決定する。

ア　精神的自由の一種である表現の自由は、萎縮効果が生じるおそれがあることや、二重の基準論から、経済的自由に比べて要保護性が高まる。

ここで、反論として、営利的表現は真実性の確認が可能であり、萎縮効果が生じないとして、要保護性が低下すると考えられる。しかし、私見として、本件表現は犬猫事業者が犬猫の真実に近い状態を示すために、写真や動画を掲載しているのであり、萎

● 採点実感によれば、営利的表現を「表現の自由」（21Ⅰ）として保障すべき理由として、消費者の知る権利に資することなどを適切に指摘できていない答案が一定数あったとされているところ、本答案は、博多駅事件決定（最大決昭44.11.26／百選Ⅰ［第７版］〔73〕）を踏まえ、営利的表現が国民の知る権利により表現の自由として保障されることを端的に指摘できている。

● 出題趣旨・採点実感によれば、営利表現に対する規制の合憲性につき、萎縮効果が乏しいことなど、営利表現の特性を踏まえて規制②の合憲性の判断基準を設定することが求められている。

本答案は、反論の中で、一般的に営利表現に萎縮効果が乏しいことを

縮効果が生じると同時におよそ真実の姿を示していると想定される。そのため、なお要保護性は高い。

イ　本件制約は広告への掲載禁止であり、なんらの例外も認めていない以上、強い規制に当たる。

　よって、①やむにやまれぬ目的達成のため、②必要最小限度の制約であれば、当該制約は合憲である。

ウ　本件法案第４の目的である、安易な購入を阻止し、犬猫の適正な飼育数を保持するという目的は、人と動物の共生する社会の実現を図るためにも、やむにやまれぬ目的といえる。

　しかし、特定のサイトのみを広告が表示できるようにするなど、安易な広告表示を控える手段がほかにも考えられる。実際に店舗に行けない購入希望者にとって、ＳＮＳ等による写真や動画による情報は重要なものであり、最小限の規制にとどめるべきである。

　よって、法案第４は違憲である。

以　上

指摘した上で、私見において、「本件表現は犬猫事業者が犬猫の真実に近い状態を示すために、写真や動画を掲載しているのであり、萎縮効果が生じると同時におよそ真実の姿を示していると想定される。そのため、なお要保護性が高い」としているところ、本答案が私見で示した事実によって、営利表現が本来持つ特性を覆すことができるかは微妙であり、実質的に反論に対する私見として成立していない。

　このことから、本答案は営利表現の性質につき、その特性を指摘した上で、一定程度論述できているという評価にとどまったものと考えられる。

　なお、出題趣旨によれば、参考とすべき判例として、灸の適応症広告事件判決（最大判昭36.2.15／百選Ⅰ［第７版］〔54〕）が挙げられていたが、この点について十分に検討できた受験生は少数にとどまり、実質的な差はあまり生じなかったものと推察される。

MEMO

再現答案③　Bランク　951～1003位（104.56点、Y・Fさん　論文順位363位）

第１　規制①
１　規制①は、犬猫販売業者の犬猫を販売する自由を侵害し、違憲ではないか。
(1)　まず、上記自由は自己が従事する職業を選択する自由に関するものであるから、職業選択の自由として保障される。
(2)　次に、規制①は犬猫販売業免許を受けなければ、犬猫を販売することができなくなるのであるから、上記自由が制約されている。
(3)　もっとも、上記自由も不制約のものではなく公共の福祉（１２条後段、１３条後段）による制約を受けうるところ、上記制約が正当化されるか。
ア　上記自由は各人が自己の持つ個性を全うすべき場として個人の人格的価値と不可分の関連を有するものである。もっとも、権利の性質上社会的相互関連性が大きく、公権力による規制の要請が強く、制約の必要性が内在する権利である。
イ　上記制約は、許可制であり、許可を受けない限り犬猫を販売することを禁止するものであり、規制態様は強度といえる。
さらに、制約目的を積極目的と消極目的とに二分する考え方もあるが目的が併存することも多々あるから、単純な二分論は採用できず、もっぱら積極目的と認定できる場合には、立法府の裁量を尊重する。規制①の目的は人と動物の共生する社会の実現を図ることにある（犬猫の販売業の適正化等に関する法律（以下法という））。これは、社会的経済的弱者保護の目的とはいえないから積極的とはいえない。そのため、もっぱら積極目的とはいえず、立法府の裁量は尊重されない。
ウ　そこで、実質的関連性の基準により、目的が重要で、手段が目的との関連で実質的関連性を有する場合には、制約が正当化される。
(4)　これを本件についてみる。
ア　まず、目的であるが、上述の通り、規制①の目的は人と動物の共生する社会の実現を図ることにある。たしかに、かかる目的は、個人の人権に資するとまではいえない。しかしながら、本件法案は動物愛護管理法の特別法であり、その目的を共有しているから同法の目的についても検討する。同法１条によると、「人の生命、身体及び財産に対する侵害並びに生活環境の保全上の支障を防止」することをも目的としている。これは、人の財産権（２９条）や個人の尊厳（１３条後段）に資する重要な目的である。したがって、規制①の目的は重要である。
イ　次に、手段について検討する。
(ア)　まず、犬猫の販売頭数に応じた犬猫飼育施設を設けることが必要であるとするが、これは現行の基準より厳しい基準を定めるものであり、必要性を欠くとも思える。しかしながら、かかる基準は諸外国の制度や専門家の意見を踏まえて国際的に認められている基準の範囲内で定められたものであり、過剰な規制とはいえず、必要性が認められる。そのため、かかる規制は上記目的に資する。
(イ)　次に、規制①は犬猫販売業免許の交付について、犬猫の需要

●　出題趣旨によれば、規制①は犬猫の販売業に免許制を導入するものであって、狭義の職業選択の自由の制限に該当すると論じるべきところ、本答案は、再現答案②と比べて説明もなく職業選択の自由が保障されると論述しており、説得力に欠けるといえる。

●　出題趣旨によれば、規制①は規制目的二分論の論理をそのまま用いることはできないとされているところ、本答案は、端的にその旨を論じることができている。

●　出題趣旨によれば、規制①に含まれる３つの要件は、職業を行う条件として、主観的制限と客観的制限に大別でき、主観的制限と客観的制限の違いを意識して審査基準を設定することが求められていたところ、本答案は、上記観点からの論述が全て欠けており、出題趣旨に合致していない。

●　採点実感によれば、手段審査に関

均衡を要件とするが、供給が過剰になると犬猫の売れ残りが避けられず、犬猫が遺棄されるおそれがある。これに対し、規制すべきなのは売れ残ること自体ではなく売れ残った犬猫を適切に扱わないことであるという反論が考えられる。しかしながら、日本では生後6か月を過ぎると値引きしても売れなくなると言われており、犬猫の供給が過剰になり売れ残りが出ること自体を抑制すべきである。そのため、需要均衡を考慮し、売れ残りを抑制すること自体が上記目的に資するといえ、適合性が認められる。

(ウ) さらに、規制①は犬猫販売業免許の交付に際して犬猫シェルターの収容能力も考慮するが、犬猫シェルターは販売業者からの引き取りを拒否できるから売れ残った犬猫については終生養育するか、自己に代わりそれを行う者を責任を持って探すことになる。そのため、飼い主による持ち込みが増加するとしても直接は犬猫販売業者の責任ではないため、かかる規制は過度な規制であるとも思える。しかしながら、売れ残りを減らそうとする販売業者による無理な販売も飼い主による犬猫シェルター持ち込み増加の要因となる。また、犬猫シェルターの適切な運営のために収容頭数が現在飼っている頭数を超えないようにするための方策を検討してほしいとの要望が多くの都道府県から寄せられている。そのため、かかる規制を設ける必要性は高く過度な規制とはいえない。

(エ) そして、規制①は犬猫販売業免許の交付を限定するところ、既存のペットショップの自由をも制約するとも思える。たしかに、ペットとして動物を飼っている者のうち、犬は31%、猫は29%と割合は高い。しかしながら、犬猫以外の多種多様なペットを飼う人も増加傾向にあり、現在その割合は50%近くになっている。そのため、免許の交付を受けられなかったとしても、それ以外の動物の販売によるペットショップとしての営業の継続は可能であるから、規制①は既存ペットショップに対しても過度な規制とはいえない。

(オ) したがって、手段が目的との関係で実質的関連性を有する。

2 よって、規制①は合憲である。

第2 規制②

1 規制②は、犬猫販売業者が犬猫のイラスト、写真及び動画を用いて犬猫の販売広告をする自由を侵害し違憲ではないか。

(1) まず、上記自由は、自己の内面の外部への表明行為であるから、表現の自由(21条1項)により保障される。

(2) 次に、規制②により、犬猫販売業者は上記の広告をすることができなくなるから、上記自由は制約されている。

(3) もっとも、上記自由も不制約ではなく、公共の福祉による制約を受けうるところ、正当化されるか。

ア 上記自由は、自己実現の価値と自己統治の価値を有する重大な権利であるが、営利的表現であるため、その価値は相対的に低下する。もっとも、上記自由は国民の知る権利とも関連し、重要といえる。

して、第2の1の要件の規制目的が、法案の目的に照らし「適切な飼育の確保」にあると読み解くことが求められていたところ、本答案では第2の1の要件自体の手段の目的について論じることができていない(再現答案①参照)。

● 本答案は、犬猫シェルターの収容能力に関して、「そのため……とも思える」と犬猫の販売業には直接関係のない要件であることを論述できており、出題趣旨に合致している。

● 本答案は、「自己の内面の外部への表明行為であるから、表現の自由(21条1項)により保障される」と論じているが、どのような点で表現の自由として保障されるか不明確であり、説明が欠けている。

イ　上記制約は、表現の内容ではなく方法に着目した表現中立規制であるから規制態様は強度とはいえないとも思える。しかし、思想の自由市場に鑑みれば、特定の表現が市場に流通しなくなることの弊害は大きい。もっとも、上記以外の方法による広告は問題なく行えるのであるから、規制態様が強度とまではいえない。

ウ　そこで、実質的関連性の基準により、上述の規範により判断する。

(4)　これを本件について検討する。

ア　まず、目的は規制①と同様に重要である（①）。

イ　次に手段について検討する。

(ア)　まず、適合性について、動画等の情報は直ちに問題のある情報とはいえないから、これらを規制することは適合性を欠くとも思える。しかしながら、かかる広告は購買意欲を著しく刺激し、その結果十分な準備と覚悟のないままの購入につながる。そうすると、犬猫を飼う能力がない者に購入され、犬猫が遺棄されるおそれが高まるから、これを防ぐための上記制約は目的に資する。そのため、適合性を有する。

(イ)　次に、必要性について、購入希望者に対面で適正な使用に関する情報提供を行い、かつ現物を確認させることにより上記目的を達成できるから、上記規制は必要性を欠くとも思える。しかしながら、最終的には飼い主の判断に委ねるのであり、実効性に乏しいといえる。そのため、より制限的でない他の選びうる手段がないといえ、必要性も認められる。

(ウ)　そして、相当性について、広告に際して犬猫の品種や月齢等は文字情報として用いることは可能であるため、制約の程度は小さいとも思える。しかし、上記広告は購買意欲を著しく刺激するから禁止されているところ、広告の目的は消費者の購買意欲を刺激するところにあり、購買意欲の刺激は広告本来の目的である。そのため、規制②は効果の乏しい広告のみ認めるものであり、制約の程度が大きい。また、ＷｅｂサイトやＳＮＳを用いたかかる広告も禁止されるが、これらの規制は広範に過ぎ、かかる手段を禁止されることによる不利益は著しく大きいといえる。そのため、規制②は過度な制約といえ、相当性を欠く。

ウ　したがって、手段が目的との関係で実質的関連性を有するとはいえない（②）。

2　よって、規制②は違憲である。

以　上

● 採点実感によると、営利広告に関する規制にはそもそも内容規制が含まれており、内容規制・内容中立規制の二分論で審査密度が決まるものではないと言及されているところ、本答案は規制②に関して表現の内容ではなく方法に着目した表現内容中立規制と論じており、そもそも営利広告には内容規制が含まれるという理解を欠いていると考えられる。

● 採点実感において、手段審査で、本件骨子の第３の存在についても検討することが要求されていたところ、本答案では「購入希望者に対面で適正な使用に関する情報提供を行い、かつ現物を確認させること」と論じられており、一定の評価につながったと考えられる。

● 出題趣旨によれば、参考すべき判例として灸の適応症広告事件判決（最大判昭36.2.15／百選Ⅰ［第７版］〔54〕）を挙げた上で、真実の表現についての規制がどこまで正当化されるか検討すべきところ、かかる視点から目的・手段について適切に論述ができていない。

MEMO

再現答案④　Cランク　859～906位（106.24点、Y・Gさん　論文順位983位）

第１　規制①
１　犬猫の販売業を営む自由は、職業選択の自由として憲法（以下法名省略）２２条１項により保障される。
２　別添資料第２は、犬猫販売業を免許制とすることを定めているため、上記自由が制約されている。免許制となると、犬猫販売業者になること自体が許されなくなるので、営業の自由ではなく、職業選択の自由の制約が認められる。
３　「公共の福祉」により制約が正当化されるか否かを検討する。
　この点、経済的自由の制約につき、社会秩序維持という消極目的の場合には、裁判所が良く審査しうるため厳格に判断すべき一方、社会政策の実現という積極目的の場合には、裁判所の審査に馴染まないため緩やかに判断すべきとも思える（目的二分論）。
　もっとも、いずれにも該当しない目的の規制も存在し（酒税法事件）、規制①も犬猫の販売業の経営安定という積極目的でも、犬猫由来の感染症等による健康被害の防止という消極目的でもないので、かかる考えは採用できない。
　そこで、制約態様と制約利益に着目して判断する。
　規制①は許可制を採用しているため、厳格な規制態様といえる（薬事法事件参照）。
　また、職業は、生計を立てる手段であるとともに、社会の発展に寄与し、人格形成に役立つものである。そのため、職業選択の自由は、重要な権利といえる。
　以上から、重要な権利に対して厳格な制約が及んでいるので、目的がやむにやまれぬ公益の実現にあり、手段が必要最小限度にとどまる場合に限り、合憲と解する。
４⑴　規制①の目的は、人と動物の共生する社会の実現にある（別添資料第１）。販売業者による犬猫の大量廃棄や、飼い主による遺棄が大きな社会問題となり、地方公共団体が犬猫を殺処分していることに対して批判が大きくなった現状に照らせば、かかる目的は、十分に重要といえる。
　もっとも、犬猫由来の感染症等による健康被害の防止を目的としていないことから、かかる目的がやむにやまれぬ公益の実現とまでいえるかは疑わしい。
⑵　仮に、目的要件を満たすとして、手段の審査を行う。
　犬猫販売業の免許にあたり需給均衡の要件としていることについて、売れ残った犬猫を適切に扱わないことこそを規制すべきであることから、目的との適合性がないとも思える。
　もっとも、日本では子犬や子猫の人気が高く、体が大きくなると値引きしても売れなくなることから、売れ残り自体を抑制することで、犬猫の遺棄や処分を防ぐことができるため、適合性が認められる。
　また、犬猫シェルターの収容能力を要件としていることについて、犬猫シェルターは犬猫販売業者からの引取りを拒否でき、犬猫販売業者は犬猫を終生飼養することについて責任を持つので、飼い主による持込みの増加を犬猫販売業者に帰責できず、適合性がないとも思える。

●　本答案は、「犬猫の販売業を営む自由は、職業選択の自由として憲法22条１項により保障される」と論述しているところ、なぜ職業選択の自由として保障されるかという論述が欠けている。

●　出題趣旨によれば、規制①は規制目的二分論の論理をそのまま用いることはできないとされているところ、本答案は、「規制①も犬猫の販売業の経営安定という積極目的でも、犬猫由来の感染症等による健康被害の防止という消極目的でもない」と論述しており、出題趣旨に合致する。

●　出題趣旨によれば、本件法案骨子の第２のうち１の要件は主観的制限に当たり、２及び３の要件は客観的制限による規制と大別できるところ、本答案では、審査基準の設定の際に、上記事項を意識して論述できていない。

●　本答案は、本件法案骨子の第２の２及び３の要件について、目的と手段との適合性のみを検討しており、説得的な論述に至っているとはいえない（再現答案①②との対比推奨）。

もっとも、犬猫販売業者が無理な販売を行うことにより、飼い主による犬猫シェルターへの持込みがなされる関係にあるため、犬猫シェルターの収容能力を踏まえて免許発行を行うことで、犬猫販売業者による無理な販売がなされることを防ぎ、ひいては犬猫の遺棄や処分を防ぐことができるため、適合性が認められる。

以上より、犬猫販売業の免許発行数を限定することで、売れ残りや無理な販売を防ぐことができ、犬猫の遺棄や犬猫シェルターへの持込みを防ぐことができるため、目的との間の適合性が認められる。

犬猫飼養施設の要件について、上記目的実現のために必要であり、国際的に認められている基準の範囲内であることから相当なものといえる。

もっとも、需給均衡や犬猫シェルターの収容能力の要件は、犬猫販売業者にとっては如何ともしがたい事情である。また、既に犬猫を販売しているペットショップにも規制が及ぶ。

加えて、確かに、犬猫以外のペットを飼う人も増加傾向にあるものの、やはり犬猫を買う人の割合は多く、免許を取得できなかったペットショップは顧客を失うことになる。

以上を踏まえると、犬猫販売業者の不利益は大きい。

さらに、上記目的を実現するためには、免許制を設けるのではなく、犬猫の遺棄や無理な販売を行った犬猫販売業者の営業を停止するなど、より制限的でない手段が存在する。

(3) よって、規制①は、目的が必要不可欠な公益の実現とはいえないか、手段が必要最小限度のものとはいえない。

5 以上より、規制①は違憲である。

第2 規制②

1 犬猫の販売に関して、犬猫のイラスト、写真及び動画を用いて広告する自由は、営利的表現の自由といえる。営利的表現が憲法上の保障を受けないとすると、本来保障されるべき表現についても萎縮効果が生じるおそれがあるため、営利的表現も表現の自由（２１条１項）として保障される。

2 別添資料第４は、犬猫販売業者の広告を規制するので、表現の自由に対する制約が認められる。

3 制約態様につき、イラスト、写真及び動画という方法に着目した規制とも思えるものの、イラストや写真、動画を用いない広告は広告としての役割を果たしにくいことから、実質的にみて内容に着目した規制といえる。

また、規制②は、イラスト、写真及び動画を用いた広告を禁止するものだから事前規制といえる。

よって、規制態様は厳格である。

もっとも、制約されている利益は、民主的意思決定に参加するという自己統治の価値を有さない営利的表現である。

そこで、目的が十分に重要であり、手段が実質的関連性を有する場合に合憲と解する。

4(1) 規制②の目的も人と動物の共生する社会の実現であるところ、前述の通り、犬猫の遺棄が社会問題となり、殺処分に対する批判が大

● 本件法案骨子の第２の１（販売場ごとに設けられた犬猫飼養施設の状況）について、本答案は、具体的な検討ができていないに至っているとはいえない（再現答案①②との対比推奨）。

● 本答案は、「目的がやむにやまれぬ公益の実現にあり、手段が必要最小限度にとどまる場合に限り、合憲と解する」と規範を立てている一方で、「より制限的でない手段が存在する」と論述しており、規範とあてはめが整合していない。

● 本答案は、「犬猫の販売に関して、犬猫のイラスト、写真及び動画を用いて広告する自由」が営利的表現の自由として憲法21条１項により保障される根拠について論述されていない。

きくなった状況を踏まえれば、かかる目的は十分に重要といえる。

(2) 犬猫のイラスト、写真、動画を用いた広告が、犬猫の安易な購入につながっていると考えれば、手段に目的との適合性が認められる。

もっとも、別添資料第3に定められている購入希望者に対する情報提供及び現物の確認は、現在でも義務付けられているため、広告を見て犬猫に対して興味を抱いたとしても、安易な購入はなされない。そのため、適合性が認められない。

また、広告に際して文字情報を用いることはできるとしても、イラストや写真、動画を用いることができず、ウェブサイトやＳＮＳに掲載することもできないという犬猫販売業者の不利益は大きい。

よって、手段に実質的関連性は認められない。

5 以上より、規制②は違憲である。

以 上

● 本答案は、目的手段審査において同様の審査基準により検討している再現答案③と比べて、主に手段についての検討が不十分であり、説得力に欠ける（再現答案③参照）。

公法系

第2問　行政法

問題文

［公法系科目］

〔第２問〕（配点：１００〔**〔設問１〕**⑴、**〔設問１〕**⑵、**〔設問２〕**の配点割合は、３５：３５：３０〕）

Ｑ県Ｒ市では、都市再開発法（以下「法」という。）に基づく第一種市街地再開発事業の施行が目指されている。以下では、まず法に基づく**【市街地再開発事業の制度の概要】**を説明した上で、**【本件の事案の内容】**を述べる。

【市街地再開発事業の制度の概要】

市街地再開発事業とは、都市計画法上の都市計画区域内で、細分化された敷地を共同化して、いわゆる再開発ビル（法上の「施設建築物」）を建築し、同時に道路や公園等の公共施設の用地を生み出す事業であり、原則として、都市計画において市街地開発事業の種類（本件の場合は後述する第一種市街地再開発事業）、名称及び施行区域等が定められている場合に実施される（都市計画法第１２条第１項第４号・第２項）。

都市計画に定められた第一種市街地再開発事業の施行区域内の宅地について所有権又は借地権を有する者は、５人以上共同して、定款及び事業計画を定め、都道府県知事の認可を受けることにより、市街地再開発組合（以下「組合」という。）を設立することができる（法第１１条第１項）。組合は、施行区域内の土地について、同事業を施行することができる（法第２条の２第２項）。都市計画に定められた施行区域内の土地のうち、事業計画において同事業が施行される土地として定められた地区を「施行地区」といい（法第２条第３号）、施行地区内の宅地について所有権又は借地権を有する者の全員が、強制的に組合の組合員とされる（法第２０条第１項）。

事業計画は、当該事業に関する都市計画に適合しないものであってはならない（法第１７条第３号）。事業計画においては、上述の施行地区のほか、設計の概要、事業施行期間及び資金計画を定めなければならない（法第７条の１１第１項）。このうち設計の概要は、設計説明書及び設計図を作成して定められる。設計説明書には、再開発ビル、その敷地及び公共施設の概要等が記載される。設計図は５００分の１以上の縮尺で、再開発ビルの各階について柱、外壁、廊下、階段及びエレベータの位置を示す平面図、再開発ビルの床及び各階の天井の高さを示す断面図、再開発ビルの敷地についてビルの位置や主要な給排水施設の位置等を示す平面図、並びに公共施設の位置及び形状等を示す平面図等から成る。

第一種市街地再開発事業においては、原則として、施行地区内の宅地の所有者（以下では、借地権者には触れない。）に対し、それぞれの所有者が有する宅地の価額の割合に応じて、再開発ビルの敷地の共有持分権が与えられ、当該敷地には再開発ビルを建設するために地上権が設定されて、当該敷地の共有者には、地上権設定に対する補償として、再開発ビルの区分所有権（従前の所有権者に与えられた区分所有権に対応する再開発ビルの部分を一般に「権利床」という。）

が与えられる。事業施行前における宅地の所有権が区分所有権等に変換されたという意味で、これを「権利変換」という。権利変換がなされた後、土地の明渡しを経て実際の工事が着手される。

施行地区内の宅地の所有者等のうち、権利変換を希望しない者は、都道府県知事による組合設立の認可（法第１１条第１項）の公告（法第１９条第１項）があった日から３０日以内に、権利変換に代えて自己の所有する宅地の資産の価額に相当する金銭の給付を希望する旨を申し出ることができる（法第７１条第１項）。事業計画が変更され、従前の施行地区に新たな施行地区が編入された場合、当該変更の認可（法第３８条第１項）の公告（同条第２項、第１９条第１項）があった日から３０日以内に、従前の施行地区内及び新たに編入された施行地区内のそれぞれの宅地の所有者は、従前の申出を撤回し、又は権利変換を希望しない旨の申出をすることができる（法第７１条第５項）。

【本件の事案の内容】

Ｑ県Ｒ市は、その区域の全域が都市計画法上の都市計画区域に指定されている。Ｒ市内にあるＡ駅東口地区のうち、Ｄの所有する宅地を含む約２万平方メートルの土地の区域（以下「Ｂ地区」という。）について、組合施行による第一種市街地再開発事業（以下「本件事業」という。）の実施が目指された。Ｒ市は、平成２７年中に、Ｂ地区を施行区域とする第一種市街地再開発事業に関する都市計画を決定した。Ｂ地区内の宅地の所有者らは、これによりＢ地区市街地再開発組合（以下「Ｂ地区組合」という。）の定款及び事業計画を定め、平成２８年３月１日、Ｑ県知事から組合設立認可（以下「平成２８年認可」という。）を受け、Ｂ地区組合が設立された。同日、Ｑ県知事は、本件事業の施行地区等を公告した（法第１９条第１項）。

その後、本件事業が停滞している中、令和４年になって、Ｒ市は、Ｂ地区から見て河川を越えた対岸にある約２千平方メートルの空き地（以下「Ｃ地区」という。）を施行区域に編入するために、上記平成２７年に決定された都市計画を変更した（以下「本件都市計画変更」という。）。本件都市計画変更に際しては、Ｂ地区内の宅地の所有者としてＢ地区組合の組合員であり、かつ、Ｃ地区内の宅地を全て所有するＥが、Ｒ市長やＢ地区組合の理事らに対し、Ｃ地区を本件事業の施行地区に編入するよう働き掛けを行っていた。Ｃ地区は河川沿いの細長い形状の空き地であり、地区周辺の人通りも少なかった。また、Ｃ地区については、その周辺からＢ地区側へ橋が架かっていないためにＢ地区側からの人の流入も期待できず、Ａ駅方面へ行くにはかなりの遠回りをしなければならないという状況であった。そのため、ＥはＣ地区の土地の活用に長年苦慮していた。

本件都市計画変更を受けて、Ｂ地区組合は、平成２８年認可に係る事業計画を変更すべく、Ｑ県知事に対し、Ｃ地区を本件事業の施行地区に編入して公共施設である公園とする一方で、設計の概要のうち当該公園を新設すること以外は変更しないという内容で、事業計画の変更の認可を申請した（法第３８条第１項）。Ｑ県の担当部局は、この事業計画の変更が「軽微な変更」（同条第２項括弧書き）に当たると判断したため、Ｑ県知事はＲ市長に事業計画の縦覧及び意見書提出手続（法第１６条）を実施させなかった。令和５年３月６日、Ｑ県知事は、Ｂ地区組合の申請のとおりに事業計画の変更を認可し（以下「本件事業計画変更認可」という。）、同認可に係る施行地区等を公告した（法第３８条第２項、第１９条第１項）。

Ｄは、Ｃ地区がＢ地区と何ら一体性を持たず、また、空き地のまま放置されているにもかかわらず、突如として本件事業の施行地区に編入されたことに不審を覚えたが、この段階では、本件事業計画変更認可によっても自分に割り当てられる権利床の面積には影響がないと誤解していたこともあり、争訟の提起等は考えなかった。

同年９月上旬、権利変換計画の公告縦覧手続が行われ（法第８３条第１項）、Ｅが多くの権利床を取得することが明らかになった。Ｄは、本件事業にとって無益と思われるＣ地区の編入により、権利床に変換されるべき宅地の総面積が増加した結果、自己が本来取得できたはずであった権利床が減少したことを知り、かかる事態を生じさせた本件事業計画変更認可に不満を持つに至った。

同年１０月１０日、Ｑ県知事は、本件事業計画変更認可に係る施行地区について権利変換計画を認可した（法第７２条第１項）。同日、Ｂ地区組合は同認可を受けた旨を公告し、Ｄを含めた組合員に関係事項を書面で通知することで（法第８６条第１項）、権利変換に関する処分を行った（同条第２項。以下、この処分を「本件権利変換処分」という。）。これに対し、Ｄは、令和６年４月７日、Ｂ地区組合を被告として、本件権利変換処分の取消訴訟（以下「本件取消訴訟」という。）を提起した。

以上の事案について、Ｒ市に隣接するＳ市の職員は、Ｓ市でも法に基づく第一種市街地再開発事業の実施を検討中であることから、関係職員間で法的問題を検討することとした。

以下に示された**【Ｓ市都市計画課の会議録】**を踏まえて、都市計画課長からの相談と検討依頼を受けた法制課訟務係長（弁護士）の立場に立って、設問に答えなさい。

なお、関係法令の抜粋を**【資料　関係法令】**に掲げてあるので、適宜参照しなさい。

〔設問１〕

⑴　本件事業計画変更認可が取消訴訟の対象となる処分に当たることの論拠について、同認可が施行地区内の宅地の所有者等の権利義務又は法的地位に対して有する法的効果の内容を明らかにした上で検討しなさい。

⑵　本件事業計画変更認可が違法であることについて、Ｄはどのような主張をすることが考えられるか、検討しなさい。

〔設問２〕

Ｄは、本件取消訴訟において、本件事業計画変更認可の違法性を主張することができるか。実体法的観点及び手続法的観点の双方から、想定される被告B地区組合の反論を踏まえて、Dの立場から検討しなさい。ただし、本件事業計画変更認可及び本件権利変換処分がいずれも取消訴訟の対象となる処分に当たることを前提としなさい。

【S市都市計画課の会議録】

課長：本市でも組合施行の第一種市街地再開発事業が計画されています。R市での訴訟と同種の訴訟が提起されるかもしれません。そこで、R市での訴訟について検討しておこうと思います。まず、平成２８年認可は取消訴訟の対象となるのでしょうか。

係長：最高裁判決（最高裁判所昭和６０年１２月１７日第三小法廷判決・民集３９巻８号１８２１頁）は、土地区画整理組合の設立認可について、それが事業施行権限を持つ強制加入団体の設立行為であることを根拠として、処分性を認めています。市街地再開発組合についても同様に考えることができるでしょう。

課長：なるほど。では、本件事業計画変更認可の処分性はどうでしょうか。本件事業計画変更認可によってもB地区組合の組合員には変更がないため、上記最高裁判決にいう強制加入団体の設立であることを根拠として処分性を肯定できるか、疑問があり得ます。しかし、実現されるべき事業の内容を示す事業計画が変更されれば、施行地区内の宅地の所有者等には何らかの影響が生じるはずです。組合設立認可を行うに当たっては事業計画も審査されますから、同認可には、強制加入団体の設立以外の、事業計画に関わる法的効果もあるものと考えられないでしょうか。

係長：では、本件事業計画変更認可の処分性を肯定する論拠について、強制加入団体の設立であるという点からではなく、同認可が施行地区内の宅地の所有者等の権利義務や法的地位に対してどのような法的効果を有しているかという点から検討して御報告します。

課長：次に、本件事業計画変更認可の違法性ですが、第一に、変更認可の申請があった後、法第１６条が定める縦覧及び意見書提出手続が履践されていないようです。これで問題はないのでしょうか。

係長：検討して御報告します。

課長：第二に、第一種市街地再開発事業の施行区域は都市計画として定められるため、「一体的に開発し、又は整備する必要がある土地の区域について定めること」という都市計画基準（都市計画法第１３条第１項第１３号）を満たさなければなりません。加えて、法第３条各号が掲げる施行区域の要件をも満たさなければなりません。これらは、施行地区を変更する都市計画にも同様に適用されます。まず、C地区の立地条件からみて、上記の都市計画基準を満たしているといえるのか、さらに、C地区は公園として整備される予定ですが、そのようにすることで法第３条第４号に定める施行区域の要件が満たされることになるのか、それぞれ疑問があります。

係長：本件都市計画変更の違法性の問題ですね。最高裁判決（最高裁判所昭和５９年７月１６日第二小法廷判決・判例地方自治９号５３頁）は第一種市街地再開発事業に関する都市計画決定の処分性を否定していますから、その違法性は後続の処分の違法事由として主張することになります。本件事業計画変更認可に処分性が認められると仮定して、お示しいただいた事情を具体的に考慮し、同認可の違法事由となるかどうか検討してみます。

課長：もっとも、本件事業計画変更認可については、処分性が認められたとしても既に認可の公告があった日から６か月以上経過しています。そのため、本件取消訴訟において同認可の違法性を主張することが考えられますが、可能でしょうか。

係長：いわゆる違法性の承継の問題ですね。この問題に関する最高裁判決（最高裁判所平成２１年１２月１７日第一小法廷判決・民集６３巻１０号２６３１頁）は違法性の承継の可否を検討する際の手掛かりとして、先行行為と後行行為が同一目的を達成するために行われ、両者が相結合して初めてその効果を発揮するものであるかという実体法的観点と、先行行為の適否を争うための手続的保障が十分に与えられているかという手続法的観点の二つを挙げています。

課長：本件において被告Ｂ地区組合にとっては違法性の承継が否定される方が有利ですが、我々としては念のためにＤの立場から、あり得る反論を踏まえつつ検討した上で、上記の二つの観点のいずれからも違法性の承継が肯定されるという主張を考えてみましょう。

係長：検討して御報告します。

【資料　関係法令】

○　都市計画法（昭和４３年法律第１００号）（抜粋）

（市街地開発事業）

第１２条　都市計画区域については、都市計画に、次に掲げる事業を定めることができる。

一～三　（略）

四　都市再開発法による市街地再開発事業

五～七　（略）

２　市街地開発事業〔注・第１２条第１項各号に掲げる事業をいう。〕については、都市計画に、市街地開発事業の種類、名称及び施行区域を定めるものとするとともに、施行区域の面積その他の政令で定める事項を定めるよう努めるものとする。

３～６　（略）

（都市計画基準）

第１３条　都市計画区域について定められる都市計画（中略）は、（中略）当該都市の特質を考慮して、次に掲げるところに従つて、土地利用、都市施設の整備及び市街地開発事業に関する事項で当該都市の健全な発展と秩序ある整備を図るため必要なものを、一体的かつ総合的に定めなければならない。（以下略）

一～十二　（略）

十三　市街地開発事業は、市街化区域又は区域区分が定められていない都市計画区域内において、一体的に開発し、又は整備する必要がある土地の区域について定めること。

十四～二十　（略）

２～６　（略）

○　都市再開発法（昭和４４年法律第３８号）（抜粋）

（定義）

第２条　この法律において、次の各号に掲げる用語の意義は、それぞれ当該各号に定めるところによる。

一　（略）

二　施行者　市街地再開発事業を施行する者をいう。

三　施行地区　市街地再開発事業を施行する土地の区域をいう。

四　公共施設　道路、公園、広場その他政令で定める公共の用に供する施設をいう。

五　宅地　公共施設の用に供されている国、地方公共団体その他政令で定める者の所有する土地以外の土地をいう。

六　施設建築物　市街地再開発事業によつて建築される建築物をいう。

七～十三　（略）

（市街地再開発事業の施行）

第２条の２　（略）

２　市街地再開発組合は、第一種市街地再開発事業の施行区域内の土地について第一種市街地再開発事業を施行することができる。

３～６　（略）

（第一種市街地再開発事業の施行区域）

第３条　都市計画法第１２条第２項の規定により第一種市街地再開発事業について都市計画に定めるべき施行区域は、（中略）次に掲げる条件に該当する土地の区域でなければならない。

一～三　（略）

四　当該区域内の土地の高度利用を図ることが、当該都市の機能の更新に貢献すること。

（事業計画）

第７条の１１　事業計画においては、国土交通省令で定めるところにより、施行地区（中略）、設計の概要、事業施行期間及び資金計画を定めなければならない。

２～６　（略）

（認可）

第１１条　第一種市街地再開発事業の施行区域内の宅地について所有権又は借地権を有する者は、５人以上共同して、定款及び事業計画を定め、国土交通省令で定めるところにより、都道府県知事の認可を受けて組合〔注・市街地再開発組合〕を設立することができる。

２～５　（略）

（宅地の所有者及び借地権者の同意）

第１４条　第１１条第１項（中略）の規定による認可を申請しようとする者は、組合の設立について、施行地区となるべき区域内の宅地について所有権を有するすべての者及びその区域内の宅地について借地権を有するすべての者のそれぞれの３分の２以上の同意を得なければならない。この場合においては、同意した者が所有するその区域内の宅地の地積と同意した者のその区域内の借地の地積との合計が、その区域内の宅地の総地積と借地の総地積との合計の３分の２以上でなければならない。

２　（略）

（事業計画の縦覧及び意見書の処理）

第１６条　都道府県知事は、第１１条第１項（中略）の規定による認可の申請があつたときは、施行地区となるべき区域（中略）を管轄する市町村長に、当該事業計画を２週間公衆の縦覧に供させなければならない。（以下略）

2　当該第一種市街地再開発事業に関係のある土地（中略）について権利を有する者（中略）は、前項の規定により縦覧に供された事業計画について意見があるときは、縦覧期間満了の日の翌日から起算して２週間を経過する日までに、都道府県知事に意見書を提出することができる。（以下略）

3～5　（略）

（認可の基準）

第１７条　都道府県知事は、第１１条第１項（中略）の規定による認可の申請があつた場合において、次の各号のいずれにも該当しないと認めるときは、その認可をしなければならない。

一、二　（略）

三　事業計画（中略）の内容が当該第一種市街地再開発事業に関する都市計画に適合せず、又は事業施行期間が適切でないこと。

四　（略）

（認可の公告等）

第１９条　都道府県知事は、第１１条第１項（中略）の規定による認可をしたときは、遅滞なく、国土交通省令で定めるところにより、組合の名称、事業施行期間、施行地区（中略）その他国土交通省令で定める事項を公告し、かつ、国土交通大臣及び関係市町村長に施行地区及び設計の概要を表示する図書を送付しなければならない。

2～4　（略）

（組合員）

第２０条　組合が施行する第一種市街地再開発事業に係る施行地区内の宅地について所有権又は借地権を有する者は、すべてその組合の組合員とする。

2　（略）

（定款又は事業計画若しくは事業基本方針の変更）

第３８条　組合は、定款又は事業計画（中略）を変更しようとするときは、国土交通省令で定めるところにより、都道府県知事の認可を受けなければならない。

2　（中略）第１４条（中略）の規定は組合が事業計画（中略）を変更して新たに施行地区に編入しようとする土地がある場合に、（中略）第１６条の規定は事業計画の変更（政令で定める軽微な変更を除く。）の認可の申請があつた場合に、（中略）第１７条及び第１９条の規定は前項の規定による認可について準用する。この場合において、（中略）第１６条第１項中「施行地区となるべき区域（中略）」とあるのは「施行地区及び新たに施行地区となるべき区域」と、（中略）第１９条第１項中「認可」とあるのは「認可に係る定款又は事業計画についての変更の認可」と（中略）読み替えるものとする。

（建築行為等の制限）

第６６条　第６０条第２項各号に掲げる公告〔注・組合が施行する第一種市街地再開発事業にあって

は、第１９条第１項の公告又は新たな施行地区の編入に係る事業計画の変更の認可の公告〕があつた後は、施行地区内において、第一種市街地再開発事業の施行の障害となるおそれがある土地の形質の変更若しくは建築物その他の工作物の新築、改築若しくは増築を行い、又は政令で定める移動の容易でない物件の設置若しくは堆積を行おうとする者は、都道府県知事（市の区域内において（中略）組合（中略）が施行（中略）する第一種市街地再開発事業にあつては、当該市の長。（中略））の許可を受けなければならない。

２～９　（略）

（権利変換を希望しない旨の申出等）

第７１条　（中略）第１９条第１項の規定による公告（中略）があつたときは、施行地区内の宅地（中略）について所有権（中略）を有する者（中略）は、その公告があつた日から起算して３０日以内に、施行者に対し、（中略）権利の変換を希望せず、自己の有する宅地、借地権若しくは建築物に代えて金銭の給付を希望し、又は自己の有する建築物を施行地区外に移転すべき旨を申し出ることができる。

２、３　（略）

４　第１項の期間経過後６月以内に第８３条の規定による権利変換計画の縦覧の開始（中略）がされないときは、当該６月の期間経過後３０日以内に、第１項（中略）の規定による申出を撤回し、又は新たに第１項（中略）の規定による申出をすることができる。（以下略）

５　事業計画を変更して従前の施行地区外の土地を新たに施行地区に編入した場合においては、前項前段中「第１項の期間経過後６月以内に第８３条の規定による権利変換計画の縦覧の開始（中略）がされないときは、当該６月の期間経過後」とあるのは、「新たな施行地区の編入に係る事業計画の変更の公告又はその変更の認可の公告があつたときは、その公告があつた日から起算して」とする。

６～８　（略）

（権利変換計画の決定及び認可）

第７２条　施行者は、前条の規定による手続に必要な期間の経過後、遅滞なく、施行地区ごとに権利変換計画を定めなければならない。この場合においては、（中略）組合（中略）にあつては都道府県知事の認可を受けなければならない。

２～５　（略）

（権利変換計画の縦覧等）

第８３条　個人施行者以外の施行者は、権利変換計画を定めようとするときは、権利変換計画を２週間公衆の縦覧に供しなければならない。この場合においては、あらかじめ、縦覧の開始の日、縦覧の場所及び縦覧の時間を公告するとともに、施行地区内の土地又は土地に定着する物件に関し権利を有する者及び参加組合員又は特定事業参加者にこれらの事項を通知しなければならない。

２～５　（略）

（権利変換の処分）

第８６条　施行者は、権利変換計画若しくはその変更の認可を受けたとき（中略）は、遅滞なく、国土交通省令で定めるところにより、その旨を公告し、及び関係権利者に関係事項を書面で通知しなければならない。

２　権利変換に関する処分は、前項の通知をすることによつて行なう。

３　（略）

○　**都市再開発法施行令（昭和４４年政令第２３２号）（抜粋）**

（縦覧手続等を要しない事業計画等の変更）

第４条　事業計画の変更のうち法第３８条第２項（中略）の政令で定める軽微な変更（中略）は、次に掲げるものとする。

一　都市計画の変更に伴う設計の概要の変更

二　施設建築物の設計の概要の変更で、最近の認可に係る当該施設建築物の延べ面積の１０分の１をこえる延べ面積の増減を伴わないもの

三　事業施行期間の変更

四　資金計画の変更

五　その他第２号に掲げるものに準ずる軽微な設計の概要の変更で、国土交通省令〔注・施設建築敷地内の主要な給排水施設や消防用水利施設等の位置の変更等が挙げられている〕で定めるもの

２、３　（略）

○　**都市再開発法施行規則（昭和４４年建設省令第５４号）（抜粋）**

（組合施行に関する公告事項）

第１１条　（略）

２　（略）

３　法第３８条第２項において準用する法第１９条第１項（中略）の国土交通省令で定める事項は、次に掲げるものとする。

一　（略）

二　（中略）施行地区（中略）に関して変更がされたときは、その変更の内容

三、四　（略）

五　事業計画の変更により従前の施行地区外の土地が新たに施行地区に編入されたとき（中略）は、権利変換を希望しない旨の申出をすることができる期限

六　（略）

MEMO

出題趣旨

【公法系科目】

〔第２問〕

本問は、都市再開発法（以下「法」という。）に基づく組合施行の第一種市街地再開発事業を巡る紛争に関して、第三者である隣接市の立場に立って、本件事業計画変更認可の処分性（行政事件訴訟法第３条第２項）及びその違法性、並びに本件事業計画変更認可と権利変換処分との間の違法性の承継の各検討を求めるものである。

〔設問１〕⑴は、市街地再開発組合の事業計画の変更の認可の処分性について、これを肯定する立論を求める問題である。定款と事業計画を対象とする市街地再開発組合の設立の認可（以下「組合設立認可」という。）については、事業施行権限を付与された強制加入団体を成立せしめる行為であることを理由に土地区画整理組合の設立の認可の処分性を肯定した最判昭和６０年１２月１７日民集３９巻８号１８２１頁と同様の考え方から処分性を肯定することができるものと考えられる。それに対して、本問では強制加入団体が既に設立されており、新たに加入させられる者もいない。そこで、組合設立認可が強制加入以外の点で国民の権利義務、法的地位にいかなる法的効果を及ぼすのか、次いで事業計画の変更の認可が国民の権利義務、法的地位にいかなる法的効果を及ぼすのかが問題となる。

最判平成４年１１月２６日民集４６巻８号２６５８頁及び最判平成２０年９月１０日民集６２巻８号２０２９頁は、いずれも地方公共団体が施行する第二種市街地再開発事業又は土地区画整理事業における事業計画決定の処分性を認めたものであり、本問で提示した事案とは異なる。しかし、両判例の事案における事業計画も、本問における事業計画も、一定の区域内の土地に対する権利を、換地であれ、権利変換であれ、強制的に異質なものに変化させるための事業の内容を示すものであり、このことが一連の事業プロセスの出発点となっている点では共通している。したがって、上記両判例を手掛かりにした論述が求められる。すなわち、①本件における事業計画は施行地区を定め、再開発ビルの設計を示すものであり、当該事業の施行によって施行地区内の宅地所有者等の権利にいかなる影響が及ぶかについて一定の限度で具体的に予測することが可能となること、②第一種市街地再開発事業に係る組合設立認可が公告されると権利変換手続が開始され、権利変換を希望しない旨の申出をした者を除き、特段の事情のない限り、施行地区内の宅地所有者等に対して、権利変換処分が当然に行われることになること、さらに③施行地区内の宅地所有者等は、認可の公告の日から起算して３０日以内に、金銭の給付を受けて施行地区外へ転出するか、又は新たに建築される施設建築物等に関する権利を取得するかの選択を余儀なくされること、④したがって、施行地区内の宅地所有者等は、組合設立認可により、市街地再開発事業の手続に従って権利変換処分を受けるべき地位に立たされることとなり、その意味でその法的地位に直接的な影響が生じていることについて、論述が求められる。以上を根拠として、まずは、本件における事業計画が施行地区内の宅地所有者等の権利ないし法的地位に対して有する法的効果を手掛かりに組合設立認可に処分性を認めることができる。事業計画の変更の認可は、以上のようにして成立する施行地区内の宅地所有者等の権利ないし法的地位を、何らかの形で直接的に変動させるという意味で、直接的な（個別具体的な）法的効果を持つといえる。また、新たな施行地区の編入を伴う事業計画の変更にあっては、同変更の認可が公告されると、法第７１条第５項により、同条第１項の定める権利変換を希望しない旨の申出期間につき、同公告があった日が改めて当該期間の起算日となる点でも直接的な（個別具体的な）法的効果を認めることができる。本件事業にあっては再開発ビルの設計の概要の変更が伴わない形で施行地区が拡大されるため、個々の組合員に割り当て得る権利床の面積が変化することも、直接的な（個別具体的な）法的効果といえよう。以上の諸点から、本件事業計画変更認可にも処分性を認めることができる。

なお、上記平成２０年最判は建築行為の制限にも言及しているが、判決の多数意見によれば、それは「具体的な事業の施行の障害となるおそれのある事態が生ずることを防ぐ」ための手段であるから、それ自体が処分性を肯定する論拠とされているわけではないとの指摘もある。したがって、建築制限の存在は、それが継続的に課され続けることにより市街地再開発事業の手続の進行がより確実なものとなるという意味で、本件事業計画変更認可が本件事業の施行地区内の宅地所有者等の法的地位に直接的な影響を及ぼすことを示す事情として言及することが望まれる。

〔設問１〕⑵は、本件事業計画変更認可の違法性の検討を求めるものである。【Ｓ市都市計画課の会議録】において示唆したように、本件事業計画変更認可には手続的瑕疵がある。法第３８条第２項によれば、事業計画の変更の認可の申請があった場合には法第１６条が適用されるので、同条に従い事業計画の縦覧及び意見書提出手続が履践されなければならない。ただし、法第３８条第２項括弧書きによれば、当該変更が「政令で定める軽微な変更」である場合には、上記の手続を行う必要はない。【本件の事案の内容】で示した事業計画の変更の内容は、公園の設置に係る設計の概要の変更、及び新たな土地の編入という形での施行地区の変更である。このように、本件における事業計画の変更は施行地区の変更を含んでいるところ、【資料　関係法令】で挙げた都市再開発法施行令第４条第１項各号に列挙された「軽微な変更」の内容を見ても、施行地区の変更は「軽微な変更」として挙げられていないため、本件における事業計画の変更は、「軽微な変更」には当たらない。したがって、法第１６条の定める手続を履践しなければ、本件事業計画変更認可には手続的瑕疵があることになる。法第１６条が定めている手続のうち、少なくとも意見書提出は「当該第一種市街地再開発事業に関係のある土地（中略）について権利を有する者」に認められていることから、それら手続は単なる情報収集にとどまらず、事業によって影響を受ける土地所有者等の権利保護をも目的としたものであるといえる。そのような趣旨の手続を全く履践しなかったという瑕疵は、本件事業計画変更認可を違法ならしめるものである。

次に、【Ｓ市都市計画課の会議録】では、Ｃ地区を施行区域に編入する本件都市計画変更が違法であることが示唆されている。第一種市街地再開発事業の都市計画決定に処分性が認められないこと、したがって、その違法性は後続の処分の違法事由として主張し得ることも会議録中で示されているが、答案ではそのことを本件事業計画変更認可の違法性を検討するための問題の所在を明らかにするために明記した上で、本件都市計画変更の実体的な違法性を検討する必要がある。都市計画決定権者は都市計画を決定するについて一定の裁量権を有しているといい得るが、その裁量権は法令の定めに従って行使されなければならず、第一種市街地再開発事業の都市計画については、都市計画法第１３条第１項第１３号所定の都市計画基準、及び法第３条各号所定の施行区域の要件を満たす必要がある。本問においては、本件都市計画変更がこれら規定に違反していることを端的に指摘することが求められる。

都市計画法第１３条第１項第１３号は、市街地開発事業に係る都市計画基準として、「一体的に開発し、又は整備する必要がある土地の区域」であることを求めているが、Ｃ地区は、都市計画変更前の施行区域であるＢ地区とは河川で隔てられており、Ｃ地区周辺からＢ地区側へは橋が架かっておらず、変更に係る都市計画においても両地区の地理的な接続は予定されていないため、Ｂ地区と一体的に開発又は整備する必要があるということはできない。また、法第３条は施行区域とすることができる土地の区域の要件を定めているが、同条第４号は、当該区域内の土地の高度利用を図ることが当該都市の機能の更新に貢献することを求めている。現況が空き地であるＣ地区を公園として整備しても活発な利用を見込むことはできず、本件事業が施行される地区及びその周辺の都市機能の更新に貢献するということはできない。したがって、本件都市計画変更は、施行区域要件も満たしていないことになる。

〔設問２〕は、本件事業計画変更認可と本件権利変換処分の間の違法性の承継の検討を求める問題である。違法性の承継の検討は、最判平成２１年１２月１７日民集６３巻１０号２６３１頁を手掛かりにして行うことになるが、そこでは違法性の承継を認める要素として、先行処分と後行処分が同一の目的を達成するために行われ、両者が相結合して初めてその効果を発揮するものであること（実体法的観点）と、先行処分の適否を争うための手続的保障がこれを争おうとする者に十分には与えられていないこと（手続法的観点）とが挙げられている。そこで、本問では、実体法的観点と手続法的観点の双方から、違法性の承継を否定する論拠と肯定する論拠とを列挙した上で、違法性の承継を肯定する立論を行うことが求められている。

実体法的観点に関しては、空間利用の態様の決定である事業計画と、その実現手法である権利変換は趣旨目的を異にしていることが否定論の論拠となろう。それに対して、【市街地再開発事業の制度の概要】で説明したように、事業計画のうち設計の概要は再開発ビルの各階の平面図を含むなど、事業計画段階で事業の基本的内容が定められ、権利変換処分はそれを個々の組合員に適用するものであるから、両者は一体として、権利変換という法効果の実現に向けられている、との論拠により、実体法的観点から違法性の承継を肯定することが考えられる。

手続法的観点からは、違法性の承継を否定する論拠として、新たな事業地区の編入を伴う事業計画変更にあっては申請前に宅地所有者等の３分の２以上の同意を要するとされていること（法第３８条第２項、法第１４条第１項）や、事業計画変更の申請があった場合の事業計画の縦覧及び意見書提出手続といった手続保障がされていること（法第３８条第２項、法第１６条）、事業計画変更認可があると施行地区の変更内容が公告されること（法第３８条第２項、法第１９条第１項、都市再開発法施行規則第１１条第３項第２号）といった事情を指摘することが考えられる。それに対して、肯定論の論拠としては、問題文の【市街地再開発事業の制度の概要】での「設計の概要」に関する説明に示されているように、事業計画は事業内容を客観的に説明するものであって、それによって宅地所有者等に生じる権利変動の具体的内容は包括的には明らかになっているものの、なお、個々の宅地所有者等に与えられるべき権利床等の詳細は確定には至っていないことや、上記の事業計画の縦覧及び意見書提出手続並びに変更認可の公告のいずれも、施行区域内の宅地所有者等に個別に通知する制度ではないこと、そもそも権利侵害の重大性と比較すると、利害関係人に対する手続的保障は、後行処分の段階での先行処分の違法性の主張を排除するに十分であるとはいえないことといった事情を指摘することが考えられる。

いずれの設問に関しても、資料として挙げられた関係法令の条文を正確に読み取ることが求められる。特に、読み替え規定や政省令への委任規定を正確に読み解き、どの条文が適用されるのかを正確に特定することが求められる。

採点実感

1　出題の趣旨

別途公表している「出題の趣旨」を参照いただきたい。

2　採点方針

採点に当たり重視している点は、例年と同じく、①分析力（問題文及び会議録中の指示に従って基本的な事実関係や関係法令の趣旨・構造を正確に分析・検討し、問いに対して的確に答えることができているか）、②基本的な理解及び応用力（基本的な判例や概念等の正確な理解に基づいて、相応に言及することができる応用力を有しているか）、③論理的な思考・表現力（事案を解決するに当たっての論理的な思考過程を、端的に分かりやすく整理・構成し、本件の具体的事情を踏まえた多面的で説得力のある法律論を展開することができているか）である。知識量には重点を置いていない。

3　答案に求められる水準

⑴　設問１⑴

・　行政事件訴訟法（以下「行訴法」という。）第３条第２項に規定する「処分」の該当性について、判例の一般的な判断基準あるいは法効果性等の各要素を指摘した上で、都市再開発法に基づく第二種市街地再開発事業の事業計画決定に関する最判平成４年１１月２６日民集４６巻８号２６５８頁、土地区画整理事業の事業計画決定に関する最判平成２０年９月１０日民集６２巻８号２０２９頁（以下「平成２０年判決」という。）を踏まえ、本件における事業計画が施行地区内の宅地所有者等の権利ないし法的地位に対して有する法的効果を手掛かりに組合設立認可に処分性を認めることができることを指摘し、本件事業計画変更認可が、そのような施行地区内の宅地所有者等の権利ないし法的地位を、何らかの形で直接的に変動させるという意味で、直接的な（個別具体的な）法的効果を持つといえることを示す答案は、一応の水準に達しているものと判断した。

・　これに加えて、新たな施行地区の編入を伴う事業計画の変更があると、都市再開発法（以下、単に「法」という。）第７１条第５項により、同条第１項の定める権利変換を希望しない旨の申出期間につき、上記変更認可の公告があった日が改めて当該期間の起算日となることや、本件事業にあっては再開発ビルの設計の概要の変更が伴わない形で施行地区が拡大されるため、個々の組合員に割り当て得る権利床の面積が変化することに触れながら、本件事業計画変更認可の処分性を肯定しているものは、良好な答案と判断した。

・　さらに、法第３８条第２項が、事業計画変更認可についても、原則として事業計画認可と同等の参加手続と公告を定めていることを指摘するものや、法第６６条が定める建築行為等の制限について、事業の実現の確実性と関連付けて言及しているものなどは、優秀な答案と判断した。

⑵　設問１⑵

・　手続法上の瑕疵につき、法第３８条第２項によれば、事業計画変更認可の申請があった場合には法第１６条が適用されるので、同条に従い事業計画の縦覧及び意見書提出手続が履践されなければならないとされていることを踏まえた上で、法第３８条第２項括弧書きによれば、当該変更が「政令で定める軽微な変更」である場合には、上記の手続を行う必要はないとされているが、本件事業計画変更認可に係る事業計画の変更は、都市再開発法施行令（以下「法施行令」という。）第４条第１項各号所定の「軽微な変更」には該当しないこと、また、実体法上の瑕疵のうち、都市計画基準（都市計画法第１３条第１項第１３号）違反については、新たに施行区域に編入されたＣ地区がＢ地区とは橋のない河川によって隔てられていることなどから、本件都市計画変更は、同号の「一体的に開発し、又は整備する必要」があるということはできないこと、施行区域要件（法第３条第４号）違反については、現況が空き地であり、Ｂ地区と機能的に関連付けることが困難なＣ地区を公園として整備しても、同号の「都市の機能の更新に貢献する」と評価することができないことを指摘するものは、一応の水準に達しているものと判断した。

・　これに加えて、手続法上の瑕疵につき、手続法上の瑕疵と処分の違法性との関係についての検討をしており、また、実体法上の瑕疵につき、第一種市街地再開発事業を定める都市計画決定には処分性が認められないため、都市計画基準への適合性を事業計画変更認可の違法性として主張し得ることや、法第２条の２第２項により、都市計画決定された施行区域においてのみ市街地開発事業を実施し得るため、施行区域が違法に指定されていれば事業計画も違法になることを指摘するものは、良好な答案と判断した。

・　さらに、手続法上の瑕疵につき、法第１６条第２項が意見書提出権者を事業に関係する権利を有する者に限定していることから、この手続は権利保護目的を持つことを指摘する答案や、「重要な手続に瑕疵がある」ことはそれだけで処分取消事由に該当すると指摘している答案は、優秀な答案と判断した。

⑶　**設問２**

・　違法性の承継についての最判平成２１年１２月１７日民集６３巻１０号２６３１頁（以下「平成２１年判決」という。）を踏まえた上で、実体法的観点及び手続法的観点の両面からそれなりに本件事案に即した検討を加え、実体法的観点からも手続法的観点からも違法性の承継が肯定されるとの結論を導いている答案は、一応の水準に達しているものと判断した。

・　これに加えて、違法性の承継を否定する立場からの論拠を一定程度挙げた上で、実体法的観点及び手続法的観点の両面から違法性の承継が肯定される論拠を本件事案に即して的確に指摘している答案は、良好な答案と判断した。

・　さらに、違法性の承継が、個別的な事情に結論が左右される性質の論点ではなく、制度自体に内在する救済の必要性、許容性を論ずるものであり、事業計画変更認可の制度一般を前提に論ずる必要があることを踏まえた上で、全体として論理的かつ説得的な論述ができている答案は、優秀な答案と判断した。

４　採点実感

以下は、考査委員から寄せられた主要な意見をまとめたものである。

⑴　**全体的印象**

（悪筆・誤字等）

○　基本的な理解を疑わせる誤字（権利変更処分など）がないように注意されたい。

○　条文の引用がない答案や引用が不正確な答案が散見された。法律実務家を目指す以上、条文を出発点として議論を組み立てる必要があり、このことは日常の学習においても意識してほしい。

○　判読が困難な悪筆や著しく小さい文字は、採点上非常に困難を来すことになる。可能な限り判読に努めるものの、容易に判読できない場合には、いくら正しいことが書かれていても付点できないことになるので、留意されたい。

○　判読困難な字で解答している答案が少なくなかった。答案には読み手がいること、「書いたこと」ではなく最終的に「読み手に伝わったこと」が採点の対象となることに留意する必要がある。

（法解釈・基礎的知識等）

○　本問で挙げられている関連法令を十分に参照していないと思われる答案が散見された。例えば、設問１⑵において、本問での事業計画変更はＣ地区の施行地区への編入であるから、法施行令第４条第１項第１号の「都市計画の変更に伴う設計の概要の変更」には該当しないが、設例において事業計画変更の前に本件都市計画変更が行われたと説明しているためか、本件事業に係る計画変更が同号に該当するとした答案が散見された。しかし、事業計画の内容は、施行地区、設計の概要、事業施行期間及び資金計画とされており（法第７条の１１第１項）、施行地区と設計の概要は並列する別個の概念であることに注意しなければならない。

○　本問は都市計画を題材とするものである。一般に、計画策定権者には広範な裁量権が認められるとされているところ、計画策定という行為の性質を踏まえると、それは必ずしも誤った認識ではない。しかし、本問におけるように、計画策定の際に遵守すべき基準が法令上示される場合もある。その場合、それら基準を遵守しているか否かが端的に問われることとなる。

（問いに対する的確な対応）

○　問題文に示されている指標や事情を十分に拾うことができず、その幾つか又は一つのみを取り上げて論ずる答案が多数を占めていた。一つ二つを挙げて事足れりとするのではなく、問題文をよく読み、論ずべき点がないかどうか丁寧に検討されたい。

（判例の論述）

○　設問１⑴、設問２においては、それぞれ参考とすべき最高裁判決が摘示されており、これらの判決は、司法試験受験者であれば必ず学習するはずの有名判例であるにもかかわらず、これらを参考にして的確に論じる答案は少なかった。これは、学習した判例が実際に使える形では身に付いていないことを示すものと言わざるを得ない。

○　設問１⑴は、法科大学院において当然学習したことのある最高裁判決を踏まえて論述することが求められる問題であったところ、当該最高裁判決の理解が十分ではないのではないかと思わされた。最高裁判決が、処分性を認めるためには何が問題（ハードル）となると考えて当該判決の理由付けを示していったかを理解していれば省略できないはずの理由付けを省略している答案が散見されたからである。判決の論理を、その各段階・理由として指摘されている各々の点について、それによって何を論証しようとしているのか把握しながら、理解することが必要である。

（途中答案・時間配分）

○　時間が不足していたためか、設問２について、検討が不十分な答案や途中答案が目に付いた。答案作成に当たっては、時間配分にも留意すべきである。

(2)　設問１(1)

（全体について）

○　全体的に出来があまりよくなかった。論述すべき点が多数あるにもかかわらず、その一部しか論述できていない答案が多かった印象である。

○　問題・ものごとを順序立てて考えて答案にまとめる必要がある。本問の場合、議論の順序としては、①事業計画において定められる（記載される）事項を確認し、次に、②事業計画の策定とその認可により施行地区内の所有権者等の権利義務又は法的地位に対していかなる法的効果が生じたかを確認し、その上で、③当該事業計画の変更とその変更認可によって、当初の事業計画及びその認可により施行地区内の所有権者等に生じていた法的効果に対してどのような変化が生じたかを述べ、この法的効果の変化が処分性を基礎付けることを述べなくてはならないはずである。しかし、残念ながら、このような形で問題を明確に順序立てて、議論している答案はほとんどなかった。

（処分性の基準等について）

○　多くの答案は、処分性について、行訴法第３条第２項を引用の上、最判昭和３９年１０月２９日民集１８巻８号１８０９頁（以下「昭和３９年判決」という。）が示した基準を挙げることができていたが、ごく稀に、昭和３９年判決が示した基準及び処分性に係る要素のいずれも示さない答案もあった。

（平成２０年判決について）

○　平成２０年判決の多数意見からすると、本件においても、法第６６条が定める建築行為等の制限は、本件事業計画変更認可の処分性を肯定する直接の根拠とはならないものと解されるが、同制限のみを根拠として処分性を肯定する答案が散見された。

○　本件事業計画変更認可の処分性が肯定される根拠を、建築制限がなされることや、建築制限の対象が組合員に限定されていることのみに求めたり、あるいは、後続の権利変換処分の取消訴訟では実効的な権利救済が得られないことのみに求めたりするといった、平成２０年判決の理解が不十分であると思われる答案が多数見られた。

○　本件事業計画変更認可の処分性を肯定するに当たり、変換計画認可の対象が組合員に限られることのみから法的効果の直接性（個別具体性）を肯定するなど、平成２０年判決の理解が不十分であると思われる答案が多数見られた。

（本件事業計画変更認可の処分性を肯定する根拠について）

○　処分性を肯定する根拠として、法第６６条による建築行為等の制限を挙げる答案が多かったが、これを建築行為等の制限が「事業実施の確実性を高める」趣旨で正しく指摘している答案は少なかった。

○　本件事業計画変更認可の処分性を肯定するに当たっては、施行地区内の宅地所有者等が、認可の公告の日から起算して３０日以内に、金銭の給付を受けて施行地区外へ転出するか、又は新たに建築される施設建築物等に関する権利を取得するかの選択を余儀なくされることが重要となる。しかしながら、同認可により組合員は選択できる権利を得るといったような論調の答案が多かった。法第７１条第５項が前提とする同条第１項が「……希望し、又は……申し出ることができる」と定めているためかもしれないが、このような制度把握からは、処分性を的確に肯定することは難しいであろう。

○　本件事業計画変更認可の処分性を肯定するに当たり、権利変換処分が組合員の財産権に及ぼす影響を論じる答案が見られたが、これでは、本件事業計画変更認可の処分性を論じたことにはならない。

○　処分性を肯定するに当たり、「紛争の成熟性」や「実効的な権利救済」といった用語をお題目のように記載する答案も多かったが、その意味するところを本件に即して説得的に論じている答案はほとんどなかった。

○　処分性を肯定する論拠として、権利変換計画認可の取消訴訟を提起しても事情判決が出される可能性が高いことを指摘する答案が目立った。しかし、問題文中の【市街地再開発事業の制度の概要】で紹介があるように、実際の工事が着手されるのは、権利変換計画認可がなされた後、土地の明渡しを経てからである。この点で、平成２０年判決で問題となった土地区画整理事業計画とは異なる。したがって、権利変換計画認可の取消訴訟において事情判決が出される可能性の指摘は、同認可の処分性を肯定する論拠とならない。問題文を丁寧に読むことが求められる。

（処分性の検討の仕方について）

○　本件事業計画変更認可の処分性について、本件事案における固有の事情を検討して論じる答案が散見された。しかし、処分か否かは、基本的に、根拠法令の解釈によって決まるものであって、事案における個別事情の内容で左右されるものではない（ある法律に基づくある措置が、事案ごとに処分とされたりされなかったりということは基本的にない。）。このことは、平成２０年判決をはじめとした、処分性が争われた多くの最高裁判決から明らかなはずである。

⑶　設問１⑵

（全体について）

○　会議録を読めば、法第１６条の手続違反、都市計画基準違反及び施行区域要件違反について検討する必要があることは容易に分かるはずであるのに、そのいずれかの検討を落としている答案が少なからず見受けられた。

（手続法上の瑕疵について）

○　手続の不履践が重大な違反であるとして不履践自体を違法事由とする答案が少なくなかった。本問が問うているのは何故不履践が違法であるかであるので、それが関係規定に違反することを論じなければならない。しかし、不履践自体が違法というのは結論のみを述べるもので、本問の求めるものとは異なるものである。重要な手続の瑕疵は、手続違法が処分を違法とすることの要件の一として捉えた上で、別途論ずべきものである。

（法第３８条第２項括弧書きの「政令で定める軽微な変更」について）

○　本件事業計画認可に係る事業計画の変更が「政令で定める軽微な変更」（法第３８条第２項、法施行令第４条第１項各号）に当たるか否かにつき、全く検討していない答案が散見された。問題文や会議録を読めば、その点についても検討を求められていることは明らかである。

○　法第３８条第２項によれば、事業計画変更認可申請の審査における縦覧・意見書提出手続を省略し得る場合としての「軽微な変更」は「政令」で定めることとされている。したがって、「軽微な変更」という文言がいかに不確定的であろうとも、いかなる変更が「軽微な変更」であるかは、「政令」の定めのみから判断されなければならない。

「軽微な変更」について法施行令第４条第１項各号への適合性を検討するところまでは到達しながら、第５号「その他第２号に掲げる者に準ずる軽微な設計の概要の変更」が裁量を認める規定であるとして、本件での事業計画変更を個々に含まれないとして行政判断が裁量の逸脱濫用に当たるか否かを検討する答案が散見された。そもそも「設計の概要」の変更を対象にした条文であるため本件には適用し得ないことはおくとして、「第２号に準ずる」軽微な変更として国土交通省令（紙幅の制限により条文そのものは掲げ得なかったが主な内容は注記した。）に掲げるものとされており、法令で十分に具体的に定められているのであるから、端的に条文との関係を検討することで足りる。

○　法第３８条第２項の「政令で定める軽微な変更」に当たるか否かの検討に当たり、法施行令第４条第１項第２号は、施設建築物の延べ面積が１０分の１を超えるか否かを問題としており、施行地区の編入とは何ら関係がない規定であるにもかかわらず、Ｂ地区の面積が約２万平方メートルであること及びＣ地区の面積が約２千平方メートルであることを理由に、同号に該当し、「軽微な変更」に当たるとする答案が非常に多く見られた。答案作成に当たっては、条文をよく読み、落ち着いて解答することが求められる。

○　手続法上の瑕疵の当てはめについては、初見の条文であることから混乱した受験者も多いように思うが、本件のように権利床に影響を与えるような施行地区の編入がされたにもかかわらず、これが「軽微な変更」であるとして、影響を受ける者への手続保障がされていないというのは不合理であるというバランス感覚を有していれば、当てはめが多少粗かったとしても、答案の方向性自体を大きく誤ることはないため、平素の学習においては、結論の妥当性に関するバランス感覚も養ってもらいたい。

（法施行令第４条第１項の位置付け）

○　法施行令第４条第１項を、行政規則、とりわけ裁量基準であるかのように論じる答案が多かったことには驚いた。確かに、様々な局面で、様々な論拠に基づきながら、行政規則の外部化現象と呼ばれるものは生じている。しかし、法規命令と行政規則はまずは別物であり、法規命令が行政規則のようになっているわけではない。基本的学習がおろそかであると思わされた。

○　法第３８条第２項が定める「軽微な変更」に当たるか否かについて裁量が認められるとして裁量権濫用の有無を論じる答案が散見された。「軽微な変更」に該当するか否かの判断について行政庁に選択の余地がないことは、法施行令第４条第１項各号の定めから明らかである。条文を丁寧に読むことが求められる。

（手続法上の瑕疵と処分の違法性との関係）

○　法第１６条、第３８条第２項違反を肯定した上で、「このような手続的瑕疵（手続違法）は実体的瑕疵（実体違法）に当たるか」という問題設定をするという、処分手続の瑕疵の効果という論点を誤解していると思われる答案が散見された。

○　法第１６条の手続を履践していないことが本件事業計画変更認可を違法とするか否かにつ

いて言及する答案は少なかった。他方で、少数ながら、この点に言及し、かつ、法第１６条の手続が関係権利者の権利保護目的を有することや、重要な手続の瑕疵はそれだけで処分の取消事由に該当することなどを説得的に論じる答案もあった。

○　手続規定違反は、当然に処分取消事由となるわけではないため、本件での手続規定違反が事業計画変更認可の効力の帰趨にいかなる影響を及ぼすかを、手続規定違反とは別に検討する必要があるが、手続規定違反を肯定する答案では、比較的多くがその検討を行っていた。その際、答案の大半が、重大な手続規定違反は処分取消事由となり得ることを指摘していたが、本件での手続規定違反が権利保護手続の完全な不実施であったことも重要である。

（都市計画基準違反と施行区域要件違反について）

○　都市計画決定の違法が、本件事業計画変更認可の違法事由となることにつき言及する答案はほとんどなかった。論理的には検討が必要なはずであり、答案作成の際には、順を追って論旨を展開することが求められる。

○　都市計画基準違反（都市計画法第１３条第１項第１３号）や施行区域要件違反（法第３条第４号）を論じる際に、裁量について長々と論じる答案が目立ったが、本問では、そのような論述は求められていない。解答に当たっては、出題趣旨を的確に把握した上で、問われたことに対し、端的に答えることが求められる。

○　本件事業計画変更認可の違法性を論じるに当たり、法令の規定の文言のみから裁量の存在を肯定した上で裁量権濫用の有無を論じるなど、裁量権濫用論を誤解していると思われる答案が散見された。

○　都市計画基準への適合性と施行区域要件への適合性との区別はおおむねついているものの、問題文で挙げられている具体的な事実をそのいずれかで論ずるかについて誤っている答案が少なくなかった。

○　都市計画基準への適合性と施行区域要件への適合性をまとめて判断する答案が目立った。両者は異なる定めによる異なる基準である以上、それぞれの基準への適合性の判断内容は当然に異なる。条文を丁寧に読むことが求められる。

⑷　設問２について

（全体について）

○　違法性の承継の論点を論じる前提として、公定力や出訴期間制度の趣旨について長々と論じる答案が目立ったが、本問では、実体法的観点と手続法的観点の両面から違法性の承継を肯定する主張を検討することが求められているのであるから、端的に本論に入ることが肝要である。また、Ｄが本件事業計画変更認可の取消訴訟の出訴期間を徒過していることにつき、問題文中の日付も引用して長々と論じる答案もあったが、本問では、Ｄが本件権利変換処分の取消訴訟を提起していることを前提に、違法性の承継が問われているのであるから、全く無用の記述である。

○　会議録において、違法性の承継の可否を判断する際に最高裁が手がかりとした点が掲げられているのであるから、その議論を踏まえた個別法の解釈を丁寧にしなくてはならない。時間の限界もあったのかもしれないが、極めていい加減であった。行政法の能力は、最後は、個別法の解釈をいかに丁寧にかつ適切に行えるかにおいて示される。一般論を再現するだけでは足りない。

○　本問で求められている「被告Ｂ地区組合の反論」について全く触れない答案や、結論として、Ｄの立場（違法性の承継肯定）ではなく、違法性の承継を否定する立場で結論を導く答案も存在した。設問に対する解答が求められていることを今一度意識してもらいたい。

（実体法的観点からの検討について）

○　実体法的観点からの検討で問題とされるべき同一目的・同一効果について、本件の事案に即して具体的な論述ができている答案は皆無に近く、曖昧にこれを指摘する答案ばかりであった。

○　事業計画変更認可と権利変換計画認可の処分庁が同じかどうかを論じるといった、平成２１年判決の理解が不十分である答案が散見された。

（手続法的観点からの検討について）

○　本件事業計画変更認可に当たって、施行地区内の宅地所有者等の権利保護の観点から予定されている手続として、同意（法第３８条第２項、第１４条第１項）、縦覧及び意見書提出手続（法第３８条第２項、第１６条）、公告（法第３８条第２項、第１９条第１項、都市再開発法施行規則第１１条第３項第２号）があり、これらについて手続保障の観点から十分といえるかどうかを検討する必要があるところ、これらのうち二つ以上を挙げることができた答案は１割にも満たなかった。

○　手続法的観点に関し、違法性の承継は、制度的・類型的に考察すべきものであるのに、本件においてＤが不利益を認識できたかどうかなどの個別的事情を論じている答案が相当数あった。

○　手続法的観点から違法性の承継を肯定する論拠として、Ｄが事業計画変更認可の取消訴訟を提起できたことを挙げる答案が散見された。しかし、ここで論じられるべきは、取消訴訟を提起する機会を保障する手続が制度化されているかどうかである。

○　手続法的観点からの検討に当たっては、先行行為である事業計画変更認可を争う機会を保障する手続が制度化されているか否かを検討しなければならないところ、この点を肯定する論拠として、施行地区内の宅地所有権者等は、施行者に対し、権利変換を希望せず、金銭の給付を希望するか、施行地区外に移転すべき旨を申し出ることができるという、法第７１条第１項が定める手続を挙げる答案が目立った。しかし、この手続が、上記事業計画変更認可の違法を争うための手続に該当しないことは明らかである。条文を丁寧に読むことが求められる。

5　今後の法科大学院教育に求めるもの

○　これまでも繰り返し指摘されていることであるが、行政法の基本的な概念・仕組みを確実に押さえるとともに、重要な最高裁判例を丁寧に読んでその内容・射程を理解した上で、それらの知識を前提にして、事例問題の演習を行うことが求められる。これらを通じて、単に判例の知識を得るにとどまらず、重要な判例が示した法理や判断枠組みを具体的な事例の中で使いこなせるようになることが期待される。また、重要判例の理解や事例問題の演習においては、個別法の条文を読んで、問題となっている制度の仕組みを正確に把握することも目標とされるべきであろう。一見遠回りのようでも、重要判例の事案を丁寧に読み込み、個別法の条文を参照して、その仕組みや法解釈を学び、演習を通じて、その理解を答案に表現することができるようになることが肝要である。

再現答案①　Aランク　26～29位（145.97点、M・Hさん　論文順位52位）

第１　設問１小問(1)
１　本件事業計画変更認可（以下「本件認可」）は処分に当たるか。
(1)　「処分」（行訴法３条２項かっこ書）とは、公権力の主体たる国又は公共団体が行う行為のうち、その行為によって直接国民の権利義務を形成し又はその範囲を確定することが法律上認められているものをいう。そのため、具体的には公権力性と法効果性を有する行為が処分と考えられる。
(2)　これを本件についてみる。
ア　まず、本件認可は都道府県知事が法３８条１項に基づいて一方的に判断を下すものであるから、公権力性が認められる。
イ　次に、本件事業である第一種市街地再開発事業ではその施行地が施行地区（法２条３号）となり、その地区内の宅地について権利を有する者が強制的に市街地再開発組合の組合員となる（法２０条１項）。そして、組合員のうち宅地について所有権を有する者には再開発ビルの地上権設定に対する補償として再開発ビルの共有持分権が権利床として与えられる。この権利床は施行地区のうち所有者が有する宅地の価額の割合に応じて与えられるため、右割合が変化すれば事業の結果得られる権利床の割合も変化することになる。そして、本件認可は本件都市計画変更によってC地区を施行区域に加えて、それによって事業計画も変更している。これを認可している本件認可は、認可前の施行区域にC地区が加わる点で施行区域内の宅地の価額の割合が変わることとなり、それまでの施行区域の宅地所有権者が得られるべきであった権利床の面積の量にも影響を及ぼすことになる。また、施行区域の宅地の所有者が将来権利床を得られる地位は、事業計画変更認可によって施行区域内に新たな区域が編入された際に権利変換を行わない旨申告できる（法７１条５項）とされていることから、法的に保障された地位である。

そのため、本件認可は、従前の施行区域に新たな区域を編入させることを確定させ、一定の量の権利床を取得できるという法的地位に効果を生じさせる点で、法効果があるといえる。
２　したがって、本件認可は処分である。

● 出題趣旨によれば、本件事業計画の処分性を認めるために、直接的な法的効果がある旨を述べることが求められているところ、本答案は、(2)イで事業計画の制度内容を整理した上で、事業計画の変更の認可について「これを認可……ことになる」と論述して、権利床の面積の変更が法的効果であることを導いており、出題趣旨に合致する。

なお、上記に加え、法71条５項に触れられている点や起算日が変更されることまで論じられると、より出題趣旨に合致した論述になったものと考えられる。

第２　設問１小問(2)
１　本件認可が違法であることについて、Dはどのような主張が考えられるか。
(1)　まず、縦覧および意見書提出手続が履践されていないことについて主張する。

法１６条は法１１条１項の規定による認可の申請があったときは事業計画を２週間公衆の縦覧に供させること（１項）、施行地区の土地について権利を有する者に意見があるときは２週間の経過までに意見書を提出できること（２項）を定めている。しかし、これらの手続は今回履践されていない。

もっとも、法施行令は４条１項各号にて縦覧手続等を要しない事業計画等の変更について定めている。今回元の施行区域そのものであるB地区の面積が約２万平方キロメートルであるのに対し、新たに編入されたC地区の面積が約２千平方キロメートルであることか

● 出題趣旨によれば、本件の事業計画の変更は施行令４条１項の「軽微な変更」に当たらないことから、法16条の手続の履践が必要であったことを論述することが求められてい

ら、「施設建築物の設計の概要の変更で、最近の認可に係る当該施設建築物の延べ面積の１０分の１をこえる延べ面積の増減を伴わないもの」（同条２号）に該当する。そのため、本件認可による変更は縦覧手続等を要しないものであり、上記手続の不履践は手続上の違法に当たらない。

(2) 次に、事業計画変更後の施行区域が都市計画基準（都市計画法１３条１項１３号）を満たさず、さらに法３条各号の施行区域の要件を満たさないと主張することが考えられる。

ア　まず、都市計画法１３条１項１３号は市街地再開発事業について「一体的に開発し、又は整備する必要がある土地の区域について定めること」としている。これは同条柱書にある「都市の健全な発展と秩序ある整備を図るため必要なもの」を定めるためである。

そして、Ｃ地区は河川沿いの細長い形状の空き地であり、Ａ駅のあるＢ地区とは橋のない川を挟んで存在しており、Ａ駅に行くためにもかなりの遠回りをしなければならないため、人通りや人の流入が少ない状況にあった。そのため、形式的にも人の行き来を見た実質的な面でも到底Ｂ地区とＣ地区が一体といえる状態ではなかった。また、本件事業計画変更でＣ地区は公共施設である公園にする予定とされているが、空き地として長年放置されており、所有者Ｅの手に余っていた土地について公園としての役割が適しているとはいえない。

そのため、Ｂ地区とＣ地区は、「一体的に開発し、又は整備する必要がある土地」とはいえず、都市計画法の要件を満たしていない。

イ　次に、法３条４号は、都市計画に定める施行区域として、「当該都市の機能の更新に貢献すること」とし、柱書の「次に掲げる条件に該当する土地の区域でなければならない」という文言からすれば、これは都道府県知事をき束する要件といえる。

そして、前述の通りＣ地区は人通りの少ない細長い土地であり、所有権者Ｅが長年活用に苦慮するような、活用に難しい土地である。ＥがＲ市長やＢ地区組合の理事らに対して施行地区への編入をするよう働きかけを行っていることからすれば、本来都市機能の更新に活用し得ないのにもかかわらず無理やり施行地区として組み込まれたと考えることが自然である。

そうすると、Ｃ地区を施行区域に編入しても「当該都市の機能の更新に貢献する」とはいえず、法３条の要件を満たさない。

２　したがって、Ｄは実体上の違法について主張すべきである。

第３　設問２

１　Ｄは、本件取消訴訟において、本件事業計画変更認可の違法性を主張することができるか。

(1) 二つの処分が連続して行われて先行処分の取消訴訟の提訴期間が過ぎている場合、先行処分の違法性が後行処分に承継する場合には手続確定の安定性よりも被処分者の保護を図るべきである。では、本件事業計画変更認可の違法性は本件権利変換処分に承継されるか。

たところ、本答案は４条２号に該当するとして「軽微な変更」に当たるとしているが、これは評価として不正確である。

● 出題趣旨によれば、本件都市計画変更が都市計画法13条１項13号の要件を満たしていないことを指摘する必要があるところ、本答案は、(2)アで制度趣旨を示した上で、具体的事実を踏まえて同号の「一体的に……ある土地」の要件を満たしていないことを論述しており、出題趣旨に合致する。

● 出題趣旨によれば、本件都市計画変更が法３条各号の要件を満たしていないことを指摘する必要があるところ、本答案は、(2)イで条文の文言から首長の裁量が狭いことを述べた上で、具体的事実を示しながら「Ｃ地区を施行区域に編入しても……満たさない」として３条各号の要件を満たしていないことを述べており、出題趣旨に合致する。

ア　まず、実体法的観点からみるに、本件事業計画認可は施行区域の変更という事業計画の変更について認める処分であり、対して本件権利変換処分は事業施行前における宅地の所有権が区分所有権に変換する処分である。そのため、Q県知事としては二つの処分が全く別個のもので同一目的といえないと反論すると考えられる。

しかし、事業計画認可と権利変換はどちらも施行区域における再開発の事業の達成という一つの目的に向けて行われる連続した手続である。また、事業計画においては権利変換計画が決定され（法７２条１項）、認可後には権利床を得るべき者に計画が公告・通知される。そして、所定の期間の経過によって権利床への権利が確定し（７１条５項）、その後権利変換処分が行われる。そうすると、法は一連一体の手続として事業計画の認可と権利変換を捉えていると考えられる。

そのため、実体法的観点の要件を満たす。

イ　次に、手続法的観点から見るに、都道府県知事は事業計画変更認可をした後に公告を行うため（法３８条２項、１９条１項）、Ｄは公告によってＣ地区の編入を知ることができ、本来そこで右認可の違法性を争うことができたという反論が考えられる。

もっとも、Ｄは上記認可の段階ではＣ地区の編入については知っていたものの、自己に割り当てられるはずの権利床の大小について影響がないと考えていた。確かに、施行地区の宅地の価額割合と得られる権利床の大小が連動していることからすれば、新たに施行地区にＣ地区が編入されたことで権利床に影響があると考えることは可能かもしれない。しかし、編入されただけでは具体的な価額割合の変化を知ることはできず、具体的に自己の法的地位に不利益があると考えて訴訟提起を起こすことを求めることは酷である。

⑵　そのため、先行処分の段階で本件認可の違法性を争うための手続的保障が与えられていたとはいえない。

2　したがって、Ｄは本件取消訴訟において本件事業計画変更認可の違法性を主張することができる。

以　上

●　反論も想定しながら違法性の承継を肯定する立論をすることが求められていたところ、本答案は、実体法的観点について「二つの処分……考えられる」という反論を想定した上で、制度を分析して「一連一体の……考えられる」と論述して、実体法的観点から違法性の承継を認めており、出題趣旨に合致する。

●　反論も想定しながら違法性の承継を肯定する立論をすることが求められていたところ、本答案は、手続法的観点について、「都道府県知事は……争うことができた」として手続保障が与えられていた旨の反論を想定した上で「編入されただけでは……酷である」として、手続保障が不十分であることを立論しており、出題趣旨に合致する。

MEMO

再現答案②　Aランク　261～294位（123.06点、E・Tさん　論文順位169位）

第1　設問1⑴
1　本件事業計画変更認可は「処分」（行政事件訴訟法（以下、「行訴法」とする。）2条3項）に当たるか。
2　「処分」とは、公権力の主体たる国または公共団体が行う行為のうち、その行為により直接国民の権利義務を確定することが法律上認められているものをいう。
3　本件事業計画変更認可は、法38条1項、2項に基づき、Q県知事が一方的にその優越的地位に基づき行うものであるから公権力性が認められる。
4　本件事業計画変更認可はC地区を施行区域内に編入させるもので法38条1項だけでなく2項の適用があるから、少なくとも14条及び17条から19条の準用がある。認可の申請があった場合には都道府県が認可の基準を判断し、その基準を満たせば認可がされ（法38条1項、2項、17条）、認可がされると認可の公告（19条1項）がされる。本問の再開発事業は組合が施行しており、法38条2項により19条が準用されている以上、認可の公告は「第19条1項の公告」にあたり、施行地区内の建築行為等の制限という施行地区内の土地の所有者という特定の者に対して具体的な権利制限がかかる（法66条1項）。また、施行地区内の宅地について所有権を有する者は公告があった日から、30日以内であれば権利の変換をせず金銭の給付を希望する旨を申し出ることができ（法71条1項）、施行地区内に新たに土地を編入する場合には公告があったときから起算して権利変換を希望しない旨の申出（法71条5項）ができる。そして、施行者は権利変換計画を定め、都道府県知事の認可を受けなければならず（法72条1項）、権利変換計画を定めるにあたっては権利変換計画の縦覧等を行わなければならない（法83条1項）。前述のような手続を踏んだ上で権利変換計画の認可を受けたときは公告及び関係権利者への書面の通知が義務付けられており（法86条1項）、かかる関係権利者への書面の通知により権利変換に関する処分がされる（法86条2項）。権利変換とは、施行地区内の宅地の所有者に対し再開発ビルの敷地の共有持分権が与えられ、当該敷地に地上権が設定され、再開発ビルの区分所有権が与えられるというものであり、施行地区内の土地所有者は土地の所有権を奪われるという権利を制約され、地上権を設定されるという義務を課せられる法的地位に立たされるといえるから、直接的具体的な法効果性が認められる。
5　以上より、本件事業計画変更認可に処分性が認められる。

第2　設問1⑵
1　法16条の手続
⑴　本問では、法16条が定める縦覧及び意見書提出手続が履践されておらず、これが違法事由となるか。
⑵　本件事業計画認可においては法38条2項により法16条が準用されているところ、法38条2項かっこ書の「軽微な変更」にあたらない限りは法16条の縦覧等の手続が必要となる。「軽微な変更」にあたるかは土地再開発法施行令第4条に規定されている。
⑶　本問では、同施行令第4条1項1号及び3号から5号までに当たらないことは明らかである。本件事業の施行地区は約2万平方メー

● 再現答案①と同じく、法効果性について法令の規定を十分に摘示・引用し、詳細な検討を加えて説得的な論述を展開することができている。

● 出題趣旨によれば、本件事業計画変更認可の処分性を認めるために、直接的な法的効果がある旨を述べることが求められているところ、本答案は、事業計画の制度内容を詳細に整理した上で、事業計画の変更の認可について、施行地区内の宅地所有者等の権利ないし法的地位を何らかの形で直接的に変動させるものであるということを、「施行地区内の宅地の所有者に対し……義務を課せられる法的地位に立たされる」と論述して表している。この点で出題趣旨に合致する。

● 出題趣旨によれば、本件の事業計画の変更は施行令4条1項の「軽微

トルであるところ、新たに編入されるＣ地区は約２０００平方メートルであり、「当該施設建築物の延べ面積の１０分の１をこえる延べ面積の増減を伴わないもの」にあたるから２号の要件を満たす。したがって、「軽微な変更」にあたる。

(4) よって、法１６条の縦覧手続は不要であるから違法にならない。

２　Ｃ地区は都市計画基準を満たしているといえるか。

(1) 都市計画法１３条１項１３号は、「一体的に開発する必要がある」土地の区域について定めるとされているが、都市計画はいかなる都市を作るかという総合的・政策的判断を伴い、「一体的かつ総合的」（都市計画法１３条１項本文）という文言からも裁量が認められる。したがって、重要な事実の基礎を欠きまたは社会通念上著しく不合理である場合には裁量権の逸脱濫用として違法となる。

(2) 新たに編入するＣ地区は施行地区であるＢ地区から見て河川をこえた対岸にある細長い空き地であって、Ｂ地区側からの人の流入も期待できず、Ａ駅方面へ行くにはかなりの遠回りをしなければならない状態であった。川をこえなければいくことができない場所であり、これから人が流入してくる見込みがない以上、場所的な条件や人の流入状況などは要考慮事項であり、これを考慮していないといえる。このような場所を「一体」としてみることは困難であり、裁量権の逸脱濫用があり違法である。

３　次に、Ｃ地区が公園として整備されることにより、法３条４号の要件を満たすといえるか。都市計画法１２条２項は市街地再開発事業において施行区域を定めることを規定しているが、その施行区域は「都市の機能の更新に貢献」するものでなければならない（法３条４号）のだから、法３条４号の要件を満たさなければ法１７条３号の要件を満たさないことになり違法となる。Ｃ地区は公園として整備される予定ではあるが、再開発ビルが建築され公共施設が生み出されたとしても、Ｃ地区は川向かいの土地であり人の流入も乏しい土地である以上再開発に資するものとはいえず、都市の機能の更新に貢献するとはいえない。したがって、違法である。

第３　設問２

１　違法性の承継については、先行行為と後行行為が同一目的・効果を目指す一連の手続とみることができるという実体法的観点と先行行為の適否を争うための手続的保障が十分かという手続法的観点から判断される。

２　実体法的側面に関しては、権利変換処分の目的は権利の変換にあり、事業計画変更認可については市街地の再開発にあるとして目的が異なるとする立場がある。もっとも、本件事業計画変更認可は認可がされると公告がされ（法１９条１項）、公告があった後は一定期間の間に権利変換の申出をしない限り当然に権利交換が行われることになっており（法７１条）、最終的には権利変換処分を行うことが目的といえるから、両者は同一目的・効果を目指す一連の手続といえる。

３　次に、手続的側面についてみる。本件事業計画変更認可においては、認可がされると３８条２項により準用される１９条１項により公告がされる。もっとも、その内容は施行地区の変更の内容（施行規則１１条３項２号）や権利変換を希望しない旨の申出をすることができ

な変更」に当たらないことから、法16条の手続の履践が必要であったことを論述することが求められていたところ、本答案は「２号の要件を満たす」としており、評価として不正確である。

● 都市計画決定権者に都市計画決定の際に一定の裁量権があるとした場合、裁量権が都市計画法13条１項13号所定の基準に沿って行使されているか検討することが求められていたところ、本答案は、２(1)で裁量権を認めた上で、２(2)で具体的事実を挙げた上でＢ地区とＣ地区を「『一体』としてみることは困難であり、裁量権の逸脱濫用があり違法である」としており、出題趣旨に合致する。

● 都市計画決定権者に一定の裁量権があるとした場合、裁量権が法３条４号の基準に沿って行使されているか検討することが求められていたところ、本答案は「Ｃ地区は……再開発に資するものとはいえず、都市の機能の更新に貢献するとはいえない」としており、出題趣旨に合致する。

● 反論も想定しながら違法性の承継を肯定する立論をすることが求められていたところ、本答案は、実体法的観点について、権利変換と事業計画変更認可は「目的が異なるとする立場がある」という反論を想定した上で「最終的には権利変換処分を行うことが目的といえるから、……一連の手続といえる」として、違法性の承継を認めており、出題趣旨に合致する。

また、手続法的観点について、反論が十分ではないものの、具体的事

る期限（同項５号）に限られ、具体的な権利制限に関しては認識しえない。また、公告がされても国土交通大臣及び関係市町村長に施行地区および設計の概要を表示する図書を送付するだけで、関係者に個別に通知がされるものでなく認識が難しい。これに対して、権利変換をするに際しては権利変換計画の決定が必要で（法７２条１項）、その際に権利変換計画が２週間公衆の縦覧に供され、施行地区内の土地について権利を有する者等につき通知がされる（８３条）。加えて、権利変換の処分にあたっては関係事項を書面で通知して行う（法８６条１項、２項）ため、関係権利者は関係事項を十分認識しうる。そうだとすれば、事業計画変更認可の段階で十分に争う機会があったとはいえない。

4　よって、違法性の承継が認められる。

以　上

実を示した上で「事業計画変更認可の段階で十分に争う機会があったとはいえない」として違法性の承継を認めている点で、出題趣旨に合致する。

MEMO

再現答案③　Bランク　397～439位（118.85点、N・Tさん　論文順位658位）

第１　設問１⑴
１　処分（行訴法３条２項）とは、国または公共団体が主体となって、国民の権利義務を形成し又はその範囲を確定することが法律上認められているものをいう。具体的には、①公権力性、②法効果性によって判断する。
２　まず、本件事業計画変更認可は、都道府県知事であるＱ県知事によってなされている（法３８条２項、１９条１項）。ゆえに、公権力性は認められる。
３　次に、法効果性について検討する。変更認可がされ、新たな土地が編入された場合、変更の認可（３８条１項）の公告（同条２項、１９条１項）があった日から３０日以内に、従前の施行地区内の宅地所有者は、従前の申出を撤回し、又は権利変換を希望しない旨の申出をすることができる。
　これは、原則として、施行地区内の宅地の所有者には、宅地の割合に応じて再開発ビルの共有持分権が与えられ、ビル上に設定された地上権に対する補償として、再開発ビルの区分所有権が与えられるが、編入される土地によっては、与えられる区分所有権の割合が変わる可能性があるがための規定である。とりわけ、何ら再開発ビルの建設に役に立たない空き地などが編入されてしまうと、区分所有権が減るという不利益が生じうる。ゆえに、法効果性は認められる。
　また、変更認可がされた際には、公告（３８条２項、１９条１項）がなされ、従前の施行地区内の宅地の所有者は、従前の申出を撤回又は権利変換をしない旨の申出をすることができる。法は、変更認可がされた際に、不服申立ての機会を認めている。

● 再現答案①と比較すると、法効果性に関する論述（特に法令の摘示・引用）が薄い上に、正確とは言い難い。

第２　設問１⑵
１　「軽微な変更」の点について
⑴　事業計画変更認可が「軽微な変更」（３８条２項但書）に当たる場合は、事業計画の縦覧及び意見書提出手続（１６条）を実施する必要がない。
ア　従前の土地であるＢ地区は、２万平方メートルで、編入する土地であるＣ地区も２万平方メートルであるから、１０分の１を超える面積の増減を伴う（都市再開発施行令４条第２号）。それにもかかわらず、「軽微な変更」として、上記手続をしていない点に違法がある。
イ　また、本件事業計画変更は、再開発ビルを建設する予定の土地に、公園とする予定の土地を編入するものである。同施行令４条第５号は、国土交通省令で定めるものを「軽微な変更」としており、その具体例として、給水施設や消防用水利施設等の位置の変更を挙げている。これらと比べて、公園の編入は、「軽微な変更」とはいえない。

● Ｃ地区の面積は「約２千平方メートル」であり、「２万平方メートル」ではない。正しく事実を把握しなければ致命傷を負いかねないため、十分注意する必要がある。

２　都市計画法１３条１項１３号の点について
　同号は、「一体的」という抽象的な文言があり、現場的判断が求められる事項であるから、裁量が認められる。裁量の逸脱・濫用となる場合に違法となる（行訴法３０条）。
　Ｂ地区とＣ地区の間には河川がある。確かに、ビルの近くに公園があることにより、緑地が見られ、人々の心の安らぎとなる。しかし、

● 本件都市計画変更が法13条１項13号の要件を満たしていないことを指摘する必要があるところ、本答案は、首長に裁量が認められるとした上で裁量の逸脱濫用の有無を示しており、この点では出題趣旨に合致

河川には、橋がかかっていない。将来、橋がかかる可能性があるとしても現時点では行き来することはできない。

ゆえに、B地区とC地区は「一体的に開発……する必要」のある土地といえない。

3　法3条4号の点について

同号は、「高度の利用」といった抽象的文言があり、現場的判断が求められる事項であるから、裁量が認められる。

河川には橋がかかっていないから、B地区とC地区を行き来することはできない。そのため、C地区がB地区の再開発ビルを利用する人の役に立つことはなく、「高度の利用」はできない。ゆえに、裁量の逸脱・濫用があり、違法である。

第3　設問2

1　手続的違法

Dとしては、本件事業計画変更認可によっては自分に割り当てられる区分所有権の面積には影響がないと誤解しており、訴訟提起は考えなかったから、先行行為の適否を争う機会が十分に与えられていたとはいえないと反論する。

これに対して、個人の主観的事情は手続的保障があったかどうかの判断に影響しないとの反論が考えられる。

しかし、本件では、「軽微な変更」にあたると判断されたため、事業計画の縦覧及び意見書提出が実施されなかった。ゆえに、その後公告があったとしても、Dが事業計画の内容を知ることなく、誤解したとしてもやむを得ない。

よって、手続的違法がある。

2　実体的違法

Dとしては、本件事業計画変更認可と本件権利変換処分は同一目的ではないとの反論が考えられる。事業計画変更認可は、従前の土地の所有者に不利益を被らせないためのものであり、権利変換処分は、宅地の所有権を区分所有権に変換し、土地明渡しを経て実際の工事に着手するための処分である。ゆえに、前者は、従前の土地の所有者の保護、後者は、再開発ビル建築のための手続であり、目的が異なる。

これに対して、事業計画変更の公告がされたら、所有者は、30日以内に権利変換をするか金銭を得るか決めなければならない。すなわち、宅地所有者の権利を円滑に処理することは、最終的に再開発ビルの建設という目的に資する。ゆえに、同一目的といえる。

以　上

するが、具体的事実の摘示が不十分である。

● 出題趣旨・採点実感によると、手続法的観点に関し、違法性の承継は、制度的・類型的に考察すべきものとされているが、本答案では「Dが……やむを得ない」としてDの主観的事情を軸に論じており、違法性の承継の理解が不正確である。

● 反論も想定しながら違法性の承継を肯定する立論をすることが求められており、実体法的観点から事業計画と権利変換が一体として同一の目的のためにあるものであることを指摘する必要があったところ、本答案は反論を想定している点で出題趣旨に合致するが、最終的に再開発ビルの建設を目的と論じており、両者は一体として、権利変換という法効果の実現に向けられている点を明確に指摘できていない。

再現答案④　Cランク　1370～1423位（96.38点、K・Hさん　論文順位822位）

設問１
１　小問⑴について
本件事業計画変更認可は、処分の取消しの訴えにおける「処分」（行訴法３条２項）に当たるか。
⑴　まず、「処分」とは、公権力の主体たる国または公共団体の行う行為のうち、直接国民の権利義務を形成し、またはその範囲を確定することが法律上定められているものをいう。そして、その判断は、公権力性と法効果性に及び実効的権利救済の観点を加味して行う。
⑵　これを本件についてみると、本件事業計画変更認可は、法３８条に基づき行われるものであり、一方的に行われるものであるから、公権力性が認められる。
⑶　次に、第一種市街地都市再開発事業においては、施行地内の土地所有者は、所有する土地の価額の割合に応じて、再開発ビルの敷地共有持分権が与えられ、結果として権利床が与えられる。これに対し、事業計画が変更され、新たに土地が施行地区内に編入されると、その割合に応じて、編入した土地の所有者に再開発されたビルの権利床が与えられるため、従前の計画によって、所有者が得られるはずであった権利床の割合に影響を与える。したがって、従前の計画によって権利床を与えられるという権利に影響を与えるため、法効果性が認められる。
⑷　また、事業計画変更がなされたことによって、権利者に権利変換を希望するかの選択権が与えられるから、権利変換が行われるかどうかと事業計画変更は一連のものといえず、権利変換の時点で争うことはできないから、実効的権利救済の観点からも本件事業計画変更認可の段階で争わせる必要がある。
⑸　よって、本件事業計画変更認可は「処分」にあたる。

● 本件事業計画の処分性を認めるために、直接的な法的効果があることを述べることが求められているところ、本答案は、⑶で事業計画の制度内容を整理した上で、「所有者が……与える」と論述し、権利床の面積の変更が法的効果であることを導いており、出題趣旨に合致する。

２　小問⑵
⑴　Ｄとしては、まず、本件法１６条が定める縦覧及び意見書提出手続（以下本件手続）が履践されていないことは、取消しの訴えにおける違法であると主張することが考えられる。
ア　まず、法３８条２項は、事業計画を変更しようとするときは、法１６条の定める手続を履践しなければならないとしている。そのため、本件のように本件手続を履践していない場合は、違法を構成しうるとも思える。
イ　これに対し、Ｑ県知事は本件事業計画変更が「軽微な変更」（法３８条２項かっこ書）に当たるとして、本件手続は不要であると判断している。そこで、本件事業計画変更が「軽微な変更」に当たるか問題となる。
ウ　本件では、法３８条２項の委任を受けた都市開発法施行令が定められており、同施行令４条２号の定める基準は、変更に伴う建築物の延面積が１０分の１を超えないものとしているが、本件事業計画変更においては約２万平方メートルの土地に対し、編入されるＣ地区は２千平方メートルである。そのため、施行令４条２号の定める基準を超えており、本件事業計画変更は「軽微な変更」に当たらない。

● 出題趣旨によれば、本件の事業計画の変更は施行令４条各号になく、「軽微な変更」に当たらないことから、法16条の手続の履践が必要であったことを論述することが求められていたところ、本答案は施設建築物の延べ面積をもとに判断すべきところ、編入する土地を基準に評価しており、評価として不正確である。

エ　したがって、本件事業計画変更は法３８条２項に当たり、違法である。

⑵　次に、都市計画法１３条１項１３号の定める基準及び法３条の定める基準に該当せず、違法であると主張することが考えられる。

ア　まず、都市計画法１３条１項１３号は、市街地開発事業について「一体的に開発し、又は整備する必要がある土地」であることを要求しているところ、かかる規定は抽象的文言を用いており、かつ、何が一体的に開発・整備する必要があるのかの判断には専門技術的判断を要するから、行政庁の裁量が認められる。

また、法３条各号の定める「都市の機能の更新に貢献すること」についても、抽象的な文言を用いており、都市の機能の更新に貢献するかどうかは、専門技術的判断を要するものであるから、同様に裁量が認められ、行政庁の判断が重要な事実の基礎を欠くか、社会通念上著しく妥当性を欠く場合には裁量の逸脱濫用として違法となる。

イ　これを本件についてみると、Ｂ地区とＣ地区は互いに橋が架かっておらず、人の流入が期待できない状況であった。それにもかかわらず、「一体的に開発し、又は整備する必要がある土地」という要件を満たすとすることは、考慮すべき事実を考慮していないとして、考慮不尽であり、行政庁の判断が重要な事実の基礎を欠くか、社会通念上著しく妥当性を欠くといえ、裁量の逸脱濫用にあたる。

また、人の流入が見込めない中で、Ｃ地区を公園として活用したとしても、都市の機能は更新されるとはいえず、公園という公共施設であることを重く評価して判断した本件では、評価の明白な合理性の欠如があり、裁量の逸脱濫用となる。

ウ　したがって、行政庁の判断は裁量を逸脱濫用するものであり、違法である。

設問２

１　Ｄは本件取消訴訟において、本件事業計画変更認可の違法性を主張することができるか。

⑴ア　まず、実体的観点について、被告からすると権利変換は、本件事業計画変更がなされたとしても、必ず生じるわけではなく、権利変換をしない申出をすることもできるのであるから、両者が相結合して初めてその効果を発揮するものであるとはいえないと反論することが考えられる。

イ　しかし、権利変換を希望しない旨の申出をしなければ原則として、権利変換されるのであるから、事業計画変更認可と権利変換は一連一体の手続であるとして、相結合して初めてその効果を発揮することができるものであるといえる。

ウ　したがって、実体的観点からは違法性は承継される。

⑵ア　次に、手続的観点について、被告からは、Ｄは本件事業計画変更において、Ｃ地区の編入に対し不信感を抱いており、その時点で取消訴訟を提起できたのであるから、先行手続を争う手続保障がされていたと反論が考えられる。

イ　しかし、手続保障が及んでいたかどうかは、原告の実効的権利

● 出題趣旨によれば、本件都市計画決定権者はその変更に一定の裁量権を有するが裁量にも限界があり、都市計画法13条１項13号の要件と法３条各号の要件を満たす必要があることを踏まえて、その違法性をそれぞれ検討する必要があるところ、本答案はアで各条文の文言から裁量が認められることを示せているが、各条文の要件にそれぞれ適合するかで判断の違法性を検討することはできておらず、出題趣旨に合致しない。

● 反論も想定しながら違法性の承継を肯定する立論をすることが求められていたところ、本答案は、実体法的観点について、違法性が承継されていると判断するに至る法制度の分析が不十分であり出題趣旨に合致しない。

● 出題趣旨・採点実感によると、手続法的観点に関し、違法性の承継は、制度的・類型的に手続保障が十分であったか否かを考察することが要求されていたところ、本答案は違法性の承継を認めるために手続保障が不

救済の観点から、偶然的に違法を争うことができたというのでは足りず、客観的に先行手続を争うための手続が及んでいる必要がある。

本件では、本件事業計画変更認可における事業計画の縦覧及び意見書提出手続という先行手続を争うための手続が保障されておらず、手続的観点からも違法性は承継される。

2　よって、本件事業計画変更認可における違法性が権利変換に承継されるため、本件取消訴訟において違法を争うことができる。

以　上

十分だったとする論述において法制度の分析が不十分であり、その点で出題趣旨に合致しない。

民事系

第1問　民法

問題文

［民事系科目］

〔第１問〕（配点：１００〔**〔設問１〕**及び**〔設問２〕**の配点は、５０：５０〕）

次の各文章を読んで、後記の**〔設問１⑴・⑵〕**及び**〔設問２〕**に答えなさい。

なお、解答に当たっては、文中において特定されている日時にかかわらず、令和６年１月１日現在において施行されている法令に基づいて答えなさい。

【事実】

１．Ａは、遠方に、空き地である甲土地を所有しており、甲土地の所有権の登記名義人はＡである。

２．令和２年４月１日、Ａの子Ｂは、Ａの了承を得ないまま、甲土地について、Ｃとの間で、賃料月額５万円、賃貸期間３０年間、建物所有目的との約定による賃貸借契約（以下「契約①」という。）をＢの名において締結し、同日、甲土地をＣに引き渡した。契約①の締結に当たり、Ｃが、Ｂに対し、甲土地の所有権の登記名義人がＡである理由を尋ねたところ、Ｂは、「Ａは父であり、甲土地は既にＡから贈与してもらったものだから、心配はいらない。」と言い繕った。Ｃがなお不安がったことから、契約①には、甲土地の使用及び収益が不可能になった場合について、損害賠償額を３００万円と予定する旨の特約が付された。

３．令和２年７月１日、Ｃは、甲土地上に居住用建物（以下「乙建物」という。）を築造し、乙建物について所有権保存登記を備えた。Ｃは、乙建物に居住している。

４．令和３年７月１０日、Ｂが急死した。Ｂは、遺言をしておらず、また、Ｂの相続人は、Ａのみである。Ｃは、Ｂの相続人が誰であるか分からなかったことから、Ｂの死亡後、甲土地の賃料を供託している。

５．令和４年４月１５日、Ａは、甲土地をＣが利用していることに気付き、Ｃに対し、甲土地の所有権に基づき、乙建物を収去して甲土地を明け渡すよう請求した（以下「請求１」という。）。これに対して、Ｃは、「㋐私は、契約①に基づいて甲土地を占有する権利を有している。仮にそのような権利がないとしても、㋑３００万円の損害賠償を受けるまでは甲土地を占有する権利がある。」と反論した。

〔設問１⑴〕

【事実】１から５までを前提として、次のア及びイの問いに答えなさい。

ア　Ｃは、下線部㋐の反論に基づいて請求１を拒むことができるかどうかを論じなさい。

イ　下線部㋐の反論が認められない場合に、Ｃが下線部㋑の反論に基づいて請求１を拒むことができるかどうかを論じなさい。

【事実】

6．【事実】５の後、ＡとＣとの間で交渉が持たれ、令和４年６月１日、Ｃは、乙建物を代金２８０万円でＡに売却し、同日、乙建物をＡに引き渡した。その後、乙建物について、ＣからＡへの所有権移転登記がされた。

7．令和４年６月１５日、Ａは、乙建物について、Ｄとの間で、賃料月額１２万円、賃料前月末日払、賃貸期間２年間との約定による賃貸借契約（以下「契約②」という。）を締結し、同年７月１日、乙建物をＤに引き渡した。

　Ｄは、令和４年７月分から９月分までの賃料を、それぞれ約定どおりＡに支払った。

8．令和４年９月初めから雨が降り続く中、同月１１日、乙建物の一室（以下「丙室」という。）で雨漏りが発生し、同日以後、丙室は使用することができなくなった。その後の調査によれば、丙室の雨漏りは、契約②が締結される前から存在した原因によるものであった。

9．令和４年９月１３日、Ｄは、Ａに何らの通知もしないまま、建設業者Ｅに丙室の雨漏りの修繕工事を依頼した。Ｅは、雨漏りの状態を確認した上で、同月２０日、この依頼を報酬３０万円で引き受け、同月２４日から３０日まで丙室の雨漏りの修繕工事（以下「本件工事」という。）を行った。Ｄは、Ｅに３０万円の報酬を支払い、同年１０月１日から丙室の使用を再開した。

　令和４年９月３０日、Ｄは、翌日から丙室の使用が可能となったため、Ａに令和４年１０月分の賃料を支払った。

10．令和４年１０月１０日、Ｄは、Ａに対して、同年８月３１日に支払った令和４年９月分の賃料の一部を返還するよう請求する（以下「請求２」という。）とともに、ＤがＥに報酬として支払った３０万円を直ちに償還するよう請求した（以下「請求３」という。）。Ａは、この時に初めて、丙室に雨漏りが発生した事実とＤがＥに本件工事を行わせた事実とを知った。

　Ａは、請求２及び請求３を拒み、Ｄに対し、「特に修繕工事を急ぐべき事情はなかったのだから、Ｄは、そもそも、丙室の雨漏りを無断で修繕する権利を有していなかったはずだ。しかも、ＤがＥに支払った報酬３０万円は高すぎる。私が一般の建設業者に依頼していれば２０万円で足りたはずだ。」と反論した。

〔設問１(2)〕

　【事実】１から10までを前提として、次のア及びイの問いに答えなさい。

ア　請求２が認められるかどうかを論じなさい。

イ　請求３が認められるかどうかを論じなさい。なお、本件工事の実施について急迫の事情はなく、また、本件工事と同じ内容及び工期の工事に対する適正な報酬額は２０万円であるものとする。

【事実】

11. 令和５年９月１５日、Ｆは、Ｇに無断で、Ｇが所有する丁土地を駐車場として使用し始めた。Ｇは、Ｆとは知らない仲ではなかったことや、Ｇ自身は丁土地を使用する予定がなかったことから、Ｆに対し、口頭で抗議をする以外のことをしなかった。

12. 令和５年１２月５日、Ｇは、配偶者であるＨと協議により離婚し、Ｈとの間で離婚に伴う財産分与について協議をした。Ｇは、丁土地以外の財産をほとんど持っておらず、また、失職中で収入がなかった。Ｇは、Ｈに対し、Ｇの財産及び収入の状況を伝えるとともに、丁土地はＦが無断で使用しているだけなので、いつでもＦから返してもらえるはずであると説明した。

13. 令和５年１２月６日、ＧとＨとの間で、離婚に伴う財産分与として、Ｇが丁土地をＨに譲渡する契約（以下「契約③」という。）が締結された。その際、Ｇは、ＧではなくＨに課税されることを心配して、そのことを気遣う発言をしたのに対し、Ｈは、「私に課税される税金は、何とかするから大丈夫。」と応じた。Ｈは、Ｈにのみ課税されるものと理解していた。同月１１日、丁土地について、ＧからＨへの所有権移転登記がされた。

14. 令和６年１月１０日、ＨとＩとの間で、Ｈが丁土地を代金２０００万円でＩに売る契約（以下「契約④」という。）が締結された。Ｈは、Ｉに対し、丁土地の使用に係る事情について、ＨがＧから受けた説明のとおりに説明した。同日、Ｉは、Ｈに対し、契約④の代金を支払った。丁土地について、ＨからＩへの所有権移転登記は、されなかった。

15. 令和６年１月１５日、Ｇは、税理士である友人から、課税されるのは財産分与をした側であるＧであり、その額はおおよそ３００万円であるとの指摘を受けた。Ｇは、契約③に係る課税についての誤解に基づきＨとの間で契約③を締結したことに気付いたため、同日、Ｈに対し、契約③をなかったこととする旨を伝えた。Ｉは、Ｇが契約③に係る課税について誤解していたことを契約④の締結時に知らず、そのことについて過失がなかった。

16. 令和６年１月１８日、Ｇは、丁土地を駐車場として使用しているＦに対し、丁土地を買わないかと持ち掛けた。Ｇは、丁土地の所有権の登記名義人がＨとなっていることについては、ＧとＨとの間で契約③が締結されたものの、Ｇが契約③に係る課税について誤解していたため、契約③は既になかったこととなっているとＦに説明した。同月２５日、ＧとＦとの間で、Ｇが丁土地を代金２０００万円でＦに売る契約（以下「契約⑤」という。）が締結された。同日、Ｆは、Ｇに対し、契約⑤の代金を支払った。

〔設問２〕

【事実】11から16までを前提として、次の問いに答えなさい。

令和６年１月３０日、Ｉは、丁土地を占有するＦに対し、丁土地を明け渡すよう請求した（以下「請求４」という。）。請求４が認められるかどうかを論じなさい。

MEMO

出題趣旨

【民事系科目】

〔第１問〕

１　設問１について

⑴　設問１⑴は、他人物の賃貸借契約において、賃貸人が死亡して目的物の所有者が賃貸人を単独で相続した事例に基づき、賃借人が、賃貸人の地位を相続した所有者に対し、占有権原として賃借権を主張することの可否についての検討とともに、賃借人が留置権を行使して賃借物の返還を拒むことの可否についての検討を求めるものである。

設問１⑵は、賃貸借の目的である建物に雨漏りが生じた事例に基づき、賃借物の一部の使用収益が不能であることを理由とする賃料減額についての検討とともに、賃借人が修繕権に基づかずに賃借建物の修繕工事を行い、通常の必要費を超える支出をした場合における必要費償還請求権の成否及び額についての検討を求めるものである。

⑵　設問１⑴アでは、Ｃは、下線部㋐において契約①に基づく賃借権を主張しているものと解される。

ア　最初に、Ｂの死亡により相続が開始する前には、契約①による賃借権は甲土地の占有権原とならないことを、論じることが求められる。契約①は、Ｂが賃料の支払を受けてＡ所有の甲土地をＣに使用収益させる契約であって、他人物賃貸借に当たる。そのため、Ｃは、Ｂに対して賃借権を主張することができても、甲土地の所有者Ａに対しては、賃借権を占有権原として主張することができない。

イ　次に、相続の開始によりＡがＢの賃貸借契約上の地位や債務を承継した場合にも、この点に変わりがないかを、検討することが求められる。判例は、他人の権利の売主が死亡し、その権利者において売主を相続した場合につき、権利者は、相続によって売主の義務を承継しても、相続前と同様その権利の移転につき諾否の自由を有し、信義則に反すると認められるような特別の事情がない限り、売主としての履行義務を拒否することができるとする（最大判昭和４９年９月４日民集２８巻６号１６９頁）。本問についても、当該判例で示された考え方を踏まえた検討が期待されている。

まず、Ａが、相続により、Ｂのどのような地位・債務を承継したかを分析することが必要である。Ｂは、契約①に基づき、他人物の賃貸人として、Ｃに対し、甲土地の所有者Ａからその賃貸権限を取得し、賃貸権限に基づいて甲土地を使用収益させる債務を負う（民法第６０１条、第５５９条による第５６１条準用）ところ、Ａは、このようなＢの地位・債務を相続により承継した（民法第８９６条）。

次に問われるのは、Ａの所有者としての地位との関係である。相続開始後も、Ａにおいては、甲土地の所有者としての地位と（Ｂから承継した）賃貸人としての地位が、融合することなく併存する。また、相続開始前、Ａは、甲土地の所有者として、Ｂに賃貸権限を与えるか否かを自由に決することができたところ、相続開始後も、Ａは、所有者としての地位において、Ｂから承継した債務の履行（甲土地の使用収益を賃貸権限に基づくものとすること）を拒むことができると解される。相続という偶然の事由によってAが前記の自由を奪われるべき理由はなく、また、Aの拒否によってCが不測の損害を受けることもないからである。

結論として、相続の開始後も、Cは、契約①による賃借権を甲土地の占有権原として主張することができない。

(3) 設問1(1)イでは、Cは、下線部④において３００万円の損害賠償債権を被担保債権とする留置権（民法第２９５条）を主張しているものと考えられる。

ア　まず、被担保債権については、AがCに甲土地の明渡しを請求したことにより、AがBから承継した賃貸人としての債務が履行不能になったこと、契約①には賠償額の予定（民法第４２０条）があること、したがって、Cは、Aに対して、債務不履行による損害賠償（民法第４１５条第１項）として３００万円の被担保債権を有することを、述べることが求められる。

イ　次に、物と債権との牽連関係の要件については、その重要性に応じた丁寧な検討が求められる。判例は、他人の物の売買における買主は、所有者の目的物返還請求に対し、所有権を移転すべき売主の債務の履行不能による損害賠償債権を被担保債権とする留置権を主張することは許されないとし、物と債権との牽連関係を否定する（最判昭和５１年６月１７日民集３０巻６号６１６頁）。本問についても、当該判例を踏まえた検討が期待されている。

他人物の賃貸借における賃借人が、賃借物の所有者から返還請求を受けた場合に、賃貸人の債務の履行不能による損害賠償債権については、物と債権の牽連関係を否定すべきものと考えられる。例えば、前記の判例（前掲・最判昭和５１年６月１７日）を参照すれば、他人物の賃貸人は、自らの債務が履行不能となっても、目的物の返還を賃借人に請求し得る関係になく、そのため、賃借人が目的物の返還を拒絶することによって損害賠償債務の履行を間接に強制するという関係が生じないことをもって、牽連関係を否定する論拠となし得る。また、仮に牽連関係が肯定されるとすれば、賃貸権限のない第三者が目的物を賃貸した行為によって当該目的物の上に留置権が成立することになり、目的物の所有者の地位と衝突してしまう。

なお、設例では、相続により賃貸人Bと所有者Aの地位が同一人に帰した後における留置権の成否が問われている。しかし、相続の開始という事情は、Aにおいて所有者としての地位と賃貸人としての地位が併存するものと解する限り、留置権の成否（物と債権の牽連関係の存否）には影響しない。

(4) 設問1(2)アでは、Dは、丙室の使用収益の不能により令和４年９月分の賃料債権が当然減額されたことを理由に、既に支払った同月分の賃料の一部について不当利得返還を請求しているものと考えられる。

まず、賃借物の一部の使用収益の不能による賃料減額（民法第６１１条第１項）の成否についての検討が必要である。Dは、Aから賃借した乙建物のうちの丙室につき、令和４年９月１１日から同月３０日までの２０日間、雨漏りのために使用収益することができなかった。したがって、令和４年９月分の賃料は、民法第６１１条第１項により、丙室が乙建物の使用収益に占める割合及び使用収益を妨げられた日数に応じて当然に減額されることになる。

続いて、不当利得返還請求権の成立を論じることが求められる。令和４年９月分の賃料につき、Ａは、賃料債権が当然減額されるにもかかわらず全額の支払を受けているのであるから、不当利得（給付利得）が成立する。したがって、Ｄは、Ａに対し、減額分に対応する賃料の返還を請求することができる。

(5) 設問１(2)イでは、Ｄは、必要費償還請求権（民法第６０８条第１項）に基づき、本件工事のために支出した報酬額３０万円の償還を請求しているものと考えられる。

ア 本件工事は、雨漏りの修繕工事であるから、その報酬の支払は必要費の支出に該当する。もっとも、本件工事はＡに無断でされたから、当該事情が何らかの意味を持ち得るかの検討が必要となる。本件工事には「急迫の事情」がなく、また、Ａに対する事前の「通知」もないため、本件工事はＤの修繕権（民法第６０７条の２）に基づくものとは言えない。しかし、民法第６０７条の２の規定は、同法第６０８条１項と接続されておらず、また、同条の趣旨は、専ら、賃借人による賃借物の修繕を賃貸人に対する債務不履行・不法行為でなくするところにある。したがって、修繕権に基づかない修繕である場合にも、そのことを理由に、必要費償還請求権が排除され、または償還額が制限されることにはならない。

イ また、本件では、Ｄが支出した費用が相当な報酬額よりも多額であるため、その全額の償還請求を認めてよいかも検討しなければならない。通常の額を超える部分は「賃貸人の負担に属する必要費」に当たらないと解されるので、Ｄの必要費償還請求権は、相当な報酬額２０万円を限度とするという結論に至る。

ウ 民法第６０７条の２の趣旨については、上記アに述べた理解のほか、賃貸人が自ら修繕する利益の保護にあるとする理解も成り立つ。この立場からは、賃借人が修繕権に基づかないで修繕を行った場合には、賃借人の必要費償還請求権は賃貸人が自ら修繕を行ったと仮定した場合の支出額を限度とするものと解される。

２　設問２について

設問２は、不動産の所有権の取得をめぐる争いを素材として、基礎事情の錯誤（動機の錯誤、事実の錯誤ともいう。以下同じ。）による離婚に伴う財産分与の意思表示の取消しの可否や、錯誤による意思表示の取消しと第三者の保護といった基本的な問題について正確な理解をすることができているかどうかを問うとともに、錯誤による意思表示の取消し前の第三者が保護を受けるための要件としての登記の要否、その第三者と表意者から物権の取得をする原因を有する者との関係といった応用的な問題について相応の対処をすることができるかどうかを問い、あわせて、問題相互の関係を適切に把握する能力や具体的事実を法的な観点から適切に評価する能力等を確かめようとするものである。

(1) 請求４は、Ｉが所有権に基づく返還請求権としての土地明渡請求権を行使するものである。したがって、請求４が認められるためには、Ｉが丁土地の所有者である必要がある。もっとも、Ｇは、錯誤により丁土地の所有権移転原因である契約③の意思表示を取り消す（民法第９５条第１項）こととしている（【事実】15）。このことが認められれば、契約③は、それにより遡って無効となる（民法第１２１条）。無権利者Ｈからの取得者Ｉは、原則として、丁土地の所有権を取得することができない。

そこで、Gの錯誤による契約③の意思表示の取消しが認められるかどうかが問題となる。この問題に関連する判例として、最判平成元年９月１４日家月４１巻１１号７５頁がある。

ア　離婚に伴う財産分与を内容とする契約③の意思表示も、売買契約の意思表示等と同じように、民法第９５条第１項の規定の適用を受ける。

イ　本問では、Gは、離婚に伴う財産分与として丁土地をHに譲渡することを内容とする契約③の意思表示を、これに対応する意思をもってしている。そのため、Gの錯誤は、民法第９５条第１項第１号の定める錯誤に当たらない。

もっとも、Gは、真実に反して、Gに課税がされないと認識していた（【事実】13及び15）。さらに、Gは、財産及び収入の状況が悪かった（【事実】12）一方で、実際にGに課税される額は、３００万円程度であった（【事実】15）。このことを踏まえれば、民法第９５条第１項第２号の「表意者が法律行為の基礎とした事情」の意義については解釈の余地があるものの、いずれにせよ、Gの錯誤は、同号の定める錯誤、つまり基礎事情の錯誤に当たるものと考えられる。

ウ　では、Gは、錯誤による契約③の意思表示の取消しをすることができるのか。

㈠　基礎事情の錯誤による意思表示の取消しは、「その事情が法律行為の基礎とされていることが表示されていたとき」（以下「基礎事情の表示の要件」という。）に限り、これをすることができる（民法第９５条第２項）。平成２９年法律第４４号による改正前の民法の下での動機の錯誤に関する判例（最判平成２８年１月１２日民集７０巻１号１頁等）の理解の仕方については、争いがあった。

基礎事情の表示の要件については、さまざまな考え方が示されている。例えば、基礎事情の錯誤による不利益は、本来は表意者が負担すべきであるという観点を基礎に据えつつ、同要件を満たすためには、表意者が動機となった事情を相手方に一方的に表示しただけでは足りず、その事情がなければその内容の意思表示の効力は否定されることについて相手方の了解があったことが必要であるとする見解がある。本問では、実際にGに課税される額は、３００万円程度であったこと（【事実】15）を踏まえつつ、GがHに対し、Gの財産及び収入の状況が悪いことを伝えた（【事実】12）上で、Hに課税されることを気遣う発言をした（【事実】13）こと、これに対し、HがHに課税されるとの理解の下で「私に課税される税金は、何とかするから大丈夫。」と応じたこと（【事実】13）を考慮すれば、前記の意味でのHの了解まで黙示的にあったものと評価することができる。

解答に当たっては、首尾一貫した論述をしていれば、どの考え方を採ってもよい。本問においては、いずれにせよ、基礎事情の表示の要件を満たすものと考えられる。

㈡　本問では、①Gは、Gに課税がされるのであれば契約③の意思表示をしなかった（【事実】15）ため、「錯誤に基づ」（民法第９５条第１項柱書）いて意思表示がされたことの要件（主観的因果関係）を満たす。また、②Gは、財産及び収入の状況が悪かった（【事実】12）一方で、実際にGに課税される額は、３００万円程度であった（【事実】15）ことを考慮すれば、その錯誤が「法律行為の目的及び取引上の社会通念に照らして重要なものである」（同柱書）ことの要件（客観的重要性）を満たすものと考えられる。

これらの要件について、基礎事情の表示の要件（前記(ア)）を踏まえた検討がされているものについては、高い評価が与えられる。例えば、前記(ア)で示した考え方によれば、両要件は、実際には重なるところがあるようにみえるため、両要件の関係について検討を行うことが望まれる。

エ　本問では、GとHとの双方が、Gに課税がされないとの同一の錯誤に陥っていたものと考えられる（【事実】13及び15）。したがって、Gの錯誤がGの重大な過失によるものであったかどうかにかかわらず、Gは、錯誤により契約③の意思表示を取り消すことができる（民法第９５条第３項第２号）。

(2)　本問では、Gが錯誤による契約③の意思表示の取消しをしたことによって、Iは、丁土地の所有権を取得することができないのが原則である（前記(1)）。もっとも、Gは、民法第９５条第４項の規定により、その取消しをIに対抗することができないのではないか。

ア　民法第９５条第４項の規定は、㋐取消しの遡及効（民法第１２１条）によって害される第三者、つまり取消し前の第三者についてしか適用されない（詐欺による意思表示の取消しに関する大判昭和１７年９月３０日民集２１巻９１１頁を参照）。また、同項の「第三者」とは、㋑錯誤の当事者及びその包括承継人以外の者であって、錯誤による意思表示によって生じた法律関係について、新たに法律上の利害関係を有するに至ったものをいう（詐欺による意思表示の取消しに関する最判昭和４９年９月２６日民集２８巻６号１２１３頁を参照）。さらに、同項の「第三者」は、㋒錯誤による意思表示であることについて、善意無過失でなければならない。

本問において、Iは、㋐取消し前に（【事実】14及び15）、㋑Hから丁土地の所有権を取得する原因を有するに至っていた（【事実】13）。また、Iは、㋒契約③の意思表示がGの錯誤によるものであることについて、善意無過失であった（【事実】15）。

イ　もっとも、本問では、Iは、丁土地について、HからIへの所有権移転登記を備えていない（【事実】14及び16）。そこで、民法第９５条第４項の「第三者」は、明文にはないものの、同項の規定により保護を受けるための要件としての登記、つまり権利保護資格要件としての登記を備える必要があるかどうかが問題となる。

(ア)　詐欺による意思表示の取消しに関する前掲最判昭和４９年９月２６日は、平成２９年法律第４４号による改正前の民法第９６条第３項の規定について、同項の「第三者」を「対抗要件を備えた者に限定しなければならない理由は、見出し難い。」としていた。もっとも、この判例が扱った事案は、特殊なものであったため、この判例が権利保護資格要件としての登記を不要としたものであると理解すべきかどうかについては、争いがある。

(イ)　錯誤による意思表示の取消しについては、まだ議論が十分にされていない。解答に当たっては、首尾一貫した論述をしていれば、不要説を採っても、必要説を採ってもよい。たとえば、錯誤に陥った表意者のほうが欺罔された表意者よりも帰責性が大きい点を考慮するならば、民法第９６条第３項の「第三者」について不要説を採るときはもちろん、必要説を採るときであっても、民法第９５条第４項の「第三者」については、不要説を採ることが考えられる。他方で、前記の点を考慮したとしても、この点は取消しの要件のレベルで考慮されていると捉えるならば、民法第９６条第３項の

「第三者」について必要説を採るときは、民法第９５条第４項の「第三者」についても必要説を採ることが考えられる。

(ウ) 本問では、請求４の相手方は、表意者であるＧではない。そのため、表意者との関係において対抗要件としての登記を備えるべきであるかどうかという問題は、本問では論ずる必要がない。

(3) 民法第９５条第４項の「第三者」について不要説を採るときは、Ｉは、同項の「第三者」としての保護を受ける。本問では、丁土地についてＧからＨへの所有権移転登記がされている（【事実】13及び16）。この場合において、請求４が認められるのか。

ア この問題については、(1) Ｉが民法第９５条第４項の「第三者」としての保護を受けるときは、錯誤による意思表示の取消しをＩに対抗することができなくなる結果、丁土地の所有権は、Ｇ→Ｈ→Ｉと移転すると捉える見解と、(2) この場合であっても、ＧとＨとの間で締結された契約③が有効になるわけではないとして、丁土地の所有権は、Ｇ→Ｉと直接に移転すると捉える見解とが考えられる。(1) のうち、(1-1) Ｈが登記を備えたことによって丁土地の所有権を確定的に取得するため、Ｆは、Ｇから丁土地の所有権を取得することができず、無権利になると理解するならば、請求４は、認められる。これに対し、(1) のうち、(1-2) Ｈ自身が登記を備えたことによって丁土地の所有権を確定的に取得したとＦに主張することができない以上、ＩもそのことをＦに主張することができないと理解するか、又は (2) を採るならば、Ｉは、登記を備えなければ、丁土地の所有権を取得したことを民法第１７７条の「第三者」であるＦに対抗することができない。そのため、請求４は、同条の「第三者」であるＦが、登記を備えるまで丁土地の所有権を取得したことを認めないと主張したときは、認められない。

(1-1) を採るときは、その根拠として、所有権の登記名義人でないＧとの間で契約⑤を締結したＦは、保護に値しないことを指摘することが考えられる。他方で、(1-2) 又は (2) を採るときは、その根拠として、契約③はＧにより取り消されている以上、Ｆが保護に値しないとはいえないことや、(1-1) によれば、Ｇから丁土地を買おうとする者が現れなくなり、不動産の流通が著しく阻害されることを指摘することが考えられる。

イ 前記アは、民法第９４条第２項の「第三者」の解釈を参考として、考え方の方向性を示したものである。同項の規定に関する最判昭和４２年１０月３１日民集２１巻８号２２３２頁は、(2) に準ずる見解を採るものであるとされることがある。解答にあたっては、首尾一貫した論述をしていれば、どの考え方を採ってもよい。また、無効の対抗不能と取消しの対抗不能との違いを意識した上で、民法第９４条第２項の解釈と民法第９５条第４項の解釈との関係を検討しているものは、その検討が説得的なものであれば、高い評価が与えられる。

採点実感

1　出題の趣旨等

出題の趣旨及び狙いは、既に公表した出題の趣旨（令和６年司法試験論文式試験問題出題の趣旨【民事系科目】〔第１問〕をいう。以下同じ。）のとおりである。

2　採点方針

採点は、従来と同様、受験者の能力を多面的に測ることを目標とした。

具体的には、民法上の問題についての基礎的な理解を確認し、その応用を的確に行うことができるかどうかを問うこととし、当事者間の利害関係を法的な観点から分析し構成する能力、様々な法的主張の意義及び法律問題相互の関係を正確に理解し、それに即して論旨を展開する能力などを試そうとするものである。

その際、単に知識を確認するにとどまらず、掘り下げた考察をしてそれを明確に表現する能力、論理的に一貫した考察を行う能力及び具体的事実を注意深く分析し、法的な観点から適切に評価する能力を確かめることとした。これらを実現するために、一つの設問に複数の採点項目を設け、採点項目ごとに、必要な考察が行われているかどうか、その考察がどの程度適切なものかに応じて点を与えることとしたことも、従来と異ならない。

さらに、複数の論点に表面的に言及する答案よりも、特に深い考察が求められている問題点について緻密な検討をし、それらの問題点の相互関係に意を払う答案が、優れた法的思考能力を示していると考えられることが多い。そのため、採点項目ごとの評価に加えて、答案を全体として評価し、論述の緻密さの程度や構成の適切さの程度に応じても点を与えることとした。答案全体を評価すればある設問について高い法的思考能力が示されているといえる答案には、別の設問について必要な検討の一部がなく、知識や理解が一部不足することがうかがわれるときでも、そのことから直ちに答案の全体が低い評価を受けることにならないようにした。また、反対に、論理的に矛盾する論述や構成をするなど、法的思考能力に問題があることがうかがわれる答案は、低く評価することとした。さらに、全体として適切な得点分布が実現されるよう努めた。以上の点も、従来と同様である。

3　採点実感

各設問について、この後の⑴及び⑵において、それぞれ全般的な採点実感を紹介し、また、それを踏まえ、司法試験考査委員会議申合せ事項にいう「優秀」、「良好」、「一応の水準」及び「不良」の四つの区分に照らし、例えばどのような答案がそれぞれの区分に該当するかを示すこととする。ただし、ここで示された答案は上記の各区分に該当する答案の例であって、これらのほかに各区分に該当する答案はあり、それらは多様である。また、答案の全体的傾向から感じられたことについては、４で紹介することとする。

なお、各設問において論ずべき事項がどのようなものであったかについては、既に公表した出題の趣旨に詳しく記載したところであるので、これと重複を避けつつ採点実感を述べることとする。

⑴　設問１について

ア　設問１⑴について

㈠　全体的な採点実感

設問１⑴において論ずべき事項は、大別して、①賃借権の主張の可否、②留置権の主張の可否である。

①については、まず、ＢＣ間の賃貸借契約はＡの土地を目的とする他人物賃貸借であり、Ｂの死亡前には、Ｃは甲土地の賃借権を占有権原としてＢに対して主張することができないことを論ずる必要がある。この点については多くの答案が正しく指摘していたが、一部には、Ｂが代理権なく賃貸借契約を締結した無権代理行為であると論ずる答案も見られた。しかし、ＢはＡの代理人として賃貸借契約を締結したのではなく（すなわち、Ａが賃貸人になるのではなく）、Ｂ自身が賃貸人として契約を締結しているから、Ｂの行為は無権代理行為ではない。また、民法第９４条第２項の類推適用を論ずる答案も見られた。しかし、本問においては、甲土地の所有権の登記名義人はＡであり、Ｃもそのことを認識していたのであるから、虚偽の外観が存在しない。このため、本問において民法第９４条第２項の類推適用を考えるのは困難である。このほか、Ｃが甲土地上の登記されている建物の所有という借地借家法上の賃貸借の対抗要件（民法第１０条第１項）を具備していることを理由に、Ａに対しても借地権を主張することができるとするものも見られた。しかし、本問においては、Ｂには甲土地を賃貸する権限がなく、そもそも有効な占有権原が成立していないから、その第三者への対抗も問題にならない。

次に、Ｂの死亡によってＢについて相続が開始し（民法第８９６条）、ＡがＢの地位を承継しているため、これによってＣはＡの明渡請求を拒むことができるようになるのかを論ずる必要がある。この点については多くの答案が検討し、結論的に、甲土地の所有者としての地位と相続によって承継した賃貸人の地位とが融合するのではなく、併存しているとしていた。もっとも、地位が併存しているとみるのか融合しているとみるのかなど、その結論を導く構成については明確にしていないものも少なくなかった。また、結論の根拠についても、Ｃが明渡しを拒むことができるとするとＡにとって酷であるというにとどまり、Ａ及びＣの利益状況を具体的に検討したり、無権代理人の地位を本人が承継した場合についての判例法理との比較などについて言及したりするものは少数にとどまった。

②については、まず、Ｃが留置権（民法第２９５条第１項）の主張をしていることを正確に指摘する必要がある。少数であるが、Ｃが同時履行の抗弁を主張していると指摘するものが見られた。しかし、同時履行の抗弁は、双務契約の当事者の一方が、相手方が当該双務契約に基づく債務の履行を提供するまで、自己の債務の履行を拒むことができるというものである。本問においては、Ａは所有権に基づいて明渡しを請求しており、Ｃが主張しているのは賃貸借契約上の債務の不履行に基づく損害賠償請求権であるから、Ｃは同時履行の抗弁を主張することができない。

本問においてＣが主張する留置権の被担保債権は、債務不履行（履行不能）に基づく損害賠償請求権（民法第４１５条第１項）である。ここでは、Ａが甲土地を使用収益させるというＢの債務を承継していること、これが社会通念上不能となっていること等を指摘する必要があるが、これらの点について丁寧に論じた答案は比較的少なかった。また、Ａが甲土地の所有者としての地位に基づいてＣによる使用収益を拒絶することができる一方で、Ｂの債務の不履行について責任を負うことの整合性について何らかの言及をした答案は極めて少数であった。

本問における留置権の成否については、目的物と被担保債権の牽連関係が問題になる。この点については、牽連関係があるとする答案が圧倒的に多かった。その理由については簡単に触れたに過ぎないものが多かったが、被担保債権が甲土地の賃貸借契約の不履行により生じたものであること、Bについて相続が開始した結果としてAが損害賠償債務を負担していることから、留置によってAが間接的に損害賠償債務の履行を強制されることを挙げるものが比較的多かった。しかし、Aの損害賠償債務は甲土地自体から生じたもの（典型例としては、物の瑕疵が原因となってその占有者に損害が発生した場合における、物の所有者の損害賠償債務や、占有者が物について費用を支出した場合における物の所有者の費用償還債務が挙げられる。）とはいえない。また、被担保債権の履行を強制するという点についても、AがCに対して損害賠償債務を負っているという状況はBが死亡したなどの偶然の事情によって生じたものであるため、牽連関係の有無を検討するに当たってこの状況を考慮することは妥当ではないと解される。

留置権の成否については、Cが占有を始めるに当たって過失があったとして、その占有が不法行為によって始まった（民法第２９５条第２項）とするものも少数ながら見られた。

(イ) 答案の例

優秀に属する答案の例は、①については、本問を他人物賃貸借の事例であると正しく理解し、原則としてCはAに対して占有権原を主張することができないことを指摘した上で、Bが死亡してAがその地位を相続した後の所有者としての地位と賃貸人としての地位の関係を、本人が無権代理人を相続した場合に関する判例とも比較しつつ、論じたものである。②については、留置権の成否について検討し、Bの債務が履行不能になっていることなど、被担保債権の内容を具体的に説明し、牽連関係の意義を明らかにした上で、本件においては牽連関係が認められないことを説得的に論証したものである。AがBの賃貸人としての地位を相続した後もCの占有を拒絶することができることと、拒絶した場合に賃貸人としての債務不履行責任を負うこととの関係（それが矛盾しないこと）について論じた答案もあったが、このような答案にも高い評価が与えられる。

良好に属する答案の例は、優秀に属する答案と比べ、自己の主張の根拠の記述がやや不十分であったり、例えば留置権が成立するための要件の当てはめが粗雑であったりするものの、必要な事項について相応の論述がされているものなどである。

一応の水準に属する答案の例は、①については、他人物賃貸借の事例であることを前提に、AがBを相続したことによる問題に気付いて一応の議論を展開しているものなどが挙げられる。また、②については、留置権が主張されていることに気付き、その要件を検討しているが当てはめが粗雑なもの、牽連関係が問題であることに気づいて検討しているものの、分析が不十分なものなどである。

不良に属する答案の例は、①について無権代理の事案と捉えて本人が無権代理人を相続した事案の処理について論ずるもの、民法第９４条第２項の類推適用を論ずるもの、AがBを相続したことにより賃貸人としての債務を負うに至っていることを看過し、この点について論ずることなくCの占有権原を否定するものなどである。②については、同時履行の抗弁が主張されているとして、その要件を検討するものなどである。

イ　設問１⑵アについて

㈠　全体的な採点実感

設問１⑵アについては、まず、請求２の法的性質について正確に理解することが必要である。この点について、請求２が民法第６１１条に基づく請求であるとする答案が散見された。しかし、同条の効果は賃料が減額されるというものであり、それ自体が賃貸人に対する何らかの請求権を直接に基礎付けるものではない。賃料の減額を賃貸人に対する請求権につなげるには、減額された結果、賃料を支払う必要がなかったことになるから、弁済として支払った金銭の一部が不当利得（民法第７０３条（及び第７０４条）又は第１２１条の２第１項）に当たるとして返還を請求すると構成する必要がある。

このほか、請求２の法的性質については、賃貸人は目的物を賃借人の使用収益に適した状態に置く債務を負っていることを指摘した上で、請求２はその債務不履行に基づく損害賠償請求権であるとする答案も、散見された。しかし、問題文においては、「支払った令和４年９月分の賃料の一部を返還するよう請求する」とされているのであるから、請求２を損害賠償請求権であるとみるのは困難である。

上記のとおり、請求２の成否を検討するに当たっては、民法第６１１条の要件が満たされているかどうかを検討し、その結果を踏まえて不当利得の成否を検討する必要がある。多くの答案が同条の要件について検討した上で減額を認めていた一方、不当利得の要件について丁寧に検討したものは少なく、全く検討していない答案（同条に基づく減額が認められることから直ちに返還請求が認められるという結論を導く答案）も目立った。

㈡　答案の例

優秀に属する答案の例は、本件における請求の構造を的確に理解した上で、民法第６１１条の要件の当てはめを詳細に検討するとともに、不当利得の要件（民法第７０３条においては、賃料の支払が利得に当たること、減額により法律上の原因が失われることなど）についても具体的な当てはめをしたものなどが挙げられる。良好に属する答案の例も、これに準ずるものである。

一応の水準に属する答案の例は、請求２の法的性質を的確に理解しているかがやや不明瞭であるものの、民法第６１１条や不当利得の要件をそれぞれ検討しているものなどである。

不良に属する答案の例は、民法第６１１条の適用を看過したり、損害賠償請求の可否について検討したりしているものである。

ウ　設問１⑵イについて

㈠　全体的な採点実感

設問１⑵イにおいては、多くの答案が、請求３が必要費償還請求権（民法第６０８条第１項）に基づくものであることを指摘した上で、民法第６０７条の２に基づく修繕権の有無について検討していた（なお、修繕権の成否に関連して、本件において急迫の事情があると判断したものが幾つか見られたが、この点の判断に迷わないよう、問題文において「急迫の事情はなく」と記載しているので、問題文を注意深く読んでいただきたい。）。

本問においては、修繕権の有無が必要費償還請求権の額にどのように影響するかを論ずることが求められる。結論的には、支出した額である３０万円ではなく適正な額である２０万円の限度で償還請求が認められるとするものが多かった。この結論自体は妥当なものと考えられるが、その理由付けを民法第６０７条の２の趣旨に遡って検討するものは極めて少数であった。

修繕権がないことから必要費償還請求権を全額否定する一方、有益費償還請求権として適正価額２０万円を認めるという答案も、散見された。しかし、使用収益をするために必要なものであれば必要費と言わざるを得ないと思われる。また、賃借人が修繕しなければ結局賃貸人が負担しなければならない費用であるから、全額について償還請求を否定するのは適当ではない。有益費であれば、賃貸借契約終了時に価格の増加が残存している必要がある（民法第６０８条第２項、第１９６条第２項）ため、支出時における適正額である２０万円が償還の対象となるとも限らない。したがって、必要費であることを否定して有益費の償還として２０万円を認めるという結論は、不適当である。

(イ) 答案の例

優秀に属する答案の例は、請求３が必要費償還請求権であると正しく理解した上で、Ｄが支出した修繕費用が必要費に該当することを論じ、修繕権がない場合であってもその償還請求権が成立し得ることを民法第６０７条の２の趣旨から説得的に論じたものなどが挙げられる。

良好に属する答案の例は、優秀に属する答案に比べて論述が粗雑であったり、各論点についての論証が不十分であったりするものの、必要な事項について相応の記載がされているものなどである。

一応の水準に属する答案の例は、Ｄの支出した修繕費用が必要費に該当すること、Ｄには修繕権がないこと、Ｄの請求が２０万円の限度で認められることなど、必要な論点について一応の結論が記載されているものの、それぞれの関係が必ずしも明確ではないものなどである。

不良に属する答案の例は、Ｄの修繕権が否定されることから直ちに請求３を全て否定するもの、必要費償還請求権以外の法律構成を論ずるものなどである。

(2) 設問２について

ア 全体的な採点実感

(ア) 請求４が認められるためには、Ｉが丁土地の所有者であることが必要である。丁土地の所有権は、Ｇ→Ｈ→Ｉと移転したはずであるが、ＧがＨとの間の売買契約を取り消しているため、これが認められれば、Ｇ→Ｈの所有権移転は遡及的に無効になる（民法第１２１条）。このような原則に従って考えると、Ｉは無権利であったＨから丁土地の所有権の移転を受けたことになるため、丁土地の所有権を取得することができないのではないかが問題になる。まずはこのような基本的な構造を理解することが、その後の検討の出発点になる。しかし、この点を丁寧に明示している答案は必ずしも多くはなかった。

以上のように問題を把握した上で、設問２において論ずべき事項は、①錯誤による意思表示の取消しの可否、②錯誤による意思表示の取消しと第三者との関係、③民法第９５条第４項の保護を受ける第三者と、表意者からの物権取得原因を有する者との関係である。

(イ) ①については、まず、民法第９５条第１項の適用範囲として、離婚に伴う財産分与を内容とする契約についても錯誤が問題になり得ることを論ずる必要がある。この点について明示的に議論していた答案は極めて少数であった。

次に、本件の事案に即して、民法第９５条の要件を検討し、錯誤取消しが認められるかどうかを検討する必要がある。本件におけるＧの錯誤が基礎事情の錯誤であること、基礎事情の錯誤を主張するためには当該事情が法律行為の基礎とされていることが表示されていたことが必要であることなどについては、多くの答案が適切に論じていた。また、本問の事実関係の当てはめに関しても、Ｇの認識の内容や、その客観的重要性、主観的因果性等について、ＧとＨとの会話の内容、Ｇの経済状況等を丁寧に指摘し、民法第９５条第１項の要件の具備を検討した答案が多かった。

ある事情が法律行為の基礎とされていることが表示されていたことがどのような意味であるかについては、学説上も争いがある。このため、表示の有無を論ずるに当たっては、表示の意味についてどのような立場を採るのかを明確にしておく必要がある。この点については、当該事情が法律行為の内容になっているということを意味するなどと述べた上で、Ｈの発言内容を引用して表示があったという結論を導くなど、丁寧に論じている答案も少なくなかった。他方で、特段の立場を示さず、表示があるとの結論のみを示すものも散見された。

Ｇが錯誤取消しを主張することができるかどうかについては、Ｇに重過失があったかどうかも影響を与える。この点については、Ｈの発言内容から、Ｇだけでなく意思表示の相手方であるＨも同様の錯誤に陥っていたことを指摘し、共通錯誤に当たることを根拠として、民法第９５条第３項柱書による取消しの制限を受けない（同項第２号）とするものが多かった。このほか、Ｇが必ずしも税の専門家ではないことを根拠として、重過失を否定する答案も少なくなかった。

結論的には、多くの答案が、本問においてＧによる錯誤取消しが認められるという結論に至っており、妥当な結論が導かれていた。

(ウ)　②においては、Ｇによる錯誤取消しが認められることを前提として、これを第三者であるＩに対して主張することができるかどうかを検討する必要がある。民法第９５条第４項が問題になること、同項にいう第三者とは取消前の第三者であること、ＨとＩとの売買契約が結ばれた時期からＩが同項の第三者に該当することなどは、多くの答案が正しく論じていた。少数ながら、Ｉが無過失であったかどうかを論ずる答案が見られた。Ｉの主観的事情については事実15において明らかにしているので、問題文を注意深く読んでいただきたい。

本問において更に問題となるのは、Ｉに対して丁土地の所有権移転登記がされていないこと（所有権の登記名義人はＨのままであること）が、民法第９５条第４項による保護の有無に影響するかどうかである。Ｉは所有権移転登記を具備しないで同項の第三者として保護されるか、すなわち、同項による保護を受けるためには権利保護資格要件としての登記を要するのかどうかが問題になる。民法第９６条第３項の第三者として保護されるために登記を要するかどうかについては判例（最判昭和４９年９月２６日民集２８巻６号１２１３頁）があるため、これを参照して論ずることなどが考えられる。しかし、この論点について論じた答案は極めて少なかった。他方で、対抗要件としての登記の要否を論ずる答案が少数ながら見られた。ＧとＩは前主後主の関係にあるため、Ｇに対する関係では、Ｉが民法第９５条第４項の第三者として保護される場合に、対抗要件としての登記を要しないことには特段問題がなく、この点についてあえて論ずる必要はなかった。

少数であるが、権利保護資格要件としての登記が必要であるとして、Ｉが第三者として保護されないとする答案が見られた。ありえない結論ではないと考えられるが、民法第９６条第３項の第三者として保護されるための要件としても権利保護資格要件としての登記を要しないとする見解と対比すると、上記の結論は、錯誤に陥った者を詐欺による意思表示をした者より厚く保護することになる。したがって、このような結論を導くのであれば、詐欺の場合との比較を踏まえた上で自説について説得的な議論をすることが必要になる。

結論としては、Ｉは民法第９５条第４項の第三者として保護されるとするものが多かった。同項の第三者に当たる場合には、③について検討することが必要になる。

(エ) ③においては、丁土地について、Ｇ→Ｈ→Ｉというルートでの所有権移転とＧ→Ｆというルートの所有権移転とがあることを踏まえて、ＩとＦとの関係を論ずる必要がある。その検討に当たっては、所有権の登記名義人がＨであることを踏まえることが必要である。

この点については、明確に論じていない答案も多かった。論じている答案は、ＩとＦとが対抗関係にあるため、Ｉは、登記を具備するまではＦに対して丁土地の明渡しを請求しても認められないとする立場と、民法第９５条第４項によりＧはＩに対して錯誤取消しを主張することができないため、Ｆに対して丁土地を売った時点でＧは無権利であったことを理由に、Ｆは無権利者であるからＩは丁土地の明渡しを請求することができるとする立場とのいずれかを採るものが多かった。しかし、そのいずれを採るかについて詳細な理由を述べる答案や、反対説の存在を意識して記載したと思われる答案は、極めて少なかった。民法第９５条第４項（民法第９４条第２項など、意思表示の瑕疵等があった場合におけるその他の第三者保護規定も同様である。）によって取消しを第三者に対抗することができない場合に、所有権がどのように移転するかについては、複数の考え方がある。すなわち、本件に即して言えば、ＧからＩへと直接移転するという考え方と、ＧからＨ、ＨからＩへと順次移転するという考え方である。そのいずれを採るかによって、ＩとＦとの関係をどのように考えるかが異なってくる。対抗問題とする立場も、無権利の問題であるとする立場も、民法第９５条第４項の第三者が保護される場合の所有権の移転の経路に関する一定の立場を踏まえて根拠付けられるべきものであるから、本問においては、Ｉが同項によって保護される場合の所有権移転の構成について検討することが求められていたものといえる。

イ　答案の例

優秀に属する答案の例は、錯誤取消しの要件とその当てはめ、民法第９５条第４項の第三者として保護されるための要件とその当てはめ等、必要な事項について過不足なく丁寧に論じた上で、ＩとＦとの関係について、Ｉが同項によって保護される場合の所有権移転の構成に遡って論じたものなどである。

良好に属する答案の例は、錯誤取消しの要件とその当てはめ、民法第９５条第４項の第三者として保護されるための要件とその当てはめ等について丁寧に論じているが、権利保護資格要件の要否や、ＩとＦの関係についての理論的な立場などに関する論述が必ずしも十分ではないものなどである。

一応の水準に属する答案の例は、錯誤取消しの要件とその当てはめ、民法第９５条第４項の要件の一部（取消前の第三者であることなど）については論じられているものの、権利保護資格要件としての登記の要否が問題になることを看過していたり、ＩとＦの関係について、特段の理由を示すことなく、対抗関係であるからＩは登記を具備しなければ所有権をＦに対抗することができないと結論付けたりするものなどである。

不良に属する答案の例は、錯誤取消しの要件等や当てはめについて基本的な事項についての論述が十分ではなく、民法第９５条第４項によって保護されるための権利保護資格要件や、ＩとＦとの関係がどのように規律されるかなどの論点を看過するなど、全体的に論述の不十分なものなどである。

４　法科大学院における今後の学習において望まれる事項

本年においても、民法の幅広い分野についての基本的知識・理解を横断的に問う問題が出題された。条文や判例に関する基本的な知識を踏まえ、問題文を注意深く読んだ上で、【事実】に現れた事情を分析して設問の趣旨を適切に捉え、筋道を立てて論旨を展開すれば、相当程度の水準の解答ができるものと考えられる。限られた時間内で答案を作成するためには、短時間で自己の見解を適切に文章化するのに必要な基本的知識・理解を身に付けることが肝要であり、引き続き、法的知識の体得に努めていただきたい。本年の問題では、例えば設問１⑵アにおいては、請求権を基礎付ける法律構成を十分に検討しないまま、賃料が減額されたかどうかや、修繕権があるかどうかについて検討を始めている答案が少なくない印象を受けた。設問について適切な解答をするには、条文や判例に関する表面的な知識を習得するだけでなく、それぞれの論点がどのようにつながって結論に至るのかを理解していることが必要である。

さらに、本年も、昨年同様、判例を参考にすることで深い検討を行うことができる問題が出題されているが、法律実務における判例の理解・検討の重要性を再認識していただきたい（判例の採った論理や結論を墨守することを推奨してはいないが、判例と異なる見解を採るのであれば、判例を正確に指摘して批判することが必須である。）。例年指摘されているところであるが、判例を検討する際には、その前提となっている事実関係を基に、その価値判断や論理構造に注意を払いながらより具体的に検討することが重要であり、かつ、様々なケースを想定して判例の射程を考えることが重要である。

再現答案①　Aランク　55～57位（208.31点、S・Uさん　論文順位454位）

第１　設問１⑴アについて
１　Ｃは、下線部㋐の反論に基づいて請求１を拒むことができるかどうか。
２　かかる反論は、Ａの、甲土地の所有権（民法（以下略）２０６条）に基づく物権的返還請求権としての土地明渡請求に対する占有正権原の抗弁であると考えられるところ、契約①は甲土地の所有者であるＡの了承を得ていないため問題となる。
　本件において、ＢはＣとの間で甲土地について、賃貸借契約（６０１条）を締結しているところ、甲土地の所有者はＢでなくＡであるが、他人の権利についても賃貸借契約が可能であるため（５６１条、５５９条本文）、契約自体は有効に成立している。
　そして、ＡはＢの死亡による相続（８８２条、８９６条本文）により賃貸人としての地位を相続したため、Ｃによる上記反論アは認められるように思える。しかし、相続という偶然の事情により、相続人の法的地位が害されるのは妥当でないから、他人物賃貸借についても権利者による追認がなければ、契約①に基づく賃借人の地位をＣはＡに対抗できないと考える。
３　したがって、ＣはＡに対し賃借権を理由とする占有正権原の抗弁を対抗できないため、Ｃは、下線部㋐の反論に基づいて請求１を拒むことができない。
第２　設問１⑴イについて
１　Ｃが下線部㋑の反論に基づいて請求１を拒むことができるか。
２　契約①において、甲土地の使用及び収益が不可能になった場合について、損害賠償額を３００万円と予定する旨の特約が付されていたところ、確かにＡによる請求１により甲土地の使用収益が不可能になっている以上、契約①の賃貸人としての地位を相続したＡに対し、Ｃは３００万円の損害賠償請求権（４１５条１項本文）を取得したとして、留置権の抗弁（２９５条１項）により反論イが認められるように思える。
　しかし、かかる損害賠償請求権はＢによる甲土地の使用収益をＣに対して可能とするとの債務の不履行に由来するものであり、かかる被担保債権の本来的な債務者はＢである一方、真の権利者たる甲土地の所有者はＡである。そのため、留置権による強制力が作用する関係にはない以上、「その物に関して生じた」とはいえない。
　したがって、留置権の抗弁は認められない。
３　よって、Ｃは下線部㋑の反論に基づいて請求１を拒むことができない。
第３　設問１⑵アについて
１　ＤによるＡに対する請求２は認められるか。
２　かかる請求は、６１１条１項を理由とする不当利得返還請求権（７０３条）であると考えられる。本件において、「賃借物」である乙建物の「一部」である丙室が雨漏りにより「使用」することができなくなった。かかる雨漏りは契約②の締結前から存在した原因によるものであった以上、「賃借人の責めに帰することができない事由」によるものであったといえる。したがって、かかる雨漏りにより使用できなかった令和４年９月１１日から３０日までの賃料については減額

● 本答案は、「相続という偶然……契約①に基づく賃借人の地位をＣはＡに対抗できないと考える」として、ＡがＢの地位を相続した後の所有者としての地位と賃貸人としての地位の関係を論じられており、出題趣旨に合致する。

● 出題趣旨によれば、判例（最判昭51.6.17）を参照して、賃借人が目的物の返還を拒絶することで債務の履行を間接に強制するという関係が生じないとして、牽連性を否定することが求められていたところ、本答案は「留置権による強制力が作用する関係にはない」として牽連性を否定しており、出題趣旨に合致する。

されると考える。なお、後述の通りＤはＡに無断で修理したが、Ａが修理をするとしても同期間丙室を使用することはできなかったことに変わりはないため、上記結論は左右されない。

3　したがって、上記期間内の賃料については減額される以上、かかる範囲については「法律上の原因」がなかったとして、不当利得となり、ＡはＤに返還義務を負う。

4　よって、請求２は認められる。

第４　設問１⑵イについて

1　ＤによるＡに対する請求３は認められるか。

2　かかる請求は６０８条を理由とするものであると考えられるところ、Ｄは、Ａが修繕義務を負う乙建物の丙室の雨漏りについてＥに対し本件工事を依頼し、その報酬として３０万円支払っているため、これを「必要費」として、賃貸人Ａに償還を請求できるように思える。

もっとも、Ｄは、Ａに何らの通知もしないまま、建設業者Ｅに丙室の雨漏りの修繕工事を依頼したため、６０７条の２第１号の事由を満たさない。また、本件工事の実施について急迫の事情はなかったため、同条２号の事由も満たさない。そのため、賃借人Ｄはその修繕をすることができないのが原則であると考えられる以上（同条柱書）、本件工事にかかる報酬３０万円全額を「必要費」としてＡに対し償還を請求することはできないと考えられる。

もっとも、賃貸人Ａはかかる雨漏りについて修繕義務を負っていたことには変わりはなく、いずれにしても修繕工事をする必要があった。そして、本件工事と同じ内容及び工期の工事に対する適正な報酬

● 出題趣旨によれば、Ｄの請求は必要費償還請求権（608Ⅰ）に基づくものであることを指摘した上で、本件工事には「急迫の事情」がなく、また、Ａに対する事前の「通知」もないため、本件工事はＤの修繕権（607の２）に基づくものとはいえないことを指摘することが求められていたところ、本答案ではこれらを指摘できており、出題趣旨に合致する。

額は２０万円であることからすると、かかる２０万円の範囲でＡが修繕義務の履行として負担することは避けられなかった以上、損益相殺の観点から、Ａが利益を受けた２０万円分については「必要費」として、６０８条１項によりその償還を認めるのが、契約当事者双方の合理的意思に適う。

3　したがって、２０万円の範囲で請求３は認められると考える。

第５　設問２について

1　ＩのＦに対する、丁土地の所有権に基づく物権的返還請求権としての土地明渡請求は認められるか。

2　かかる請求が認められるための要件は①Ｉ所有、②Ｆ占有である。

Ｉは契約④をＨとの間で締結し丁土地を同人より購入していることから①が認められ、またＦは丁土地を占有していることから②も認められ、かかる請求が認められるように思える。

3　もっとも、令和６年１月１０日、ＧはＨに対して契約③をなかったことにすると伝えていることから、Ｉに丁土地の所有権が認められないのではないか。前提として、契約③の錯誤取消し（９５条１項柱書）が認められるか問題となる。

⑴　本件において、ＧはＨに対する丁土地の財産分与に関し、課税されるのはＨであると誤信していたため、かかる財産分与の「基礎とした事情」に錯誤があった（同項２号）。

⑵　不動産につき課税されるか否かは、多額の負担を負うか否かを意味し、現に課税される額は３００万円という多額なものであった以上、かかる事情につき錯誤がなければ通常人であればその意思表示

● 損益相殺の観点から「必要費」の金額を20万円と論じている点は、損益相殺の理解を誤り不正確であるものの、修繕権がないことから必要費償還請求権が否定されないこと、及び「必要費」の金額を20万円と結論づけている点は、出題趣旨と合致する。

民事系　第1問

をしなかったといえるため、かかる事情は「社会通念に照らして重要なものである」といえる。
⑶ では、課税対象のついての事情が法律行為の基礎とされていることが「表示されていた」といえるか（９５条２項）。
同項の趣旨は、錯誤の対象となる事情について法律行為の基礎とされていない場合に錯誤取消しを認めては、契約の相手方に不測の不利益が生じてしまうため、これを防止する点にある。そうだとすると、たとえ明示的に表示されていなくとも、契約当事者間で暗黙のうちに相互にかかる事情について理解をしていれば、「表示」されていたと同視することができると考える。
本件において、確かに丁土地の財産分与について課税される人間がだれかは明確に表示されていなかったが、Ｇは、ＧではなくＨに課税されることを心配して、そのことを気遣う発言をしたのに対し、Ｈは、「私に課税される税金は、何とかするから大丈夫。」と応じた。また、Ｈは、Ｈにのみ課税されるものと理解していた。このことからすると、ＧＨ相互間において暗黙のうちに課税対象がＨであるとの了解があったといえる。
したがって、「表示されていた」といえる。
⑷ ９５条３項該当事由は認められない。
⑸ よって、契約③の錯誤取消しが認められる。
４ では、Ｉに所有権が認められないのではないか。Ｉが「第三者」（同条４項）に該当するか問題となる。
同項の趣旨は、錯誤取消しによりその法的地位に不測の不利益が生じる者の法的地位を保護する点にある。そのため「第三者」とは、錯誤取消し前に利害関係を有するに至った、当事者及びその包括承継人でない者をいう。
Ｉは、令和６年１月１０日、Ｈとの間で契約④を締結したため、錯誤取消し前に利害関係を有するに至った、当事者及びその包括承継人以外の者である。また、Ｉは、Ｇが契約③に係る課税について誤解していたことを契約④の締結時に知らず、そのことについて過失がなかったため、「善意でかつ過失」がない者である。
したがって、Ｉは「第三者」に当たり、丁土地の所有権を取得する。
５ もっとも、Ｆも契約⑤をＧとの間で契約していることから、「第三者」（１７７条）に該当するのではないか。
１７７条の趣旨は、登記の欠缺につき画一的な処理をすることにより不動産物権変動の取引の安全を図った点にある。そうだとすると、「第三者」とは、登記の欠缺を主張するに足りる正当な利益を有する者をいう。
ＦはＧとの間の売買契約（５５５条）により丁土地を購入しており、またＩによる契約④について背信的悪意者であったとの事情もない。したがって、Ｆは「第三者」に当たる。
６ 以上のことより、ＦはＩにとって「第三者」であり対抗関係に立つ以上、丁土地の登記がなければ、Ｆに対し所有権に基づく物権的返還請求権としての土地明渡請求をすることができない。
よって、ＦはＩの請求に対し対抗要件の抗弁を主張できる以上、請

● 共通錯誤（95Ⅲ②）に当たることについても言及できると、より正確な理解を示すことができた。

● 出題趣旨によれば、民法95条４項の「第三者」に当たるための要件として、権利保護資格要件としての登記の有無を検討することが求められていたところ、本答案はこの論点について論じられておらず、出題趣旨に合致しない。もっとも、多くの答案がこの論点について論じておらず、実質的に差がつかなかったものと考えられる（採点実感参照）。

● 本答案は、ＩとＦとの関係について、両者は対抗関係に立つとして一定の結論を出しているものの、95条４項の第三者が保護される場合の丁土地の所有権の移転の経路に関する一定の立場を踏まえて論じることはできていない。なお、所有権の移転の経路に関して明確に論じている答案は少なく、実質的に評価に差がつかなかったものと考えられる（採点実感参照）。

求4は認められない。

以　上

再現答案② Aランク 719～755位（165.46点、S・Uさん 論文順位878位）

第1 設問1(1)
1 アについて
請求1はAの甲土地所有権に基づく返還請求権としての乙建物収去甲土地明渡請求である。これに対し、Cとしては契約①に基づく占有権原を有するとの反論㋐をすることが考えられる。Cとしては、BC間で契約①を締結してはいるが、Bが死亡し、AがBの他人物貸主（民法（以下法令名略）５５９、５６１、６０１条）としての地位を承継し（民法８８２、８８７条1項、８９６条）、真の権利者としての地位との融合があったため、Aは追認拒絶（民法１１６条本文）することができず、同契約は有効となるとも思える。
この点、相続の効果から真の権利者の意思を介在させることなく、当然に他人物賃貸借が有効になると解してしまうのは真の権利者の保護に欠ける。そこで、他人物賃貸人と真の権利者の地位は併存するものと解すべきである。そして、真の権利者が他人物貸主の地位を承継した場合、真の権利者は自己が契約を締結したわけではないので、他人物貸主の地位を承継し、追認拒絶したとしても信義則（１条２項）に反するということにはならない。
本件では上記の通り、Aは他人物貸主の地位を承継しているわけだが、そのAが上記請求をしている時点で追認する見込みはなく、上記の通りの場合といえるので、追認拒絶することも許される。
よって、Cの反論㋐によって請求を拒むことはできない。
2 イについて
(1) 次に、Cの反論㋑として、上記他人物賃貸借が上記Aの請求によって履行不能（４１２条の２第１項）となったことにより発生した損害賠償請求権を被担保債権として留置権（２９５条１項）が成立する旨の主張をすることが考えられる。
まず、上記の他人物賃貸借契約はAがCに対し請求１をしている時点において履行不能になっており、この時点で「債務の履行が不能」（４１５条１項）といえるようになっている。そして、「これによって」甲土地の使用収益が不可能となっているのだから、契約①の特約として定められていた損害賠償額の予定である３００万円（４２０条１項）を「損害」（４１５条１項）として、同項ただし書の該当も認められない以上、損害賠償請求をすることができる。
(2) これを被担保債権として留置権を主張するにあたって、「その物に関して生じた債権」であるといえるかが問題となる。
この点、留置権は当該物を留置することで債務者に心理的圧迫を加え、債務の弁済を間接的に強制することにその趣旨がある。そこで、「その物に関して生じた債権」といえるためには、被担保債権成立時に被担保債権の債務者と引渡請求権者が同一人である必要があると解する。
本件の上記損害賠償請求権成立時にその債務者はAである。そして、その引渡請求権者は甲土地所有権を有するAである。したがって、被担保債権成立時に被担保債権の債務者と引渡請求権者が同一人であるといえ、「その物に関して生じた債権」といえる。
(3) もっとも、Cは他人物賃貸借により占有を開始しているため「占有が不法行為によって始まった」（同項２項）といえないか。

● 出題趣旨によれば、Bについて相続が開始した際に、Aにおいては、甲土地の所有者としての地位と相続によって承継した賃貸人の地位とが融合するのではなく、併存している旨を論じる必要があるところ、本答案では、「他人物賃貸人と真の権利者の地位は併存するもの」と論じており、所有者と賃貸人の地位とが融合するのではなく、併存していることを端的に示せており、出題趣旨に合致する。

● 本答案は、AがBから承継した賃貸人としての債務が履行不能になったこと、契約①には賠償額の予定（420）があることから、Cは、Aに対して、債務不履行による損害賠償（415Ⅰ）として300万円の被担保債権を有することを論じられており、出題趣旨に合致する。

● 出題趣旨によれば、判例（最判昭51.6.17）を参照して、賃借人が目的物の返還を拒絶することで債務の履行を間接に強制するという関係が生じないとして、牽連性を否定することが求められていたところ、本答案は「『その物に関して生じた債権』といえる」として牽連性を認めており、出題趣旨に合致しない。

この点、他人物賃貸借であっても契約は有効であり、偶然その後、真の権利者からの追認が得られなかったからといって「占有が不法」であるとしてしまっては他人物借主にとって不測の不利益が生じる。そこで、他人物賃貸借により占有を開始したとしても「占有が不法行為によって始まった」とはならないと解する。

よって、本件では同項の適用はなく、他の要件も満たしているといえるので、留置権の行使が認められるといえ、Cの上記反論④は認められる。

第２　設問２

1　ＩがＦに対してする請求は丁土地所有権に基づく返還請求権としての丁土地明渡請求である。この請求をするにあたって、Ｉに丁土地所有権が認められるのか。

2　確かに、契約③によりＧからＨに、契約④によりＨからＩに丁土地所有権は移転しているように思える。もっとも、Ｇは契約③を取り消しているため、契約③が遡及的無効（１２１条）となり、Ｉに所有権が移転しなかったことになるのではないか。

ＧＨ間において契約③の締結という「法律行為の基礎」（９５条１項２号）として、Ｈに課税されるという「事情」があったわけだが、表意者Ｇはこれについて「錯誤」に陥っていた。この錯誤は一般人がＧと同じ立場に立ったとしても契約締結にあたってこの錯誤がなければ上記契約を締結することはなかったと考えるものといえるから「重要なもの」（同項柱書）といえる。そして、この契約を締結するにあたって、Ｈも自己のみに課税されるものと理解しながらＧに対し、大丈夫と応対しているため、この事情は法律行為の内容になっていたといえ、「表示」（同条２項）があったといえる。

したがって、錯誤に基づく取消しの意思表示をすることができそうである。

もっとも、Ｇに契約③時点で税理士に相談すべきであったといえ、「重大な過失」（同条３項柱書）があり、取消しの意思表示をすることはできないおそれがある。しかし、上記の通り、ＨとしてもＧと「同一の錯誤」（同項２号）に陥っていたといえるため、取消しの意思表示をすることができることに変わりはない。

したがって、Ｇの錯誤に基づく取消しによって、契約③は遡及的に無効となる。

3　もっとも、Ｉとしては９５条４項「第三者」に該当するため、かかる契約の取消しはできないとの主張をすることが考えられる。

この点、同項の「第三者」とは取消しの遡及効によって害される者を保護する点に趣旨がある。そこで、「第三者」とは当事者およびその包括承継人以外の者で当該法律行為を基礎として新たに独立した法律関係を有するに至った者をいうと解する。また、かかる第三者は対抗関係に立つわけではないので、対抗要件としての登記も必要ではなく、第三者として保護されるために無過失も要求している以上権利保護要件としての登記も必要ない。

本件でＩは、契約③を基礎として契約④を締結し、Ｇが契約③にかかる課税について誤解していたことを契約④の時点で知らず、知らないことについて過失はなかった。

● 本答案は設問１(2)の前に設問２に解答しているが、設問ごとの論理的な整合性を問う問題でない限り、どの設問から書き出しても点数に影響しないものと推察される。

● 出題趣旨・採点実感によれば、基礎事情の表示の要件について、さまざまな考え方があり、表示の有無を論ずるに当たっては、表示の意味についてどのような立場を採るのかを明確にしておく必要があるとされている。本答案は、Ｈの発言内容を引用して、「表示」（同条２項）とは、当該発言が法律行為の内容になっていることを意味している、と自説の立場を示せており、出題趣旨に合致する。

● 出題趣旨によれば、95条４項の「第三者」とは、錯誤の当事者及びその包括承継人以外の者であって、錯誤による意思表示によって生じた法律関係について、新たに法律上の利害関係を有するに至ったものをいう、とされているところ、本答案は、「第三者」の定義を正確に論じられている。

よって、「第三者」にあたり、GはIとの関係で丁土地所有権を対抗することはできない。

4　Fは契約⑤で上記の通り、Iとの関係で無権利者であるGから権利の承継を受けているのだから、FはIに対し丁土地所有権を有すると主張することはできない。もっとも、９４条２項類推適用によってFは保護を受けるといえないか。

この点、同項は真の権利者を犠牲にして虚偽の外観を信じた者の保護を図る趣旨である。そこで、①虚偽の外観が存在し、②その外観作出にあたって真の権利者に帰責性があり、③その外観を信じたことが善意無過失であるといえる場合には同項を類推適用し、虚偽の外観を信じた者の保護を図れると解する。

本件では、丁土地所有権の登記はH名義となっていたのだから虚偽の外観は存在する（①充足）。もっとも、真の権利者であるIはかかる外観作出を自らしたわけでも、これを黙示的に許したわけでもなく、また、売買契約の代金支払をした後、登記を移転させなかったことをもって帰責性があるとするのはIに過大な不利益を与える。したがって、Iに上記外観作出の帰責性は認められない（②不充足）。

よって、Fは同項による保護を受けることはできず、Iの上記請求を拒むことはできない。

第３　設問１(2)

1　アについて

DはAに対して不当利得返還請求（７０３条）として請求２をする。

● 本答案では、Fは「Iとの関係で無権利者であるGから権利の承継を受けている」と論じているが、GからIへの丁土地の所有権移転の経緯を踏まえて論じることはできておらず、出題趣旨と合致しない。

令和４年９月１１日から丙室は使用できなくなり、同月１３日までの間これが続いている。そこで、同期間の間は「賃借物の一部が滅失その他の事由により使用及び収益をすることができなくなった場合」にあたるといえる。そして、これは契約②が締結される前から存在した原因によるものであったのであるから、「賃借人の責めに帰することができない事由によるもの」といえる。したがって、上記期間丙室が使用できなくなかった分の賃料の受取りは「法律上の原因な」いものといえ、これによって、その分の賃料の受取りという「利益」をAは受けており、「そのために……損失」がDに生じている。

また、この上記期間丙室が使用できなくなかった分の賃料の受取りが「他人の財産」といえるかであるが、上記期間丙室が使用できなくなかった賃借権という「他人の財産」を認定できる。

よって、DはAに対して上記請求をすることができる。

2　イについて

請求３は、DのAに対する６０８条１項に基づく償還請求である。

Dとしては、賃貸人たるAが丙室の上記使用不能について修繕する義務（６０６条１項）を負うのだから、「賃貸人の負担に属する必要費」として、Eに対し３０万円の報酬の「支出」をしたとして、償還請求することが考えられる。

もっとも、これに対し、Aとしては本来２０万円で収まっていたのだから、これが「賃貸人の負担に属する必要費」であったと反論しうる。

この点、本来賃借物について修繕を要する場合には遅滞なく通知

● 賃借物の一部の使用収益の不能による賃料減額（611Ⅰ）の成否に関して、その要件とあてはめについて的確に論述できており、出題趣旨に合致する。もっとも、「611条１項」という根拠条文は必ず摘示すべきである。

● 出題趣旨によれば、請求３の内容が必要費償還請求であると明らかにすることが求められているところ、本答案は「請求３は、DのAに対する608条１項に基づく償還請求である。」とあるので出題趣旨に合致する。

● 出題趣旨によれば、「必要費」に

（６１５条本文）をしなければならず、そうでない場合には「急迫の事情」（６０７条の２第２号）がなければ賃借人が通知なくして修繕をすることはできない。そうであるなら、「賃貸人の負担に属する必要費」は、通知が適切になされていた場合に賃貸人が負担する額をいうものと解する。

本件でＤがＡに対し適切に通知をしていれば２０万円の範囲で修繕は可能であった。また、特に修繕工事を急ぐべきであったという特段の事情もない。

よって、「賃貸人の負担に属する必要費」は２０万円の範囲で認められ、上記請求は２０万円の範囲で認められる。

以　上

当たる金額に関して、607条の２の趣旨に遡って検討をすることが求められていたところ、本答案では、607条の２の趣旨に遡り金額を検討することはできていないものの、607条の２を踏まえた上で「必要費」の金額を導こうとしている点で、一定の評価につながったものと考えられる。

再現答案③　Bランク　1202～1220位（150.95点、Y・Yさん　論文順位302位）

第１　設問１⑴ア
１　まず、Ａは自身に甲の所有権があること、Ｃが甲を乙のために占有していることから、所有権に基づく妨害排除請求をなすことが考えられる。
２　そこで、ＣはＡに対し、契約①に基づき甲の占有権原を有すると主張できるか。
⑴　上記主張のためには、①ＢＣ間での契約①の成立、②Ｂ死亡、③ＢをＡが相続したこと、が必要となる。なお、他人物賃貸借は有効であるため（民法５５９条、５６１条）、ＢＣ間での賃貸借契約も有効となる。
⑵　①につき、ＢはＣと令和２年４月１日、甲を目的とする賃貸借契約を結び、同日甲をＣに引き渡している。
②につき、令和３年７月１０日にＢが死亡した。
③につき、相続は死亡によって開始するところ（民法８８２条）、Ｂは遺言をしておらず、その相続人もＡしかいなかった。そのため、Ｂの親たるＡが相続人となる（民法８８９条１項１号本文）。このとき、相続人は相続開始時から被相続人の一切の権利義務を承継し（民法８９６条本文）、ＡはＣに甲の賃貸義務を負う。
３　よって、ＡはＣに甲を賃借させなければならない。
設問１⑴イ
１　Ｃは、同時履行の抗弁権（民法５３３条本文）を主張し、Ａから３００万円の損害賠償を受けるまで甲の返還を拒むことができるか。
⑴　要件として、①当事者の双方に債務が存在すること、②相手方の債務が履行期にあること、③履行の提供がなされていないこと、④権利主張が必要となる。
⑵　①につき、ＣはＡに対し、甲の返還義務を負っている。
ここで、ＢはＣに対して契約①に基づき甲を賃借させる義務を負うところ（民法６０１条）、その義務を承継したＡに対してＣは甲賃借権を主張することができなくなっている。よって、Ａは「債務の本旨に従った履行をしない」といえ、これは債務者Ａの責めに帰することができない事由によるものではなかったため、ＣからＡに対する債務不履行に基づく損害賠償請求権が生じる。
②につき、ＡのＣへの損害賠償債務の履行期はすでに到来している。
③につき、ＡはＣへの３００万円の損害賠償の履行を提供していない。
２　よって、ＣはＡに上記の権利を行使する旨主張することで、請求１を拒むことができる。
第２　設問１⑵ア
１　ＤはＡに対し、不当利得に基づく返還請求（民法７０３条）に基づき、請求２をなすことができるか。
⑴　要件として、①一方の受益、②他方の損失、③①と②の因果関係、④これらに法律上の原因がないこと、が必要となる。
⑵　①につき、民法６１１条１項より賃借物の一部が滅失等により使用収益できなくなった場合には、その部分に応じて賃料が減額される。本件では、ＡＤ間で賃貸借契約として契約②が締結されたとこ

● 出題趣旨によれば、まずＢの死亡により相続が開始する前には、契約①の賃借権は甲土地の占有権原にならないことを論じる必要があるところ、本答案は、かかる点につき論述しておらず、出題趣旨に合致しない。

● 出題趣旨によれば、Ｂの死亡により相続が開始した際に、Ａにおいては、甲土地の所有者としての地位とＢから承継した賃貸人としての地位が融合するか、併存しているとみるのかについて論じる必要があったところ、本答案は上記事項を論じられておらず、出題趣旨に合致しない。

● 出題趣旨によれば、イの主張は留置権（295）の主張であることを指摘することが求められているところ、本答案では、同時履行の抗弁権としており、出題趣旨に合致しない。

● 出題趣旨によれば、アの請求は不当利得返還請求であることを指摘し、使用収益の不能により賃料が減額されるか（611Ⅰ）について検討することが求められていたところ、本答案は「不当利得……返還請

ろ、令和４年９月１１日から、雨漏りによって丙室が利用できなくなった。よって、滅失等により使用収益できなくなったとして、９月分の賃料のうち１１日から３０日の割合は減額されなければならない。しかし、ＡはＤから通常通り９月分の賃料を受け取っているため、該当部分に受益が生じている。

②につき、Ｄは賃料を減額されるべきところ、全額支払っているとして損失が生じている。

③につき、Ａの受益とＤの損失に因果関係がある。

④につき、上記の通りＡは賃料を減額すべきところ、これがなされずにＤから満額受け取っているため、この受益には法律上の理由がない。

２　よって、ＤはＡに上記請求をなすことができる。

設問１⑵イ

１　ＤはＡに対し、民法６０８条１項に基づき３０万円の支払を請求できるか。

⑴　同条の「必要費」とは、賃借物を使用収益の目的に適した状態にするために必要な費用をいう。本件で丙は雨漏りによってＤの建物使用目的が達せなくなっている。よって、この修理に要した費用は「必要費」にあたり、賃貸人Ａに返還を直ちに請求できる。

⑵　ここで、民法６０７条の２各号に当たらない場合には、賃借人による修繕は原則として認められていないところ、本件で急迫の事情はなく（２号）、またＤはＡに修繕が必要である旨を通知してもいない（１号）。そのため、同条の適用はなく、ＤはＡの承諾なく自

求」とした上で、「民法611……ならない」と611条１項の要件について検討している点で、出題趣旨に合致している。

なお、令和４年９月分の賃料は、使用収益が妨げられた日数に応じて当然に減額されることを、明確に論じることができていれば、より出題趣旨に合致していたといえる。

● 出題趣旨によれば、請求３の内容が必要費償還請求であると明らかにすることが求められているところ、本答案は「民法608条１項に基づき」とあるので出題趣旨に合致する。

ら修復をすることはできなかったとも考えられる。

しかし、６０８条１項は必要費という賃貸借契約の目的達成のため必要性、緊急性の高い場合の支出について定めており、６０７条の２による修繕が認められないとして支出を賃貸人に請求できないというのは不合理である。そのため、ＤはＡに必要費の返還を請求できる。

⑶　しかし、必要費も不要な部分まで請求できるとすると、利得の押し付けとして賃貸人に不必要な支出を求めることになる。そのため、通常必要とされる適正な額の限度で請求できるにとどまる。

２　本件では、Ｄは工事の適正な報酬額たる２０万円の限度でＡに請求できる。

第３　設問２

１　ＩはＦに対し、所有権に基づく妨害排除請求として丁の明渡しを請求できるか。

⑴　Ｉの請求が認められるには、①Ｉの丁所有、②Ｆの丁占有が要件となる。

⑵　②につき、まずＦは現在丁を占有して駐車場として利用している。

⑶ア　①につき、Ｇが丁を所有していたところ、令和５年１２月６日、Ｈに財産分与（７６８条１項）としてこれを譲渡している。そして令和６年１月１０日、契約④でＨはＩに丁を売却している。これによって、Ｉは丁の所有権を取得したと主張しうる。

イ　ここで、ＧがＨへの財産分与を取り消したとして、民法９５条

● 本答案は修繕権（607の２）がない場合であっても必要費償還請求権が成立しうることに触れられている点で、出題趣旨に合致する。

● Ｄが支出した30万円のうち、「必要費」として償還請求できる範囲を検討しており、出題趣旨に合致する。もっとも、「利得の押し付け」という論述の趣旨は不明瞭である。

● 出題趣旨によれば、Ｉの請求は所有権に基づく返還請求権としての土地明渡請求権を行使するものであるが、本答案は「所有権に基づく妨害排除請求」としており、出題趣旨に合致していない。

1項2号に基づき丁所有権がGに存することになるか。

錯誤による取消しの要件として、①法律行為の基礎事情について錯誤が生じたこと（同条1項2号）、②その錯誤が重要なものであること、③①の事情が意思表示の基礎となっていることが示されていたこと、が必要となる。

①につき、Gは財産分与に際し、税金はGでなくHに課せられることを理由に契約③を締結している。そのため、実際にはGに課税されたという点で錯誤が生じており、これは契約③を締結する基礎事情となっている。

②につき、重要なものとは当事者が真実を知っていれば当該法律行為に及んでいなかったであろうことと、一般人からしても真実を知ればそのような行為に及ばなかったであろうことをいう。

本件では、上記の通りGは財産分与をしてなお自身に課税されると知っていれば、自身に財産がないため契約③に及ばなかったといえ、また一般人もGの状況にあれば同様であったと思われる。

③につき、GはHに課税されると信じ、Hに課税されることを気遣う発言をしているため、契約③につき課税がHになされることが表示されている。

よって、Gによる錯誤取消しは成立するように思われる。

ウ　ここで、同条3項より表意者Gの重大な過失によって契約③が締結されたとして、取消しができないといえるか。

重大な過失とは、注意義務違反の程度がはなはだしいものをいう。本件では、Gは財産分与の受け手であるHに課税がなされると信じている。しかしそう信じたのは単なる思い込みで、現に税理士である友人に確認することも簡単にできたわけであるから、これを原因に錯誤取消しを認めると相手方に不測の不利益が生じる。よって、Gに重大な過失が認められる。

一方、Hも自身に課税されるものと誤信しており、同条1号に当たるため、Gによる取消しが認められる。

エ　ここで、Iは「第三者」（同条4項）にあたり、Gによる契約③の取消しを主張されないと反論できるか。

同条の趣旨は、一定の権利外観が作出されたことによる第三者の信頼保護と、外観作出の帰責性を考慮している。そのため、当事者以外の者で、当該外観に基づいて新たな法律関係を有するに至った者をいい、取消前の第三者に限られる。また、第三者と錯誤取消者は前主、後主の関係にあるため、対抗要件としての登記は不要である。

本件では、Gが取消しを主張した令和6年1月15日に比べて、Iはそれ以前の令和6年1月10日にHと契約を締結しており、GH間の契約に基づいてIが丁を取得したため、新たな法律関係を有するに至ったものといえる。

よって、Iに対してGは契約③の取消しを主張できない。

オ　しかし、FはIが丁の登記を具備しておらず、自身が「第三者」としてIの所有権取得を否定できるか。

「第三者」とは当事者及び包括承継人以外の者で、当該物権変

● 出題趣旨によれば、「重要なもの」について【事実】12及び15をもとに論述する必要があるところ、本答案は事実の引用が少なく、説得力に欠ける。

● 錯誤取消し（95）の要件の「表示」（95Ⅱ）について事実12、13、15を踏まえて検討することが求められていたところ、本答案は「GはHに……している」として、了解まで黙示的にあったことを示せておらず、出題趣旨に合致しない。

● 条文は正しく摘示する必要がある。「同条1号」ではなく、「95条3項2号」である。

● 出題趣旨によれば、民法95条4項の「第三者」に当たるための要件として、権利保護資格要件としての登記を備える必要があるか問題となるところ、本答案は、対抗要件としての登記の要否については検討しているものの、権利保護資格要件としての登記の要否について検討できていないため、出題趣旨に合致しない。

動の登記の欠缺を主張するにつき正当な利益を有する者をいう。もっとも、物権変動があった事実を知りながら、利害関係を持つに至った者において、登記の欠缺を主張することが信義に反すると認められる事情がある場合には、その者は、登記の欠缺を主張するについて正当な利益を有する第三者に当たらない。

本件では、ＦはＧＨＩとの当事者又は包括承継人でなく、ＧがＨに丁を財産分与したことは知っていたものの、これが取り消されていると信じており、少なくとも背信性はない。

2　よって、ＩはＦに丁の取得を主張できず、請求４は認められない。

以　上

● Ｉが「第三者」（95Ⅳ）として保護される場合、ＩとＦとの関係を論じるに当たっては、丁土地の所有権が、ＧからＨ、ＨからＩに順次移転する考え方、ＧからＩと直接移転する考え方のいずれを採るかを示した上で、対抗関係の問題とするのか、無権利の問題とするのかを示す必要がある。本答案では、ＩとＦとが対抗関係にあるため、Ｉは、登記を具備するまではＦに対して丁土地の明渡しを請求しても認められないと結論づけているが、所有権移転の構成に遡り詳細な理由を示せていないため、出題趣旨に合致しない。

再現答案④　Cランク　1904～1930位（128.09点、N・Eさん　論文順位1538位）

第1　設問(1)について

1　アについて

(1)　AはCに対して、甲土地所有権に基づく返還請求権としての建物収去土地明渡請求をしていると考えられる。

(2)　これに対してCは、下線部アで、自己には甲土地につきＢＣ間の契約①に基づく賃借権（民法（以下略）６０１条）があるとの占有権原の抗弁を主張している。

ア　ここで、契約①の時点では、甲土地の所有権はAが有しているにもかかわらずBが代理権なく契約①を締結していたことから、他人物賃貸借になるところ、他人物賃貸借も契約としては有効である（５６１条、５５９条）。

そして、Bは令和3年7月１０日に死亡しており、唯一の相続人であるAが他人物賃貸人の地位をも包括承継（８９６条本文）しているところ、Aは本人の地位に基づいて他人物賃貸の追認を拒絶できないか。

イ　この点について、相続により両者の地位が同一人に帰属した場合であっても、両者の地位は融合せず、併存するものと解すべきである。そして、相続人が被相続人の他人物賃貸行為の追認を拒絶しても、何ら信義に反するところはない。

そこで、相続人は追認を拒絶して他人物賃貸を拒むことができると解する。

(3)　したがって、Cは契約①をAに対抗することができず、下線部アの反論は認められない。

● 本答案は、「相続により両者の地位が同一人に帰属した場合であっても、両者の地位は融合せず、併存するもの」と結論づけているが、地位が併存する根拠について示されておらず、再現答案①②と比べ、説得力に欠ける。

2　イについて

(1)　下線部イは、留置権の抗弁（２９５条）である。

(2)ア　まず、かかる抗弁が認められるためには「その物に関して生じた債権」であることが必要であるところ、牽連性は認められるか。

イ　この点について、留置権の本質は、物の返還を拒絶し、債務者に心理的圧迫を加え債務の弁済を促す点にある。そこで、「その物に関して生じた債権」とは、債務者に心理的に圧迫を加えて弁済を促しうる関係、具体的には、被担保債権の成立時点において、被担保債権の債務者と目的物の引渡請求権者が同一であることが必要であると解する。

ウ　本件において、目的物の引渡請求権者は一貫してAである。

一方で、被担保債権の成立時点である契約①の締結日令和2年4月1日時点においては、契約①に基づく３００万円の損害賠償債務を負っていたのはBであるところ、Aはかかる地位を包括承継（８９６条本文）しており、前述の通り相続人と被相続人の地位は併存しているのであるから、AとBは同一視することができる。

エ　したがって、牽連性は認められる。

(3)　そして、CはA所有の甲土地を占有していることから「他人の物を占有」しており、AがCに建物収去土地明渡請求をした時点である令和4年4月１５日に、契約①に基づく賃貸借契約が履行不能となり、かかる時点で損害賠償請求権の弁済期が到来することから、

● まずは、留置権の被担保債権を明らかにする必要があるところ、本答案はこの点に触れておらず、出題趣旨に合致しない。

● 出題趣旨によれば、賃借人が目的物の返還を拒絶することで債務の履行を間接に強制するという関係が生じないとして、牽連性を否定する判例（最判昭51.6.17）を踏まえた検討が求められていたところ、本答案は牽連性を認めており、出題趣旨に合致しない。

「債権が弁済期」にある。また、「占有が不法行為によって始まった場合」（２９５条２項）ではない。
⑷　以上より、Ｃの留置権の抗弁は認められる。
第２　設問１⑵について
１　アについて
⑴　請求２では、ＤはＡに対し、丙室を使用できなかった令和９月１１日から９月３０日までの賃料相当額が減額されるべきであるところ（６１１条１項）、８月末日に既にＡに支払っていることから、不当利得返還請求（７０３条）として上記相当額の返還を請求しているものと考えられる。
⑵　まず、Ａは９月分の家賃全額を８月末日にＤから受け取っていることから、丙室が使用できなかった賃料相当額につきＡに利得、Ｄに損失があり、両者に因果関係が認められる。
では、「法律上の原因」はあるか。
丙室は、雨漏りによって９月１１日から使用できなくなっており、「賃借物の一部が……使用及び収益をすることができなくなった場合」（６１１条１項）といえる。
そして、「賃借人の責めに帰することができない事由によるもの」であるかにつき、雨漏りが発生した９月１１日時点においては雨漏りの原因は契約②が締結される前から存在した原因によるものであったことから、Ｄに帰責事由はない。
したがって、代金は上記相当額が減額されるべきものであって、「法律上の原因」がなかったものといえる。

●　賃借物の一部の使用収益の不能による賃料減額の成否や、不当利得返還請求権の成立について適切に論述できており、出題趣旨に合致する。

⑶　以上より、ＤのＡに対する上記請求は認められる。
２　イについて
⑴　請求３では、ＤはＡに対し、６０８条１項に基づき、３０万円の必要費償還請求をしていると考えられる。
⑵ア　ここで、Ｄは賃借物が修繕を要することをＡに通知しておらず（６１５条）、急迫の事情もないことから（６０７条の２第２項）、自力で修繕することは認められていない（６０７条の２第１項）。よって、３０万円全額の償還請求は認められない。
イ　もっとも、現に修繕は完了しており、賃貸人は利益を受けていることから、なお必要費の償還請求が認められるのではないか。
この点について、必要費とは、対象の保存と管理に必要な費用を指すところ、本件においては、雨漏りを修繕するのに必要な費用であった２０万円が必要費といえる。
⑶　したがって、ＤはＡに対し、２０万円の限度で６０８条１項に基づく費用償還請求をなしうる。
第３　設問２について
１　ＩはＦに対し、所有権に基づく返還請求権としての、丁土地明渡請求は認められるか。
丁土地は、Ｇがもともと所有していたものをＨに契約③で譲渡しており、ＨがＩに契約④で売買したものである。丁土地は現在Ｆが占有している。
２⑴　これに対してＦは、自己は１７７条の第三者に当たり、Ｉが登記を備えるまでは自己に所有権を対抗できないと主張する。では、Ｉ

●　出題趣旨によれば、修繕権（607の2）がない場合でも、必要費償還請求権（608Ⅰ）が制限されないことを指摘することが求められていたところ、本答案は、607条の２と608条１項の関係を論ずることなく、必要費償還請求が認められるとしており、出題趣旨に合致しない。

●　ＧＨ間の売買契約が取り消されればＧからＨへの所有権移転は遡及的

は１７７条の第三者にあたるか。
(2)　この点について、１７７条の趣旨は、自由競争の下、登記による画一的処理により不動産取引の安全を図る点にある。そこで、「第三者」とは、当事者及びその包括承継人以外の者で、登記の欠缺を主張する正当な利益を有するものをいうと解する。
本件において、Ｆは当事者でも包括承継人でもない。
3　では、登記の欠缺を主張する正当な利益を有するものといえるか。
本件でＦは、ＧＦ間で契約⑤により丁土地の所有権を譲り受けたと主張するはずであるところ、契約⑤を締結した令和６年１月２５日時点では、ＧはＨに丁土地所有権を譲渡し登記も具備させていたため、Ｆは所有権を取得できない者とも思える。もっとも、ＧはＨとの間の契約③を錯誤取消し（９５条１項）を主張していることから、錯誤取消しが認められればＦが所有権を得られるはずの地位を手に入れることができる。
4　そこで、契約③を詐欺取消しできるかを検討する。
(1)　本件では、ＧはＨに財産分与として丁土地を譲渡する際、ＧではなくＨに課税されると考えていたところ、実際はＧに課税されるものであったことから、「表意者が法律行為の基礎とした事情についてその認識が真実に反する錯誤」（同項２号）である。
(2)　そして、同号に基づいて意思表示の取消しを主張するためには、「その事情が法律行為の基礎とされていることが表示されていた」（同条２項）ことが必要であるところ、取引安全の観点から、法律行為の基礎とした事情に関する表意者の認識が相手方に示され、法律行為の内容になっていたことが必要であると解する。
本件において、Ｇは前述の錯誤に陥っていたところ、ＧはＨに課税されることを前提としてＨを気遣う発言をしており、Ｈも同じ錯誤に陥った上でＧとやり取りをしていたことから、Ｈのみに課税されることが法律行為の内容になっていたといえる。
(3)　そして、本当はＧに３００万円の課税がされるという点で、Ｇにその錯誤がなかったならばその意思表示をしなかったであろうと考えられ、通常一般人もその意思表示をしなかったであろうと考えられる程度に重要なものであるから、「法律行為の目的及び取引上の社会通念に照らして重要なものである」といえる（同条１項）。
(4)　したがって、９５条１項の要件は満たす。
5　もっとも、錯誤取消しの意思表示は令和６年１月１５日になされているところ、Ｉはその前の同月１０日にＨＩ間の丁土地売買契約を締結していることから、Ｉは錯誤取消前の第三者（９５条４項）にあたり、善意無過失であるＩには錯誤取消しを対抗できない。
6　以上より、Ｉには錯誤取消しを主張できず、Ｆは登記の欠缺を主張する正当な理由がなく、対抗要件の抗弁も認められない。
7　よって、ＩのＦに対する上記請求は認められる。

以　上

に無効になり、Ｉは丁土地の所有権を取得できないのではないかという問題が検討の出発点になるところ、本答案は、唐突にＦが177条の「第三者」に当たるかどうかを検討しており、本問の基本的な問題の所在を正しく理解しているとは言い難い。

● 出題趣旨によれば、「表意者が法律行為の基礎とした事情」について【事実】12、13及び15をもとに論述する必要があるところ、本答案は事実の引用が少なく、説得力に欠ける。

民事系

第2問　商法

問題文

［民事系科目］

〔第２問〕（配点：１００〔**〔設問１〕**及び**〔設問２〕**の配点の割合は、６０：４０〕）
次の文章を読んで、後記の**〔設問１〕**及び**〔設問２〕**に答えなさい。

１．甲株式会社（以下「甲社」という。）は、建築設備機器の製造及び販売等を目的とする会社法上の公開会社である取締役会設置会社であり、種類株式発行会社ではない。甲社の発行済株式の総数は５００万株であり、株主数は１０００名であった。甲社には、Ａ、Ｂ及びＣ（以下、Ａ、Ｂ及びＣを総称して「Ａら」という。）の３名の取締役並びにＤほか２名の計３名の監査役がおり、Ａが代表取締役を務めていた。なお、甲社の取締役であるＡらは甲社の株式を保有していたが、甲社の監査役であるＤほか２名は甲社の株式を保有していなかった。

乙株式会社（以下「乙社」という。）は、住宅の建設及び売買等を目的とする株式会社であり、甲社の発行済株式の総数の２０％に相当する１００万株を保有する甲社の筆頭株主であった。

２．甲社の近年の業績が悪化していたことから、乙社は、令和３年７月２０日、甲社に対し、①取締役３名の解任の件、②監査役３名の解任の件、③取締役３名の選任の件、④監査役３名の選任の件（以下、これらを総称して「本件各議題」という。）を目的とする株主総会の招集を請求した。しかし、甲社は、株主総会の招集通知を発しなかった。

３．そこで、乙社は、令和３年９月２７日、裁判所の許可を得て、甲社の株主に対し、本件各議題を目的とする臨時株主総会（以下「本件臨時株主総会１」という。）を開催するため、必要事項を記載した招集通知を発した。当該招集通知が入った封書には、議決権行使書面及び株主総会参考書類のほか「議決権の行使のお願い」と題する書面（以下「本件書面」という。）が同封されていた。本件書面には、「甲社の改革の実現に御協力をお願い申し上げます。株主総会参考書類に記載した乙社提案の各議案のいずれにも賛成していただいた方には、後日、１０００円相当の商品券を郵送にて贈呈させていただきます。全ての議案について同封した議決権行使書面の『賛』の欄に〇印を付けて御返送ください。」との記載がされていた。なお、甲社においては、過去の定時株主総会に際して、甲社又は甲社の役員若しくは株主が一定の内容の議決権の行使又は議決権の行使自体を条件として商品券等を提供したことはなかった。

４．令和３年１０月２０日、本件臨時株主総会１が開催され、本件各議題についての乙社提案の各議案は、いずれも出席した株主の議決権の約７５％の賛成により可決した（以下「本件決議１」という。）。本件臨時株主総会１においては、出席した株主の議決権の数は、例年の定時株主総会よりも約３０％増加し、行使された議決権のうち議案に賛成したものの割合も、例年の定時株主総会において行使された議決権のうち甲社が提案した議案（いずれも可決された。）に賛成したものの割合よりも高いものであった。なお、本件臨時株主総会１において、甲社の株主が返送した議決権行使書面には、賛否の欄に記入をしていない白票は存在しなかった。

5．乙社は、令和３年１１月１５日、本件各議題についての乙社提案の各議案のいずれにも賛成した甲社の株主全員に対し、一人当たり１０００円相当の商品券を送付した。これらの商品券の取得や送付に要した費用については、乙社が全て負担した。

〔設問１〕

下記の小問に答えなさい。

〔小問１〕

上記３の時点で、甲社の監査役Ｄは、本件臨時株主総会１の招集通知と本件書面を見て、本件臨時株主総会１の開催には法令違反があり、監査役として何らかの対応をする必要があるのではないかと考えた。Ｄほか２名の甲社の監査役３名が協議した結果、仮に本件臨時株主総会１の開催に法令違反があったとしても、本件臨時株主総会１の開催をやめるように求める手段の有無が別途問題となることが判明したため、Ｄは、弁護士に相談することとした。Ｄの相談を受けた弁護士は、Ｄが会社法に基づいて本件臨時株主総会１の開催をやめるように求める手段の有無についてどのように回答すべきか、論じなさい。なお、本件臨時株主総会１の開催に法令違反があるかどうかについては、論じなくてよい。

〔小問２〕

上記５の時点で、本件各議題についての乙社提案の各議案に反対した甲社の株主Ｅが、本件決議１に至った経緯に不満を抱き、株主総会決議の取消しの訴えを提起した場合に、Ｅの立場において考えられる主張及びその主張の当否について、論じなさい。

下記６以下においては、上記２から５までの事実は存在しないことを前提として、**〔設問２〕**に答えなさい。

6．乙社は、甲社の業績が長期的に悪化していたため、Ａらに対して不満を持っていた。これに対し、Ａらは、考え方が大きく異なる乙社が筆頭株主のままでは甲社の意思決定を円滑に行うことができないし、乙社のような株主が存在するのは甲社が会社法上の公開会社であるからであり、今後は甲社を会社法上の公開会社でない株式会社にすべきであると考えていた。また、Ａらは、１０００名もの株主が存在していることも機動的な意思決定の妨げになるものと考えていた。そこで、Ａらは、令和３年１２月、甲社の再建を支援してくれる丙株式会社（以下「丙社」という。）とともに、株式の併合をするなどして甲社の買収を行うこととした。

その結果、令和３年１２月の時点で、甲社の発行済株式の総数は６００株（全て普通株式である。）となり、丙社が２００株を、Ａが２００株を、Ｂが１００株を、Ｃが１００株を、それぞ

民事系 第2問

れ保有することとなった。また、甲社の定款には、譲渡による甲社の株式の取得について株主総会の承認を要する旨、株式取得者が甲社の株主である場合には甲社はその取得を承認したものとみなす旨が定められた。そして、甲社は、引き続き取締役会を置くこととし、その取締役は、Aらに加えて、丙社から派遣されたFの４名となり、引き続きAが代表取締役を務めることとなった。また、甲社の監査役は、従前と同様、Dほか２名の計３名となった。なお、これらの手続は、全て適法に行われた。

7．丙社は、建築関係の中小規模の株式会社数社について、その株式の全てを保有したり、甲社や下記８の丁株式会社（以下「丁社」という。）のように、その株式の一部を少数株主として保有したりしていた。丙社は、甲社に対し、Fを取締役として派遣したり、取引先を紹介したりするなどしてその再建に協力した。

8．甲社は、その製造する機器の品質に定評があったことに加え、建築設備機器に対する需要の増加、丙社の協力及びAらの努力により、急速に業績を回復することができ、令和５年６月にはその経営が安定してきた。丙社は、甲社の再建はめどがついたと考え、今度は、甲社の営業範囲と隣接する地域で建築設備機器の製造及び販売等を行う丁社の再建に注力するようになった。その一環として、Fは、Aらに対し、甲社の持つ技術やライセンスを丁社に提供するように求めるなどしたため、FとAらとの間に見解の相違が見られるようになった。

9．Aらは、令和５年１０月、丙社の本社を訪れ、丙社の代表取締役であるGと面会した。Aらは、Gに対して、「甲社の再建に水を差すようなことはしないでほしい。」と伝えたところ、Gは、「甲社の再建のために協力したのだから、今度は甲社が協力する番ではないか。甲社は、その技術とライセンスを丁社に提供し、実際の生産は丁社に任せる方向で業務提携をしてはどうか。」などと提案し、両者の見解は一致しなかった。Gは、これを機に、甲社を丙社の完全子会社とした上で将来的には丁社と合併させる方がうまくいくのではないかと考えるようになった。

10．Aは、令和５年１１月１日、上記９の甲社を丙社の完全子会社にするというGの意向をFから聞かされて驚がくし、B及びCと対応策を協議した。その結果、Aらで甲社の発行済株式の総数の３分の２を保有していることから、甲社と競合関係にある丁社のために経営に介入されることを防ぎ、甲社の独立を維持するために、丙社を締め出すべきであるとの結論に達した。そして、下記11の計画を実現するために、Bは、同月６日、Aに対し、甲社の株式１００株を譲渡した。

Gが考えていた甲社を丙社の完全子会社にする案も、Aらが決定した甲社の独立を維持するために丙社を締め出すという案も、甲社の企業価値との関係では、客観的にいずれか一方が他方よりも優れているとは言い難く、見解の分かれる問題であった。Bは、Aよりも前にGの案を聞いており、当初はGの案もあながちおかしなものではないと考えていたが、Aが甲社の独立を維持する必要があると強く主張し、Cもこれに賛同したことから、最終的にはAらの案を支持することにした。

11. 甲社の取締役会は、令和５年１１月１５日、適法な決議を経て、次の①から③までの事項を一連のものとして行う計画（以下「本件計画」という。）を決定した。

① 甲社の株式について、３００株を１株とする株式の併合（以下「本件株式併合」という。）を行うこととし、そのために臨時株主総会（以下「本件臨時株主総会２」という。）を招集する。なお、本件株式併合により１株に満たない端数となる株式については、甲社が、同月１４日に専門家から取得した株式価値算定書に基づいた価格で買い取ることとする。

② 本件株式併合の効力発生後遅滞なく、１株を２００株に分割する株式の分割（以下「本件株式分割」という。）を行う。

③ 本件株式分割の効力発生後遅滞なく、Ｂ及びＣに対する募集株式の第三者割当て（甲社が上記①で買い取った甲社の株式であって本件株式分割後の２００株の自己株式を処分するというものである。）を行うこととし、そのために臨時株主総会を招集する。この募集株式の第三者割当ては、Ｂに１００株を、Ｃに１００株を、それぞれ割り当てるものである。

これらを行うことにより、甲社の発行済株式の総数は４００株となり、Ａが２００株を、Ｂが１００株を、Ｃが１００株を、それぞれ保有することとなる。

Ｆは、甲社のような株式会社において特定の株主を狙い撃ちにして締め出すことは許されないと主張して本件計画に反対した。しかし、Ａらが賛成したことにより本件計画が可決された。

12. 甲社は、令和５年１２月１１日、適法な招集手続を経て、本件臨時株主総会２を開催した。本件臨時株主総会２では、全ての株主が出席し、Ａが上記８及び９の丙社による提案等を説明した上で、甲社と競合関係にある丁社のために経営に介入されることを防ぎ、甲社の独立を維持するために、丙社を締め出す必要があるとして、本件株式併合が必要な理由を説明した。なお、本件株式併合により１株に満たない端数となる株式の買取価格は、公正な価格と認められるものであった。

本件臨時株主総会２に出席したＧは、「金額の問題ではなく、信義の問題だ。なぜ再建に協力した我々だけを排除するのか。このようなものは到底容認できない。」と述べたところ、Ａは、「御社とは甲社の経営について深刻な見解の相違があるため、我々経営陣が退くのでなければ、最終的には退出していただくほかない。」と回答した。本件株式併合に関する事項を定める件については、丙社が反対したものの、他の株主全ての賛成により、甲社提案のとおり可決された（以下「本件決議２」という。）。

13. 本件株式併合の効力は、本件決議２によって効力発生日として定められた日に発生した。なお、本件株式併合に際して行うべき株主への通知及び本件株式併合に関する書面等の備置き等は、全て適法に行われた。

〔設問２〕

上記13の時点で、丙社は、本件株式併合の効力を争うことを検討している。丙社が採ることができる会社法上の手段に関し、丙社の立場において考えられる主張及びその主張の当否について、論じなさい。

MEMO

出題趣旨

【民事系科目】

〔第２問〕

１　設問１は、会社法上の公開会社である取締役会設置会社において、少数株主が裁判所の許可を得て取締役の解任等を目的とする株主総会を招集するに当たり、議決権行使書面及び株主総会参考書類のほかに、自らが提案する議案に賛成した株主には商品券を贈呈する旨の書面を株主に交付した場合に生じ得る会社法上の問題についての検討を求めるものである。小問１は、株主総会の開催に法令違反があると考えた監査役が株主総会の開催前に採ることができる会社法上の手段の有無の検討を、小問２は、株主総会を招集した少数株主が提案した議案に反対した他の株主がこれを可決した株主総会決議の取消しの訴えを提起した場合において、当該他の株主の立場において考えられる主張及びその主張の当否の検討を、それぞれ求めるものである。

設問２は、会社法上の公開会社でない取締役会設置会社において、特定の株主を締め出すために行われた株式併合について、当該特定の株主がその効力を争うために採ることができる会社法上の手段に関し、その立場において考えられる主張及びその当否の検討を求めるものである。

２　設問１について

⑴　小問１について

小問１においては、Ｄが監査役として少数株主により行われた違法行為の差止めを請求するための会社法上の手段の有無が問われている（なお、小問１においては、少数株主の行為の違法性の有無自体について論ずることは求められていない。）。監査役による違法行為の差止めについては会社法第３８５条第１項に規定されているが、同項は、取締役の行為を対象としていることから、少数株主が裁判所の許可を得て株主総会を招集する場合にそのまま直接適用することは難しい。まずは、その点を指摘した上で、同項の適用又は類推適用の可否を検討することが必要となる。この点については、例えば、少数株主は、株式会社のために株主総会を招集する権限を付与されているのであって個人の利益のためにその権限を付与されているわけではないという意味において取締役に準ずる立場にあり、取締役と同様、適法に株主総会を招集する義務を負っていると考えられることに加え、同項の適用又は類推適用を認めなければ、適法性を監査するという監査役の任務を全うすることができないことなどを指摘して、同項の適用又は類推適用を肯定するということも考えられるであろう。これに対し、少数株主と取締役とでは立場が異なることや少数株主による違法な株主総会の招集を差し止められないことになってもやむを得ないことなどを指摘して、同項の適用又は類推適用を否定することも考えられるであろうが、いずれにしても、少数株主に株主総会を招集する権限が付与されていることや、少数株主による違法な株主総会の招集を監査役が差し止めることの必要性などについて、広く考慮した上で、Ｄから相談を受けた弁護士としての回答を検討することが求められる。

なお、そのほかにも、別の被保全権利の存在を指摘して仮の地位を定める仮処分命令（民事保全法第２３条第２項）の申立てをするということも考えられないではない。例えば、監査役の少数株主に対する妨害排除請求権や株主総会決議の取消しの訴えを本案とする仮の地位を定める仮処分命令を求めることなどを検討することが考えられるであろうが、前者であれば、そのような権利が存在することを説得的に論ずることが求められるし、後者であれば、仮処分が認められてしまうと本案の対象となる株主総会決議が存在しないこととなり、そのような方法が許容されるのかも含めて説得的に論ずることが求められることとなる。

(2) 小問２について

小問２においては、本件決議１について株主総会決議の取消しの訴えを提起したＥの立場において考えられる主張をどのように構成するのかが問われている。具体的には、本件臨時株主総会１を招集した少数株主である乙社が自らの提案する議案に賛成した株主には商品券を贈呈する旨の本件書面を株主に交付したことなどを踏まえ、本件決議１が会社法第８３１条第１項各号に掲げる場合のいずれに該当するのかを明示して、株主総会決議取消事由の有無を検討することが求められる。

まず、Ｅとしては、乙社の行為が「株主の権利の行使に関し、財産上の利益を供与」するものに該当し（会社法第１２０条第１項）、株主総会の招集の手続又は決議の方法が法令に違反するものであった（会社法第８３１条第１項第１号）と主張することが考えられる。もっとも、会社法第１２０条第１項は、「株式会社」による「当該株式会社又はその子会社の計算においてする」利益供与を禁止しており、少数株主が自らの負担によって行う行為を直接の対象とはしていない。まずは、そのことを指摘した上で、少数株主の行為に同項を適用又は類推適用することの可否を検討することが必要となる。この点については、例えば、同項は、会社財産の浪費を防止するものであり、株主によって意思決定がされるべき株式会社が株主の議決権の行使に影響を与えることを禁ずるものであると考えるのであれば、少数株主が、自らの負担によって商品券を贈与することにより、他の株主の議決権の行使に影響を与えることには問題はないということとなり、同項の適用又は類推適用を否定することになろう。これに対し、同項は、株式会社の公正な運営を確保するものであると考えるのであれば、株式会社による利益供与だけでなく株主総会を招集する少数株主による利益供与も株式会社の公正な運営を害し得ること、また、そのような問題は当該株式会社等の計算においてされたものであるか否かを問わずに生じ得ることなどを指摘し、同項の適用又は類推適用を肯定することもあり得る。

次に、Ｅとしては、前記の点に加えて、株主総会の招集の手続又は決議の方法が「著しく不公正」であった（会社法第８３１条第１項第１号）と主張することが考えられる。この点については、株主による議決権の行使が株主として株式会社から受ける経済的な利益とは異なる要因によって左右されるような状況で行われた株主総会決議が「著しく不公正」であったといい得ることを指摘した上で、本問の事実関係の下で具体的な検討をすることが考えられる。前者については、前記のような状況で行われた株主総会決議が「著しく不公正」であったといい得る理論的な根拠を自分なりに考察することが求められる。また、後者については、例えば、乙社が提案する議案に賛成した株主にのみ商品券が贈呈さ

民事系　第2問

れること、乙社には当該議案を可決させることに強い利害関係があると認められること、例年の定時株主総会における結果との比較から乙社による商品券の贈呈が株主の議決権の行使に影響を与えた可能性が高いことなどを指摘した上で、「著しく不公正」であったといえるとすることも考えられるであろうし、商品券の額が少額であること、乙社が提案する議案に反対する議決権の行使をすることが殊更妨害されたわけではないこと、甲社の業績悪化や筆頭株主である乙社との間で対立が生じているという点で例年とは状況が異なり、例年の定時株主総会における結果との比較は重要ではないことなどを指摘した上で、「著しく不公正」であったとまではいえないとすることも考えられるであろう。また、そもそも、株主総会を招集する少数株主であっても、株式会社ではない以上、自らの資金で他の株主の議決権の行使に影響を与えることとなったとしても「著しく不公正」とはいえないとの考え方を採用し、その理論的な根拠を自分なりに考察するということも考えられるであろう。なお、株主総会の招集の手続又は決議の方法が「著しく不公正」な場合には、決議への影響の有無にかかわらず、裁量棄却の対象にはならない（会社法第８３１条第２項参照）。

3　設問２について

⑴　設問２は、発行済株式の総数の３分の１に相当する２００株を保有する丙社から再建のための支援を受けていた甲社が、再建のめどがついてきた頃から丙社との間で見解の相違がみられるようになったことなどから、丙社との間の資本関係を断つために本件株式併合とそれに続く本件株式分割及び募集株式の第三者割当てを計画したという事例において、締め出される丙社の立場から、本件株式併合の効力を争うために採ることができる会社法上の手段に関し、その立場において考えられる主張及びその主張の当否の検討を求めるものである。

⑵　まず、株式併合の効力を争うための会社法上の手段については、会社の組織に関する行為の無効の訴え（会社法第８２８条）の対象となっていないことから、このような訴えを提起するのではなく、株式併合をするための株主総会決議（会社法第１８０条第２項）の効力を否定することにより、株式併合が無効となることを主張することが考えられる。そして、株主総会決議の効力を否定するための会社法上の手段としては、①特別の利害関係を有する者が議決権を行使したことによって著しく不当な決議がされたとして、株主総会決議の取消しの訴えを提起すること（会社法第８３１条第１項第３号）、②決議の内容が法令に違反することを理由として株主総会決議の無効の確認の訴えを提起すること（会社法第８３０条第２項）等が考えられる（なお、①の場合には、丙社が本件決議２の取消しによって株主となる者に該当すること（会社法第８３１条第１項後段）についても言及することができると、なお望ましい。）。会社の組織に関する行為の無効の訴えに関する会社法第８２８条の規定を類推適用するということも考えられるであろう。いずれにしても、株式併合に関する会社法の規定を正しく理解した上で、その効力を争うための会社法上の手段を検討することが求められる。

⑶　次に、前記⑵①の手段による場合であれば、Ａ又はＣが特別の利害関係を有する者であることや「著しく不当な決議」がされたといえるか否かが問題となるし、前記⑵②の手段による場合であれば、「決議の内容が法令に違反する」といえるか

否かが問題となる。まず、どのような場合に「著しく不当な決議」又は「決議の内容が法令に違反する」といえるのかについて、自分なりの基準を立てる必要があり、なぜそのような基準を採用するのかについても、理論的な根拠を自分なりに考察する必要がある。また、「決議の内容が法令に違反する」といえるか否かを検討する場合においては、法令違反の根拠についても触れる必要があり、この点については、例えば、いわゆる株主平等原則に違反すること（会社法第１０９条第１項）、権利の濫用に該当すること（民法第１条第３項）などを指摘することが考えられるであろう。

その上で、本問の事実関係全体（例えば、丙社の案もＡらの案も、甲社の企業価値との関係では、客観的にいずれか一方が他方よりも優れているとは言い難く、見解の分かれる問題であったことや、本件株式併合により１株に満たない端数となる株式の買取価格が公正な価格と認められるものであったことなど）について、多面的に、かつ、適切に評価するなどして、「著しく不当な決議」又は「決議の内容が法令に違反する」といえるか否かについての結論を示す必要がある。

本問は、会社法に明文の規定がない問題を素材に思考力を問うものであり、本件株式併合の効力を否定する方向、肯定する方向のいずれであっても構わない。例えば、会社法上の公開会社でない株式会社においては、少数株主の有する利益は当該株式の金銭的価値に尽きず、それを保護する必要があるから、株式併合には正当な事業目的が要求されるという一般論を採りつつ、本問の事実関係の下では、正当な事業目的を欠くため本件株式併合の効力を否定する方向で検討することも、正当な事業目的が認められるため本件株式併合の効力を肯定する方向で検討することも考えられるであろう。また、会社法上、株式併合の目的は制限されていないことなどから、特定の少数株主を締め出すために行われた株式併合も許容されるとして、本件株式併合の効力を肯定することも考えられるであろうが、いずれの立場であっても、説得的に論ずることが求められる。なお、本問では、本件株式併合の効力を争う丙社の立場において考えられる主張及びその主張の当否を検討することが求められるものであることから、最終的に本件株式併合の効力を肯定するとしても、それを否定する立場からの立論とその当否について検討する姿勢が求められる。

採点実感

1　出題の趣旨等

既に公表されている令和６年司法試験の論文式試験出題の趣旨に特に補足すべき点はない。

2　採点方針

民事系科目第２問は、商法分野からの出題である。事実関係を分析し、会社法上の論点を的確に抽出して各設問に答えるという過程を通じ、事例解析能力、論理的思考力、会社法に関する基本的な理解並びに法令の解釈及び適用の能力等を確認するものである。会社法に関する基本的な理解を前提に関係する条文を探し出し、その条文の文言を丁寧に検討するという姿勢がうかがわれる答案には、高い評価が与えられた。これに対し、条文の引用が不正確であったり、条文の文言を丁寧に検討するという姿勢を欠いていたりする答案は、知っている論点に引き付けて検討しようとしているせいか、問題の所在を的確に把握することができていないものが多く、結果的に低い評価にとどまるものが多かった。

3　採点実感

⑴　設問１の小問１について

ア　全体的な採点実感

㋐　設問１の小問１は、会社法上の公開会社である取締役会設置会社において、少数株主が裁判所の許可を得て取締役の解任等を目的とする株主総会を招集するに当たり、議決権行使書面及び株主総会参考書類のほかに、自らが提案する議案に賛成した株主には商品券を贈呈する旨の書面を株主に交付した場合において、監査役として少数株主による違法行為の差止めを請求するための会社法上の手段の有無を問うものである。

監査役による違法行為の差止めについては会社法第３８５条第１項に規定されているが、同項は、取締役の行為を対象としていることから、少数株主が裁判所の許可を得て株主総会を招集する場合にそのまま適用することは難しい。まずは、そのことを指摘した上で、同項の適用又は類推適用の可否を検討することが必要となる。その上で、例えば、少数株主は、個人の利益のためではなく株式会社のために株主総会を招集する権限を付与されているのであって、その意味において取締役に準ずる立場にあり、取締役と同様、適法に株主総会を招集する義務を負っていると考えられることに加え、同項の適用又は類推適用を認めなければ、適法性を監査するという監査役の任務を全うすることができないことなどを指摘して、同項の適用又は類推適用を肯定するということも考えられるであろう。これに対し、少数株主と取締役とでは立場が異なることや、少数株主による違法な株主総会の招集を差し止められないことになってもやむを得ないことなどを指摘して、同項の適用又は類推適用を否定することも考えられるであろう。いずれにしても、少数株主に株主総会を招集する権限が付与されていることや、少数株主による違法な株主総会の招集を監査役が差し止めることの必要性などについて、広く考慮した上で、Ｄから相談を受けた弁護士としての回答を検討することが求められる。

(イ)　多くの答案が、会社法第３８５条第１項が問題となり得ることに気が付いていた（極めて少数ではあるが、会社法第３６０条第１項に言及する答案があったが、Ｄは株主ではないため、同項は問題となり得ない。）。この点については、法科大学院における実務教育の成果が出ているものと評価することができるように思われる。

これに対し、本小問において検討することが求められているのは「会社法に基づいて本件臨時株主総会１の開催をやめるように求める手段の有無」であるから、本件臨時株主総会１の開催をやめることに結び付かない手段について論じても評価されることはない。この点については、少数ではあるものの、会社法第３０６条第１項の株主総会の招集手続等に関する検査役の選任を論ずるものや、少数株主による株主総会の招集に関する会社法第２９７条所定の要件を満たしているか否かを検討するものなどがあったが、これでは問われていることに答えたことにはならない。

会社法第３８５条第１項の適用又は類推適用を肯定するのか否かについては、いずれの立場を採ることも考えられるが、上記(ア)のような検討をすることができた答案は、当然のことながら、高く評価された。また、同項の類推適用を肯定する立場に立ちつつも、Ｄから相談を受けた弁護士としては、それが否定されるリスクがあることも含めて回答すべきであると指摘する答案もあったが、問われたことに正面から論ずる姿勢が好印象であった。

これに対し、会社法第３８５条第１項が問題となり得ることに気が付いたにもかかわらず、不良に該当する答案も相当数あった。例えば、少数株主からの請求に対して取締役が株主総会の招集をしないという不作為を問題とし、同項によりその不作為を差し止めるとする答案もあった。このような答案は、同項が問題となることには気が付いており、同項が取締役の行為を対象としており、少数株主の行為を直接の対象としていないことにも気が付いているため、その限りにおいては評価することができるが、不作為の差止めというのは、現実的には困難であることはさておくとしても、そもそも本件臨時株主総会１の開催をやめる手段にならないため、問われたことに答えたことにならない。また、少数株主が株主総会を招集する場合であっても、株主総会の目的である事項を定めたり、招集の通知を発したりするのは取締役であることを前提に、そのような取締役の行為を同項により差し止めることができるとする答案もあったが、このような答案は、少数株主が株主総会を招集する場合の手続を誤解するものである。さらに、差止めの対象となる行為自体は正しく捉えていても、同項が取締役の行為を対象としていることに言及することなく、漫然と少数株主の行為にも同項が適用されるとする答案もあったが、このような答案は、同項に気が付いたという以上の評価は与えられない。

なお、そのほかにも、会社法第３８５条第１項とは別の被保全権利の存在を指摘して仮の地位を定める仮処分命令（民事保全法第２３条第２項）の申立てをするということも考えられないではない。例えば、監査役の少数株主に対する妨害排除請求権や株主総会決議の取消しの訴えを本案とする仮の地位を定める仮処分命令を求めることなどを検討することが考えられるであろうが、前者であれば、そのような権利が存在することを説得的に論ずることが求められるし、後者であれば、仮処分が認められてしまうと本案の対象となる株主総会決議が存在しないこととなり、そのような方法が許容されるのかも含めて説得的に論ずることが求められることとなる。もっとも、会社法第３８５条第１項とは別の被保全権利の内容について説得力のある論述をする答案はほとんどなかった。

イ　答案の例

(ア)　優秀又は良好に該当する答案の例

監査役による違法行為の差止めについては会社法第３８５条第１項に規定されているが、同項は、取締役の行為を対象としていることから、少数株主が裁判所の許可を得て株主総会を招集する場合に適用することは難しいことを指摘した上で、少数株主は、個人の利益のためではなく株式会社のために株主総会を招集する権限を付与されているのであって、その意味において取締役に準ずる立場にあり、取締役と同様、適法に株主総会を招集する義務を負っていると考えられることに加え、同項の類推適用を認めなければ、適法性を監査するという監査役の任務を全うすることができないことなどを指摘して、同項の類推適用を肯定するもの。

監査役による違法行為の差止めについては会社法第３８５条第１項に規定されているが、同項は、取締役の行為を対象としていることから、少数株主が裁判所の許可を得て株主総会を招集する場合に適用することは難しいことを指摘した上で、少数株主は、取締役に代わって株主総会を招集するものの、少数株主という立場でその権限を行使するものであって、取締役とは立場が異なるのであるし、株式会社は自ら株主総会を招集することができたのにそれをしなかったのであるから、少数株主による株主総会の招集を差し止めることができず、事後的に株主総会決議の取消しの訴えを提起することによって対応することとなってもやむを得ないことなどを指摘して、同項の類推適用を否定するもの。

監査役による違法行為の差止めについては会社法第３８５条第１項に規定されているが、同項は、取締役の行為を対象としていることから、少数株主が裁判所の許可を得て株主総会を招集する場合に適用することは難しいことを指摘した上で、裁判所の許可を得て株主総会を招集する場合における少数株主の立場の取締役との類似性について自分なりに検討し、同項の類推適用の可否を検討するもの。

(イ)　不良に該当する答案の例

監査役による違法行為の差止めについては会社法第３８５条第１項に規定されていることに気が付いているものの、同項が取締役の行為を対象としていることに言及することなく、漫然と同項が適用されるとするもの。

監査役による違法行為の差止めについては会社法第３８５条第１項に規定されていることに気が付いているものの、少数株主が株主総会を招集する場合であっても、株主総会の目的である事項を定めたり、招集の通知を発したりするのは取締役であることを前提に、そのような取締役の行為を会社法第３８５条第１項により差し止めることができるとするもの。

監査役による違法行為の差止めについては会社法第３８５条第１項に規定されていることに気が付いているものの、少数株主からの請求に対して取締役が株主総会の招集をしないという不作為を問題とし、会社法第３８５条第１項によりその不作為を差し止めるとするもの。

監査役による違法行為の差止めについて検討することなく、検査役の選任（会社法第３０６条第１項）、取締役会への報告義務（会社法第３８２条）又は株主総会に対する報告義務（会社法第３８４条）等を論ずるもの。

監査役による違法行為の差止めについて検討することなく、少数株主による株主総会の招集に関する会社法第２９７条所定の要件を満たしているか否かを検討し、これを満たしている以上、監査役の採ることができる会社法上の手段はないとするもの。

被保全権利が何であるかを明らかにすることなく、仮の地位を定める仮処分命令（民事保全法第２３条第２項）の申立てについて論ずるもの。

(2) 設問１の小問２について

ア 全体的な採点実感

(ア) 設問１の小問２は、本件決議１について株主総会決議の取消しの訴えを提起したＥの立場において考えられる主張をどのように構成するのかを問うものである。具体的には、本件臨時株主総会１を招集した少数株主である乙社が自らの提案する議案に賛成した株主には商品券を贈呈する旨の本件書面を株主に交付したことなどを踏まえ、本件決議１が会社法第８３１条第１項各号に掲げる場合のいずれに該当するのかを明示して、株主総会決議取消事由の有無を検討することが求められる。

本件決議１が会社法第８３１条第１項各号に掲げる場合のいずれに該当するのかについては、まず、Ｅとしては、乙社の行為に会社法第１２０条第１項が適用又は類推適用されることから株主総会の招集の手続又は決議の方法が法令に違反するものであった（会社法第８３１条第１項第１号）と主張することが考えられる。もっとも、会社法第１２０条第１項は、「株式会社」による「当該株式会社又はその子会社の計算においてする」利益供与を禁止しており、少数株主が自らの負担によって行う行為を直接の対象とはしていない。まずは、そのことを指摘した上で、少数株主の行為に同項を適用又は類推適用することの可否を検討することが必要となる。この点については、例えば、同項は、会社財産の浪費を防止するものであり、株式会社がその財産を用いて株主の議決権の行使に影響を与えることを禁ずるものであると考えるのであれば、少数株主が、自らの負担によって商品券を贈与することにより、他の株主の議決権の行使に影響を与えることには問題はないということとなり、同項の適用又は類推適用を否定することになろう。これに対し、同項は、株式会社の公正な運営を確保するものであると考えるのであれば、株式会社による利益供与だけでなく株主総会を招集する少数株主による利益供与も株式会社の公正な運営を害し得ること、また、そのような問題は当該株式会社等の計算においてされたものであるか否かを問わずに生じ得ることなどを指摘し、同項の適用又は類推適用を肯定することもあり得る。そして、同項は、会社財産の浪費と株式会社の公正な運営の確保の双方の趣旨を含むものと考えるなら、いずれを重視するのか、いずれか一方を欠く場合であっても適用又は類推適用できるのかを検討することになろう。

また、Ｅとしては、上記の点に加えて、株主総会の招集の手続又は決議の方法が「著しく不公正」であった（会社法第８３１条第１項第１号）と主張することが考えられる。この点については、株主による議決権の行使が株主として株式会社から受ける経済的な利益とは異なる要因によって左右されるような状況で行われた株主総会決議が「著しく不公正」であったといい得ることを指摘した上で、本問の事実関係の下で具体的な検討をすることが考えられる。前者については、上記のような状況で行われた株主総会決議が「著しく不公正」であったといい得る理論的な根拠を自分なりに考察することが求められる。また、後者については、例えば、乙社が提案する議案に賛成した株主にのみ商品券が贈呈されること、乙社には当該議案を可決させることに強い利害関係があると認められること、例年の定時株主総会における結果との比較から乙社による商品券の贈呈が株主の議決権の行使に影響を与えた可能性が高いことなどを指摘した上で、「著しく不公正」であったといえるとすることも考えられるであろうし、商品券の額が少額であること、乙社が提案する議案に反対する議決権の行使をすることが殊更妨害されたわけではないこと、甲社の業績悪化や筆頭株主である乙社との間で対立が生じているという点で例年とは状況が異なり、例年の定時株主総会における結果との比較は重要ではないことなどを指摘した上で、「著しく不公正」であったとまではいえないとすることも考えられるであろう。また、そもそも、株主総会を招集する少数株主であっても、株式会社ではない以上、自らの資金で他の株主の議決権の行使に影響を与えることとなったとしても「著しく不公正」とはいえないとの考え方を採用し、その理論的な根拠を自分なりに考察するということも考えられるであろう。

さらに、Eとしては、上記の各点に加えて、特別の利害関係を有する者が議決権を行使したことによって「著しく不当な決議がされた」（会社法第８３１条第１項第３号）と主張することもあり得るであろう。その場合には、乙社は、株主総会を招集して議案を提案したものの、自らを取締役に選任するといった決議がされたわけではないことから、そのような観点から特別の利害関係の有無を検討するのではなく、むしろ、賛成の議決権を行使した株主には商品券が贈呈されるという関係に着目して特別の利害関係の有無を検討するのが適切であろう。このような観点から検討すると、賛成の議決権を行使することによって商品券を贈呈される関係にある株主について、特別の利害関係の有無が問題となり得るが、議案に対して賛成の議決権の行使さえすれば、当該議案が否決されたとしても、商品券が贈呈されるのであるから、決議について特別の利害関係があるとはいえないと考えることもできるであろう。

(イ) 本小問においては、乙社が提案する議案に賛成した株主には商品券を贈呈されるという点が問題となるということについては、ほとんどの答案が検討することができていた。

次に、会社法第１２０条第１項の適用又は類推適用を肯定して株主総会の招集の手続又は決議の方法が法令に違反するものであったとするのか否か、株主総会の招集の手続又は決議の方法が「著しく不公正」であったとするのか否かについては、いずれの立場から論じても構わないが、上記(ア)のような検討をすることができた答案は、当然のことながら、高く評価された。

もっとも、会社法第１２０条第１項の適用又は類推適用を肯定する答案の多くが、同項が「株式会社」による「当該株式会社又はその子会社の計算においてする」利益供与を禁止している点についての十分な検討をすることができず、その結果、高い評価を得るには至らなかった。

例えば、会社法第１２０条第１項の趣旨を公正な会社運営と会社財産の浪費防止にあるとしながら、本小問においては後者の要素が欠けることについて何ら論ずることなく同項を適用又は類推適用する答案が相当数あった。このような答案は、本小問の基本的な問題構造は理解していると評価することができるものの、同項が「会社又はその子会社の計算において」することを要件としている点を見逃していることに加え、本小問の状況について深い考察をするには至っていないものと評価せざるを得ない。特に、このような答案の多くが、株主総会の招集の手続又は決議の方法が「著しく不公正」であったといえるか否かについては全く触れていなかった。同項を適用又は類推適用すること自体はあり得るところではあるが、同項が規定する要件に照らすと、そのような主張が当然に認められるというものではない。そうすると、Eとしては、同項の適用又は類推適用を肯定して株主総会の招集の手続又は決議の方法が法令に違反するものであったとの主張が採用されない可能性にも配慮した上で、株主総会の招集の手続又は決議の方法が「著しく不公正」であったとの主張についても検討すべきであろう。

また、会社法第１２０条第１項の類推適用をするに当たって、例年の定時株主総会における結果と比較して議案に賛成するものの割合が上がったということを、「株主の権利の行使に関し」という要件への当てはめとして言及する答案も多かったが、株主の権利行使に対して現実に影響を与えたかどうかは同項の要件であるとはいえないので、そのような当てはめをする答案には高い評価は与えられなかった。

次に、会社法第１２０条第１項が行為主体を「株式会社」としていることや「会社の計算において」という要件については触れることなく、又はこれらについて十分な検討をすることなく、下級審裁判例（東京地判平成１９年１２月６日判タ１２５８号６９頁）を参考にして利益供与の該当性を検討する答案も相当数あった。このような答案は、本小問では同項の要件の一部が満たされていないことが問題になっており、同裁判例とは異なる状況であることを看過していることに加え、少数株主による行為であるという本小問における最も重要な点を見落としたか、又は軽視したものと評価せざるを得ない。自らが知っている論点に引き付けて検討しようとした結果、問題の本質を見誤ってしまったのであるとすれば、そのような学習態度は改められるべきである。

さらに、乙社が「株式会社」であることを理由に、会社法第１２０条第１項の適用を認める答案も、残念ながら相当数あった。このような答案は、条文の基本的な読み方が身に付いていないものと評価せざるを得ない。

また、株主総会の招集の手続又は決議の方法が「著しく不公正」であった（会社法第８３１条第１項第１号）と主張することが考えられることを検討した答案の中には、会社法第１２０条第１項は、「株式会社」による「当該株式会社又はその子会社の計算においてする」利益供与を禁止しており、少数株主が自らの負担によって行う行為を直接の対象とはしていないという点を丁寧に検討した上で、株主による議決権の行使が株主として株式会社から受ける経済的な利益とは異なる要因によって左右されるような状況で行われた株主総会決議が「著しく不公正」であったといい得ることを指摘し、本問の事実関係の下で具体的な検討をすることができたものは、高く評価された（このような答案の多くが、会社法第１２０条第１項の適用又は類推適用を否定していたが、同項の適用又は類推適用を肯定しつつ、更にこの点を論ずるというものもあり、いずれであっても高く評価された。）。

これに対し、株主総会の招集の手続又は決議の方法が「著しく不公正」であった（会社法第８３１条第１項第１号）と主張することが考えられることを検討した答案の中には、どのような行為がどのような理由で「著しく不公正」となるのかについての分析をせず、ただ問題文の事実関係を羅列して「著しく不公正」であると結論付けるものも相当数あった。例年指摘していることであるが、問題文の事実関係を評価することなく並べ立てて、「よって、著しく不公正であった」などと述べても、説得力のある論述とは評価されない。

また、特別の利害関係を有する者が議決権を行使したことによって「著しく不当な決議がされた」（会社法第８３１条第１項第３号）と主張することが考えられることを検討した答案も、少数ながら見受けられた。その中でも、乙社が株主総会を招集して議案を提案していることから特別の利害関係を有する者に当たるというものが多かったが、適切な検討がされたものとは評価されなかった。これに対し、賛成の議決権を行使した株主には商品券が贈呈されるという関係に着目して特別の利害関係の有無を検討するものは、少数にとどまったものの、この部分の評価としては相応のものとなった。本小問においては、Ｅの立場において考えられる主張とその当否が問われているのであるから、会社法第１２０条第１項の適用又は類推適用を肯定して株主総会の招集の手続又は決議の方法が法令に違反するものであったとするのか否か、株主総会の招集の手続又は決議の方法が「著しく不公正」であったとするのか否かといった問題に付加して適切に検討していたものについては、設問１の小問２全体として相対的に高い評価を得るに至った。

なお、裁量棄却について詳細に論ずる答案が相当数あったが、会社法第１２０条第１項の適用又は類推適用を肯定して株主総会の招集の手続又は決議の方法が法令に違反するものであったとする場合には、違反する事実が重大でないとはいい難いのであるから、大きく取り上げる必要はない。さらに、株主総会の招集の手続又は決議の方法が「著しく不公正」であったとする場合や特別の利害関係を有する者が議決権を行使したことによって「著しく不当な決議がされた」とする場合には、そもそも裁量棄却は問題とはならないのであるから、これらのみを決議の瑕疵として論じつつ、裁量棄却の可否について論ずるのは会社法第８３１条第２項を理解していないものとして評価せざるを得ない。当然のことではあるが、株主総会決議の取消しの訴えが問題となる場合には、裁量棄却を必ず主要な論点として論じなければならないというわけではない。

イ　答案の例

㋐　優秀又は良好に該当する答案の例

まず、Ｅとしては、乙社の行為が「株主の権利の行使に関し、財産上の利益を供与」するものに該当し（会社法第１２０条第１項)、株主総会の招集の手続又は決議の方法が法令に違反するものであった（会社法第８３１条第１項第１号）と主張することが考えられることを指摘した上で、少数株主の行為に会社法第１２０条第１項を適用することができないことを前提に、同項は、会社財産の浪費を防止するものであり、株式会社がその財産を用いて株主の議決権の行使に影響を与えることを禁ずるものであると考え、同項を類推適用することもできないものとする（又は、同項は、株式会社の公正な運営を確保するものであり、株式会社による利益供与だけでなく株主総会を招集する少数株主による利益供与も株式会社の公正な運営を害し得ること、また、そのような問題は当該株式会社等の計算においてされたものであるか否かを問わずに生じ得ることなどを指摘し、同項の適用又は類推適用を肯定することができるものとする。）。その上で、Ｅとしては、株主総会の招集の手続又は決議の方法が「著しく不公正」であった（会社法第８３１条第１項第１号）と主張することも考えられることを指摘した上で、株主による議決権の行使が株主として株式会社から受ける経済的な利益とは異なる要因によって左右されるような状況で行われた株主総会決議が「著しく不公正」であったといい得ることを論じ、乙社が提案する議案に賛成した株主にのみ商品券が贈呈されることや、例年の定時株主総会における結果との比較から乙社による商品券の贈呈が株主の議決権の行使に影響を与えた可能性が高いことなどを指摘して、「著しく不公正」であったとするもの。

少数株主の行為に会社法第１２０条第１項を適用することができないことを前提に、同項は、会社財産の浪費を防止するものであり、株式会社がその財産を用いて株主の議決権の行使に影響を与えることを禁ずるものであると考え、同項を類推適用することもできないことを論じた上で、Ｅとしては、株主総会の招集の手続又は決議の方法が「著しく不公正」であった（会社法第８３１条第１項第１号）と主張することが考えられることを指摘し、株主による議決権の行使が株主として株式会社から受ける経済的な利益とは異なる要因によって左右されるような状況で行われた株主総会決議が「著しく不公正」であったといい得ることを論じ、本問の事実関係を適切に評価して自分なりの結論を導くもの。

(イ) 不良に該当する答案の例

Ｅとしては、乙社の行為が「株主の権利の行使に関し、財産上の利益を供与」するものに該当し（会社法第１２０条第１項）、株主総会の招集の手続又は決議の方法が法令に違反するものであった（会社法第８３１条第１項第１号）と主張することが考えられることを指摘した上で、会社法第１２０条第１項が行為主体を「株式会社」としていることや「会社の計算において」という要件については触れることなく、又はこれらについて十分な検討をすることなく、下級審裁判例（東京地判平成１９年１２月６日判タ１２５８号６９頁）を参考にして検討するもの。

Ｅとしては、乙社の行為が「株主の権利の行使に関し、財産上の利益を供与」するものに該当し（会社法第１２０条第１項）、株主総会の招集の手続又は決議の方法が法令に違反するものであった（会社法第８３１条第１項第１号）と主張することが考えられることを指摘した上で、乙社が「株式会社」であることから、会社法第１２０条第１項の適用を認めるもの。

Ｅとしては、株主総会の招集の手続又は決議の方法が「著しく不公正」であった（会社法第８３１条第１項第１号）と主張することが考えられることを指摘した上で、どのような行為がどのような理由で「著しく不公正」となるのかについての分析をせず、事実関係を羅列して「著しく不公正」であると結論付けるもの。

株主総会を招集して議案を提案した乙社による議決権の行使を「特別の利害関係を有する者」の議決権の行使であるとした上で、会社法第８３１条第１項第３号の取消事由について検討するもの。

(3) 設問２について

ア 全体的な採点実感

(ア) 設問２は、発行済株式の総数の３分の１に相当する２００株を保有する丙社から再建のための支援を受けていた甲社が、再建のめどがついてきた頃から丙社との間で見解の相違がみられるようになったことなどから、丙社との間の資本関係を断つために本件株式併合とそれに続く本件株式分割及び募集株式の第三者割当てを計画したという事例において、締め出さ

民事系　第2問

れる丙社の立場から、本件株式併合の効力を争うために採ることができる会社法上の手段に関し、その立場において考えられる主張及びその主張の当否の検討を求めるものである。

(イ) 設問２においては、まずは、株式併合の効力を争うための会社法上の手段について、検討しなければならない。この点については、株式併合については会社の組織に関する行為の無効の訴え（会社法第８２８条）の対象となっていないことから、このような訴えを提起するのではなく、株式併合をするための株主総会決議（会社法第１８０条第２項）の効力を否定することにより、株式併合が無効となることを主張することが考えられる。そして、株主総会決議の効力を否定するための会社法上の手段としては、①特別の利害関係を有する者が議決権を行使したことによって著しく不当な決議がされたとして株主総会決議の取消しの訴えを提起すること（会社法第８３１条第１項第３号）、②決議の内容が法令に違反することを理由として株主総会決議の無効の確認の訴えを提起すること（会社法第８３０条第２項）が考えられる（なお、①の場合には、丙社が本件決議２の取消しによって株主となる者に該当すること（会社法第８３１条第１項後段）についても言及することができると、なお望ましい。）。また、会社の組織に関する行為の無効の訴えに関する会社法第８２８条の規定を類推適用するということも考えられるであろう。いずれにしても、株式併合に関する会社法の規定を正しく理解した上で、その効力を争うための会社法上の手段を検討することが求められる。

この点については、多くの答案が上記①又は②のいずれかの手段について検討することができていた。内容面においても、上記のような検討をすることができたものも相当数あり、当然のことながら、高く評価された（その中でも、上記①の手段について検討するに際し、丙社が本件決議２の取消しによって株主となる者に該当すること（会社法第８３１条第１項後段）についても言及することができたものも一定数あったが、条文の文言を丁寧に検討する姿勢が見られ、好印象であった。）。他方で、株式併合については会社の組織に関する行為の無効の訴え（会社法第８２８条）の対象となっていないことや、株式併合をするための株主総会決議（会社法第１８０条第２項）の効力を否定することによって株式併合が無効となるということに全く言及することなく、いきなり上記①又は②を検討するものもあったが、それでは株式併合の効力を争うための会社法上の手段を十分に検討したものと評価することはできない。

また、株式併合の効力を争うための会社法上の手段の有無を検討しないで、当然のように株式併合の無効の訴えを提起することができることを前提とする答案もあったが、このような答案も、株式併合の効力を争うための会社法上の手段を十分に検討したものと評価することはできない。

さらに、株式併合の差止め（会社法第１８２条の３）、本件株式併合に続く自己株式の処分の差止め（会社法第２１０条）やその無効（会社法第８２８条第１項第３号）について検討するものも相当数あった。本設問においては、本件株式併合の効力は発生しているのであるから、差止めは問題にはならないはずであるし、自己株式の処分の差止めやその無効を論じても、本件株式併合の効力を争う手段について論じたことにはならない。

なお、少数ではあったが、招集の手続又は決議の方法が著しく不公正（会社法第８３１条第１項第１号）であるか否かが問題となるとした上で、その中で丙社の締め出しの当否を検討するものもあった。しかしながら、丙社を締め出すというのは決議の内容であるから、招集の手続又は決議の方法が問題となるものではない。

(ウ) 次に、上記(イ)①及び②の各手段のうち、上記(イ)①の手段による場合であれば、Ａ又はＣが特別の利害関係を有する者であることや「著しく不当な決議」がされたといえるか否かが問題となる。これに対し、上記(イ)②の手段による場合であれば、「決議の内容が法令に違反する」といえるか否かが問題となるところ、法令違反の根拠については、例えば、いわゆる株主平等原則に違反すること（会社法第１０９条第１項)、権利の濫用に該当すること（民法第１条第３項）などを指摘することが考えられるであろう。そして、どのような場合に「著しく不当な決議」又は「決議の内容が法令に違反する」といえるのかについて、自分なりの規範を立てる必要があり、なぜそのような規範を採用するのかについても、理論的な根拠を自分なりに考察する必要がある。その上で、本問の事実関係全体（例えば、丙社の案もＡらの案も、甲社の企業価値との関係では、客観的にいずれか一方が他方よりも優れているとは言い難く、見解の分かれる問題であったことや、本件株式併合により１株に満たない端数となる株式の買取価格が公正な価格と認められるものであったことなど）について、多面的に、かつ、適切に評価して、「著しく不当な決議」又は「決議の内容が法令に違反する」といえるか否かについての結論を示す必要がある。本設問は、会社法に明文の規定がない問題を素材に思考力を問うものであり、本件株式併合の効力を否定する方向、肯定する方向のいずれを採用しても構わない。例えば、会社法上の公開会社でない株式会社においては、少数株主の有する利益は当該株式の金銭的価値に尽きず、それを保護する必要があるから、株式併合には正当な事業目的が要求されるという一般論をとった上で、本問の事実関係の下では、正当な事業目的を欠くため本件株式併合の効力を否定する方向で検討することも、正当な事業目的が認められるため本件株式併合の効力を肯定する方向で検討することも考えられるであろう。また、会社法上、株式併合の目的は制限されていないことなどから、特定の少数株主を締め出すために行われた株式併合も許容されるとして、本件株式併合の効力を肯定することも考えられるであろうが、いずれの立場であっても、説得的に論ずることが求められる。また、本設問では、本件株式併合の効力を争う丙社の立場において考えられる主張及びその主張の当否を検討することが求められるものであることから、最終的に本件株式併合の効力を肯定するとしても、それを否定する立場からの立論とその当否について検討する姿勢が求められる。

この点について、ほとんどの答案が丙社の締め出しが問題となることについて言及することができていた。しかしながら、会社法上の公開会社でない株式会社における少数株主の締め出しであるという点に着目して、自分なりに規範を立てて本問の事実関係を適切に評価して説得的に論ずることができていたものは極めて少数であった。例えば、会社法上の公開会社でない株式会社においては、少数株主の有する利益は当該株式の金銭的価値に尽きず、それを保護する必要があるから、株式併合には正当な事業目的が要求されるというような形で、本設問の特質を捉えることを可能にする一般論をとりつつ、本問の事実関係を適切に評価する答案については、高い評価が与えられた（なお、会社法上の公開会社でない株式会社においては、取締役が株主となる者を選別することができるなどと述べて締め出しが広く許容されるとするものもあったが、新たに株主となろうとする者がいる場合と既存の株主を締め出す場合とを混同したものと考えられる。）。これに対し、多くの答案が、会社法上の公開会社でない株式会社における少数株主の締め出しであるという点に着目することができていなかった。これらの答案においては、どのような場合に「著しく不当な決議」又は株主平等原則等の法令違反に該当するのかについて、その判断基準や枠組みを示すことができているか否か、本問の事実関係を適切に評価することによって結論を導くことができているか否かで評価に差が付いた。「著しく不当な決議」又は株主平等原則等の法令違反の該当性に関する判断基準や枠組みを示すことなく、ただ問題文の事実関係を羅列して結論を導く答案は、相対的に低く評価され、どのような場合に「著しく不当な決議」又は株主平等原則等の法令違反に該当し、どのような場合にこれらに該当しないのかを意識した上で自分なりの規範を立てつつ、問題文の事実関係をただ羅列するだけでなく、適切に評価をした上で、結論を導き出そうとする答案については、相対的に高く評価された。

なお、上場会社における買収防衛策と同様に考えようとする答案が比較的多く見られた。本設問の状況に合わせてその考え方を参照することを試みるものについては、自分なりの規範を立てて事実関係を評価しようとする限りで一定の評価をすることができるものの、会社法上の公開会社でない株式会社における少数株主の締め出しであるという点を見落としていることに加え、本設問では丙社がＡらの意向に反して甲社を買収することはできないので、上場会社における買収防衛策に関する議論をそのまま参照することは難しいと思われる。

また、少数ではあったが、Ａ又はＣが特別の利害関係を有する者であることから直ちに「著しく不当な決議」に該当すると結論付けたり、決議方法の法令違反として取締役の説明義務違反の有無のみを検討したりするものもあったが、これらの答案は、高い評価は得られなかった。

イ　答案の例

(ア)　優秀又は良好に該当する答案の例

株式併合の効力を争うための会社法上の手段について、会社の組織に関する行為の無効の訴え（会社法第８２８条）の対象となっていないことから、このような訴えを提起するのではなく、株式併合をするための株主総会決議（会社法第１８０条第２項）の効力を否定することによって株式併合が無効になるとするもの。

株式併合をするための株主総会決議の効力を否定するための手段について、丙社としては、①特別の利害関係を有する者が議決権を行使したことによって著しく不当な決議がされたとして株主総会決議の取消しの訴えを提起すること（会社法第８３１条第１項第３号）が考えられること、又は②決議の内容が法令に違反することを理由として株主総会決議の無効の確認の訴えを提起すること（会社法第８３０条第２項）が考えられることのいずれかを指摘した上で、Ａ又はＣが特別の利害関係を有する者であること（①の場合）、又は法令違反の根拠として株主平等原則（会社法第１０９条第１項）に違反することなど（②の場合）を検討し、会社法上の公開会社でない株式会社においては、少数株主の有する利益は当該株式の金銭的価値に尽きず、それを保護する必要があるから、株式併合には正当な事業目的が要求されるという一般論をとりつつ、本問の事実関係（丙社の案もＡらの案も、甲社の企業価値との関係では、客観的にいずれか一方が他方よりも優れているとは言い難く、見解の分かれる問題であったことや、本件株式併合により１株に満たない端数となる株式の買取価格が公正な価格と認められるものであったことなど）を適切に評価して、「著しく不当な決議」となるか否か（①の場合）、又は株主平等原則に違反するか否か（②の場合）についての結論を導くもの。

株式併合をするための株主総会決議の効力を否定するための手段について、丙社としては、①特別の利害関係を有する者が議決権を行使したことによって著しく不当な決議がされたとして株主総会決議の取消しの訴えを提起すること（会社法第８３１条第１項第３号）、又は②決議の内容が法令に違反することを理由として株主総会決議の無効の確認の訴えを提起すること（会社法第８３０条第２項）のいずれかをした上で、株式併合には正当な事業目的が要求されるにもかかわらず、本問の事実関係においてはそれが認められないなどと主張することが考えられるとした上で、会社法上、株式併合の目的は制限されていないことなどから、特定の少数株主を締め出すために行われた株式併合も許容されるなどとして丙社の主張は認められないとするもの。

株式併合の効力を争うための会社法上の手段について、株主総会決議の無効の確認の訴え（会社法第８３０条第２項）を提起することによって株式併合をするための株主総会決議（会社法第１８０条第２項）の効力を否定して株式併合を無効とすることについては、提訴期間の制限がなく法的安定性を害するものであるとして、このような手段ではなく会社の組織に関する行為の無効の訴え（会社法第８２８条）の規定を類推適用すべきであるとした上で、無効事由について説得的に論ずるもの。

(イ)　不良に該当する答案の例

株式併合をするための株主総会決議の効力を否定するための手段について、丙社としては、①特別の利害関係を有する者が議決権を行使したことによって著しく不当な決議がされたとして株主総会決議の取消しの訴えを提起すること（会社法第８３１条第１項第３号）が考えられること、又は②決議の内容が法令に違反することを理由として株主総会決議の無効の確認の訴えを提起すること（会社法第８３０条第２項）が考えられることのいずれかを指摘した上で、どのような場合に「著しく不当な決議」（①の場合）又は株主平等原則等の法令違反（②の場合）に該当するのかについて、その判断基準や枠組みを示すことなく、丙社が締め出されたという事実のみをもってこれを肯定したり、本問の事実関係を丁寧に評価することなくただ羅列した上で「よって、著しく不当な決議といえる（とはいえない）。」又は「株主平等原則に違反する（とはいえない）。」などと結論付けたりするもの。

株式併合をするための株主総会決議の効力を否定するための手段について、丙社としては、特別の利害関係を有する者が議決権を行使したことによって著しく不当な決議がされたとして株主総会決議の取消しの訴えを提起すること（会社法第８３１条第１項第３号）が考えられることを指摘した上で、どのような場合に「著しく不当な決議」に該当するのかについて、その判断基準や枠組みを示すことなく、Ａ又はＣが特別の利害関係を有する者であることをもってこれを肯定するもの。

株式併合をするための株主総会決議の効力を否定するための手段について、丙社としては、株主総会の決議の方法が法令に違反するものであったとして株主総会決議の取消しの訴えを提起すること（会社法第８３１条第１項第１号）が考えられることを指摘した上、取締役の説明義務違反の有無のみを検討するもの。

株式併合の効力を争うための会社法上の手段の有無を検討しないで、株主総会決議の取消しの訴え又は株主総会決議の無効の確認の訴えを提起することを当然の前提として検討するもの。

株式併合の効力を争うための会社法上の手段の有無を検討しないで、当然に株式併合無効の訴えを提起することができることを前提に検討するもの。

株式併合の差止め（会社法第１８２条の３）、株式併合に続く自己株式の処分の差止め（会社法第２１０条）やその無効（会社法第８２８条第１項第３号）について検討するもの。

招集の手続又は決議の方法が著しく不公正（会社法第８３１条第１項第１号）であるか否かが問題となるとした上で、その中で丙社の締め出しの当否を検討するもの。

会社法第８３１条第１項第１号を根拠として、株式併合をするための株主総会決議の内容が法令違反又は不公正であることを論ずるもの。

会社法第８３０条２項又は同法第８３１条１項に全く言及することなく、株式併合をするための株主総会決議の瑕疵について論ずるもの。

会社法第８３０条第２項との関係で、株主総会決議が無効とされると多くの者に影響が及ぶので、ここでいう法令違反とは特に重大な違反に限定されるとするもの（設立無効の訴え、合併無効の訴え等の無効原因と混同しているものと思われる）。

⑷　第２問全体について

全ての設問及び小問についてポイントを押さえた論述をすることができているものは、当然のことではあるが、高く評価された。昨年と同様、必ずしも文字数と比例するものではなく、ポイントを押さえていたものは、多くはない分量でも高得点を得ていた。もっとも、全ての設問及び小問において高い評価を得ることができたものは少数にとどまり、設問１において高い評価を得たものであっても、設問２においては高い評価を得られなかったものや、設問２において高い評価を得たものであっても、設問１においては高い評価を得られなかったものが比較的多かったように思われる。

全体として高い評価を得ることができた答案に共通する要素としては、次の２点を挙げることができる。

一つ目は、会社法の基本的な理解を前提に関係する条文を適切に引用し、その文言を丁寧に検討する姿勢が見られたということである。設問１の小問１であれば、会社法の基本的な理解を前提に関係する条文を探していけば、会社法第３８５条第１項が問題となることに気が付くはずであり、その文言を丁寧に検討すれば、同項が取締役の行為を対象としており、少数株主の行為を対象としているものではないという点が問題になることにも気が付くであろう。その上で、少数株主による株主総会の招集に同項を適用又は類推適用することを肯定するのか、否定するのかについては、いずれでもよいのであるから、自分なりに検討すればよいのであるが、いずれの結論を採るにしても、上記なような枠組みで検討していれば、相対的に上位の評価となったところ、このような検討をすることができたか否かは、条文の文言を丁寧に検討する姿勢の有無にかかっていたように思われる。また、設問１の小問２についても、会社法を一通り学習した者であれば、利益供与が問題となり得ることには気が付いたはずである（実際に多くの答案がこの点について言及していた。）。もっとも、会社法第１２０条第１項が「株式会社」による「当該株式会社又はその子会社の計算においてする」利益供与を禁止しているという点についての検討が十分ではないものが多かった。その中には、これらの要件の充足を論じないまま、過度に抽象化した公正といった趣旨との関係のみを論ずるものも相当数あった。同項を適用又は類推適用するか否かについてはいずれの結論であってもよいが、まずは、同項の文言を丁寧に検討するという姿勢で臨む必要があるところ、上記のような解答は、条文の文言を軽視しているのではないかと思われる。また、文言を丁寧に検討するという姿勢で臨めば、同項の趣旨を丁寧に検討することなく、同項の類推適用を簡単に肯定することができるような問題ではないことは明らかであり、この検討が十分ではないものは、条文の趣旨を踏まえた類推適用についての理解も不十分なものと思われる。また、設問２についても、株式併合の効力をどのような手段で争うのかを考えると、直接規定した条文はないのであるから、株主総会決議の効力を争うことになることはわかるはずである。その上で、株主総会決議の効力を争うための会社法上の手段に関する条文を探せば、会社法第８３０条第２項や第８３１条第１項第３号が問題となり得ることがわかるはずであり、その要件に沿って検討していくことになろう。第２問は、全体として決して容易な問題ではなく、全ての設問及び小問についてポイントを押さえた論述をすることは困難かもしれないが、会社法の基本的な理解を前提に関係する条文を適切に引用し、その文言を丁寧に検討する姿勢で臨めば、全ての設問及び小問において、問題構造を的確に把握することができるはずであり、それができただけでも相対的に上位の評価を得ることができた。

二つ目は、例年指摘していることであるが、問われていることに正面から向き合うということである。例えば、設問１の小問１において、株主総会の開催をやめることにつながらないことを延々と述べても全く評価はされない。また、設問１の小問２及び設問２においては、Ｅ又は丙社の立場からの検討が求められているのであるが、その点に配慮しておらず、その結果、表面的な検討にとどまっているものが多かったように見受けられる。Ｅ又は丙社の立場からの検討が求められている以上、それらの訴訟代理人になったつもりで、それらの者の利害関係を具体的に検討してほしい。そうすることによってより深い検討をすることがつながるはずであり、より高い評価が得られることにもなろう。また、設問１の小問１においては、少数ではあったが、「法令違反があるかどうかについては、論じなくてよい」とされているにもかかわらず、法令違反の有無について詳細に検討している答案があったが、何が問われているのかについては特に注意をして問題文を読んでほしい（なお、設問１においては、小問１の回答として法令違反について検討されているものであっても、その内容によっては小問２の回答として評価している。）。

４　法科大学院教育に求められるもの

多くの答案が、設問１の小問１においては会社法第３８５条第１項が問題となること、設問１の小問２においては利益供与となるか否かが問題となること、設問２においては株主総会決議の効力を争うという手段によって株式併合の効力を争うということについて言及することができていた。これらについては、実務を意識した法科大学院における教育の成果と評価し得るのではないかと思われる。

これに対し、自らが知っている論点に引き付けて検討しようとし、関係する条文を適切に引用してその文言を丁寧に検討する姿勢が身に付いていないと思われる答案が多かったのも事実である。また、例えば会社法第８３１条第１項各号と第８３０条第２項を混同するなど、普段から条文を丁寧に参照していないことをうかがわせる答案も少なくなかった。司法試験は、実務家となろうとする者に必要な学識及びその応用能力を有するかどうかを判定するものであるところ、実務においては、未知の論点や既存の論点とは似て非なるものと遭遇することは珍しくなく、実務家には、そのような論点に解決の糸口を見いだしていくことが求められる。その際に、まず手掛かりにすべきなのは条文であり、事案を無視した裁判例の要約などではない。少数ではあるが、上記のような姿勢を身に着けた上で深い検討をすることができたと思われる答案もあった。あるいは、知識量では相対的には劣っていても、上記のような姿勢が身に付いていたため、現場での思考を巡らせた結果、相対的に上位の評価を得たものもあったように思われる。これは、法科大学院での教育の成果というべきであろうが、それが一部の優秀な層にとどまっていたという点については、今後の課題であるように思われる。

法科大学院においては、引き続き、会社法上の基本的な制度や、条文、判例についての理解を確実なものとするとともに、問題文中の事実関係から重要な意味を有する事実を適切に拾い上げ、これを評価し、条文を的確に解釈及び適用する能力と論理的思考力を養う教育が求められるが、その際には条文の文言を丁寧に検討するという姿勢を身に付けることを意識した教育が求められる。

MEMO

再現答案①　Aランク　390～407位（179.98点、J・Nさん　論文順位142位）

設問１　小問１

１⑴　Ｄは、乙社の本件臨時株主総会１の開催を差し止めて（会社法（以下略。）３８５条１項）、同差止請求権を被保全権利とする仮処分（民事保全法２３条２項）を申し立てる（同２条１項）ことが考えられるが、認められるか。

⑵　Ｄは、甲社の「監査役」（同項）である。乙社は甲社の株主であり、「取締役」ではないため、同項を直接適用することはできない。もっとも、同項の趣旨が及ばないか。

同項の趣旨は、取締役が会社の業務執行を行うに際し法令違反等の不当な行為を行うことにより会社に著しい損害を生じさせることを防ぐ点にある。そのため、形式的には「取締役」に該当しなくとも、会社の業務執行を行うなど取締役と同視すべき事情がある場合は、同項の趣旨が及ぶため、同項を類推適用できると解する。

⑶　本件の乙社は、令和３年９月２７日、裁判所の許可を得て、本件各議題を目的とする本件臨時株主総会１を開催するため、招集通知を発している。このような株主総会の招集の決定（２９８条１項）や招集の通知（２９９条１項）は本来取締役が行う業務執行の決定やその執行である。

その上、２９８条１項柱書かっこ書は、取締役に、株主が株主総会を招集する場合の当該株主を読み替えているため、この場面における株主を取締役と会社法上同視していると考えられる。

したがって、本件の乙社は、本件臨時株主総会１の招集において取締役と同視できるから、３８５条１項を類推適用できる。

● 出題趣旨によれば、監査役による違法行為の差止めについては385条１項に規定されているが、そのまま直接適用することは難しいことを指摘した上で、同項の適用又は類推適用の可否を検討することが必要となる。本答案は、この問題の所在を明確に論じられており、出題趣旨に合致する。

● 本答案は、出題趣旨にいう「取締役に準ずる立場にあり、取締役と同様、適法に株主総会を招集する義務を負っていると考えられること」という点について論述できており、類推適用の基礎となる理由について説得的に論理展開できている。また、条文の形式的な解釈にまで言及できており、非常に優れた論述と評価できる。

２　よって、Ｄは同項に基づき本件臨時株主総会１の開催の差止めを請求しうる。

設問１　小問２

１⑴　Ｅは、乙社が令和３年１１月１５日、本件各議題についての乙社提案の各議案のいずれにも賛成した甲社の株主全員に対し、一人あたり１０００円相当の商品券を送付した行為（以下、「本件送付」という。）が、利益供与（１２０条１項）として、本件決議１の決議方法の違法（８３１条１項１号）にあたると主張する。

⑵　利益供与は、それが株主の議決権行使に影響を及ぼした場合であれば、決議方法の違法として取消事由を構成する。

⑶　もっとも、本件の乙社は、あくまで甲社の株主の立場で本件送付に及んだにすぎないのではないか。

１２０条の趣旨は、総会屋対策等会社の財産の浪費と、株主の権利の行使等が公平適正になされることを担保する点にある。そこで、条文上明確ではないが、１２０条の「株主」とは「株式会社」の株主のみを指すと解する。

⑷　本件では、本件送付に要した費用については乙社がすべて負担しているが、乙社は「株式会社」として乙社の株主に対して本件送付を行ったわけではなく、甲社の株主の立場として、他の株主に対して本件送付を行ったものである。実質的にみても、本件送付は甲社の会社財産を浪費するものではないから、１２０条の趣旨が及ばない。

⑸　よって、本件送付は利益供与にはあたらず、Ｅの主張は認められ

● 本答案は、120条の趣旨を「総会屋対策等会社の財産の浪費と、株主の権利の行使等が公平適正になされることを担保する点」と捉えた上で、「甲社の株主の立場として、他の株主に対して本件送付を行ったもの」「本件送付は甲社の会社財産を浪費するものではない」と論述しており、論理的な一貫性が認められる非常に説得的な論理展開といえる。

ない。
2(1)　Ｅは、本件書面における利益の申出により他の株主の議決権行使が影響を受けたから、本件決議１は著しく不公正な決議方法で成立した（８３１条１項１号）と主張する。
(2)　同号は、原則として株式会社が法令定款等に違反せず、かつ著しく不公正でない方法で株主総会の決議を成立させることを要請している一方、株主は本来株式会社の所有者として自己の利益のために各種権利を行使することができるというべきである。そのため、株主が一定の議題が会社運営にとって望ましいと考え、他の株主に議題への賛同を呼びかけ、それに対して一定の経済的利益を供与する行為も原則として違法であるとはいえない。
そこで、①目的が株主共同の利益を害するものである場合や、②手段が株主の判断を誤導するなど社会通念に照らし不相当である場合などの例外的事情がない限り、原則として上記のような行為は違法ではないと解する。
(3)　本件では、乙社が本件各議題を目的とする株主総会の招集を請求したのは、甲社の近年の業績が悪化していたからである。本件各議題の内容は、取締役や監査役を入れ替えるものであり、経営陣等を交代させることで甲社の業績を回復させることがその目的であったと認められる。このような目的は、株主共同の利益に適うものであるから、①にはあたらない。
そして、本件書面の内容は、「甲社の改革の実現に御協力をお願い申し上げます。」などと穏当なものであり、経営者間の対立を煽ったり、虚偽の判断を招いたりする内容はない。
たしかに、甲社においては、過去の定時株主総会に際して一定の内容の議決権の行使または議決権の行使自体を条件として商品券を提供したことはなかった。そのうえ、本件臨時株主総会１では、例年の定時株主総会よりも３０％多くの株主が出席し、行使された議決権のうち賛成の割合も、例年より高いものであったから、本件書面における商品券の提供の申出が株主らの行動に影響を生じさせたことがうかがわれる。
しかし、本件書面を契機として甲社の会社経営の刷新に対して株主らが興味をもつことでも上記のような出席率の上昇はありうるうえ、最終的に出席した株主らは個々の判断で本件各議題への賛否を決めている。また、ひとりあたり１０００円という金額は、株式会社の実質的所有者である株主らが会社にとって不利益になるような不合理な判断をするほどの強いインセンティブとはいえない。
以上からすると、上記申出等は、株主の判断を誤導するようなものではないから、社会通念に照らし不相当でもなく、②にあたらない。
(4)　よって、乙社の上記申出等は「著しく不公正」ではないから、Ｅの主張は認められない。
設問２
1(1)　丙社は、本件決議２の成立から「３か月」（８３１条１項柱書）以内に本件決議２の取消しの訴えを提起する。認められるか。
(2)　丙社は甲社の「株主」ではないが、本件決議２の取消しによって

● 出題趣旨によれば、招集手続又は決議方法が「著しく不公正」（831Ⅰ①）であったことについても検討することが求められていたところ、本答案は、この点についても詳細な検討を加えており、出題趣旨に合致する。

● 乙社が提案した議案に賛成した株主にのみ商品券が贈呈されるようになっていることに着目したり、株主総会の結果を比較したりして、商品券贈呈という働きかけの議決への影響を検討した上で、「ひとりあたり1000円」という額と議案の重要性から議決への影響はなかったのではないかと考察しており、具体的事実に即した深い検討ができている。

「株主……となる者」にあたる（詳しくは後述）ため、原告適格を有する（同項柱書後段）。

(3) 株式併合の効力を争う訴えについて会社法は明文の規定を置いていないため、株式併合の前提となる手続に違法がある場合は、私法の一般原則に従い、株式併合は無効になると解する。

(4) もっとも、本件計画は、本件株式併合の後に、本件株式分割、募集株式の第三者割当てという２つの手続が続いているため、株式併合を無効とすると法的安定性を害するとも思われる。しかし、甲社は非公開会社であり、株主として利害関係を有しているのもＡらの３人しかいないため、本件株式併合の手続の違法を理由に本件株式併合の効力を否定し、これが後の手続の瑕疵を構成すると解しても法的安定性を害しないといえる。

(5) そして、株式の併合には有効な株主総会の決議を要する（１８０条２項柱書参照）から、当該決議が取り消されれば、決議は遡及的に無効となり（８３９条反対解釈）、株式併合の効力も失われると解する。

2(1) 丙社は本件決議２の取消事由として８３１条１項３号を主張する。

(2) 「特別の利害関係を有する」とは、他の株主と共通しない個人的な利益をいうと解する。

(3) 本件でＡおよびＣは本件決議２に賛成しているが、その背景として、Ａらは、丙社の介入を排除し、甲社の独立を維持してＡらの経営権を維持しようとしているため、個人的な利益を有するとも思われる。

しかし、Ｇが考えていた甲社を丙社の完全子会社にする案も、Ａらが決定した甲社の独立を維持するために丙社を締め出すという案も、甲社の企業価値との関係では、客観的にいずれか一方が他方より優れているとは言いがたく、見解の分かれる問題であった。よって、Ａらが丙社の介入を排除することも、甲社の企業価値を維持する目的があったといえ、このような利益は丙社も含めた他の株主と共通しない個人的な利益とはいえない。

(4) よって、ＡおよびＣは「特別の利害を有する」とはいえないから、丙社の主張は認められない。

以　上

● 出題趣旨によれば、株式併合の効力を争う手段が明文で法定されていないを指摘した上で、株式併合のための株主総会決議（180Ⅱ）の効力を否定する方法を検討することが求められていたところ、本答案はこの点について的確に論述できている。

● 株主総会決議の効力を否定するための手段として、特別の利害関係を有する者が議決権を行使したことによって「著しく不当な決議」（831Ⅰ③）がされたとして取消しの訴えを提起することが想定されるところ、本答案は、「著しく不当な決議」ではなく「特別な利害関係」を論述の中心に据えてはいるものの、出題趣旨が求める「本問の事実関係全体……について、多面的に、かつ、適切に評価」を加えることができており、高く評価される一因になったものと推察される。

MEMO

再現答案② Aランク 541～565位（172.12点、T・Mさん 論文順位314位）

第１ 設問１小問１
１ Ｄとしては３８５条１項に基づいて、本件臨時株主総会１を差し止めることが考えられる。しかし、本件臨時株主総会１は、取締役ではなく、甲社の筆頭株主である乙社によってなされているものである。そこで、同条を直接適用することはできない。
２ この点、同条の趣旨は、取締役の法令に反する行為等が会社に対して著しい損害をもたらすことを事前に防止するために、監査役に対して、取締役の行為の差止めの機会を与えたことにある。そこで、取締役でなくとも、本来取締役により行われることが予定されている行為であり、それにより会社に対して著しい損害が生じるおそれがある場合には、当該行為が取締役により行われたものでなくとも同条を類推適用し、当該行為の差止めを求めることができるものと解する。
３ 本件において、乙社は本件各議題を目的とする株主総会の招集を請求したが、甲社は株主総会の招集通知を発しなかった。そこで、乙社は、裁判所の許可を得て自ら本件臨時株主総会１を招集するために招集手続を実行している（２９７条４項１号）。これは、本来であれば、株主総会の招集手続は取締役の任務であるところ（２９６条３項）、取締役により招集がなされない場合に株主自ら招集する権利を与えて、株主の利益保護を図る点にある。したがって、株主総会の招集手続は本来取締役の任務とするところである。そうすると、当該手続に法令等に違反する行為があり、会社に著しい損害が生じるおそれがある場合には３８５条１項の趣旨が妥当する。よって、Ｄは、３８５条１項を類推適用することにより、本件臨時株主総会１の開催の差止めを請求することができると解する。

● 出題趣旨によれば、385条１項は直接適用することが難しいため同項の適用または類推適用の可否を検討することが求められていたところ、本答案は、この点について端的かつ的確に論述できており、出題趣旨に合致する。

● 本答案も、再現答案①と同じく、出題趣旨にいう「取締役に準ずる立場にあり、取締役と同様、適法に株主総会を招集する義務を負っていると考えられること」という点について論述できており、類推適用の基礎となる理由について説得的に論理展開できている。

第２ 設問１小問２
１ Ｅとしては、本件各議題についての乙社提案の各議案のいずれにも賛成した甲社の株主全員に対して、１０００円相当の商品券を交付したことは、①株主平等原則に反し、②１２０条１項に反することから、決議方法が法令に反する（８３１条１項１号）、または決議方法が著しく不公正であると主張することが考えられる。
２ Ｅは甲社の「株主」であるため、本件臨時株主総会１から３か月以内である事実５の時点で適法に株主総会決議取消しの訴えを提起することができる。
３ ①について
　１０９条１項は、株式の内容及び数に応じて平等な取扱いを要求するところ、乙社提案の各議案のいずれにも賛成した株主に対して商品券を交付することは、直接１０９条１項に反することにはならない。
　もっとも、議決権行使についても、特別な取扱いをすることは、１０９条１項の趣旨が及ぶと解する。そこで、商品券を付与する相当な必要性があり、内容としても相当でなければ１０９条１項の趣旨に反することとなる。
　本件では、議決権の行使を促すために議決権行使をした者に対して商品券を交付することの必要性は一定程度認められるが、乙社提案の各議案に賛成した者に対してのみ商品券を交付する合理的必要性は認められない。したがって、乙社提案の各議案のいずれにも賛成した株主に対して商品券を交付することは１０９条１項の趣旨に反する。

● 109条は、株式会社が株主としての資格に基づく法律関係について、株主を平等に取り扱うことを定めたものである。本問の事情の下では、会社が株主に対して平等に反するような取扱いをするものではなく、その適用場面ではないと考えられるため、109条違反やその類推適用について検討する必要はないと考えられる。

4　②について
　乙社提案の各議案のいずれにも賛成した株主に対して商品券を交付することは、議決権行使という「株主の権利の行使」に関する「利益の供与」に該当しないか（１２０条１項）。
　１２０条１項の趣旨は会社財産の浪費を防止することにある。そこで、利益供与を行う合理的必要性があり、その内容としても相当である場合には、例外的に１２０条１項に反しないと解する。
　本件では、上述したように乙社提案の各議案に賛成した者に対してのみ商品券を交付する合理的必要性は認められない。また、甲社では過去に定時株主総会に際して議決権の行使自体を条件として商品券等を交付したことがなかった。にもかかわらず、乙社提案の各議案に賛成した者に対してのみ商品券を交付することは相当とはいえない。したがって、商品券を交付することは議決権行使という「株主の権利の行使」に関する「利益の供与」に該当する。
　また、商品券や送付に要した費用については全て乙社が負担していることから、「会社」の計算による利益供与といえる。
　以上より、商品券を交付することは１２０条１項に反する。
5　また、このように乙社提案の各議案のいずれにも賛成した株主に対してのみ商品券を交付することは、決議方法が著しく不公正といえる。したがって、①、②のように決議方法が法令に違反しており、決議方法が著しく不公正であるといえる。
6　裁量棄却について（８３１条２項）
　上記の法令違反は重大な法令違反に該当する。また、本件臨時株主総会１においては、出席した株主の議決権の数は、例年の定時株主総会よりも約３０％増加していた。さらに、その約７５％の賛成により本件決議１がなされているのだから、決議方法が①、②によらなかった場合、本件決議１がなされなかった可能性も考えられる。したがって、決議に影響を及ぼさないものであるともいえない。よって、裁量棄却も認められない。
7　以上より、Ｅの決議取消しの訴えの主張は認められる。
第３　設問２
1　丙社としては、本件決議２が、①株主平等原則に反することから無効であること、及び②本件決議２に８３１条１項３号による取消事由が存在するとして、本件株式併合無効の訴えを提起することが考えられる。
2　この点、株式併合無効の訴えは条文の規定がないが、キャッシュアウトの手段として行われる株式併合は組織再編と類似することに鑑み、８２８条１項７号、８号を類推適用することができると解する。そうすると、丙社は本件株式併合が無効である場合、丙社は甲社の株主であるため、適法に本件株式併合無効の訴えを提起できると解する（８２８条２項７号、８号）。
3　①について
　本件株式併合が株主平等原則に違反しているとして、本件決議１が無効であること（８３０条２項）を主張することが考えられる。
　もっとも、本件株式併合は３００株を１株とする株式併合であり、株式の数や種類について異なる扱いをしているわけではないため、直

● 採点実感によれば、120条１項が「会社財産の浪費を防止するものであり、株式会社がその財産を用いて株主の議決権の行使に影響を与えることを禁ずるものであると考えるのであれば、少数株主が、自らの負担によって商品券を贈与することにより、他の株主の議決権の行使に影響を与えることには問題はないということとなり、同項の適用又は類推適用を否定することになろう」とされている。本答案は、「120条１項の趣旨は会社財産の浪費を防止することにある」としつつ、会社財産を浪費していない点について特に言及することなく、「商品券を交付することは120条１項に反する」と結論づけており、論理的な論述とはいえない。

● 出題趣旨によれば、「会社の組織に関する行為の無効の訴えに関する会社法第828条の規定を類推適用するということも考えられる」とされている。

ちに株式平等原則には反しない。この点、併合する数に満たない株主は、株主として地位を失うことに鑑み、相当といえる扱いがなされなければ、株主平等原則の趣旨に反し、無効であると解する。

本件では、１株に満たない端数となる株式については、甲社が専門家から取得した株式価値算定書に基づいた価格で買い取ることとしており、丙社に対しては適正なキャッシュアウトの対価が与えられている。また、本件臨時株主総会２では、適法な招集手続を経て、全ての株主が出席し、議決がなされている。したがって、本件株式併合に際して相当といえる扱いがなされている。

よって、株主平等原則の趣旨にも反さず、本件決議２は無効とはならない。

4　②について

「特別な利害関係を有する株主」とは、他の株主と共通しない特別な利害関係を有する株主をいう。本件では、Ａらは本件計画を立てた上で、本件決議２により丙社をキャッシュアウトすることで会社の株主としての会社の所有権を独占できる地位を得る。したがって、他の株主と共通しない特別な利害関係を有するといえるため、Ａらは「特別な利害関係を有する株主」に当たる。

次に、「著しく不当な決議」とは、資本多数決の原則を修正してでもなお、少数者の利益保護を図る必要がある場合をいうと解する。本件では、確かに３００株を１株に併合することにより丙社のみがキャッシュアウトされ、不利益を被る。しかし、このようなキャッシュアウトによる少数者の締め出しは、会社支配権をめぐる紛争で通常予測される行為であり、法律上も規制がなされていない以上、それも会社の利益を優先すべく必要な選択である。そして、Ｇが考えていた甲社を丙社の完全な子会社とする案も、Ａら決定した甲社の独立を維持する案も客観的にはいずれかが優れているということはなく、見解が分かれる難解な問題であった。そうすると、資本多数決の原理を修正してもなお、少数者である丙社の利益保護を図る必要があるとはいえない。

したがって、本件決議２は「著しく不当な決議」とはいえない。

5　以上より、丙社による本件株式併合無効確認の訴えは認められない。

以　上

● 本答案も、再現答案①と同じく、出題趣旨が求める「本問の事実関係全体……について、多面的に、かつ、適切に評価」を加えることができており、高く評価される一因になったものと推察される。

MEMO

再現答案③　Bランク　1477～1509位（141.40点、N・Tさん　論文順位658位）

第１　設問１小問１

１　会社法は、監査役の権限として、取締役の行為の差止請求権（３８５条１項）を規定する。しかし、本件臨時株主総会１を行っているのは、株主乙であり、会社法は、株主に対する差止請求権を規定していない。

２　そもそも、乙社はいかなる根拠に基づき、本件臨時株主総会１を開催しているのか。

⑴　２９７条は株主による総会の招集を規定する。乙社は、２０％を有する株主であり（２９７条１項、２項）、本件各議題を目的とする株主総会の招集を取締役に請求している。

⑵　招集請求をした日は、令和３年７月２０日であり、裁判所の許可を得たのは、令和３年９月２７日である。ゆえに、招集請求から８週間、株主総会の招集通知が発せられなかった（同条４項２号）。ゆえに、乙社は、裁判所の許可を得て、株主総会の招集している（同項柱書）。

３　２９５条４項各号を見ると、株主からの請求があったにもかかわらず、取締役が総会を招集しない場合に、例外的に株主に総会の招集を認める規定である。ゆえに、会社が招集通知を発し、総会を招集すれば、裁判所の許可は取り下げられる。

４　３８５条１項の要件を検討する。

⑴　取締役には、株主総会の招集権限がある（２９６条２項３項）が、株主からの招集請求があった場合（２９７条１項）には、権限が義務となると解する。ゆえに、甲社が、招集通知を発しなかったことは、「法令……に違反する行為」である。

⑵　本件臨時株主総会１の議題は、現在の取締役、監査役を全て入れ替えるものである。そして、乙社提案に賛成するものに１０００円の商品券を贈呈するものであり、乙社に有利な議案が可決されやすい状況にある。ゆえに、経営主体が変更され、「著しい損害が生じるおそれ」がある。

⑶　また、同項は、作為を差し止めることを規定するが、不作為についても作為義務がある場合には、作為請求できると解する。本件では、株主に招集請求されている場合は、取締役に招集義務が生じる（２９６条２項３項、２９７条１項）と考えられる。ゆえに、監査役は、取締役に対して、直ちに、株主総会招集通知を発することを求めることができる。

第２　設問１小問２

１　本件決議１は、決議方法の法令違反があり、取消事由とならないか（８３１条１項１号）。

　本件決議１は、乙社提案の議案に賛成すると、商品券１０００円を贈呈する方法で行われている。これは、１２０条１項に反しないか。

⑴　まず、同項の主体は株式会社であるが、本件では、総会の運営主体は株主である。同項の趣旨は、株主の権利の行使が適正になされることであるから、株主であっても同項を適用できる。

⑵　議決権を行使することは、株主の権利のうち共益権の一つであるから、「株主の権利の行使」といえる。

⑶　商品券の贈呈は、確かに額は少額である。しかし、乙社提案に賛

●　採点実感によれば、「少数株主による株主総会の招集に関する会社法第297条所定の要件を満たしているか否かを検討するものなどがあったが、これでは問われていることに答えたことにはならない」とされている。

●　出題趣旨によれば、監査役による違法行為の差止めについては385条１項に規定されているが、そのまま直接適用することは難しいことを指摘した上で、同項の適用又は類推適用の可否を検討することが必要となる。本答案は、この点について正面から検討することができていない。

●　再現答案①と比較すると、120条１項の趣旨と本問の事情との関係が希薄であり、説得的な論理展開とはいえず、出題趣旨に合致しない。

成する票を確保するためになされ、議決権行使を促進するといった目的はない。ゆえに、商品券の贈呈は、「財産上の利益の供与」といえる。

(4) よって、取消事由となりうる。

2 本件決議1は、乙社提案に賛成した者にのみ、商品券を贈呈するものである。これは、決議方法が著しく不公正といえ、取消事由にならないか（８３１条1項1号）。

(1) 乙社提案に賛成すると、商品券が１０００円もらえるとしたら、議題の内容に無関心な株主は、乙社提案に賛成するだろう。議決権の行使は、本来個々人がそれぞれの議案を比べて決定すべき事柄である。それにもかかわらず、不当に決議を可決させようとすることは、決議方法が「著しく不公正」といえる。

(2) よって、取消事由となる。

3 決議方法が著しく不公正な場合は、裁量棄却される余地はないが、決議方法の法令違反の場合は、「重大でなく」かつ「決議に影響を及ぼさない」場合は、裁量棄却される（８３１条2項）。

(1) 本件では、確かに、供与した額は一人当たり少額であり、重大でないとも思える。しかし、議決数が例年より３０％増加し、白票が存在しなかったことから、議決権を行使するか否かに何らかの影響を及ぼす額であったといえる。ゆえに「重大」といえる。

(2) また、本件決議は、７５％の賛成により可決されている。例年より、議決権の数が３０％増加し、白票がなかったことから、無関心であるものが、商品券をもらうために賛成票に投じた可能性が

● 本答案は、株主総会の決議の方法が「著しく不公正」であったと主張することが考えられるとした上で、概ね、「株主による議決権の行使が株主として株式会社から受ける経済的な利益とは異なる要因によって左右されるような状況で行われた株主総会決議が『著しく不公正』であったといい得ること」（出題趣旨参照）を指摘できている点で、出題趣旨に合致する。

高い。そうだとすると、商品券がなくとも、賛成としていた人は、４５％しかおらず、議案は可決しない。さらに、賛成した割合も例年より高いものであったから、決議の結果に影響があった可能性が高い。

(3) ゆえに、裁量棄却はされず、取消事由となる。

第3 設問2

1 本件決議2は、８３１条1項3号により、取り消せないか。

(1) 特別利害関係人とは、他の株主と利益が相反する独自の利害関係を有する株主をいう。本件では、Ａらは、丙社を締め出したいと考え、他の株主は丙のみであるから、Ａらは特別利害関係人にあたる。

(2) 「著しく不当な決議」といえるか。

Ａらは、株式の3分の2を保有しているから、株式併合（１８０条2項1号、３０９条、３０９条4号）、株式分割（１８３条2項1号、３０９条1項）、第三者割当て（１９９条2項、３０９条2項5号）の決議を可決させることができる。過半数を有しているならば、当然に可決することができ、「著しく不当な決議」とはいえない。

しかし、Ａらは、株主であると同時に取締役である。取締役は、株主に選任される立場にある。それにもかかわらず、Ａらが株主の構成を決めていることは、会社法の予定する機関分配秩序に反するのではないか。

本件では、Ａらと丙は、甲社の今後の経営について意見が対立し

● 設問2においては、まず、株式併合の効力を争う手段が明文で法定されていないことを指摘する必要がある。本答案は、この点の論述に欠けている。

● 本答案は、再現答案①②と異なり、出題趣旨が求める「本問の事実関係全体……について、多面的に、かつ、適切に評価」を加えることができていない。

民事系 第2問

ており、客観的にどちらが正しいともいえない。ゆえに、取締役の経営判断として、意見の異なる丙を締め出すことも合理的といえる。

よって、「著しく不当な決議」とはいえない。

2　本件決議2が取り消させることにより、本件株式併合は遡及的に無効となる（838条参照）。

以　上

MEMO

再現答案④　Cランク　719～755位（165.20点、Y・Gさん　論文順位983位）

第１　設問１小問１

１　甲社は、公開会社である取締役会設置会社なので、裁判所に対し、検査役の選任を申し立てることができる（会社法（以下法名省略）３０６条１項、２項）。裁判所により選任された検査役は、招集の手続及び決議の方法について必要な調査を行い、報告を行う（３０６条３項、５項）。

もっとも、かかる報告がなされたとしても、裁判所が取締役に対して、株主総会の招集や調査の結果の株主への通知を命じるにとどまり（３０７条１項１号、２号）、株主総会の開催をやめるように求めることはできない。

２　監査役は、取締役等の職務の執行を監査することを業務としており（３８１条１項）、一定の場合に、取締役の行為を差し止めることができる（３８５条１項）。

もっとも、本件臨時株主総会１は、甲社株主である乙社により招集されている（２９７条１項、４項１号）。

このような株主の権限行使に、監査役が行為を差し止める権限は与えられていない。

３　以上より、本件臨時株主総会１の開催をやめるように求める手段はない。

第２　設問１小問２

１　Ｅは、甲社の株主であるため、「株主等」（８３１条１項前段）にあたる（８２８条２項１号参照）。そのため、本件決議から３か月以内であれば、８３１条１項各号該当性が認められる限りで、総会決議取消しの訴えは認められる。そこで、８３１条１項各号該当性を検討する。

２⑴　Ｅは、乙社が招集通知に本件書面を同封し、本件各議案についての乙社提案の各議案のいずれにも賛成した甲社株主全員に対し、１０００円相当の商品券を送付したことが、１２０条１項に反するとして、決議方法の法令違反（８３１条１項１号）があると主張する。かかる主張は認められるか。

⑵　確かに、本件書面は、乙社提案の各議案のいずれにも賛成した株主に対して乙社が１０００円相当の商品券を贈呈する旨を内容としているため、議決権（１０５条１項３号）という「株主の権利」に関して、「利益の供与」がされたとも思える。

もっとも、１２０条１項の趣旨は、公正な会社の経営の実現にあることから、利益供与の主体は「株式会社」に限定され、会社の計算で行われて初めて「利益の供与」といえる。

本件でみるに、商品券の贈呈は乙社が主体となっており、商品券の取得や送付に要した費用をすべて乙社が負担していることから、乙社の計算で行われている。

⑶　よって、１２０条１項違反は認められず、Ｅの主張は認められない。

３⑴　次に、Ｅは、乙社が議決権を行使したことで著しく不当な決議がなされたとして、８３１条１項３号該当性を主張する。かかる主張は認められるか。

⑵　「特別の利害関係を有する者」とは、決議について他の株主とは

● 本答案も自覚的に述べているように、検査役の選任の申立てなどを行っても「株主総会の開催をやめるように求めることはできない」以上、本答案の「１」に係る論述は余事記載である。

● この点がまさに本問における問題の所在であるが、本答案は、385条１項の類推適用について何も検討できておらず、そのために他の受験生との差が開いたものと推察される。

● 120条１項の趣旨を本答案のように「公正な会社の経営の実現」と捉えるのであれば、「株式会社による利益供与だけでなく株主総会を招集する少数株主による利益供与も株式会社の公正な運営を害し得ること」などを指摘して、120条１項の適用又は類推適用を肯定することもあり得るはずである（採点実感参照）。

異なる利害関係を有する者をいう。乙社は、本件各議案について、自ら提案をしているので、「特別の利害関係を有する」株主にあたる。

また、本件書面は乙社提案に賛成した者に商品券を贈呈することを内容とするものであるため、１２０条１項違反はないとしても、商品券を得ることを目的として議案の内容について良く考えずに乙社提案に賛成する株主が現れるおそれがある。

そして、実際に、本件臨時株主総会１において出席した株主の議決権の数は、例年よりも３０％増加し、行使された議決権のうち議案に賛成したものの割合も、例年の定時株主総会において議案に賛成したものの割合よりも高いものであったため、本件書面により、議案の内容について良く考えずに乙社提案に賛成した株主がいたといえる。

以上より、「著しく不当な決議がされた」といえる。

(3) よって、８３１条１項３号に該当し、Ｅの主張は認められる。

第３　設問２

１　取引安全を保護するため、株式併合は重大な瑕疵がある場合にのみ無効となる。

２(1) 丙社は、本件株式併合を行うためには、株主総会決議が必要である（１８０条２項、３０９条２項４号）ところ、本件決議２には、決議取消事由（８３１条１項３号）が存在するため、重大な瑕疵が存在すると主張する。かかる主張は認められるか。

(2) 確かに、ＡおよびＣは、丙社を締め出すべきであると考えており、丙社と異なる利害関係を有しており、「特別の利害関係を有する」といえる。

また、本件株式併合は、実質的にみて、丙社という特定の株主を狙い撃ちにして株式を奪う本件計画の一部としてなされているところ、非公開会社においては持株比率維持の利益は尊重されるべきなので、「著しく不当な決議」がされたとも思える。

もっとも、甲社を丙社の完全子会社にする案も、甲社の独立を維持するために丙社を締め出す案も、客観的にいずれか一方が他方よりも優れているとは言い難く、見解の分かれる問題であった。このような状況では、会社の所有者である株主の意見が尊重されるべきであり、本件決議２が丙社を除くすべての株主の賛成により可決されていることから、「著しく不当な決議」は認められない。

(3) よって、丙社の主張は認められない。

３　本件決議２については、取締役による説明（１８０条４項）もなされており、重大な瑕疵は認められないため、本件株式併合は有効である。

以　上

● 採点実感によれば、「特別の利害関係を有する者が議決権を行使したことによって『著しく不当な決議がされた』（会社法第831条第１項第３号）と主張することもあり得る」ところ、「その場合には、乙社は、株主総会を招集して議案を提案したものの、自らを取締役に選任するといった決議がされたわけではないことから、そのような観点から特別の利害関係の有無を検討するのではなく、むしろ、賛成の議決権を行使した株主には商品券が贈呈されるという関係に着目して特別の利害関係の有無を検討するのが適切であろう」とされている。

● 採点実感によれば、「会社法上の公開会社でない株式会社においては、少数株主の有する利益は当該株式の金銭的価値に尽きず、それを保護する必要がある」とされているところ、本答案は、このような視点を示すものではなく、「非公開会社においては持株比率維持の利益は尊重される」というマジックワード的な言葉を単に述べたにすぎず、高い評価にはつながらなかったものと推察される。

民事系

第3問　民事訴訟法

問題文

［民事系科目］

〔第３問〕（配点：１００［**〔設問１〕**から**〔設問３〕**までの配点の割合は、３５：３５：３０］）

次の文章を読んで、後記の**〔設問１〕**から**〔設問３〕**までに答えなさい。

なお、解答に当たっては、文中において特定されている日時にかかわらず、令和６年１月１日現在において施行されている法令に基づいて答えなさい。

【事　例】

1．Aは、令和２年４月１日、その所有する建物（以下「本件建物」という。）をYに対して賃貸する旨の契約を締結し（以下「本件契約」という。）、本件契約に基づき本件建物をYに引き渡した。本件契約では、賃貸期間を契約日から３年間とすること、賃料は月額６万円を前月末日までに支払うこと、Yは本件建物を居住用建物として使用し、他の目的での使用はしないこと、Yが賃料の支払を怠ったとき又は前記使用目的に違反したときは、Aは催告を要することなく本件契約を解除することができることが定められた。

2．その後、Aは令和３年７月に死亡し、その子であるX１、X２及びX３（以下、併せて「Xら」という。）が遺産分割協議をした。その結果、本件建物については、Xらがそれぞれ３分の１の持分で共有すること、本件契約については、Xら全員が賃貸人となること、本件契約の更新、賃料の徴収及び受領、本件建物の明渡しに関する訴訟上あるいは訴訟外の業務についてはX１が自己の名で行うことが取り決められた。

3．これを受けて、X１は、同年９月に本件契約の現状について調べたところ、同年６月から８月までの３か月分の賃料が支払われていないことが判明したことから、X１は、本件契約を解除して本件建物の明渡しを求める訴訟を提起しようと考え、X２及びX３にその旨を相談した。これに対し、X２及びX３は、Yに対して本件建物の明渡しを求めるとのX１の意向には賛成したが、自らが当事者となることは時間的・経済的負担が大きいことを理由に、X１単独で訴訟を提起してほしいと述べた。

以下は、X１から相談を受けた弁護士L１と司法修習生Pとの間の会話である。

L１：X１としては、できればX２及びX３と共同で訴訟を提起したいとの気持ちがあるようですが、それが難しいようなら、自分一人で訴訟を提起することもやむを得ないということでした。そこで、X１のみが原告となって訴訟を提起する方法について検討してみましょう。

P：本件建物の明渡しについて、賃貸借契約の終了に基づく明渡請求権を訴訟物とした場合は、X１単独で訴訟を提起することができるのではないかと思います。

L１：固有必要的共同訴訟ではないということですね。それ以外に何かありませんか。

Ｐ：Ｘ１が自らの請求権について当事者となるだけでなく、Ｘ２及びＸ３の訴訟担当者としても関与するということでしょうか。本件では、Ｘ２やＸ３からの選定行為はないので、Ｘ１は選定当事者になることはできませんが、明文なき任意的訴訟担当とすることが考えられると思います。

Ｌ１：なるほど。それでは、まず、任意的訴訟担当の意義及びそれが明文なくして認められるための要件を説明してもらえますか。その要件の説明に当たっては、民法上の組合契約に基づいて結成された共同事業体を契約当事者とする訴訟について当該共同事業体の代表者である組合員の任意的訴訟担当を認めた最高裁判所昭和４５年１１月１１日大法廷判決・民集２４巻１２号１８５４頁を踏まえるようにしてください。これを「課題１」とします。その上で、課題１における意義及び要件の説明を踏まえ、本件においてＸ１による訴訟担当が明文なき任意的訴訟担当として認められるかについて、検討してください。その際、本件と前記最高裁判例の事案との異同に留意するようにしてください。これを「課題２」とします。

〔設問１〕

あなたが司法修習生Ｐであるとして、Ｌ１から与えられた課題１及び課題２について答えなさい。なお、以下に掲げる【事例（続き・その１）】及び【事例（続き・その２）】に記載されている事実関係は考慮しなくてよい。

【事　例（続き・その１）】

４．Ｘ２及びＸ３はＸ１の説得に応じ、Ｘらはそろって弁護士Ｌ１にＹに対する訴訟の提起等を委任した。これを受けて、Ｌ１は、令和４年１月２４日、令和３年６月から８月までの３か月分の賃料の支払がないとして、催告することなく、同日をもって本件契約を解除する旨を内容証明郵便にてＹに送付した。さらに、Ｌ１は、Ｘらを原告、Ｙを被告として、本件契約の終了に基づく本件建物の明渡しを求める訴え（以下、この訴えに係る訴訟を「本件訴訟」という。）を提起した。

５．これに対し、Ｙは、弁護士Ｌ２に訴訟委任をした上、本件訴訟の第１回口頭弁論期日において、「未払とされる賃料は全額支払済みである。無催告解除が認められるに足りる信頼関係の破壊の事実はない。」と主張してＸらの請求を争った。

６．裁判所は、本件訴訟に係る事件を弁論準備手続に付することとした。その際、前記３か月分の賃料の支払を示す書証が提出されていなかったことから、裁判官の示唆により、第１回弁論準備手続期日においては、賃料不払による無催告解除の可否に関して当事者間の信頼関係の破壊を基礎付ける事実関係の存否につき、当事者双方が口頭で自由に議論し、その結果を踏まえ、第２回弁論準備手続期日以降に準備書面を提出して具体的な争点を確定することとされた。

民事系　第３問

7．第１回弁論準備手続期日において、Ｙは、「令和３年１０月以降、自分の妻が、本件建物において何回か料理教室を無償で開いたことがあった。Ｘ１は夫婦でその料理教室に毎回参加していたが、賃料の話など一切出なかった。」と話したところ（以下、Ｙのこの発言を「本件陳述」という。）、第２回弁論準備手続期日の前に、Ｌ１から、「Ｙによる本件建物の使用は本件契約において定められた使用目的に違反するものであり、賃料不払とは別の解除原因を構成するものであるところ、Ｙはかかる請求原因事実を自白したものであり、Ｘらはこれを援用する。」と記載された準備書面が裁判所に提出された。

以下は、第２回弁論準備手続期日の前にされた、Ｌ２と司法修習生Ｑとの間の会話である。

Ｌ２：Ｙは、本件陳述はＸらとの間の信頼関係が破壊されていないことを裏付ける事実として述べたにすぎないのに、このような形でＸらが主張してきたのは心外であると怒っていました。

Ｑ：私も、このような揚げ足取りの主張は許されないと思います。

Ｌ２：そうですね。第２回弁論準備手続期日においてＸらの準備書面を陳述させるべきでないと主張することが考えられますが、裁判所が陳述を許すことも想定しておく必要があります。そこで、次善の策として、裁判上の自白は成立しない、又はこれが成立するとしても撤回が許されるとの主張を準備しておきましょう。この点について検討してもらえますか。検討に当たっては、まず裁判上の自白の意義及び要件に触れ、それを前提に、本件陳述がされた場面や当該手続の目的等を踏まえ、本件陳述について裁判上の自白が成立しないとの立場又はこれが成立するとしても撤回が許されるとの立場のいずれかを選択して論じてください。これを「課題」とします。

〔設問２〕

あなたが司法修習生Ｑであるとして、Ｌ２から与えられた課題について答えなさい。なお、以下に掲げる【事例（続き・その２）】に記載されている事実関係は考慮しなくてよい。

後記８以下においては、前記６及び７の事実は存在しないことを前提として、**〔設問３〕**に答えなさい。

【事　例（続き・その２）】

８．裁判所は、本件訴訟につき、令和５年４月に口頭弁論を終結し、Ｙが主張する賃料の支払は認められないものの、未払の期間及び本件契約の解除に至る経緯等からすれば、信頼関係が破壊されたとまでは認められないとして、Ｘらの請求を棄却するとの判決（以下「本件判決」という。）をし、本件判決は確定した。

9．その後、Ｙが、令和３年１月から令和５年１月までの間、本件建物において、株式投資に関するセミナー（以下「本件セミナー」という。）を有料で月一、二回の割合で開催していたことが判明した。そこで、Ｘらは、これが用法遵守義務違反に該当するとして本件契約を解除することができないかと考えるに至り、Ｌ１に相談した。

以下は、Ｌ１と司法修習生Ｒとの間の会話である。

Ｌ１：Ｘらとしては、本件訴訟では敗訴したが、本件訴訟とは異なる前記９の用法遵守義務違反を理由として本件契約を解除し、再度本件建物の明渡しを求める訴え（以下、この訴えに係る訴訟を「後訴」という。）を提起したいと考えているようです。所有権に基づく明渡請求権を訴訟物とすることも考えられますが、ここでは、賃貸借契約終了に基づく明渡請求権を訴訟物とすることを前提に検討してみましょう。

Ｒ：本件訴訟の訴訟物は賃貸借契約終了に基づく明渡請求権ですから、後訴も同一の訴訟物になります。そして、本件セミナーの開催は、いずれも本件訴訟の事実審の口頭弁論終結時（以下「基準時」という。）より前の事実であり、基準時後は開催されていないとのことですから、確定した本件判決の既判力が後訴に作用し、後訴は請求棄却となるように思います。また、解除権の行使は基準時後にされていますが、学説では、基準時後の解除権の行使の主張が既判力により遮断されないとするのは難しいとする説が強いということを授業で聞きました。

Ｌ１：そうですか。それでは、別の観点から検討してみましょう。Ｘらによれば、ＸらがＹによる本件セミナーの開催に気付いたのは本件判決の確定後であったとのことですから、用法遵守義務違反を理由とする解除権の行使の主張は本件判決の既判力によっては遮断されないと考えることはできないでしょうか。

Ｒ：確かに、本件判決の既判力によって主張を制限してしまうのは、Ｘらにやや酷な気もします。

Ｌ１：ただ、Ｘらに酷というだけでは裁判所は受け入れてくれないと思いますので、そのための理論構成を考える必要があります。まず、既判力によって基準時前の事由に関する主張が遮断される根拠を考えてみましょう。そして、それを踏まえ、本件の具体的な事実関係に照らし、本件判決の既判力によって解除権行使の主張を遮断することが相当かどうかを検討してください。これを「課題」とします。なお、結論はどちらでも構いませんが、検討に当たっては、自説と反対の結論を採る見解にも留意するようにしてください。

〔設問３〕

あなたが司法修習生Ｒであるとして、Ｌ１から与えられた課題について答えなさい。なお、【事例（続き・その１）】に記載されている６及び７の事実関係は考慮しなくてよい。

出題趣旨

【民事系科目】

〔第３問〕

本問は、ＸらがＹに対し、建物賃貸借契約の終了（賃料不払による債務不履行解除）に基づく本件建物の明渡請求訴訟（本件訴え）を提起したという事案を素材として、①Ｘ１がいわゆる任意的訴訟担当（者）として本件訴えを提起することの可否（設問１）、②本件訴えの弁論準備手続でＹがした陳述が自白に該当するか、また、自白に該当するとしても撤回が可能か（設問２）、③本件訴えにおいてＸらの請求を棄却する判決が確定したのち、本件訴えの基準時前に存在した別の事由（用法遵守義務違反）により、再度Ｙに対して賃貸借契約の終了（用法遵守義務違反による債務不履行解除）に基づき本件建物の明渡しを求める訴えを提起した場合の問題点（設問３）のそれぞれにつき検討を求めるものである。

１　設問１について

設問１の課題①は、任意的訴訟担当の意義を述べた上、訴訟担当が認められる前提要件として担当者に対する授権が必要であることを明らかにし、さらに、問題文記載の判例（最大判昭和４５年１１月１１日民集２４巻１２号１８５４頁）から、それが明文なくして許容されるための要件、すなわち弁護士代理原則（民事訴訟法第５４条第１項）及び訴訟信託の禁止の潜脱とならず（以下「非潜脱要件」という。）、かつ、訴訟担当を認める合理的必要があること（以下「合理的必要性」という。）を的確に示すことが期待される。なお、任意的訴訟担当が許容される要件については学説上様々な見解があるが、ここではそれについて言及することまでは求めていない。そして、課題②においては、問題文記載の具体的事実から前記前提要件及び許容されるための要件充足の有無について検討していくことになるが、弁護士代理原則の潜脱の有無については、前記判例の判示内容に照らし、どのような点が認められれば潜脱とならないのか、その要素（実体上の管理権の有無）に言及しつつ検討することが期待される。具体的には、前記判例が非潜脱要件を満たすとしたのは、当該業務執行組合員が単なる訴訟代理権だけではなく実体上の管理権も併せ有していたという点を主な理由としていることから、本問でもＸ１への授権により同じような事実関係が認められるかを検討していくことになる。そして、合理的必要性の有無について、前記判例が、非潜脱要件を満たす場合には特段の事情がない限り合理的必要性を欠くものとはいえないと判示していることを踏まえつつ、本問の具体的事情（例えば、Ｘ１が本件賃貸借契約についての賃貸人の１人であること、Ｘ１単独の訴え提起による目的達成の可能性、問題文に現れているＸ２及びＸ３の意向が合理的必要性を基礎付ける事情となり得るか、Ｘらが３名と比較的少数であることから、任意的訴訟担当によらず、選定当事者制度の利用やＸらが弁護士代理人に委任することで足りるのではないか等々）から、前記判例との異同を踏まえつつ、合理的必要性の有無について具体的に検討することが期待される。その他、前記判例においては、団体の目的遂行のための業務上の必要性があったという点や、当該訴訟追行に係る権利が、業務執行組合員を含む構成員共同の利益に関するものであったという点が、任意的訴訟担当の合理的必要性を肯定する一つの根拠になったとの指摘もあることから、本問でもこれに類するような事情が認められるかにつき検討することも考えられる。

2 設問2について

設問2は、Yのした本件陳述がいわゆる先行自白に該当し得ることを前提に、これが裁判上の自白に該当しない、あるいは裁判上の自白が成立したとしても撤回ができることにつき、Yの立場からの検討を求めるものである。その際、本件陳述がされた第1回弁論準備手続期日の目的、裁判上の自白の意義及び要件並びに撤回が認められる要件と関連付けながらの検討が求められている。したがって、自白の効果一般や撤回が認められる要件一般について冗長に検討している答案や、自白の対象事実に間接事実が含まれるかといった論点について、本問との関連性を意識せずに漫然と検討している答案は評価されない。また、特に説得的根拠もなく、料理教室開催の事実を信頼関係破壊に関する間接事実とした上、自白の対象にならないとして済ませている答案も、本問が先行自白に関する問題であり、弁論準備手続の目的等からの検討も求めている本問の題意から外れるものであり、同じく評価されない。

まず、裁判上の自白の意義につき、従来からの通説のように「当事者が、その訴訟の口頭弁論又は弁論準備手続においてする、相手方の主張と一致する自己に不利益な事実の陳述」と定義づけた場合、相互の事実認識の一致が要素になり、当事者の意思的要素は捨象されることになるので、本問のY陳述は、自己に不利益な事実を先行自白し、これが弁論準備手続において援用されることによって自白となると考えられる。したがって、この説に立った場合は、裁判上の自白に該当するという方向と親和性を有することになるが、先行自白の持つ問題点（不意打ちの危険）などから、本問のような場合は相手方が主張する事実との一致が認められないから自白に該当しない、とする立論も可能である。これに対し、裁判上の自白を「相手方の主張する自己に不利益な事実を争わない旨の意思を表明する、弁論としての陳述」と定義づけた場合、上記「争わない旨の意思を表明」とはどのようなものであるかを明らかにした上、これがあったとはいえない、あるいは、不利益性についての認識があったとはいえないとして自白の成立要件を欠く、と構成することが考えられる。

次に、本問では、以上のような自白の意義から検討するというアプローチだけではなく、本件陳述がされた第1回弁論準備手続期日の目的や実施方法に着目して、自白該当性や撤回可能性について検討するというアプローチも求められている。これにつき、一つの考え方として、同期日での発言内容について自白とは扱わない、あるいは撤回を容易に認めることにつき、裁判所と当事者間において何らかの合意等があったと構成することが考えられる。例えば、弁論準備手続の中でされた陳述にも自白が成立し得ると一般的に解されるとしても、争点に関する当事者間の自由な議論を促進するという弁論準備手続の目的ないし趣旨、本件での第1回弁論準備手続期日でのテーマ設定からすれば、争点整理手続中に自白がされても、争点整理作業が完了するまでは、それを自白とは確定的に扱わない、あるいは自白と扱うとしても、その撤回は柔軟に認められると解すべきところ、同期日での発言内容については自白又は不利益な陳述として扱わない旨の事前の黙示的合意があったとすることが考えられる。あるいは、一般に自白の撤回は相手方の同意があれば許容されることの応用ないし延長として、同期日において自白に該当する陳述がそれぞれからされたとしても、これを撤回自由とすることについて事前に黙示的に同意ないし合意がされていた、といった構成をとることも

民事系 第3問

考えられる。なお、自白の撤回が認められる場合として、自白が真実に反しかつ錯誤による場合が挙げられるが、本問の場合にこれに該当すると構成するのは困難ではないかと思われる。

以上のほか、自白が原則撤回できないとする根拠ないし趣旨から、本件陳述を撤回することはその趣旨に反しない、と構成することも考えられる。例えば、自白事実についてはいわゆる不要証効が生じ（民事訴訟法第１７９条）、自白の相手方は当該事実について自白がされれば、それにつき証明不要との期待ないし信頼を有するに至るところ、これを撤回するのはかかる信頼を裏切るもので、禁反言（信義則）に抵触するという点から撤回が原則として制限されると解される。本件陳述は、第1回弁論準備手続期日のテーマ（賃料不払解除に関する信頼関係破壊の有無について、それを基礎付けあるいは阻害する具体的事実について自由に討議する）に沿った形で主張されたものであること（法的には、賃料不払いに関する信頼関係破壊の評価障害事実（自己に有利な事実）として陳述されたものであること）、これに対し、Xらによる先行自白との主張は、上記テーマとは反するものであり、援用を認めることは禁反言（信義則）の見地から問題であることからすれば、不要証との相手方の信頼はそもそも働いておらず、これを撤回したとしても、自白の撤回を原則認めないとする趣旨には抵触しない、と構成することが考えられる（ただし、このようなアプローチを採用する場合は、従来承認されてきた自白の撤回が認められる要件と乖離することになるので、その点についての検討が求められよう。）。

これに対し、本問の第1回弁論準備手続期日では争点に対する自由な討議が予定されていたということから一足飛びに、同期日では自白はおよそ成立しない、あるいは撤回が自由であったという結論に至ってしまうのは理論的検討が不十分と評価される。これと同様に、本問をいわゆる争点整理手続におけるノンコミットメントルール（確定的な定義はないが、争点整理手続において当事者から口頭で述べられた事項については自白が成立せず、その発言が後に不利益に援用されることはないという訴訟運営上のルールとされている。）の問題であるとして、かかるルールからすれば自白は成立しない、又は撤回は自由であると早急に結論付けることも題意に沿ったものとはいえず、評価されない。本問は、ノンコミットメントルールそれ自体の知識を問うものではなく、弁論準備手続の趣旨や目的、弁論準備手続で相手方の主張を認める陳述の持つ意味、本問での第1回弁論準備手続期日の目的等を的確に分析し、それを自白の要件又は撤回要件にどのように説得的に結び付けられているかがポイントになる。

3　設問3について

設問3は、本件訴えの基準時前の事由である用法遵守義務違反を理由とする解除による建物賃貸借契約の終了に基づき、後訴において建物明渡を求めることができるかが問われている。そして、解答に当たっては、本件訴えと後訴の訴訟物が同一であること、本件訴えの確定判決の既判力により、基準時前の用法遵守義務違反の主張が遮断されることが前提とされている。また、本問に関しては、いわゆる「前訴基準時後における形成権行使の可否」という論点との関係で検討することも考えられるが、問題文中の会話においてこのアプローチは採らないことが明らかになっていることに留意が必要である。以上を前提に、課題①において、既判力の遮断効（消極的作用）の根拠論を述べ、課題②において、課題①を踏まえながら、後訴の可否に関する理論構成を、反対の立場を踏まえて論じていくことが求められている。

まず、既判力の基準時が口頭弁論終結時であることを根拠とともに簡潔に説明し、その上で、既判力の作用からの理論的説明として、遮断効（消極的作用）については、後訴の裁判所に対する拘束力（積極的作用）を前提として認められるものであること、基準時前に存在した事実については、後訴での蒸返し防止（勝訴者の紛争解決に対する合理的期待の保護、法的安定性の確保等）の観点から後訴で主張することはできないといった制度的効力を挙げた上、さらに実質的根拠（正当化の根拠）として、前訴において十分な主張立証の機会が与えられていたにもかかわらず、これを行使しなかった場合は後訴においてかかる主張が遮断されてもやむを得ない、といった点を述べていくことが期待される。

そして、その上で、遮断を否定するアプローチとして、遮断効につき、前記のとおり法的安定性の確保や勝訴者の地位の安定といった制度的効力を基礎としつつも、前訴において十分に主張立証の機会が与えられていたにもかかわらず、これを行使しなかったことに対する自己責任の観点からすれば、前訴における主張立証がおよそ期待できなかった事実については前訴確定判決の既判力による遮断効は生じないと解する説（期待可能性説）を挙げることが期待される。この説に対しては、前記既判力の制度的効力からすると、このような主張を認めるのは慎重な態度が要請される、再審事由に関する民事訴訟法第３３８条第１項第５号からすれば、刑事罰が科されるような他人の行為によった場合であっても既判力が作用するとされているのであり、単なる期待可能性の欠如をもって既判力が作用しないとすることは再審と既判力の作用との境界をあいまいにするものであって不当である、あるいは、期待可能性の有無について後訴裁判所が審理判断することになり、後訴の審理負担が不当に重くなる懸念がある、といった批判がされているところである。期待可能性説に立つ場合は、これらの批判を示しつつ、自己の立場を説得的に展開し、判断基準を定立することが期待される（その上で、本問への当てはめにおいて、期待可能性があったとすることも考えられる。）。これに対し、遮断効の根拠につき、前記制度的効力の点を重視する立場に立った場合は、前記期待可能性説に対する批判を加えつつ、前訴の基準時前に生じていた事由であれば例外なく遮断するという方向で検討することが考えられるが、その場合には、問題文の具体的事実関係から遮断するのが相当とされる根拠を丁寧に示していくことが期待される。

なお、遮断効を否定する立場に立つ場合、既判力による遮断効の正当化根拠を手続保障と自己責任であるとしか指摘せず、本問の事実関係からは用法遵守義務違反の事実について手続保障がされたとはいえないから遮断されないと解すべき、といった程度の大雑把な検討に終始している答案は、既判力の遮断効に関する説明が不十分と評価されるだけでなく、遮断効に例外を認める理論構成や根拠を適切かつ十分に検討したものとは評価できない（「手続保障及び自己責任の観点から本問では特段の事情がある」といった程度の記述にとどまっている答案も同様である。）。また、前記したとおり、本問においては、いわゆる「基準時後の形成権行使の可否」という点からのアプローチは明示的に排除している。したがって、このようなアプローチをとったと思われる答案、例えば、「解除権は前訴確定判決の判断に内在付着する瑕疵である（ない）から」といった点から遮断の可否を論じている答案や、反対説についてこのような趣旨で言及しているとみられる答案については、問題文の指示を無視したものとして評価されない。また、期待可能性説以外のアプローチ、例えば、釈明義務違反や法的観点指摘義務違反に基づいて既判力が縮小するという構成も考えられなくはないが、前訴である本件訴えの手続経過からは、かかる釈明義務違反や法的観点指摘義務違反を基礎付けるような事実関係は見当たらないので、これを採用するのは難しいと思われる。その他、判決理由中の判断の拘束力（信義則等）を検討している答案は、既判力が作用するという本問の前提に反するので、当然のことながら評価されない。

採点実感

1　出題趣旨等

民事系科目第３問は、民事訴訟法分野からの出題であり、出題趣旨は、既に公表されている「令和６年司法試験論文式試験出題の趣旨【民事系科目】〔第３問〕」のとおりである。

本問においては、例年と同様、受験者が、①民事訴訟の基礎的な原理、原則や概念を正しく理解し、基礎的な知識を習得しているか、②それらを前提として、設問で問われている課題を的確に把握し、それに正面から答えているか、③抽象論に終始せず、設問の事案に即して具体的に掘り下げた分析及び考察をしているかといった点を評価することを狙いとしている。

2　採点方針

答案の採点に当たっては、基本的に上記①から③までの観点を重視することとしている。

本年においても、問題文中の登場人物の発言等において、受験者が検討し、解答すべき事項が具体的に示されている。そのため、答案の作成に当たっては、問題文において示されている検討すべき事項を適切に分析し、そこに含まれている論点を論理的に整理した上で、論述すべき順序や相互の関係も考慮することが必要である。そして、事前に準備していた論証パターンをそのまま答案用紙に書き出したり、理由を述べることなく結論のみを記載したりするのではなく、提示された問題意識や事案の具体的内容を踏まえつつ、論理的で一貫した思考の下で端的に検討結果を表現しなければならない。採点に当たっては、受験者がこのような意識を持っているかどうかという点についても留意している。

3　採点実感等

⑴　全体を通じて

本問は、ＸらがＹに対し、建物賃貸借契約の終了（賃料不払による債務不履行解除）に基づく本件建物の明渡請求訴訟（本件訴え）を提起したという事案を題材として、第一審における手続や判決効と、幅広く民事訴訟法の理解を問うものである。

本年の問題では、例年同様、具体的な事案を提示し、登場人物の発言等において受験者が検討すべき事項を明らかにした上で、任意的訴訟担当、自白の成立及び撤回、確定判決の既判力等の民事訴訟の基礎的な概念や仕組みに対する受験者の理解を問うとともに、事案への当てはめを適切に行うことができるかを試している。

全体としては、時間内に論述が完成していない答案は少数にとどまった。しかし、答案作成の時間配分に失敗し、一部の設問で詳細な検討をしていながら、最後に解答したと思われる設問で検討が不十分であるものも散見された。これは、余事記載が多いことが一因であるように思われる。

なお、乱雑又は極めて小さい文字や略字を用いていて判読が困難なもの、特に修文のために一行に無理して字句を挿入するものなど、第三者が読むことに対する意識が十分ではない答案、刑事訴訟の用語と混同し「口頭弁論期日」を「公判期日」と、「被告」を「被告人」と、「代理人」

を「弁護人」と記載するなど基本的用語を誤っている答案、日本語として違和感を覚える表現や初等教育で学ぶ漢字を平仮名又は片仮名で記載する答案や漢字の誤りも一定数見られた。以上については、例年、指摘されているところであるが、これらは、解答者の法律家としての素養を疑わせ得るものであり、本年においても、改めて注意を促すとともに、強く改善を求めたい。

(2) 設問１について

ア 課題１の採点実感

設問１の課題１では、任意的訴訟担当の意義及びそれが明文なくして認められるための要件を問うものである。任意的訴訟担当の意義を述べた上で、訴訟担当が認められる前提要件として担当者に対する授権が必要であることを明らかにし、さらに、問題文記載の判例（最大判昭和４５年１１月１１日民集２４巻１２号１８５４頁）から、それが明文なくして許容されるための要件、すなわち弁護士代理原則（民事訴訟法第５４条第１項）及び訴訟信託の禁止の潜脱とならず（以下「非潜脱要件」という。）、かつ、訴訟担当を認める合理的必要があること（以下「合理的必要性」という。）を的確に示すことが期待される。

任意的訴訟担当の意義については、権利義務の主体が訴訟追行権を第三者に授与し、第三者がその授権に基づいて当事者適格を取得する場合をいうことを明らかにした上で、明文なき任意的訴訟担当を認める問題点を簡潔に述べた答案は高く評価された。他方で、(権利主体からの) 授権に基づく点を明示できないなど、任意的訴訟担当の意義について十分に述べることができていない答案も多く、選定当事者についての民事訴訟法（以下「法」という。）第３０条の規定から、無理に一般的な意義を導こうとするもの、明文なき任意的訴訟担当と選定当事者を区別できていないものも散見され、これらの答案は低い評価にとどまった。さらに、訴訟担当と訴訟上の代理、訴訟委任と訴訟信託を区別せず、弁護士代理原則の根拠条文として弁護士法第７２条を挙げるなど基本的な用語・概念の理解が不十分な答案も散見された。

任意的訴訟担当が明文なくして認められるための要件については、非潜脱要件を挙げた答案は多かったが、授権の存在を前提（要件）とすることを挙げた答案は少なかった。合理的必要性の要件については、挙げている答案と挙げていない答案とに分かれた。

イ 課題２の採点実感

課題２では、問題文記載の具体的事実から前記前提要件及び許容されるための要件充足の有無について検討することを問うものである。非潜脱要件については、前記判例の判示内容に照らし、どのような点が認められれば潜脱とならないのか、その要素（実体上の管理権の有無）に言及しつつ検討することが、合理的必要性については、前記判例が、非潜脱要件を満たす場合には特段の事情がない限り合理的必要性を欠くものとはいえないと判示していることを踏まえつつ、本問の具体的事情から、前記判例との異同を指摘し、合理的必要性の有無について具体的に検討することが期待される。

授権について、要件として挙げている答案が少なかったことは前記のとおりであるが、挙げている答案でも、遺産分割協議及びＸらの取決めの具体的事実に言及することなく、簡単に授権の存在を認めている答案も多かった。

非潜脱要件について、要件として挙げていた答案は多かったものの、問題文記載の具体的事実への当てはめにおいて、具体的に考慮すべき事情が把握できておらず、前記判例との異同を的確に示すことができていない答案も多かった。単に訴訟追行権のみが授与されたのではなく、訴訟物に関連する実体上の管理権や対外的な業務執行権とともに訴訟追行権が授与されていることがポイントになるという点を理解できていれば、解答は困難でなかったと思われる。

合理的必要性について、要件として挙げた答案でも、前記判例の事案においてなぜ合理的必要性が問題なく肯定されているかという点を理解できていないため、当てはめにおいて混乱している答案が見られた。重要判例については、抽象的な要件ないし規範を暗記するだけで事足りるとするのではなく、どのような具体的判断基準や考慮要素を定立しているのか、それをどのように用いて結論に至っているかを丁寧に理解することが重要である。そこまで理解して初めて、具体的事案での適用が説得的なものになるということに留意してほしい。また、本件訴えに係る訴訟（本件訴訟）が固有必要的共同訴訟に当たらないことが問題文で指摘されているにもかかわらず、これを無視する答案が散見された。

ウ　設問１のまとめ

設問１の課題１は、任意的訴訟担当の意義、それが明文なくして許容されるための要件を問うもので、任意的訴訟担当の意義を、明文なき任意的訴訟担当を認める場合の問題点にも言及しながら述べた上で、前記判例を踏まえて、要件を簡潔に論じた答案は、高く評価されたが、任意的訴訟担当の意義について十分に述べることができていない答案も多かった。課題２は、問題文記載の具体的事実につき、任意的訴訟担当が明文なくして許容されるための要件充足の有無について検討することを問うもので、前記判例を踏まえた要件につき、どのような具体的判断基準や考慮要素が定立されているのか、前記判例においてどのように要件が当てはめられ結論に至ったかを理解できていれば、解答は困難でなかったはずであるが、実力の差が明瞭にあらわれていた。

「優秀」に該当する答案は、課題１及び課題２のいずれについても、出題趣旨を正しく理解した上で、過不足のない論述をするものである。「良好」に該当する答案は、出題趣旨をおおむね正しく理解しているが、課題１で十分な論述をしつつ、課題２では、当てはめにおいてポイントとなる事情に意識が向いていないものなどである。「一応の水準」に該当する答案は、課題１及び課題２のいずれについても、出題趣旨を理解していることが読み取れるものの、課題１において、意義及び要件を十分に論述できておらず、課題２において、当てはめに際し、指摘すべき問題文記載の具体的事実を取り上げられていないものなどである。これに対し、課題１や課題２を通じ、出題趣旨を正しく理解しないものや、総じて基礎的事項の理解が不足している答案は「不良」と評価される。

(3)　設問２について

ア　設問２の採点実感

設問２は、Ｙのした本件陳述がいわゆる先行自白に該当し得ることを前提に、これが裁判上の自白に該当しない、あるいは裁判上の自白が成立したとしても撤回ができることにつき、Ｙの立場からの検討を求めるものである。

裁判上の自白の意義について、従来からの通説のように、当事者が、その訴訟の口頭弁論又は弁論準備手続においてする、相手方の主張と一致する自己に不利益な事実の陳述であること、又は有力説のように、相手方の主張する自己に不利益な事実を争わない旨の意思を表明する、弁論としての陳述であることを簡潔に述べることが期待される。

自白の意義及び要件については、比較的よく書けている答案が多かったが、相手方の主張と一致すること又は相手方が主張することという要素を欠くものや、弁論準備手続での陳述が含まれないとする答案も相当程度見られた。自白には訴訟での争点を圧縮する機能があるところ、弁論準備手続は争点を整理し絞り込むことを目的とするものであるから、弁論準備手続における陳述も自白に含まれるとするのが一般である。また、意義と要件は重複する部分もあるがその双方について論述することが期待されているところ、片方についてしか論述していない答案も少なくなかった。

Ｙのした本件陳述が、裁判上の自白に該当しない、あるいは裁判上の自白が成立したとしても撤回ができることの検討については、本件陳述がされた第１回弁論準備手続期日の目的や、裁判上の自白の意義及び要件並びに撤回が認められる要件と関連付けながらの検討が求められている。

本問では中心的論点とはいえない点、例えば、自白の対象事実に間接事実が含まれるか、不利益性の要件をどのような基準で判断するかといった点に重点を置いて論述している答案も多かったが、前者は、本件陳述が主要事実となるのであれば検討の必要がない論点であり、後者も、学説によって大きく帰結が分かれるところではないから、簡潔に指摘すれば足りると考えられる。弁論主義の意義や趣旨などを冗長に述べる答案も見られたが、そのような論述は求められていない。自分の知っている論点を書くのではなく、問いに答える上で何が必要な論点かをよく吟味し、ポイントを押さえた論述を心掛ける必要がある。このような中心的論点以外の点に重点を置いていた答案は、多くの場合、本問で問われていた点に対する検討が不十分になっており、得点が伸びなかった。

本問では、以上のような自白の意義から検討するというアプローチだけではなく、本件陳述がされた第１回弁論準備手続期日の目的や実施方法に着目して、自白該当性や撤回可能性について検討するというアプローチも求められているが、弁論準備手続の趣旨・目的について、全く解答できていない答案、記述があっても理解不十分な答案が多かった（例えば、訴訟の迅速化だけを目的として挙げるもの、弁論準備手続は口頭弁論よりも重要性が劣る旨、さしたる根拠もなく述べるものなど）。法科大学院の在学中受験者も含め、受験者の多くがこのような訴訟実務に関する重要な制度や、争点整理の重要性についてきちんと学修できていないのではないか、民事訴訟法と訴訟実務基礎の学修について相互連携ができていないのではないか、手続についての具体的イメージの涵養ができていないのではないかとの懸念がある。

また、信頼関係破壊の有無についての自由な議論が予定されていたという本問の具体的事実関係を漫然と引用して、そのことから一足飛びに本件陳述は自白に該当しない、あるいは撤回が許されると結論付ける答案が多かった。これまで判例・学説等で十分に論じられてこなかった論点であり、限られた時間の中でその場で説得的な論理展開をすることは難しかったとは思うが、せめて自白のどの要件を欠くことになるのか、撤回の可否に関する既存の枠組みの中でどのような位置付けになるのかだけでも明らかにできるとよかったのではないかと思われる。

本件陳述とその援用が先行自白に該当し得ることを的確に指摘できている答案は多くなかった。

自白に該当しないとする答案の中には、「本件陳述が自己に不利益でないから」とか、「別の争点に関する陳述だから」といった理由を述べているものがあったが、先行自白の意味が理解できておらず、当然評価はされない。本件陳述が間接事実の自白であるとしている答案も少なからず見られたが、仮に本件陳述が信頼関係破壊の点に関する間接事実と解したとしても、それを相手方が先行自白として援用した場合には、当然には間接事実として自白不成立とされるとは限らないと考えられることからすれば、理論構成としては評価できない。

自白の撤回が制限される根拠（信義則・禁反言）を挙げた上、本問ではかかる禁反言に該当する事情はないという流れで検討する答案は多かったが、その論理展開においてやや粗いものがあったように感じられた（なお、根拠を挙げることなく「不意打ちになり酷だから撤回できる。」といったレベルの検討では評価されない。）。また、錯誤と反真実という要件から検討しようとしていた答案も少数ながらあったが、いずれも説得的な論理を展開できているとは言い難いものであった。他方で、少数ではあるが、自白成立の要件を満たしても撤回を認めることの合意があったとみなすことができるとして、撤回可能性を認める答案もあり、しっかりと分析、論証ができていると感じた。

イ　設問2のまとめ

設問２では、裁判上の自白の意義及び要件を踏まえ、Ｙのした本件陳述がいわゆる先行自白に該当し得ることを前提に、これが裁判上の自白に該当しない、あるいは裁判上の自白が成立したとしても撤回ができることにつき、本件陳述がされた第１回弁論準備手続期日の目的や実施方法にも着目して、Ｙの立場からの検討を求めるものであり、自白の意義及び要件については、比較的よく書けている答案が多かったが、本件陳述がされた第１回弁論準備手続期日の目的や実施方法に着目して、自白該当性や撤回可能性について十分に検討できていた答案は、それほど多くなかった。

「優秀」に該当する答案は、出題趣旨を正しく理解した上で、意義及び要件を適切に述べ、Ｙの本件陳述が裁判上の自白に該当しない、あるいは裁判上の自白が成立したとしても撤回ができることにつき適切な論述をするものである。「良好」に該当する答案は、出題趣旨をおおむね正しく理解しているが、自白該当性や撤回可能性について、本件陳述がされた第１回弁論準備手続期日の目的や実施方法に着目した検討が十分でないものなどである。「一応の水準」に該当する答案は、出題趣旨を理解していることが読み取れるものの、意義及び要件の論述が不正確であり、本件陳述に係る事実について、十分な検討を経ることなく間接事実と位置付けたりするものなどである。これに対し、出題趣旨を正しく理解せず、単に弁論準備手続においては自白が成立しないなどとして、自白該当性や撤回可能性についての具体的な論述を欠くような答案は「不良」と評価される。

⑷　設問3について

ア　設問3の採点実感

設問３では、本件訴えに係る訴訟の口頭弁論終結時（基準時）前の事由である用法遵守義務違反を理由とする解除による建物賃貸借契約の終了に基づき、後訴において建物明渡しを求めることができるかを問うものである。

既判力によって基準時前の事由に関する主張が遮断される根拠について、既判力の作用（消極的作用）と結び付けて検討できていた答案は少なく、また、蒸し返し防止といった制度的効力（法的安定性の確保、勝訴当事者の権利関係保護等）を挙げている答案も多くはなく、既判力が「確定」判決の効力であることに言及できていない答案も少なくなかった。多くの答案は、実質的な正当化根拠である手続保障とその結果としての自己責任という点からだけ根拠付けていた。また、このようなマジックワードだけ示して内容について説明していない答案も相当数見られた。マジックワードだけ示すということは、その内容の解釈を読み手に完全に委ねてしまうことになり、また自らの理解が不十分であることを示唆する面も否定できず、極めてリスクの高い論述手法であることを認識する必要がある。「紛争の実効的解決の確保」、「紛争の一回的解決」などの抽象的ワードだけで説明しているものも同様である。

遮断効の根拠論は既判力論の一内容となるが、重複する訴えの提起の禁止（法第１４２条）と混同しているのではないかと疑われる答案が少なからずあった（具体的には「矛盾判断の防止」「訴訟経済」「被告の応訴負担」などを根拠して挙げているもの）。基本概念の理解を欠き、区別がついていない証左であると言わざるを得ない。

本問の具体的事実関係に照らした、本件訴えに係る確定判決（本件判決）の既判力によって解除権行使の主張を遮断することが相当かどうかの検討については、本件訴えと後訴の訴訟物が同一であること、本件訴えの確定判決の既判力により、基準時前の用法遵守義務違反の主張が遮断されると通常考えられることを前提とし、後訴での主張の可否に関する理論構成を、反対の立場を踏まえて論じていくことが求められる。

遮断を否定するアプローチとして、前訴における主張立証がおよそ期待できなかった事実については前訴確定判決の既判力による遮断効は生じないと解する説（期待可能性説）を挙げることが期待されるが、用法遵守義務違反の主張が遮断されないとする根拠として、期待可能性説を挙げている答案は少数にとどまり、多くは、用法遵守義務違反について前訴では手続保障がされておらず自己責任を問うことができないという表面的な検討に終始しているものであった。既判力の縮減は、既判力の制度的効力（蒸し返しの防止、勝訴当事者の権利関係の安定、紛争解決に対する合理的期待の保護等）と鋭い緊張関係をはらむ問題であり、仮に期待可能性説に立ったとしても安易にこれを認めることはできない、という問題意識を持つことが重要と考えられるが（Ｙの訴訟代理人であったとしたらどう考えるか、想起されたい）、そのような発想が見られた答案は少数にとどまり、期待可能性説に言及できていても、期待可能性の欠缺を単純に無過失と同視し、本件セミナー開催の事実を単に知らなかったことをもって主張の期待可能性がなかったと安易に認定するなど、既判力の縮減に関してやや慎重さを欠く答案が少なくなかった。逆に、このような緊張関係をはらむ問題であることを意識して、期待可能性なしとされる場合を厳格に解し、結果として本問では期待可能性がないとはいえないとした答案は、高い評価を得ていた。

用法遵守義務違反の主張が遮断されるとした答案も多かったが、その根拠は弱いものが多かった。その原因は、既判力の制度的効力に関する理解ないし配慮が不十分であったということにあるのではないかと感じられた。また、反対説として期待可能性説を挙げた上、それに対して的確な批判を加えることができた答案は、極めて少数にとどまった。

問題文から読み取れない事実を当てはめに供している答案も散見されたが、意図する結論を導こうとするあまり、合理的根拠のない思い込みで事実関係を憶測することは慎まれたい。また、本問では、問題文にあるように、いわゆる「基準時後の形成権行使の可否」という点からの検討は求めておらず、既判力の縮減という点からの検討を求めている。それにもかかわらず、前者の検討、具体的には、「請求権に付着する（内在する）瑕疵」という点から検討している答案が多くみられた。問題文をよく読み、的確に分析することを改めて心掛けてほしい。

イ　設問3のまとめ

設問３は、既判力によって基準時前の事由に関する主張が遮断される根拠を踏まえた上で、本件訴えの基準時前の事由である用法遵守義務違反を理由とする解除による建物賃貸借契約の終了に基づき、後訴において建物明渡しを求めることができるかにつき、本件訴えと後訴の訴訟物が同一であることを前提に、その可否に関する理論構成を、反対の立場を踏まえて論じていくことを求めるものである。

既判力によって基準時前の事由に関する主張が遮断される根拠について、多くの答案は、実質的な正当化根拠である手続保障とその結果としての自己責任という点からだけ根拠付けているものが多く、後訴での主張の可否に関する理論構成については、遮断を否定するアプローチとして、期待可能性説を挙げている答案は少数にとどまり、用法遵守義務違反について前訴では手続保障がされておらず自己責任を問うことができないというような表面的な検討に終始しているものが多く、遮断を肯定する答案については、その根拠が弱いものが多かった。必要性と許容性の双方を意識することができたか、既判力の定義や条文等の基本的な概念に立ち返った説明ができたか、遮断を否定する場合には、遮断効の根拠を踏まえて例外要件を定立し、丁寧に当てはめをすることができたか、遮断効の例外を認めない場合には、例外を認める立場を意識して自説の根拠を説得的に論述し、必要な当てはめができたかなどにより、差が付いたように思われる。

「優秀」に該当する答案は、出題趣旨を正しく理解した上で、既判力によって基準時前の事由に関する主張が遮断される根拠を的確に述べた上で、本件訴えと後訴の訴訟物が同一であることを前提に、後訴での主張の可否に関する理論構成を、反対の立場を踏まえて適切に論述するものである。「良好」に該当する答案は、出題趣旨をおおむね正しく理解しているが、後訴での主張の可否に関する理論構成について、表面的な検討にとどまるものなどである。「一応の水準」に該当する答案は、出題趣旨を理解していることが読み取れるものの、遮断効の根拠についての論述が不十分であり、本件訴えと後訴の訴訟物が同一であるといった前提を踏まえずに、後訴での主張の可否に関する理論構成をするものなどである。これに対し、出題趣旨を正しく理解せず、基準事後の形成権行使の可否という点からの検討に終始するような答案は「不良」と評価される。

4　法科大学院に求めるもの

本年の問題は、出発点となる知識や判例はいずれも基本的なものであるが、これらの理解が不十分なものが多くみられた。例えば、任意的訴訟担当、先行自白、既判力の遮断効の根拠、既判力の縮減は、多くの基本書で言及されている点であるにもかかわらず、理解不十分なものが多かったことは問題である。既判力については、その理論面を正確に理解し習熟することが必要であるが、おざなりな理解しかできていないことがうかがわれる答案も少なくなく、具体的事例を通じて、その適用過程について正確に理解できるように努める必要があると感じられた。以前から指摘されていることではあるが、多くの受験者は、基本書等の精読といった地道な学修を怠り、巷に出回っている安易かつ不正確な「論証パターン」や、抽象的なマジックワード頼みのタコツボ学修に陥ってしまい、それが通用しないと苦手意識を更に強めてしまう、という悪循環に陥ってしまっているのではないかと懸念される。民事訴訟法の基礎概念や基本原理の理解は決して容易なものではないが、法科大学院においては、授業などを通じて、そのような安易な「論証パターン」ではなく、地道に基礎知識の修得を促すべきであり、それが応用的な事例を解決する原動力になるということを認識させる必要がある（「急がば回れ」）。また、定期試験などでも、このような安易な「論証パターン」に依拠してその場逃れの検討をしたとみられる答案に対して厳しく評価するなどの対応が必要ではないかと思われる。さらに、重要判例については、その規範だけではなく、その適用過程（具体的なあてはめの基準）などにも目を向けさせることが重要ではないかと思われる。

問題文の要求に答えていない答案、例えば、設問２において、どちらかの立場を選択して論ずることを求めているにもかかわらず、両方の立場を並列して書いている答案、設問３において、「基準時後の形成権行使の可否」の論点に走ってしまっている答案などは、当然のことながら評価されない。問題文を丁寧に読み、分析し、それに対応した答案を作成することは、実務家としてのコミュニケーション能力の出発点である、ということをきちんと認識してほしい。

答案作成の時間配分に失敗したとみられる答案も散見された（例えば、設問１及び設問２では詳しい検討ができていながら、設問３で息切れしてしまっている答案など）。このような答案になる原因は、各設問で余事記載が多くなってしまっていることにもあるように思われる。論点を漫然と検討するのではなく、当該問題で検討が必要とされている論点は何かという点を構成の段階できちんと分析し、メリハリをつけた答案作成を心掛ける必要がある。そのためには、常日頃から、事例問題の解答において、何を書くべきかを自分の頭で熟考したり、時には学生同士や先輩と議論したりすることが有用ではないかと思われる。また、規範を定立した上で、事実の当てはめをするという思考を欠いている答案も散見され、基礎的なことであるが、法的三段論法を意識して起案することが望まれる。

司法試験までに、民事訴訟法の授業では触れることが少ない領域（第１回口頭弁論期日までの諸手続、争点整理手続、証拠法等）や、要件事実についての基礎的知識（請求原因、否認と抗弁との区別、物権的請求における主張立証責任の分配及び要件事実等）は、ある程度学修しておくことが望ましい。しかし、在学中受験制度により、これらの実務的な学修の機会が削減ないし後回しにされているように見受けられる。司法試験受験までは法律基本科目の学修に力を入れざるを得ないという、カリキュラム上の制約はあると考えられるが、様々な工夫により、民事訴訟実務基礎をはじめとする実務系科目との連携を法科大学院教育の初期段階で実現することが重要ではないかと考えられる。

MEMO

再現答案① Aランク 165～182位（192.69点、K・Iさん 論文順位245位）

第1 設問1

1 課題1

⑴ 任意的訴訟担当とは、本来の権利義務の帰属主体の授権の下に行われる訴訟担当のことである。

⑵ では、明文なき任意的訴訟担当が認められる要件は何か。明文なき任意的訴訟担当を完全に認めたほうが、実体法上の取立授権が自由であることとの整合性がとれるし、当事者の訴訟行為の便宜に資する。しかし、これを安易に認めると、弁護士代理の原則、訴訟信託の禁止に反するおそれがある。そこで、明文なき任意的訴訟担当は、①本来の権利主体からの訴訟追行権の授与、②弁護士代理の原則、訴訟信託の禁止の趣旨を回避・潜脱するおそれがなく、③これを認める合理的必要性がある場合に限り認められると考える。

2 課題2

⑴ 以上の要件を前提に、本件で明文なき任意的訴訟担当が認められるかを検討する。

⑵ まず、X２及びX３は、当事者になることの負担を理由に、X１単独での訴訟提起を求めている。その趣旨は、X２及びX３が有する本件建物に関する権利関係について、X１に委ねるものであり、訴訟追行権の授与と評価できる。また、X１は、X２とX３と同様に、本件建物を遺産分割協議により取得しており、本件契約についての管理をしている。そのため、X１には真摯な訴訟追行が期待できるのであり、弁護士代理の原則、訴訟信託の禁止の趣旨を潜脱するおそれがあるとはいえない。また、合理的必要性について、最大判昭和４５年の事案は、組合員間で訴訟追行の意見が割れているという事案であり、組合員も多数に上るというものであった。一方で、本件では本件建物の共有者は判明しており、全員を把握できている状態である。そのうえ、X２・X３も訴訟には賛同している。そのため、昭和４５年判決とは事案を異にするのであり、任意的訴訟担当の合理的必要性がないとも思える。しかし、人数が判明していても、X２・X３は訴訟当事者となることには反対しており、訴訟に関与してくることは期待できない。また、そもそも賃貸借契約の終了に基づく明渡請求が訴訟共同が不要であることからしても、任意的訴訟担当に限りX２・X３の関与がないことを理由に、合理的必要性を否定するべきではない。そこで、本件でも任意的訴訟担当の合理的必要性を肯定すべきと考える。

⑶ 以上より、X１の明文なき任意的訴訟担当は認められる。

第2 設問2

1 裁判上の自白（１７９条）とは、口頭弁論期日又は弁論準備手続における弁論としての陳述かつ事実の陳述であり、相手方の主張と一致する、自己に不利益な事実の陳述である。そして、「事実」とは自由心証主義を害さないために主要事実に限定されると解する。また、「不利益」とは、基準の明確性より相手方が主張・立証責任を負うものと解する。

2 本件において、Yの本件陳述は、弁論準備手続で行われたものであり、Xらはこれを援用しているため、Xの主張するものと一致するものといえる。また、本件陳述は、Yの用法遵守義務違反を基礎づける

● 訴訟担当が認められる前提要件として、担当者に対する授権が必要であることを明らかにすることが求められていたところ、本答案は、「授権の下に」としてかかる点に言及できている（出題趣旨・採点実感参照）。

● 判例（最大判昭45.11.11 ／百選［第６版］〔12〕）を踏まえて要件を的確に示すことができている。

● 非潜脱要件として実体上の管理権を有していたことを挙げることができている。

● X１単独での目的達成の可能性、X２、３の意思、Xらの人数、ほかの採りうる手段の実現可能性といった具体的事情を踏まえた合理的必要性の検討ができている。

● 裁判上の自白の意義・要件を挙げる必要があるところ、本答案は、「口頭弁論……事実の陳述」として、裁判上の自白の意義・要件につき、従来からの通説を正確に理解し、記述することができており、出題趣旨と合致する。

ものであるところ、これは本件訴訟の訴訟物である、賃貸借契約終了に基づく建物明渡請求において、賃貸借契約終了を基礎づける主要事実である。また、これは請求側のXが立証するもので、Yにとっては不利益な事実である。

3　以上より、裁判上の自白は成立している。もっとも、本件ではこの自白の撤回が認められるのではないか。

(1)　確かに、自白は①相手方の同意がある場合、②自白が刑事上罰すべき他人の行為に基づく場合（338条1項5号参照）、③自白が真実に反し、かつ錯誤に基づいてなされた場合、のいずれかに該当する場合には、例外的に撤回することが認められるのであり、本件では、これらに該当する事由がないため、自白の撤回ができないとも思える。

しかし、相手方の主張の変更が不意打ちとなるにもかかわらず、従前の自白の効果を維持することは妥当ではない。そこで、主張変更の結果、陳述の意義が著しく異なっている場合には当事者に自白撤回の自由を認めるべきである。かかる場合には自白の撤回を認めても、それは相手方が主張の変更をしたことで必要性が生じたからであり、相手方との関係で自白を撤回しても禁反言の原則に反するとはいえないからである。

(2)　本件において、Xらは、従前は賃料不払いによる無催告解除を主張しており、Yはこれに信頼関係破壊の評価障害事実として、本件陳述を行っている。その後、XらがYの用法遵守義務違反を理由とする賃貸借契約終了を主張するようになったことで、Yは当初の信頼関係破壊の評価障害事実が自己に不利益となるに至っている。そのため、Xらの主張変更により従前の陳述の意義と大きく異なる状態に至ったといえる。また、本件陳述がなされたのは、弁論準備手続であり、争点整理を目的とすることからも主張変更がなされた場合は、自白の撤回を認めることも妥当といえる。

(3)　よって、本件では自白の撤回が許される。

第3　設問3

1　既判力とは、前訴判決の後訴での通用力であるところ、その正当化根拠は手続保障に基づく自己責任にある。そして、当事者は事実審の口頭弁論終結時まで主張・立証活動を行えるのであるから、既判力の基準時は、事実審の口頭弁論終結時である。そのため、基準時以前の事情を、後訴で主張することは既判力により遮断される。

2　解除権に関しては、解除権が形成権であるため、基準時後の事由とも思えるが、基準時前に解除事由は存在しており、訴訟物に付着している瑕疵として後訴での解除の主張は既判力で遮断される。そのため、本件でもXらが後訴で用法遵守義務違反による解除を主張する事はできないとする見解も想定される。しかし、既判力の根拠が手続保障にあることから、前訴で主張することが期待できない場合にまで遮断をするべきではない。

本件において、Xらは後訴で用法遵守義務違反を理由とする解除を主張する。確かに、用法遵守義務違反を基礎づける目的外使用に関しては、前訴段階で発生していた。しかし、用法遵守義務違反は、賃料不払い等と異なり、賃貸借の当事者間で相互に認識し得るものではな

● 自白の成立を認めた場合、自白の撤回ができるかを検討することが想定されていたところ、本答案は、自白の撤回の要件を正確に挙げてその充足性を検討しており、出題趣旨に合致する。

● 自白が原則撤回できないとする根拠ないし趣旨から、本件陳述を撤回することはその趣旨に反しないとする構成をとることも想定されていたところ、本答案は、(2)においてかかる構成をとって具体的事実を踏まえて検討しており、出題趣旨に合致する。また、本答案は、弁論準備手続の目的に着目し、自白の撤回が認められると論じており、この点でも出題趣旨と合致する。

● 出題趣旨によると、遮断を否定するアプローチとして、期待可能性説を挙げることが求められていたところ、本答案は期待可能性説に言及できており、出題趣旨と合致する。なお、本問では期待可能性説への批判を踏まえた検討であり、その点の検討ができていればより高評価につながったものと推察される（再現答案②、③参照）。

く、一定期間経過後に判明することが考えうるものである。このことは、民法６１１条１項が、賃借物の使用収益不能の、賃料減額を賃借人側の立証責任としたこととも整合する。そのため、用法遵守義務違反に関しては、解除事由として前訴で主張することが期待できなかったといえる。

よって、本件ではＸらの主張は、既判力で遮断されない。

以　上

MEMO

再現答案② Aランク 323～337位（183.03点、K・Mさん 論文順位253位）

第1 設問1
1 課題1
⑴ 任意的訴訟担当の意義
ア 任意的訴訟担当とは、当事者の意思により、本来は当事者適格がない者に当事者適格を与えるものである。当事者適格は訴訟物たる権利法律関係の帰属主体に認められるのが原則であるが、処分権主義の見地から、当事者の意思によってその例外を認めるものである。
イ 本件のように固有必要的共同訴訟の場合、当事者適格は共有者全員に帰属するから、本来は共有者全員が原告にならなければ当事者適格を欠くものとして却下されることになる。しかし、常に全員が原告にならなければならないとすると、一部の原告が死亡した場合の手続や送達などに手間がかかるし、必ずしも全員が原告になることを望んでいるとも限らない。そのような場合に一定の場合に管理処分権を他者に委ねる任意的訴訟担当を認めれば、一部の者だけで訴訟を追行できることになり、当事者の意思に沿った解決を図ることができる。
⑵ 要件
しかし、本来当事者適格のない者に当事者適格を与える以上、前提として本来の当事者適格の帰属主体による授権があることが必要である。最大判昭和４５年は組合契約の当事者間での任意的訴訟担当を認めた事案だが、組合契約の規約において授権があると評価できたことから、任意的訴訟担当が認められた。

● 訴訟担当が認められる前提要件として担当者に対する授権が必要であることを明らかにすることが求められていたところ、本答案は、授権について触れており、出題趣旨に合致する。

もっとも、民訴法は弁護士代理の原則を定め（５４条１項）、非弁護士による代理を禁止している。そもそも弁護士代理の原則、訴訟信託禁止の趣旨は、非弁護士による弁護活動によって当事者の利益が害され、司法への信頼が損なわれることを防止する点にある。そこで、弁護士代理の原則、訴訟信託禁止の趣旨を回避・潜脱するおそれがなく、かつ任意的訴訟担当を認める必要性がある場合には、明文なき任意的訴訟担当が認められると解する。
2 課題2
本件で明文なき任意的訴訟担当は認められるか。
⑴ まず、Aの死亡によりXらがAを包括承継（民法８９６条）し、遺産分割協議の結果本件契約についてはXら全員が賃貸人となることが定められている。そのため、本件の訴訟物たる明渡請求権はXらに不可分に帰属しており、本件における当事者適格はXら全員に帰属している。
⑵ では、任意的訴訟担当は認められるか。
ア まず、最大判昭和４５年の事案では、組合契約の規約の文言から授権を認定できたが、本件では文書の形で授権はない。もっとも、訴訟上の業務についてはX１が自己の名で行うことが取り決められている。さらにXらの話合いによって、X１単独で訴訟を提起してほしい旨が述べられているところ、これらの事情からすれば授権を認定できる。
イ では、弁護士代理の原則を回避・潜脱するおそれはあるか。
この点について、X１は本来の当事者適格の帰属主体の一人で

● 判例（最大判昭45.11.11／百選［第６版］〔12〕）を用いて、明文なき任意的訴訟担当が許容されるための要件を、（合理性というワードが欠けているものの）的確に示すことができており、出題趣旨に合致する。

● 非潜脱要件は実体上の管理権の有無から検討していくことが想定され

あり、訴訟物と関係が深い人物であるから、X１に訴訟を追行させても弁護士代理の原則は潜脱されない。

ウ　さらに、確かに本件の当事者は３人であり比較的少数ではあるものの、X２、３が述べる通り、自ら当事者となるには時間的・経済的負担が大きい。このような場合に任意的訴訟担当を認めないと、時間的・経済的負担によって訴訟提起が回避され、かえって紛争が長期化するおそれもある。上記の通りX１が訴訟を追行する者として適格性が認められることをも考えれば、本件では任意的訴訟担当を認める必要性があるといえる。

(3)　よって、本件では明文なき任意的訴訟担当が認められる。

第２　設問２

１　裁判上の自白の意義

そもそも裁判上の自白とは、口頭弁論または弁論準備手続における相手方の主張と一致する、自己に不利益な事実を認める旨の陳述をいう。

裁判上の自白が成立すると、証明不要効（民事訴訟法（以下法名省略）１７９条）が生じる。さらに、処分権主義の観点から、自白した事実について裁判所拘束力が生じるとともに、自白の撤回制限効が生じる。

２　裁判上の自白が成立する要件

裁判上の自白の成立する事実の範囲が問題となるも、証拠と共通の働きをする間接事実・補助事実についても裁判上の自白が成立するとすると、自由心証主義（２４８条）を制約することになるから、裁判上の自白が成立する事実は主要事実に限られると解する。さらに、自己の不利益な事実の範囲が問題となるも、基準としての明確性から、相手方が立証責任を負う事実をいうと解する。そして、各当事者は自己に有利な効果を定める法規の要件事実について立証責任を負うと解する。

３　これを本件についてみる。

(1)　本件陳述について裁判上の自白が成立するか。

本件陳述は用法遵守義務違反という抽象的要件事実を基礎づける具体的事実であるが、この事実は主要事実といえるか。

この点について、義務違反といった抽象的要件事実の場合、攻撃防御方法はそれを基礎づける具体的事実に集中するところ、具体的事実を主要事実ととらえないと当事者の意思に反した紛争解決がされるおそれがある。そこで、具体的事実が主要事実になると考える。

そうすると、本件陳述は主要事実にあたる。

さらに、用法遵守義務違反の事実は、相手方たるXらが立証責任を負う事実である。

よって、本件陳述について裁判上の自白が成立する。

(2)　では撤回は許されるか。

ア　この点について、撤回禁止効の根拠は、自白の成立によって裁判所拘束力が生じるところ、これによって相手方が自己の有利な法律上の地位についての期待を有することになるところ、自白が自由に撤回できるとするとこの相手方の期待を裏切ることにな

ていたが、本答案は、かかる検討をしていない。

● 出題趣旨によれば、X１単独での目的達成の可能性、X２、３の意思といった、判例の事案とは異なっている具体的事情を踏まえた合理的必要性の検討も想定されていた。

● 事実の範囲を主要事実と示し、自己の不利益な事実とは相手方が立証責任を負うものであると述べられている。ただし、裁判上の自白の要件について、「事実」の定義を述べるにとどまり、その他の要件を検討していない。

なお、自由心証主義の根拠条文は、正しくは「247条」である。

● 本件陳述とその援用が先行自白に該当し得ることを指摘できていない（採点実感参照）。

● 裁判上の自白の定義を通説の立場で検討した場合、裁判上の自白の成立を認める結論と結びつき、自白の撤回の可否を検討することになる。本答案の論述は、的確な論理展開が

る。そこで、自白の撤回は原則として許されない。

もっとも、相手方の同意がある場合や、自白が刑事上罰すべき他人の行為によってされた場合、自白が反真実かつ錯誤による場合には、例外的に自白の撤回が許されると考える。

イ　これを本件についてみると、これらの事情に該当する事実はないから、自白の撤回は許されなさそうである。

ウ(ア)　もっとも、そもそも自白の撤回禁止効の根拠が上記のような禁反言の法理にあるところ、自白を撤回しても禁反言には当たらないといえるような場合には、自白の撤回が許されると考える。

これを本件についてみると、Ｘらの当初の主張に鑑みると、本件陳述は何の意味も持たなかったのであり、本件陳述が意味を持つに至ったのはＸらが本件陳述の後に新たな主張を追加したからである。そうすると、本件陳述がされた当時においてはＸらにおいて何の期待も生じていなかったから、本件で自白の撤回を許しても禁反言にはならない。

また、後の主張の追加によってＹが不利益を被ることになるのは、Ｙにとって不意打ちである。

(イ)　さらに、本件陳述は弁論準備期日においてされたものである。

そもそも弁論準備手続は、争点及び証拠の整理を行うため（１６８条）に行われるものであり、この目的を達成するためには、当事者に本音で意見を出してもらう必要がある。それにもかかわらず、弁論準備手続における主張について厳格な撤回禁止効を適用すると、当事者の自由な意見表明が妨げられ、弁論準備手続が機能しなくなる可能性がある。そのため、弁論準備手続における主張についてはゆるやかに自白の撤回を認めるべきである。

エ　上記の各点を踏まえれば、本件では裁判上の自白は成立するが、撤回が許されると考えるべきである。

第３　設問３

１　既判力によって基準時前の事由に関する主張が遮断される根拠

そもそも既判力（１１４条１項）とは、確定判決の後訴での通用力をいい、その根拠は手続保障充足に基づく自己責任に求められる。そして、当事者は口頭弁論終結時までは新たな主張をすることが許されるから、かかる時点までは手続保障が充足されているといえる。そのため、基準時は口頭弁論終結時であると考える。

そして、当該事由によって形成権を行使しようとする場合、紛争の一回的解決という既判力の制度的要請に鑑み、当該形成権が前訴訴訟物に内在付着する瑕疵である場合には、形成原因が基準時前に存在する限り、その主張は遮断されると解する。

２　これを本件についてみる。

本件ではＸらは解除権を行使しようとしているが、その解除原因は本件セミナーを開催していたという事情であり、この事情自体は前訴の口頭弁論終結時よりも前に存在していた事情である。

(1)　もっとも、Ｘらとしては、本件セミナーの事情については、前訴

なされており、出題趣旨に合致するものと評価できる。

● 自白が原則撤回できないとする根拠ないし趣旨から、本件陳述を撤回することはその趣旨に反しないとする構成をとることも想定されていたところ、本答案は、イウでかかる点を検討しており、出題趣旨に合致する。

● 本問では、自白該当性や撤回可能性について自白の意義から検討するアプローチだけではなく、本件陳述がされた第１回弁論手続の期日の目的や実施方法にも着目して検討することが求められていた。本答案は、弁論準備手続の意義・目的を挙げ、これらと当事者の主張との関係で自白の撤回を認める必要につき詳細に検討できており、高い評価につながったものと考えられる。

● 既判力の基準時が口頭弁論終結時であることを、根拠とともに簡潔に示すことができている。

● 既判力によって基準時前の事由が遮断される根拠について、実質的な正当化根拠である手続保障とその結果の自己責任という観点だけでな

において手続保障がされていなかったと主張することが考えられる。もっとも、確かにXらがこの事情に気づいたのは基準時後であるものの、当事者の主観によって既判力の消極的作用が生じるか否かが変わることは妥当ではないし、当事者の不注意による不利益を他方当事者に負わせることになりかねない点でも妥当ではないから、当事者の主観は考慮するべきではない。また、Xらとしては前訴の時点で、他の解除原因がないかを調査するべきであり、近隣住民への聞取り等の調査をすれば本件セミナーの事情に気づくことは十分可能だったと考えられ、手続保障が充足されていなかったということはできない。

⑵ さらに、本件セミナーの事情は解除原因として主張しているところ、解除事由は前訴訴訟物に内在付着する瑕疵であるといえるから、この点からしても、後訴での主張は許されない。

⑶ また、既判力の趣旨は、基準時において確定した法律関係を後訴で覆すことが訴訟手続の一回性に反する点にある。そして、本件では賃貸借契約の解除が主張されているが、賃貸借契約の解除は将来効（民法６２０条）であるから、解除権行使時が基準時後である限り、基準時において確定した法律関係を覆すことにはならないから、後訴における主張が許されるとの反論も考えられる。

もっとも、上記の通り、本来前訴で主張することが可能だった事情が当事者の不注意で主張されなかった場合に常に後訴での主張を許すと、相手方の地位を不安定にするし、紛争の蒸返しにつながりかねない。そこで、将来効の場合でも、当該事情が基準時より前に存在する限り、その主張は遮断されると解するべきである。

⑷ よって、Xらによる本件セミナーの事情についての主張は、既判力によって遮断される。

以　上

く、制度的効力も考慮して検討できている（採点実感参照）。もっとも、本答案は、手続保障がされていなかったことをもって遮断効が否定されると論じるにとどまり、期待可能性説には言及できておらず、出題趣旨に合致しているとはいえない。

再現答案③　Bランク　1313～1351位（146.36点、R・Hさん　論文順位1163位）

設問１

第１　課題１

１　任意的訴訟担当とは、選定当事者（民訴法（以下略。）３０条）のように、共通の利益を有する複数の者を代表して訴訟を行う者を指す。

２　明文なき任意的訴訟担当を認めると、弁護士代理の原則（５４条１項）、訴訟信託禁止に反するおそれがある。そこで、①弁護士代理の原則、訴訟信託の禁止の趣旨に反せず、②合理的必要性が認められる場合には、明文なき任意的訴訟担当が認められると解すべきである。

● 訴訟担当が認められる前提要件として担当者に対する授権が必要であることを明らかにすることが求められていたところ、本答案は、かかる点への言及がなく、出題趣旨に合致しない。

第２　課題２

１⑴　本件において、Ｘ１による訴訟担当は、明文なき任意的訴訟担当として認められるか。弁護士代理の原則、訴訟信託禁止の趣旨は、無責任な訴訟追行によって、被訴訟担当者を害することを防止する点にある。本件におけるＸらは、遺産分割協議により全員が本件建物の賃貸人となっており、相互に利害関係を有しているから、Ｘ１が身勝手な訴訟追行をする危険性は低い。また、本件契約の更新賃料の徴収及び受領、本件建物の明渡しに関する訴訟上あるいは訴訟外の業務については、Ｘらの合意によりＸ１が自己の名で行うことが取り決められているから、Ｘ１に対する信頼があるといえる。したがって、無責任な訴訟追行によって被訴訟担当者を害する危険性は類型的に低く、弁護士代理の原則、訴訟信託禁止の趣旨に反するとはいえない（①）。

● 非潜脱要件として実体上の管理権を有していたことを挙げることができている。

⑵　では、②合理的必要性があるといえるか。最大判昭和４５年の事案では、民法上の組合契約に基づいて結成された共同事業体について、当事者適格が認められないという事情があったため、合理的必要性が認められたとも解釈できる。したがって、そのような事情のない本件では、合理的必要性が認められないとも思える。しかし、本件において、Ｘ２及びＸ３は、Ｙに対して本件建物の明渡しを求めるとのＸ１の意向には賛成したものの、自らが当事者となることは時間的・経済的負担が大きいことを理由に、Ｘ１単独で訴訟を提起してほしいと述べている。したがって、合理的必要性が認められる（②）。

● 事実から漫然と合理的必要性を認めるのではなく、Ｘ１単独での目的達成の可能性、Ｘ２、３の意思、Ｘらの人数、ほかの採りうる手段の実現可能性といった具体的事情を踏まえた合理的必要性の検討をすることが求められていた。

２　以上より、Ｘ１による訴訟担当は、明文なき任意的訴訟担当として認められる。

設問２

１　意義及び要件

裁判上の自白とは、口頭弁論期日又は弁論準備手続における、相手方の主張する自己に不利益な事実を認める旨の陳述をいう。そして、「事実」とは主要事実を指す。間接事実等に自白を成立させてしまうと、裁判官の自由心証（２４７条）を害するからである。

２⑴　本件陳述について、裁判上の自白が成立しないか。まず、上記のとおり裁判上の自白は主要事実にしか成立しないところ、本件陳述は信頼関係の破壊を基礎づける事実であるところ、主要事実といえるか。この点、「信頼関係の破壊」といった規範的要件については、それを基礎づける具体的事実に当事者の攻撃防御が集中するから、それを基礎づける具体的事実が主要事実であると解すべきであ

● 先行自白について言及できていない。

る。したがって、本件陳述は主要事実であるから、裁判上の自白が成立しうる。

(2) そして、本件陳述は相手方の主張する自己に不利益な事実を認める旨の陳述であり、第1回弁論準備手続期日において行われているから、裁判上の自白が成立するとも思える。しかし、弁論準備手続の目的は、争点及び証拠の整理を行う（168条）点にある。そして、本件陳述は、裁判官の示唆により、賃料不払による無催告解除の可否に関して当事者間の信頼関係の破壊を基礎付ける事実関係の存否について、当事者双方が口頭で自由に議論し、その結果を踏まえ、第2回弁論準備手続期日以降に準備書面を提出して具体的な争点を確定することとして指定された第1回弁論準備手続期日においてなされたものである。したがって、そのような経緯で行われた弁論準備手続期日における本件陳述について裁判上の自白を成立させることは、争点及び証拠の整理を行うことを趣旨とする弁論準備手続の趣旨に反する。

(3) したがって、本件陳述に裁判上の自白は成立しないと解すべきである。

設問3

1(1) 本件セミナーの開催は、いずれも本件訴訟の事実審の口頭弁論終結時より前の事実であるから、確定した本件判決の既判力が後訴に作用し、後訴は請求棄却となるのが原則である。もっとも、①前訴において主張を行うことに対する期待可能性がなく、②主張が遮断されることが当事者の保護に欠けると認められる特段の事情がある場合には、基準時後の主張も認められると解すべきである。

(2) 上記見解に対して、明文なく期待可能性を根拠とする主張を認めることは、基準が曖昧で法的安定性に欠けるとの反論が予想される。しかし、既判力による遮断効の根拠は、十分な手続保障による自己責任に求められるところ、前訴において主張を行うことに対する期待可能性がない場合には、十分な手続保障による自己責任を問うべきではない。したがって、かかる反論は認められない。

(3) では、本件判決の既判力によって解除権行使の主張は遮断されるか。まず、XらがYによる本件セミナーの開催に気付いたのは本件判決の確定後であったのであるから、前訴においてかかる主張をすることに対する期待可能性はない（①）。そして、Yは令和3年1月から令和5年1月までの間、2年という長期間にわたって、しかも月1、2回という高頻度で本件セミナーを開催していたという点で主観的悪性が強い。したがって、主張が遮断されることがXらの保護に欠けると認められる特段の事情があるといえる（②）。

2 以上より、本件判決の既判力によって解除権行使の主張を遮断することは相当ではない。

以上

● 本答案のように、信頼関係破壊の有無について自由な議論が予定されていたという本問の具体的事実関係を漫然と引用し、そのことから一足飛びに本件記述は自白に該当しないと結論付けるものは、高く評価されなかったものと推察される。

● 既判力の基準時とその根拠が示されていない。

● 本答案は、期待可能説に立ち、同説への批判も述べて遮断効を否定しようとしているが、既判力による遮断効の正当化根拠を手続保障と自己責任としか指摘せず、大雑把な検討に終始している答案として低い評価にとどまったものと推察される（出題趣旨・採点実感参照）。

再現答案④　Cランク　1477～1509位（141.40点、N・Tさん　論文順位658位）

第1　設問1課題1
1　任意的訴訟担当の意義
訴訟担当とは、民事訴訟法（以下省略）115条1項2号の「当事者」であり、他人のために原告または被告となるものをいう。訴訟代理人とは、当事者であるか否かで異なる。訴訟担当には、法律上当然になる法定訴訟担当と、任意的訴訟担当がある。任意的訴訟担当のうち、債権者代位など、明文あるものとないものがある。
2　明文なくして認められるための要件
法は、三百代言による訴訟の混乱を回避するために、弁護士代理の原則（54条1項本文）や訴訟信託の禁止を定める。ゆえに、任意的訴訟担当は原則認められない。しかし、①上記弊害のおそれがなく、②任意的訴訟担当を認める必要性がある場合には、任意的訴訟担当が認められる。
第2　設問1課題2
1　本件では、①X1は本件建物の3分の1を共有している。ゆえに、自らの権利に関する紛争であり、その勝敗に利害関係を有するから、訴訟混乱のおそれはない。判例の事案でも、組合の代表者は、組合財産を総有的に保有するため、利害関係を有し、混乱のおそれはない。
2　②任意的訴訟担当の必要性として、X2X3が訴訟に参加することが経済的時間的に厳しいことがある。判例の事案では、組合は、多数人で構成され、入れ替わりも多々あることから、固有必要的共同訴訟である場合、全員を当事者にすることが困難であるから、任意的訴訟担当を認めたと考えられる。本件では、当事者は三人であり、建物の共有者が多々変わることも考えにくい。ゆえに、判例の事案と異なり、必要性が認められない。
3　よって、X1による任意的訴訟担当は認められない。
第3　設問2
1　自白は成立しないとの立場から検討する。
2　裁判上の自白とは、相手方の主張と一致する自己に不利益な事実の弁論としての陳述をいう。
(1)　事実とは、主要事実をいう。主要事実とは、権利の発生・変更・消滅・障害を主張する事実である。間接事実と補助事実は、自白の対象事実とならない。なぜならば、間接事実や補助事実は、証拠と同様の機能を果たし、これらに自白を認めてしまうと裁判官の自由心証を制約し、不自然な認定をすることにつながるからである。さらに、正当事由や過失など、規範的要件において、自白の対象となる事実は、評価根拠事実である。仮に、規範的要件を自白の対象事実としてしまうと、評価根拠事実に当事者の攻撃防御が集中するにもかかわらず、裁判所により評価根拠事実について当事者双方の主張しない事実が不意打ち的に認定されてしまうおそれがある。
本件では、用法遵守義務違反という規範的要件の評価根拠事実である料理教室としての使用について、Yが陳述している。
(2)　「相手方の主張と一致する自己に不利益な」事実とは、基準の明確性から、相手方が主張立証責任を負う事実について、これを認める陳述をいう。また、相手方が立証責任を負う事実について自己が陳述し、相手方がこれ援用する場合も含まれる（先行自白）。

● 訴訟担当が認められる前提要件として担当者に対する授権が必要であることを明らかにすることが求められていたところ、本答案は、かかる点への言及がなく、出題趣旨に合致しない。

● X1単独での目的達成の可能性、X2、3の意思、Xらの人数、ほかの採りうる手段の実現可能性といった具体的事情の、判例（最大判昭45.11.11／百選［第6版］〔12〕）との違いを踏まえた、合理的必要性の検討が求められていたところ、本答案はかかる点につき漫然と合理的必要性を認めており、検討が不十分である。

本件では、用法遵守義務違反については、Xが主張責任を負う事実である。これをYが先に陳述し、Xは援用している。

(3) 弁論としての陳述には、弁論準備手続での陳述は含まれないと解する。弁論準備手続（１６８条）は、双方の意見を交えて、争点及び証拠の整理を行うものである。当事者の意見交換により、柔軟な解決を図ろうとするものである。

ここで自白の効果として、不要証効（１７８条）、弁論主義第２テーゼから裁判所拘束力、これらにより、相手方の信頼が生じ、不可撤回効が生じる。自白にはこのような当事者拘束力、裁判所拘束力が生じる。弁論準備手続での陳述に、このような効力を認めてしまうと当事者の発言が萎縮し、制度の目的を達成できない事態が生じる。ゆえに、弁論準備手続での陳述には、自白は成立しない。また、判例でも弁論準備手続における自白を記載した準備書面の提出を認めなかったものがある。

本件でも、本件陳述は、弁論準備手続においてなされている。

(4) よって、自白は成立しない。

第４　設問３

1 既判力によって基準時前の事由に関する主張が遮断される根拠は、口頭弁論終結時までは（民事執行法３５条２項）、当事者は手続保障の機会が与えられており、自己責任を問いうることにある。

2 料理教室としての使用による用法遵守義務違反による賃貸借契約終了に基づく明渡請求権と、本件セミナーとしての使用による用法遵守義務違反による賃貸借契約終了に基づく明渡請求権は、訴訟物が異なるから、前訴の既判力が及ばないとの主張が考えられる。

しかし、解除原因ごとに訴訟物を異にしてしまうと、紛争の一回的解決に資さないし、訴訟不経済、相手方の応訴の負担がある。また、訴訟物は、実体法上の基準によって定められ、解除原因を異にしても、訴訟物は、賃貸借契約終了に基づく明渡請求権である。

よって、上記主張は認められない。

3 期待可能性がないゆえに、既判力が及ばないという主張が考えられる。

確かに、後遺症の事案で、期待可能性がなかったことによる後訴での主張を認める見解がある。しかし、後遺症は、前訴基準時時点では、顕著になっておらず、本件のようにセミナーが開催されていた事案とは異なる。また、セミナーが開催されていたかどうかは調べればわかることであり、前訴基準時時点で見つけられなかったことは、Xの不注意といえる。このような不注意まで期待可能性がないとしてしまうと、紛争の蒸返しとなり、訴訟不経済、相手方の応訴に負担である。

ゆえに、後遺症の事案と異なり、期待可能性がないとはいえない。

以　上

● 自白の期日には弁論準備手続期日も含まれると解するのが従来からの通説である。違う説をとる場合には、説得的な説明が必要であるところ、裁判例の存在を挙げるにとどまり、相手方当事者の期待の保護と当事者の主張の萎縮防止の緊張関係に触れずにいる本答案の論述は、説得力に欠ける。

● 本問で求められていたのは、見解において反対の立場のものも踏まえた論述であり、期待可能性説をとるにしても、同説への批判を示した上で検討する必要があった。また、その際には、基準時前の事由に関する主張が遮断される根拠について、既判力の縮減は、既判力の制度的効力と鋭い緊張関係をはらむ問題であることも指摘すべきであった。

刑事系

第1問　刑法

問題文

［刑事系科目］

〔第１問〕（配点：１００）

以下の【事例１】及び【事例２】を読んで、後記**〔設問１〕**及び**〔設問２〕**について、答えなさい。

【事例１】

１　特殊詐欺グループを率いる甲（２８歳、男性）は、同じグループの配下のＡ（２５歳、男性）が資産家名簿を別の特殊詐欺グループに無断で渡したと考え、某月１日午後８時頃、人のいないＢ公園にＡを呼び出し、Ａに「名簿を他のグループに流しただろう。相手は誰だ。」と言って追及したが、Ａはこれを否定した。甲は、Ａがうそを言っていると思い腹を立て、Ａの頭部を拳で殴り、その場に転倒したＡに「殺されたいのか。」と言いながらＡの腹部を繰り返し蹴って、Ａに肋骨骨折等の傷害を負わせた。

甲は、Ａの所持品の中に資産家名簿の流出先に関する手掛かりがあるだろうと考え、Ａの所持品を奪うつもりはなかったが、甲から１メートル離れた場所で倒れたままのＡに「持っているものを見せろ。」と言った。Ａは、既に抵抗する気力を失っていたので、Ａ所有の財布１個（以下「本件財布」という。）を上着ポケットから取り出してＡの手元に置いた。甲は、本件財布を拾って中身を見たところ、本件財布内に資産家名簿の流出先を示すものはなかったが、現金６万円が入っているのが分かり、その現金がにわかに欲しくなった。甲は、Ａが恐怖で抵抗できないことを知りながら、Ａに「この財布はもらっておくよ。」と言った。Ａは、本件財布を甲に渡したくなかったが、抵抗する気力を失っていたので何も答えられずにいた。そこで、甲は、本件財布を自分のズボンのポケットに入れた。

２　甲は、Ａの追及には時間が掛かると考え、同じグループの配下の乙（２５歳、男性）に見張りを頼むこととし、電話で乙を呼び出した。同日午後８時３０分頃、乙がＢ公園に到着すると、甲は、一旦、食事に出掛けることにして、乙に「小遣いをやるから、Ａを見張っておけ。」と言った。乙は、おびえているＡの様子から、甲がＡに暴力を振るったことを理解し、「分かりました。」と答えた。甲は、本件財布から現金３万円を抜き取った後、「お前が自由に使っていい。」と言って、本件財布を乙に手渡した。

甲がその場を立ち去ると、乙は、本件財布内の運転免許証を見て、本件財布がＡのものだと理解するとともに、Ａ名義のキャッシュカード（以下「本件カード」という。）が入っていることに気付き、Ａの預金を引き出して奪おうと考えた。乙は、本件カードを本件財布から取り出して、倒れたままのＡに見せつつ、持っていたバタフライナイフの刃先をＡの眼前に示しながら、「死にたくなければ、このカードの暗証番号を言え。」と言った。Ａは、預金を奪われたくなかったものの、拒否すれば殺されると思い、仕方なく４桁の数字から成る暗証番号を答えようとしたが、暗がりで本件カードを自宅に保管中の別のキャッシュカードと見誤っていたため、本件カードの暗証番号と異なる４桁の数字を答えた。

３　乙は、Ａが逃げ出す様子もなかったので、本件カードを使ってＡの預金を引き出そうと思い、Ａをその場に残して、付近のコンビニエンスストアに向かった。

乙は、同日午後８時４５分頃、上記コンビニエンスストアに設置された現金自動預払機（以下「ＡＴＭ」という。）に本件カードを挿入し、Ａが答えた４桁の数字を入力して預金を引き出そうとしたが、暗証番号が間違っている旨の表示が出たため、ボタンを押し間違えたと思い、続けて同じ４桁の数字を２回入力したところ、ＡＴＭに不正な操作と認識されて取引が停止された。

〔設問１〕　【事例１】における甲及び乙の罪責を論じなさい（盗品等に関する罪（刑法第２５６条）、建造物侵入罪（刑法第１３０条）及び特別法違反の点は除く。）。なお、乙の罪責を論じるに際しては、乙がＡから暗証番号を聞き出す行為が財産犯における「財産上不法の利益」を得ようとする行為に当たるかという点にも触れること。

【事例２】（【事例１】の事実に続けて、以下の事実があったものとする。）

４　甲は、資産家名簿の流出先が以前仲間割れしたＣ（３０歳、男性）であるとのうわさを聞き付け、同月１０日午後５時頃、Ｃに電話をして「お前がうちの名簿を受け取っているだろう。」と言ったところ、Ｃから「お前が無能で管理できていないだけだ。」と罵倒されたことに激高し、Ｃ方に出向き、直接文句を言おうと決めた。その際、甲は、粗暴な性格のＣから殴られるかもしれないと考え、そうなった場合には、むしろその機会を利用してＣに暴力を振るい、痛め付けようと考えた。そこで、甲は、粗暴な性格の丙（２６歳、男性）を連れて行けば、Ｃから暴力を振るわれた際に、丙がＣにやり返してＣを痛め付けるだろうと考えて、丙を呼び出し、丙に「この後、Ｃとの話合いに行くから、一緒に付いて来てほしい。」と言って頼んだ。丙は、Ｃと面識はなく、甲がＣに文句を言うつもりであることやＣから暴力を振るわれる可能性があることを何も聞かされていなかったため、甲に付いて行くだけだと思い、甲の頼みを了承した。

５　甲及び丙は、同日午後９時頃、Ｃ方前に行くと、甲がＣに電話で「今、家の前まで来ているから出て来い。」と言って呼び出した。Ｃは、Ｃ方の窓から甲が丙と一緒にいるのを確認し、甲が手下を連れて来たものと思い腹を立て、「ふざけるな。」と怒鳴りながら、玄関から出た。

その様子を見た甲は、事前に予想していたとおりＣが殴ってくると思い、後方に下がったが、丙は、暴力を振るわれると考えていなかったため、その場にとどまったところ、Ｃから顔面を拳で１回殴られた。丙は、Ｃに「やめろよ。」と言い、甲に「こいつ何だよ。どうにかしろよ。」と言ったが、興奮したＣから一方的に顔面を拳で数回殴られて、その場に転倒した。

6　甲は、丙らから２メートル離れてその様子を見ていたが、丙にＣを痛め付けさせようと考え、丙に「俺がＣを押さえるから、Ｃを殴れ。」と言った。それを聞いて丙は、身を守るためには、甲の言うとおり、Ｃを殴るのもやむを得ないと思った。ちょうどその時、Ｃが丙に対して続けて殴りかかってきたことから、丙は、甲が来る前に立ち上がり、Ｃの胸倉をつかんで、Ｃの顔面を拳で１回殴った（以下「１回目殴打」という。）。すると、Ｃは、一層興奮し「ふざけるな。」と大声を上げた。

7　その頃、丙の友人丁（２８歳、男性）は、偶然、普通自動二輪車（以下「本件バイク」という。）を運転してＣ方前を通り掛かり、丙がＣの胸倉をつかんでいる様子を見て、Ｃが先に丙を殴った事実を知らないまま、一方的に丙がＣを殴ろうとしていると思った。けんか好きの丁は、面白がり、丙がＣを殴り倒した後、丙がその場から逃走するのを手助けしようと思い、丙に「頑張れ。ここで待っているから終わったらこっちに来い。」と声を掛けた。反撃しようとしていた丙は、それを聞いて発奮し、なおもＣが丙に殴りかかってきたことから、身を守るために、Ｃの顔面を拳で１回殴った（以下「２回目殴打」という。）。丙は、Ｃがひるんだ隙に、本件バイクの後部座席に座り、丁が本件バイクを発進させて走り去った。

8　丙による暴行（１回目殴打及び２回目殴打）によりＣに傷害は生じなかった。

〔設問２〕　**【事例２】**における甲、丙及び丁の罪責に関し、以下の⑴及び⑵について、答えなさい。

⑴　丙による暴行（１回目殴打及び２回目殴打）について、丙に正当防衛が成立することを論じなさい。

⑵　丙に正当防衛が成立することを前提に、甲及び丁の罪責を論じなさい。その際

①　丙による２回目殴打について丁に暴行罪（刑法第２０８条）の幇助犯が成立するか

②　甲に暴行罪の共同正犯が成立するか

について言及しなさい。なお、これらの論述に当たっては

ア　誰を基準として正当防衛の成立要件を判断するか

イ　違法性の判断が共犯者間で異なることがあるか

についても、その結論及び論拠に言及し、①及び②における説明相互の整合性にも触れること。

MEMO

出題趣旨

【刑事系科目】

〔第１問〕

本問は、設問１において

⑴　甲がＡに暴行を加えて傷害を負わせた後、Ａ所有の財布（以下「本件財布」という。）に入っていた現金６万円が欲しくなり、Ａが恐怖で抵抗できないことを知りながら、Ａに「この財布はもらっておくよ。」と言って本件財布を自己のポケットに入れた行為（以下「設問１⑴の行為」という。）

⑵　乙が本件財布内に入っていたＡ名義のキャッシュカード（以下「本件カード」という。）を使用してＡの預金を引き出して奪おうと考え、Ａに脅迫を加えてＡから本件カードの暗証番号を聞き出そうとした行為（以下「設問１⑵の行為」という。）

⑶　乙が現金自動預払機（以下「ＡＴＭ」という。）に本件カードを挿入し、Ａから聞き出した本件カードの暗証番号とは異なる４桁の数字を入力してＡの預金を引き出そうとした行為（以下「設問１⑶の行為」という。）

について、甲及び乙の罪責の検討を求め、設問２において

⑴　丙が甲からＣを殴るように言われてＣの顔面を拳で１回殴った行為（以下「１回目殴打」という。）及び丁からの言葉を聞いて発奮してＣの顔面を拳で１回殴った行為（以下「２回目殴打」という。）について、丙に正当防衛が成立することを論じることを求め、

⑵　丙に正当防衛が成立することを前提に

①　丙による２回目殴打について丁に暴行罪の幇助犯が成立するか

②　甲に暴行罪の共同正犯が成立するか

について言及し、これらの論述に当たって

ア　誰を基準として正当防衛の成立要件を判断するか

イ　違法性の判断が共犯者間で異なることがあるか

についても、その結論及び論拠に言及し、①及び②における説明相互の整合性についても触れることを求めている。

これらにより、刑事実体法の知識と理解を問うとともに、具体的な事実関係を分析し、その事実に法規範を適用する能力及び論理的思考力を問うものである。

設問１について

⑴　設問１⑴の行為について

ア　甲は、Ａの頭部を拳で殴り、その場に転倒したＡの腹部を蹴る暴行を加え、Ａに肋骨骨折等の傷害を負わせており、甲に傷害罪が成立する。この点については、傷害罪の各構成要件要素を充足することを簡潔に示せば足りる。

イ　甲は、上記暴行に及んだ後、既に抵抗する気力を失っていたＡに対し、所持品を提示するよう求め、Ａが手元に置いた本件財布の中身を見たところ、その中に入っていた現金６万円が欲しくなり、Ａが恐怖で抵抗できないことを知りながら、Ａに「この財布はも

らっておくよ。」と言って、本件財布を自己のズボンのポケットに入れている。ここで甲は、財物奪取の意思なく暴行を加えて相手方の反抗を抑圧した後、財物奪取の意思が生じ、財物を奪取している。強盗罪が成立するためには、財物奪取に向けられた相手方の反抗を抑圧するに足りる程度の暴行・脅迫が必要であるところ、甲が上記暴行に及んだ時点では甲に財物奪取の意思はなく、他方で甲がAに上記文言を申し向ける行為は、それのみを単体で評価すると、相手方の反抗を抑圧するに足りる程度の脅迫であるとは認められないが、このような場合でも強盗罪が成立するかが問題となる。

この点につき、自ら作出した反抗抑圧状態を利用して財物を奪取した場合にも、強盗の手段としての新たな暴行・脅迫を必要とする考え方（東京高判昭和４８年３月２６日高刑集２６巻１号８５頁等、以下「新たな暴行・脅迫必要説」という。）があり得る。新たな暴行・脅迫必要説に立つ場合には、さらに、新たな暴行・脅迫の内容・程度につき、反抗抑圧状態を維持・継続させるものであれば足りるとする考え方（大阪高判平成元年３月３日判タ７１２号２４８頁等、以下「維持継続説」という。）、行為者が現場に存在すること自体を脅迫とする考え方（以下「現場存在説」という。）などがあり得る。これに対し、自ら作出した反抗抑圧状態を利用して財物を奪取した場合には、強盗の手段としての新たな暴行・脅迫を必要としないとする考え方（以下「新たな暴行・脅迫不要説」という。）もあり得る。

維持継続説に立つ場合、甲は、Aの反抗を抑圧した後、Aが恐怖で抵抗できないことを知りながら、Aに「この財布はもらっておくよ。」と言って本件財布の占有を取得しており、かかる行為は既に存在する反抗抑圧状態を維持する程度の脅迫であると認めることも可能であろう。現場存在説に立つ場合には、甲が現場に存在したこと自体を強盗の手段としての新たな脅迫と捉えることになる。このように新たな脅迫があったと認めた場合又は新たな暴行・脅迫不要説に立つ場合には、強盗罪のその他の各構成要件要素を充足することを簡潔に示した上で、強盗罪の成立を肯定する結論に至ることになろう。これに対し、維持継続説に立つ場合であっても、甲がAに上記文言を申し向けた行為は、反抗抑圧状態を維持・継続するに足りる程度の脅迫であるとは認められないとして強盗罪の成立を否定し、窃盗罪又は恐喝罪が成立するにとどまるとの結論に至る余地もあろう。

いずれの考え方に立って論じるとしても、事案を具体的に分析して問題の所在を的確に示した上で、自説とは反対の考え方を意識しつつ自説の論拠を明らかにして規範を定立し、その規範を具体的な事実関係に当てはめて結論を導く必要がある。

⑵　設問１⑵の行為について

乙は、甲から手渡された本件財布内に入っていた本件カードを使用してAの預金を引き出して奪おうと考え、本件カードを本件財布から取り出して、倒れたままのAに見せつつ、持っていたバタフライナイフの刃先をAの眼前に示しながら「死にたくなければ、このカードの暗証番号を言え。」と言って本件カードの暗証番号を聞き出そうとしているところ、かかる行為が「財産上不法の利益」を得たとして強盗罪に当たるのか問題となる。

この点につき、キャッシュカードとその暗証番号を併せ持つことにより、事実上、ＡＴＭを通して預金口座から預貯金の払戻しを受け得る地位という財物の取得と同視できる程度に具体的かつ現実的な財産的利益を得たとみて強盗罪の成立を肯定する考え方（東京高判平成２１年１１月１６日判時２１０３号１５８頁）があり得る。この考え方に立つ場合、乙は、バタフライナイフの刃先をＡの眼前に示しながら要求に応じなければＡの生命に危害を加える旨を告知しており、Ａの反抗を抑圧するに足りる程度の脅迫を加えたと認められるが、Ａが誤って本件カードの暗証番号とは異なる４桁の数字を答えており、乙が財産上不法の利益を得たとはいえないことから、乙に強盗未遂罪が成立するにとどまることを指摘する必要がある。

これに対し、暗証番号を聞き出したとしても財物の取得と同視できる程度に具体的かつ現実的な財産的利益を得たとは認められない、暗証番号は移転性のある利益ではない等として強盗罪の成立を否定する考え方（前掲東京高判平成２１年１１月１６日の原判決はこのような考え方を採った。）もあり得る。この考え方に立つ場合、この行為について、強盗罪は成立し得ないが、乙は、上記のとおりＡを脅迫し、Ａに暗証番号を答えさせて義務のないことを行わせたといえることから、強要罪の各構成要件要素を充足することを簡潔に示して同罪が成立することを指摘する必要がある。いずれの考え方に立って論じるとしても、事案を具体的に分析して問題の所在を的確に示した上で、自説とは反対の考え方を意識しつつ自説の論拠を明らかにして、結論を導く必要がある。

⑶　設問１⑶の行為について

乙は、ＡＴＭに本件カードを挿入して預金を引き出そうとしたものの、乙がＡから聞き出して入力した数字が本件カードの暗証番号とは異なるものであったため、不正な操作と認識されて取引が停止され、預金を引き出すことはできなかった。このように事後的・客観的には乙が預金を引き出すことができない状況にあった場合であっても、預金を引き出して窃取する危険性があったとして未遂犯が成立するか、それとも不能犯として不可罰となるかが問題となる。

この点につき、行為時に一般人が認識し得た事情及び行為者が特に認識していた事情を判断の基礎とし、一般人の立場から危険性があると判断する場合に未遂犯が成立するとする考え方があり得る。この考え方に立った場合、乙がＡから聞き出した４桁の数字が本件カードの暗証番号とは異なるものであったとの事情につき、一般人が認識し得たとは認められず、乙も認識していなかったため、同事情は判断の基礎から除外されることになる。そうすると、乙が他人であるＡのキャッシュカードを使用してＡＴＭから預金を引き出そうとしている以上、一般人の立場からは、ＡＴＭの現金の占有者の意思に反して同現金の占有が乙に移転する危険性があると判断するとの結論に至ると考えられる。その場合、窃盗罪の各構成要件要素を充足することを簡潔に示した上で、窃盗未遂罪の成立を肯定することになろう。

これに対し、結果が発生しなかった原因を解明し、事実がいかなるものであったなら結果の発生があり得たかを科学的に明らかにした上で、こうした結果惹起をもたらす仮定的事実が存在し得たかを一般人の立場から事後的に判断し、仮定的事実が存在し得たと一般人が判断する場合には危険性が認められて未遂犯が成立するとする考え方もあり得る。この考え方に立った場合、結果が発生しなかった原因は、乙がＡから聞き出した数字が本件カードの暗証番号と異なるものであったからであり、これが本件カードの正しい暗証番号であったなら結果の発生があり得たところ、Ａは暗がりで本件カードを別のキャッシュカードと見間違えて意図せず別の暗証番号を答えたにすぎず、一般人の立場からは、乙がＡから本件カードの正しい暗証番号を聞き出すことは十分にあり得たといえ、窃盗の危険性が認められるとの結論に至ると考えられる。その場合、上記と同様に窃盗未遂罪の成立を肯定することになろう。

このほかにも様々な考え方があり得るが、いずれの考え方に立って論じるとしても、事案を具体的に分析して問題の所在を的確に示した上で、自説とは反対の考え方を意識しつつ自説の論拠を明らかにして規範を定立し、その規範を具体的な事実関係に当てはめて結論を導く必要がある。

設問2について

⑴　丙に正当防衛が成立することについて

丙による１回目殴打及び２回目殴打について、本問における具体的な事実関係を指摘して、暴行罪の各構成要件要素及び正当防衛の成立要件をそれぞれ充足することについて簡潔に示せば足りる。

⑵　丙による２回目殴打について

丁に暴行罪の幇助犯が成立するか丁は、丙がＣの胸倉をつかんでいる様子を見て、Ｃが先に丙を殴った事実を知らないまま、一方的に丙がＣを殴ろうとしているものと誤信し、面白がって、丙がＣを殴り倒した後、丙がその場から逃走するのを手助けしようと思い、丙に「頑張れ。ここで待っているから終わったらこっちに来い。」と声を掛け、反撃しようとしていた丙は、丁の言葉を聞いて発奮し、２回目殴打に及んでいる。丁の行為は、Ｃに反撃しようとしていた丙に対して心理的な働き掛けを行って丙を発奮させ、丙による２回目殴打を容易にしており、これが幇助行為に該当することを簡潔に指摘する必要がある。

もっとも、丙による２回目殴打について正当防衛が成立するところ、このように正犯に正当防衛が成立して違法性が阻却される場合であっても幇助犯が成立するかが問題となる。

この点につき、幇助犯による対抗行為を観念することは困難であるとして、正犯を基準として正当防衛の成立要件を判断した上で、共犯が成立するためには正犯の行為が構成要件該当性及び違法性を備える必要があるとする考え方があり得る。この考え方に立った場合、正犯の行為に正当防衛が成立して違法性が阻却されるのであれば、その違法評価は連帯的に作用し、あるいは、正犯の違法性に基づく共犯不法が欠け、幇助犯は成立しないことになる。

これに対し、同じく正犯を基準として正当防衛の成立要件を判断し、正犯の行為に正当防衛が成立して違法性が阻却される場合であっても、背後者が不必要に緊急状況を作出したなど一定の場合には、違法性阻却の効果を援用できないとして共犯の成立を認める考え方もあり得る。この考え方によれば、違法性の判断が正犯と共犯との間で異なることがあることになるが、この考え方は、共犯が成立するためには正犯に構成要件該当性が認められれば足りるとする立場を前提としている。本問では、正犯である丙に正当防衛が成立して違法性が阻却されるところ、丁が不必要に緊急状況を作出したとまでは認められず、違法性阻却の効果を援用できない事情は存しないとして丁の行為にも違法性阻却の効果が及び、丁に暴行罪の幇助犯は成立しないとの結論に至ると考えられる。

このほかにも様々な考え方があり得るが、いずれの考え方に立って論じるとしても、事案を具体的に分析して問題の所在を的確に示した上で、自説とは反対の考え方を意識しつつ、誰を基準として正当防衛の成立要件を判断するか及び違法性の判断が共犯者間で異なることがあるかについて、それぞれの論拠に言及した上で結論を導く必要がある。

⑶ 甲に暴行罪の共同正犯が成立するか

甲は、丙にCを痛めつけさせようと考え、丙に「俺がCを押さえるから、Cを殴れ。」と言い、それを聞いた丙がCに対する１回目殴打に及んでおり、甲が丙との間で暴行の共謀を遂げた上で、丙が暴行の実行行為に及んだことを簡潔に指摘する必要がある。

もっとも、丙による１回目殴打について正当防衛が成立するところ、このように実行行為者に正当防衛が成立する場合、背後者である共謀共同正犯の正当防衛の成否について、どのように判断すべきかが問題となる。

この点につき、共謀共同正犯における実行行為者の暴行は、実行行為者及び背後者にとって共同した暴行と評価されるとみて、背後者である共謀共同正犯者についても正当防衛の成否を検討し得ると考えた上、行為の違法性は、法益侵害に加えて各行為者に固有の人的違法要素も加味して判断されるものであり、人的違法要素を有する者とこれを欠く者とで違法性の評価に違いが生じるとみれば、共同正犯者間で、正当防衛の成否につき結論が異なることが生じ得る。また、共同正犯は、一方が他方に従属する関係にないとして、共同正犯者それぞれを基準として正当防衛の成立要件を個別に判断するとの考え方からも、個別に判断した結果、共同正犯者間で、正当防衛の成否につき結論が異なることが生じ得る。これらの考え方に立った場合、本問では、丙及び甲それぞれを基準として正当防衛の成立要件を判断することになる。本問において、甲は、粗暴な性格のCからの侵害を予期した上で、その機会を利用してCを痛めつけようと考え、丙と共にC方に出向いており、単に予期された侵害を避けなかったというにとどまらず、その機会を利用し積極的に相手に対して加害行為をする意思で侵害に臨んだといえ、侵害の急迫性の要件を充たさず（最決昭和５２年７月２１日刑集３１巻４号７４７頁、最決平成２９年４月２６日刑集７１巻４号２７５頁参照)、甲に正当防衛は成立しないとの結論に至ると考えられる。その場合、甲に暴行罪の共同正犯が成立することになる。

これに対し、共謀者による対抗行為を観念することは困難であるとして、現実に対抗行為を行った実行行為者を基準として正当防衛の成立要件を判断するとの考え方に立った上で、実行行為者に成立する正当防衛による違法性阻却の効果が背後者にも連帯的に及ぶことを原則としつつ、背後者が自ら不必要に緊急状況を作出した場合には、違法性阻却の効果を背後者が援用することはできないとする考え方があり得る。この考え方に立った場合、本問では、甲が喧嘩闘争目的で丙をCのもとに赴かせて、丙とCとの間の利益衝突状況を不必要に作出したと認められるため、甲が正当防衛による違法性阻却の効果を援用することはできないとの結論に至ると考えられる。その場合、甲に暴行罪の共同正犯が成立することになる。

このほかにも様々な考え方があり得るが、いずれの考え方に立って論じるとしても、事案を具体的に分析して問題の所在を的確に示した上で、自説とは反対の考え方を意識しつつ、誰を基準として正当防衛の成立要件を判断するか及び違法性の判断が共犯者間で異なることがあるかについて、それぞれの論拠に言及するとともに、丁についての説明と甲についての説明の整合性にも触れた上で、結論を導く必要がある。

なお、判例（最決平成４年６月５日刑集４６巻４号２４５頁）は、実行行為者に過剰防衛が成立するとした事案において、「共同正犯が成立する場合における過剰防衛の成否は、共同正犯者の各人につきそれぞれその要件を満たすかどうかを検討して決するべきであって、共同正犯者の一人について過剰防衛が成立したとしても、その結果当然に他の共同正犯者についても過剰防衛が成立することになるものではない。」と判示しているところ、同判例は過剰防衛の成否に限って判断を示したものではあるが、共同正犯者それぞれで違法性の評価が相対化し、適法行為と違法行為との間の共同正犯も認める余地を残していることも参考となろう。

採点実感

1　採点方針及び採点実感

本問では、具体的事例について、甲、乙、丙及び丁の罪責を問うことにより、刑法の基本的な知識と問題点についての理解、事実関係を的確に分析・評価して具体的事実に法規範を適用する能力及び結論の妥当性とその導出過程の論理性・論述力等を総合的に評価することを基本方針として採点に当たった。

いずれの設問の論述においても、各設問の内容に応じ、各事例の事実関係を法的に分析し、事案の解決に必要な範囲で法解釈論を展開して規範を定立した上で、これを具体的な事実関係に当てはめて妥当な結論を導くこと、その導出過程が論理性を保持していることが求められる。

(1)　全体について

本問は、論じるべき点が多岐にわたるため、厚く論じるべきものと簡潔に論じるべきものを選別して論じる必要があったが、厚く論じるべきものについて検討を欠く、あるいは、ごく簡潔に触れるにとどまる答案、簡潔に論じるべきものを長々と論じる答案が散見された。また、規範定立に至るまでの論述と当てはめ部分を明確に区別することなく混在させて記載する答案、問題文において言及するよう記載された事項に触れない答案、問題文において論じる必要がないとした罪名の成否を検討する答案が散見された。

(2)　設問１について

ア　甲がAに肋骨骨折等の傷害を負わせた行為について

本問において、甲は、Aの頭部を拳で殴り、その場に転倒したAの腹部を蹴る暴行を加え、Aに肋骨骨折等の傷害を負わせており、甲に傷害罪が成立する。この点については、傷害罪の各構成要件要素を充足することを簡潔に示せば足りるところ、これを簡潔に示した答案が比較的多く見られたが、これを長々と論じている答案も散見された。

イ　甲がA所有の財布を領得した行為について

本問において、甲は、上記暴行に及んだ後、既に抵抗する気力を失っていたAに対し、所持品を提示するよう求め、Aが手元に置いたA所有の財布（以下「本件財布」という。）の中身を見て、その中に入っていた現金６万円が欲しくなり、Aが恐怖で抵抗できないことを知りながら、Aに「この財布はもらっておくよ。」と言って、本件財布を自己のズボンのポケットに入れているところ、比較的多くの答案において、本問の事案を具体的に分析し、甲が同暴行に及んだ時点では財物奪取の意思がなかったこと及び甲がAに同文言を申し向ける行為それのみを単体で評価すると相手方の反抗を抑圧するに足りる程度の脅迫であるとは認められないことをそれぞれ指摘した上で、自ら作出した反抗抑圧状態を利用して財物を奪取した場合における強盗罪の成否が問題となる旨を的確に示しており、こうした答案は高い評価となった。これに対し、事案を具体的に分析することなく、甲が上記文言を申し向けた行為が強盗の手段としての暴行・脅迫に当たるかについてのみを問題とするにとどまる答案や、いわゆる事後的奪取意思を生じて財物を奪取した場合の処理が問題となる等として論点を指摘するにとどまる答案が散見され、こうした答案は低い評価となった。

自ら作出した反抗抑圧状態を利用して財物を奪取した場合の強盗罪の成立については、強盗の手段としての新たな暴行・脅迫を必要としつつ（東京高判昭和４８年３月２６日高刑集２６巻１号８５頁等）、新たな暴行・脅迫の内容・程度につき、反抗抑圧状態を維持・継続させるものであれば足りるとする考え方（大阪高判平成元年３月３日判タ７１２号２４８頁等）、行為者が現場に存在すること自体を脅迫とする考え方、自ら作出した反抗抑圧状態を利用する場合には新たな暴行・脅迫を必要としないとする考え方があり得るところ、自説とは反対の考え方を意識したり、自説の論拠を明らかにしたりすることなく、直ちに規範を定立している答案が多く見られ、こうした答案は低い評価となった。これに対し、自説とは反対の考え方を意識しつつ自説の論拠を明らかにして規範を定立している答案は少なかったが、こうした答案は高い評価となった。

当てはめについては、特殊詐欺グループを率いる甲とその配下のＡという関係性、甲が財物奪取の意思を生じる前にＡに加えた暴行・脅迫の程度が相当強度であったこと、現場であるＢ公園に人気はなく午後８時頃という時間帯であったことなど、事案の具体的な事実関係に着目して充実した当てはめを行った上で結論を導く答案が少なからず見られ、こうした答案は高い評価となった。これに対し、特に理由を示すことなく、甲がＡに申し向けた上記文言は自ら定立した規範に当てはまるとするだけで結論を導く答案も散見され、こうした答案は低い評価となった。また、反抗抑圧状態を維持・継続させる程度の新たな暴行・脅迫を必要とする考え方に立った場合、甲がＡに上記文言を申し向けた行為が同脅迫に該当するかについて検討すべきであるのに、甲が財物奪取の意思を生じる前にＡに対して「持っているものを見せろ。」と言った行為について検討している答案が散見され、こうした答案は著しく低い評価となった。

さらに、本問では、上記のいずれの考え方に立って論じるとしても甲に強盗罪が成立する余地がある以上、まずは強盗罪の成否を検討し、これを否定する場合に窃盗罪又は恐喝罪の成否を検討すべきであるところ、甲に強盗罪が成立するかを検討することなく、直ちに窃盗罪又は恐喝罪の成否を検討する答案が散見され、こうした答案は低い評価となった。

このほかにも、甲に強盗罪が成立するとした上で、強盗の機会にＡを負傷させたとして甲に強盗致傷罪が成立するとした答案も散見されたが、強盗の機会説は、強盗に着手した者が強盗の機会に致死傷結果を生じさせた場合にも強盗致死傷罪の成立を認めるものであり、甲がＡに暴行を加えて負傷させた時点では強盗に着手していない以上、甲に強盗致傷罪が成立する余地はない。したがって、強盗致傷罪が成立するとした答案は低い評価となった。

また、甲がＢ公園に到着した乙にＡを見張っておくよう指示し、これを乙が了承した点について、監禁罪の共同正犯の成否を検討する答案が散見されたが、監禁罪は屋外の囲われていない場所であっても成立し得るとはいえ、本問については、囲われた場所から脱出を不能にさせる等、監禁罪が成立する典型的な場面ではない上、乙がＡを取り囲んだり監視したりするなどしてその場からＡの脱出を不能にさせる具体的な監禁行為に及んだと認めるに足りる事情も存しないため、必ずしも監禁罪の共同正犯の成否について検討する必要はなかった。

ウ　乙がＡから暗証番号を聞き出そうとした行為について

本問において、乙は、甲から手渡された本件財布内に入っていたＡ名義のキャッシュカード（以下「本件カード」という。）を使用してＡの預金を引き出して奪おうと考え、本件カードを本件財布から取り出して、倒れたままのＡに見せつつ、持っていたバタフライナイフの刃先をＡの眼前に示しながら「死にたくなければ、このカードの暗証番号を言え。」と言って本件カードの暗証番号を聞き出そうとしているところ、乙の行為が強盗罪における脅迫に該当し得ることを認定した上で、問題文に乙が本件カードの暗証番号についてＡから聞き出す行為が財産犯における「財産上不法の利益」を得ようとする行為に当たるかという点にも触れるよう明記していたため、これをそのまま問題提起として引用し、強盗罪の成否を検討する答案が多く見られた。ただ、これがなぜ問題になるのかについてまで踏み込んで問題の所在を的確に示している答案は少なかった。なお、乙がＡから暗証番号を聞き出そうとした行為に及んだ時点において、乙は、甲から手渡されて既に本件カードを所持しており、本件カードを客体とする奪取罪が成立する余地はないにもかかわらず、これを検討する答案が散見されたが、こうした答案は著しく低い評価となった。

相手方の反抗を抑圧するに足りる暴行・脅迫を用いて暗証番号を聞き出す行為については、キャッシュカードとその暗証番号を併せ持つことにより、事実上、ＡＴＭを通して預金口座から預貯金の払戻しを受け得る地位という財物の取得と同視できる程度に具体的かつ現実的な財産的利益を得たとみて強盗罪の成立を肯定する考え方（東京高判平成２１年１１月１６日判時２１０３号１５８頁）や、暗証番号を聞き出したとしても財物の取得と同視できる程度に具体的かつ現実的な財産的利益を得たとは認められない、暗証番号は移転性のある利益ではない等として強盗罪の成立を否定する考え方（前掲東京高判平成２１年１１月１６日の原判決はこのような考え方を採った。）があり得るところ、自説とは反対の考え方を意識したり、自説の論拠を明らかにしたりすることなく、直ちに結論を示している答案が少なからず見られ、こうした答案は低い評価となった。これに対し、自説とは反対の考え方を意識しつつ自説の論拠を明らかにして規範を定立している答案も比較的多く見られ、こうした答案は高い評価となった。

当てはめについては、乙がＡから聞き出そうとしている暗証番号に係る本件カードを既に所持していることに着目した上で「財産上不法の利益」を得ようとする行為に当たるかを検討している答案が比較的多く見られ、こうした答案は高い評価となった。これに対し、特に理由を示すことなく、乙がＡから本件カードの暗証番号を聞き出そうとした行為は自ら定立した規範に当てはまるとするだけで結論を導く答案も少なからず見られ、こうした答案は低い評価となった。

なお、乙の行為は「財産上不法の利益」を得ようとする行為に当たるとしても、Ａが誤って本件カードの暗証番号とは異なる数字を答えており、乙が財産上不法の利益を得たとはいえないため、乙に強盗未遂罪が成立するにとどまることを指摘する必要があるところ、比較的多くの答案が乙に強盗未遂罪が成立するにとどまることを指摘していた。

また、乙がＡから暗証番号を聞き出そうとした行為について、不能犯の問題として検討している答案が散見されたが、事後的・客観的にみても、乙が同行為に及んだ時点で、Ａから本件カードの暗証番号を聞き出す危険性があったことは明らかであるから、同行為について不能犯の問題として検討する必要はなかった。

このほかにも、乙が甲から本件財布を受領した行為について、甲に強盗罪が成立することを前提に承継的共同正犯の成否を検討する答案が散見されたが、乙は、甲がＡから本件財布を強取した後、その事情を知らずに甲から本件財布を受領したにすぎず、甲が本件財布の強取に至るまでの間に乙が関与したと評価する余地はないから、承継的共同正犯の成否が問題となる場面ではなく、これを検討する必要はなかった。

エ　乙がＡＴＭに本件カードを挿入して預金を引き出そうとした行為について

本問において、乙は、ＡＴＭに本件カードを挿入して預金を引き出そうとしたものの、不正な操作と認識されて取引が停止されたため、預金を引き出すことはできなかったところ、比較的多くの答案において、本問の事案を具体的に分析し、乙がＡから聞き出して入力した数字が本件カードの暗証番号とは異なるものであったため、事後的・客観的には乙が預金を引き出すことができない状況にあった旨を指摘した上で、こうした場合であっても預金を引き出して窃取する危険性があったとして未遂犯が成立するのか、それとも不能犯として不可罰となるかが問題となる旨を的確に示しており、こうした答案は高い評価となった。これに対し、事案を具体的に分析することなく、いわゆる不能犯が問題となる等として論点を示すにとどまる答案が散見され、こうした答案は低い評価となった。

未遂犯と不能犯の区別については、行為時に一般人が認識し得た事情及び行為者が特に認識していた事情を判断の基礎とし、一般人の立場から危険性があると判断する場合に未遂犯が成立するとする考え方や、結果が発生しなかった原因を解明し、事実がいかなるものであったなら結果の発生があり得たかを科学的に明らかにした上で、こうした結果惹起をもたらす仮定的事実が存在し得たかを一般人の立場から事後的に判断し、仮定的事実が存在し得たと一般人が判断する場合には危険性が認められて未遂犯が成立するとする考え方などがあり得るところ、自説とは反対の考え方を意識したり、自説の論拠を明らかにしたりすることなく、直ちに規範を定立している答案が多く見られ、こうした答案は低い評価となった。これに対し、自説とは反対の考え方を意識しつつ自説の論拠を明らかにして規範を定立している答案はごく少数であったが、こうした答案は高い評価となった。

当てはめについては、自ら定立した規範を本問の具体的な事実関係に適切に当てはめて結論を導く答案が比較的多く見られたが、自ら定立した規範をなぞるだけの答案や、規範定立に至るまでの論述と当てはめ部分を明確に区別することなく混在させて記載する答案が少なからず散見された。また、他人名義のキャッシュカードを使用してＡＴＭから現金を引き出そうとする場合、同現金を管理する金融機関の占有を侵害するものとして窃盗未遂が成立し得るところ、誰の占有を侵害するものかが不明瞭な答案や、本件カードの名義人であるＡの占有を侵害するものとした答案が散見された。

このほかにも、本問について、未遂犯と不能犯の区別の問題としてではなく、犯行がどの段階まで進んだかという実行の着手の問題として窃盗未遂の現実的危険性の有無について検討を加える答案が散見されたが、こうした答案は不能犯の問題として検討している答案よりも低い評価となった。また、上記問題の所在に触れることなく窃盗未遂罪が成立する旨を指摘するにとどまる答案も散見されたが、こうした答案は著しく低い評価となった。

⑶　設問２について

ア　丙に正当防衛が成立することについて

丙による１回目殴打及び２回目殴打について、本問における具体的な事実関係を指摘して、暴行罪の各構成要件要素及び正当防衛の成立要件をそれぞれ充足することについて簡潔に示せば足りるところ、これを長々と論じる答案が多く見られた。

イ　丙による２回目殴打について丁に暴行罪の幇助犯が成立するかについて

本問において、丁は、丙がCの胸倉をつかんでいる様子を見て、Cが先に丙を殴った事実を知らないまま、一方的に丙がCを殴ろうとしているものと誤信し、面白がって、丙がCを殴り倒した後、丙がその場から逃走するのを手助けしようと思い、丙に「頑張れ。ここで待っているから終わったらこっちに来い。」と声を掛け、反撃しようとしていた丙は、丁の言葉を聞いて発奮し、2回目殴打に及んでいる。丁の行為は、Cに反撃しようとしていた丙に対して心理的な働きかけを行って丙を発奮させ、丙による2回目殴打を容易にしているため、これが幇助行為に該当することを簡潔に指摘すれば足りるところ、これを長々と論じる答案が散見された。

丙による2回目殴打については正当防衛が成立するところ、正犯に正当防衛が成立して違法性が阻却される場合であっても幇助犯が成立するかが問題となる旨を的確に示している答案が比較的多く見られ、こうした答案は高い評価となった。これに対し、単に「丁に暴行罪の幇助犯が成立するか。」とするだけで問題の所在を的確に示すことができていない答案も散見されたが、こうした答案は低い評価となった。

正犯に正当防衛が成立して違法性が阻却される場合における幇助犯の成否については、幇助犯による対抗行為を観念することは困難であるとして、正犯を基準として正当防衛の成立要件を判断した上で、共犯が成立するためには正犯の行為が構成要件該当性及び違法性を備える必要があるとする考え方や、同じく正犯を基準として正当防衛の成立要件を判断し、正犯の行為に正当防衛が成立して違法性が阻却される場合であっても、背後者が不必要に緊急状況を作出したなど一定の場合には、違法性阻却の効果を援用できないとして共犯の成立を認める考え方などがあり得るところ、自説とは反対の考え方を意識したり、自説の論拠を明らかにしたりすることなく、直ちに単に結論を示すにとどまる答案が多く見られ、こうした答案は低い評価となった。これに対し、自説とは反対の考え方を意識しつつ自説の論拠を明らかにして規範を定立している答案はごく僅かであったが、こうした答案は高い評価となった。

また、問題文に誰を基準として正当防衛の成立要件を判断するか及び違法性の判断が共犯者間で異なることがあるかについても、その結論及び論拠に言及するよう明記していたにもかかわらず、これらに正面から答えていない答案が多く見られ、こうした答案は低い評価となった。

ウ　甲に暴行罪の共同正犯が成立するかについて

本問において、甲は、丙にCを痛めつけさせようと考え、丙に「俺がCを押さえるから、Cを殴れ。」と言い、それを聞いた丙がCに対する1回目殴打に及んでおり、甲が丙との間で暴行の共謀を遂げた上で、丙が暴行の実行行為に及んだことを簡潔に指摘すれば足りるところ、これを長々と論じる答案が散見された。

丙による1回目殴打についても正当防衛が成立するところ、実行行為者に正当防衛が成立する場合、背後者である共謀共同正犯の正当防衛の成否について、どのように判断すべきかが問題となる旨を的確に示している答案が多く見られ、こうした答案は高い評価となった。これに対し、単に「甲に暴行罪の共同正犯が成立するか。」とするだけで問題の所在を的確に示すことができていない答案も散見されたが、こうした答案は低い評価となった。

実行行為者に正当防衛が成立する場合における背後者である共謀共同正犯の正当防衛の成否については、共謀共同正犯における実行行為者の暴行は、実行行為者及び背後者にとって共同した暴行と評価されるとみて、背後者である共謀共同正犯者についても正当防衛の成否を検討し得ると考えた上、行為の違法性は、法益侵害に加えて各行為者に固有の人的違法要素も加味して判断されるものであり、人的違法要素を有する者とこれを欠く者とで違法性の評価に違いが生じるとみる考え方や、共同正犯は、一方が他方に従属する関係にないとして、共同正犯者それぞれを基準として正当防衛の成立要件を個別に判断するとの考え方、共謀者による対抗行為を観念することは困難であるとして、現実に対抗行為を行った実行行為者を基準として正当防衛の成立要件を判断するとの考え方に立った上で、実行行為者に成立する正当防衛による違法性阻却の効果が背後者にも連帯的に及ぶことを原則としつつ、背後者が自ら不必要に緊急状況を作出した場合には、違法性阻却の効果を背後者が援用することはできないとする考え方などがあり得るところ、自説とは反対の考え方を意識したり、自説の論拠を明らかにしたりすることなく、直ちに単に結論を示すにとどまる答案が多く見られ、こうした答案は低い評価となった。これに対し、自説とは反対の考え方を意識しつつ自説の論拠を明らかにして規範を定立している答案はごく僅かであったが、こうした答案は高い評価となった。

当てはめについては、比較的多くの答案において、事案を具体的に分析し、甲に積極的加害意思があったことを示す具体的事実を認定して侵害の急迫性を否定し、甲に正当防衛は成立せず、暴行罪の共同正犯が成立する、あるいは、甲が喧嘩闘争目的で丙をCのもとに赴かせて、丙とCとの間の利益衝突状況を不必要に作出したことを示す具体的事実を認定して、甲が正当防衛による違法性阻却の効果を援用することはできないとの結論を導いており、こうした答案は高い評価となった。これに対し、事案を具体的に分析することなく、甲に積極的加害意思があった等と認定して結論を導く答案も散見されたが、こうした答案は低い評価となった。

また、問題文に誰を基準として正当防衛の成立要件を判断するか及び違法性の判断が共犯者間で異なることがあるかについても、その結論及び論拠に言及し、幇助犯と共謀共同正犯における説明相互の整合性にも触れるよう明記していたにもかかわらず、これらに正面から答えていない答案が多く見られた。

⑷ その他

例年指摘している点でもあるが、用語の間違いがある答案や、文字が乱雑で判読しづらい答案、基本的用語の漢字に誤記がある答案が散見された。また、文章の補足・訂正に当たって、極めて細かい文字で挿入がなされる答案も相当数あった。時間的に余裕がないことは承知しているところであるが、採点者において判読が不能な記載箇所は採点対象にできないことに十分に留意して、大きめで読みやすい丁寧な文字で書くことが望まれる。

⑸ 答案の水準

以上を前提に、「優秀」「良好」「一応の水準」「不良」と認められる答案の水準を示すと、以下のとおりである。

「優秀」と認められる答案とは、各設問に関係する事実関係を的確に分析した上で、各設問の出題の趣旨に示した主要な問題点について検討を加え、成否が問題となる犯罪の構成要件要素等について正確に論述するとともに、必要に応じて法解釈論を展開し、問題文に現れた事実を具体的に指摘して当てはめを行い、設問ごとに求められている罪責や理論構成について論理的に矛盾のない論述がなされている答案である。

「良好」と認められる答案とは、各設問の出題の趣旨に示した主要な問題点について指摘し、それぞれの罪責について論理的に矛盾せずに妥当な結論等を導くことができているものの、一部の問題点について検討を欠くもの、主要な問題点の検討において、理解が一部不正確であったり、必要な法解釈論の展開がやや不十分であったり、必要な事実の抽出やその意味付けが部分的に不足していると認められるものである。

「一応の水準」と認められる答案とは、事案の分析が不十分であったり、各設問の出題の趣旨に示した主要な問題点について一部論述を欠いたりするなどの問題はあるものの、論述内容が論理的に矛盾することなく、刑法の基本的な理解について一応は示すことができている答案である。

「不良」と認められる答案とは、事案の分析がほとんどできていないもの、刑法の基本概念の理解が不十分であるために、各設問の出題の趣旨に示した主要な問題点を理解できていないと認められるもの、事案に関係のない法解釈論を延々と展開しているもの、論述内容が首尾一貫しておらず論理的に矛盾したり論旨が不明であったりしているものなどである。

2　今後の法科大学院教育に求めるもの

刑法の学習においては、刑法の基本概念の理解を前提に、論点の所在を把握すること、各論点の位置付けや相互の関連性を十分に理解すること及び犯罪論の体系的処理の手法を身に付けることが重要である。

一般的に重要と考えられる論点を学習するに当たっては、犯罪成立要件との関係で、なぜその点が問題となっているのかを明確に意識しつつ、複数の見解の根拠や難点等に踏み込んで検討することなどを通じて、当該論点の理解を一層深めることが望まれる。これらの論点に関する理解を深めた上で、事案の全体像を俯瞰しつつ、一定の事実を法的に評価し、解決において必要となる問題点を適切に抽出する法的思考能力及び妥当な結論を導くための具体的規範を定立し、同規範に照らし具体的事実の法的意味を評価して結論を導く論理的思考力を身に付けることが肝要である。

そのためには、これまでにも繰り返し指摘しているところであるが、判例を学習する際には、結論のみならず、当該判例の前提となっている具体的事実を意識し、結論に至るまでの理論構成を理解した上で、その判例が述べる規範の体系上の位置付け、その射程及び理論構成上の課題について検討し理解することが必要である。

このような観点から、法科大学院教育においては、まずは刑法の基本的知識及び体系的理解の修得に力点を置いた上、刑法上の諸論点に関する問題意識（なぜ問題となるのか）を喚起しつつ、その理解を深め、さらに、判例の学習等を通じ具体的事案の検討を行うなどして、幅広く妥当な結論やそれを支える理論構成を導き出す能力を涵養するよう、より一層努めていただきたい。

MEMO

再現答案①　Aランク　17～21位（144.96点、E・Tさん　論文順位169位）

第１　設問１
１　甲の罪責
(1)　甲がAの頭部を拳で殴り、Aの腹部を繰り返し蹴った行為について、傷害罪（刑法（以下略）２０４条）が成立する。甲は頭部を殴り腹部を蹴るというAの身体に対する不法な物理力を行使し「暴行」し、肋骨骨折等の傷害という生理機能障害を負わせて「傷害した」といえる。暴行と傷害結果の因果関係及び故意も認められる。
(2)　甲がAに対し、「持っているものを見せろ」といい財布を取り出させた行為については、甲の発言時点では甲は財布を奪うつもりはなかったから強盗罪及び窃盗罪は成立しない。もっとも、自己の暴行により肋骨骨折を負わせた相手方に「財布を見せろ」という行為は、財布を見せなければ再び暴行される危険があると感じさせるものであり、実際にもAは既に抵抗する気力を失っていたから、相手方の反抗を困難にする程度の害悪の告知であり、強要罪の「脅迫」行為にあたる。そして、Aは甲に対して財布を見せる義務がないにもかかわらず財布を取り出してAの手元に置いているから「義務のないことをさせ」たといえる。したがって、甲に強要罪が成立する。
(3)　甲が本件財布を自己のポケットの中に入れた行為につき、強盗罪（２３６条１項）が成立するか。
ア　甲が「財布をもらっておくよ」といった行為が、強盗罪の実行行為たる「脅迫」にあたるか。「脅迫」とは、相手方の反抗を抑圧する程度の害悪の告知をいう。その行為単品では相手方の反抗を抑圧するに足りない脅迫であっても、先行行為により相手方の反抗を抑圧した場合には、その状態を維持・継続する程度の脅迫があれば強盗罪の「脅迫」足りうる。
イ　甲は「財布をもらっておくよ」といっただけで、生命・身体・財産等に害を加える旨の告知はしていない一方で、その前にAの腹部や頭部に暴行を加え、肋骨骨折などの重傷を負わせているから、財布を渡さなければ再び暴行するという害悪の告知がされているとも思われる。甲は特殊詐欺グループを率いており、配下がいるといえども、甲は２８歳の男性、Aは２５歳の男性であり、年齢差もほとんどなく、配下はその場におらず甲とAの二人きりであった。加えて、午後８時ごろ人のいない公園といえども、真夜中と違って全く人が通る可能性がない時間帯でもない。したがって、相手方の反抗を抑圧するに足る脅迫があったとはいえない。
ウ　したがって、強盗罪は成立しない。
(4)　では、甲が財布をポケットに入れた行為に窃盗罪（２３５条１項）が成立するか。
ア　「他人の財物」とは他人が占有し他人が所有する財物をいうが、Aの財布はAが所有しAが占有しているから、「他人の財物」にあたる。
イ　「窃取」とは占有者の占有を排除して占有を自己又は第三者のもとに移転させることをいう。甲はAの財布を自分のズボンのポケットに入れているが、財布は大きさがあまり大きくないものであり、占有者Aがそばにいるとはいえ Aは抵抗する気力を失っており取り戻される危険もなく、ズボンのポケットは衣服という安易に他人が

●　出題趣旨・採点実感によれば、甲がAに暴行を加えた点につき、甲に傷害罪が成立することを簡潔に示すことが求められている。本答案は、暴行及び傷害の定義を示した上で、簡潔に論述しており、出題趣旨に合致する。

●　本答案は、問題文中に示された事案を具体的に分析して問題の所在を的確に示している。そして出題趣旨・採点実感で示されている「新たな暴行・脅迫必要説」（東京高判昭48.3.26）のうち、「維持継続説」に立ち、具体的な事実関係を当てはめて結論を導いているといえ、一定の評価につながったと考えられる。

●　本答案は、強盗罪の成否を検討した上で、窃盗罪の検討に入っている。採点実感では、強盗罪の成否について、成立の余地がある以上はまず強盗罪の成否を検討し、これを否定する場合に窃盗罪又は恐喝罪の成否を論じるべきとしており、この点は高く評価されたと推測される。

触ることができないプライベート空間であるから、Aの占有を排除して自己の下に占有を移転させたといえ、「窃取」したといえる。

ウ　故意は当然に認められる。

エ　窃盗罪の成立には権利者排除意思と利用処分意思からなる不法領得の意思が必要である。権利者排除意思は当然に認められるものの、毀棄・隠匿を除いた財物から何らかの効用を享受するという利用処分意思は認められないとも思われる。もっとも、財布の中の現金を盗むつもりでおり、財布と現金を一体としてみれば利用処分意思も認められる。

オ　したがって、甲に窃盗罪が成立する。

(5)　罪責

甲には傷害罪、強要罪、窃盗罪が成立し、併合罪（４５条前段）となる。

２　乙の罪責

(1)　乙がAにナイフを突きつけて暗証番号を聞き出した行為について、２項強盗罪（２３６条２項）が成立しないか。

ア　「脅迫」とは、相手方の反抗を抑圧するに足る害悪の告知をいうところ、バタフライナイフを突きつけて「死にたくなければこのカードの暗証番号をいえ」ということは、カードの暗証番号をいわなければ生命加害をする旨の告知とみることができるから相手方の反抗を抑圧する程度の脅迫といえ、「脅迫」にあたる。

イ　１項強盗との均衡を図るため、「財産上不法の利益」といえるためには、利益の具体性・現実性が必要である。暗証番号は単なる４桁の数字の羅列にすぎず財産上の利益には当たらないため２項強盗罪の成立は否定されるとも思われる。もっとも、キャッシュカードの占有を取得した者が暗証番号を聞き出した事案において、判例は預金を容易に引き出しうる地位を客体とした２項強盗の成立を肯定している。判例は自らキャッシュカードを取得した者が番号を聞き出すもので、キャッシュカードを窃取した者から預かった者が番号を聞き出す本問とは事案を異にする。もっとも、判例はキャッシュカードの占有があることから暗証番号さえ知ってしまえば預金を容易に引き出しうることから財産上の利益該当性を肯定している。そうだとすれば、キャッシュカードを自ら盗んでいない者であっても、キャッシュカードが盗まれたことを了知したうえでキャッシュカードの占有を取得した者については、暗証番号を聞き出しさえすれば容易に預金を引き出しうる点に何ら違いはないのであるから、判例の射程が及び、預金を容易に引き出しうる地位が「財産上不法の利益」にあたる。

ウ　乙の脅迫によりAは反抗を抑圧され、そのために暗証番号を乙に伝えているから、乙は「脅迫」により「財産上不法の利益」を「得」たといえる。

エ　よって、２項強盗罪が成立する。

(2)　ＡＴＭから預金を引き出そうとした行為について、窃盗罪が成立しないか。

ア　そもそも、乙がAから聞き出した暗証番号は間違ったもので、暗証番号を入れたとしても現金を引き出すことは不可能だったのであ

●　出題趣旨・採点実感によれば、「財産上不法の利益」が何かを明示するだけでなく、なぜ問題となるのかを意識した上で強盗利得罪（236Ⅱ）の成否を検討することが求められている。本答案は、「財産上不法の利益」を裁判例（東京高判平21.11.16／百選Ⅱ［第８版］〔41〕）の考え方に沿って明示するだけでなく、なぜ問題となるのかを示しつつ、論じることができており、高く評価されたと推測できる。

●　本答案は、乙が、事後的・客観的に現金をＡＴＭから引き出せなかった状況について、未遂犯・不能犯の成否を論じており、出題趣旨に合致する。

るから、不能犯とならないか。不能犯が処罰されない根拠は法益侵害の現実的危険性を欠く点にある。また、犯人の主観を取り込まなければ犯人だけが知っていた事情をあえて用いて法益侵害した場合にも罰することができなくなり不合理である。そこで、不能犯になるかは、行為当時に一般人が認識しまたは認識し得た事情と、行為者が特に認識していた事情を基礎として、法益侵害の現実的危険性を判断すべきである。

イ　恐怖で抵抗できない上にバタフライナイフを突きつけられながら暗証番号を聞かれた際に誤った番号を伝えており、預金を引き出せないということは一般人から認識しえず、行為者である乙自身も認識していなかったから判断の基礎とはならない。そうすると、暗証番号を取得して４桁の暗証番号を入力する行為は、一般人の目から見て現金移転の現実的危険性があるといえる。したがって、不能犯とはならない。

ウ　そうだとしても、暗証番号の入力時点で「実行に着手」（４３条本文）したといえるか問題となるも、実行の着手を認めるべきである。「実行に着手」の文言及び未遂犯の処罰根拠である法益侵害の現実的危険性から構成要件該当行為の密接性及び結果発生の現実的危険性をもって判断すべきであるが、暗証番号は正しく入力すれば金額を入力し直ちに引き出せることができ、構成要件該当行為と密接し、現金の占有移転の現実的危険性があるといえるからである。

エ　ＡＴＭ内の現金の占有はＡＴＭの管理者にあるから「他人の財物」にあたる。

● 出題趣旨にも示されているような的確な論理展開となっている。

オ　よって、窃盗未遂罪が成立する。

⑶　罪数

乙には２つの窃盗罪が成立するが、被害者が異なり別個の法益侵害といえるから併合罪となる。

第２　設問２

１　小問⑴

⑴　丙は、Ｃの胸倉をつかみＣの顔面を拳で殴っており、人の身体に対する不法な物理力を行使しているから「暴行」にあたり、故意もあるから暴行罪の構成要件に該当する。もっとも、以下のとおり丙には正当防衛（３６条１項）が成立する。

ア　「急迫不正の侵害」とは、法益侵害が現に存在しまたは間近に押し迫っていることをいう。丙はＣから一方的に顔面を拳で殴られており、丙の身体に対する侵害が現に存在しているといえるから「急迫不正の侵害」の要件を満たす。

イ　偶然防衛の排除及び「防衛するため」の文言から、防衛の意思が必要である。もっとも、防衛行為は緊急状況下で行われるものである以上、憤怒の感情があるのも通常であり、憤怒の気持ちがあったとしても防衛の意思が失われるものではない。したがって、侵害行為を認識しこれに対応する意思で足りると解すべきである。Ｃは自己に対する暴行を認識した上で自己のみを守るためかかる行為に及んでおり、これに対応する意思もあり、防衛の意思が認められる。

ウ　「やむを得ずにした行為」とは、防衛手段として必要最小限度であることをいい、原則として武器対等原則により判断すべきである

● 丙の１回目の暴行について、正当防衛の成立を丁寧に論じられているが、出題趣旨によると簡潔に論じることが求められており、やや冗長な論述といえる。

が、対等かどうかは体格、性別、年齢などを考慮して実質的に判断すべきである。Cは３０歳の男性であり、丙は２８歳の男性であるがほとんど年齢差はない。Cは丙の顔面を拳で数回殴っており、これに対して丙はCの顔面を拳で１回殴ったにすぎないからそれぞれ武器は素手であり、武器対等といえる。したがって、「やむを得ずにした行為」といえる。

エ　よって、丙による１回目殴打には正当防衛が成立する。

(2)　２回目の殴打についても暴行罪の構成要件に該当するが正当防衛が成立する。

ア　Cは丙をすでに殴っているところ、さらに丙に殴りかかっているから丙の身体に対する侵害が現に存在し、「急迫不正の侵害」が認められる。

イ　丙は発奮してCを殴っているものの、自らの身を守るためにかかる行為に及んでおり、侵害を認識しこれに対応しようとする意思があるから防衛の意思が認められる。

ウ　丙はCの顔面を拳で１回殴ったのであり、Cは拳で丙に殴りかかってきているから、やはり武器対等といえ「やむを得ずにした行為」といえる。

エ　よって、２回目の殴打についても正当防衛が成立する。

第３　小問(2)

１　甲の罪責

(1)　甲に暴行罪の共同正犯（６０条、２０８条）が成立するか。

甲は、丙に「俺がCを押さえるから、Cを殴れ」と申し向け、これを受けて丙は甲の言う通りCを殴るのもやむを得ないと思って暴行に及んでいるから、共同実行の合意と共同実行が認められ、暴行罪の共同正犯の構成要件該当性が認められる。

(2)　もっとも、他の共犯者である丙に正当防衛が成立するため、甲にも正当防衛が成立するのではないか。

ア　共同正犯者間では相互利用補充関係により他の行為者の行為の責任を負うものである以上、正当防衛が成立するための客観的要件である急迫不正の侵害や防衛行為の相当性は共同行為を全体として検討するべきである。他方、防衛の意思や急迫不正の侵害における積極的加害意思は主観的な要件であり、個別に判断すべきである。

イ　本問では、丙がCを殴った時点で既にCは丙を殴っており急迫不正の侵害が存在していたといえるとも思われる。もっとも、３６条の趣旨は急迫不正の侵害という緊急状況では国家による救済を求めることが困難であることから例外的に私人による対抗行為を認めた点にある。したがって、行為者と相手方との従前の関係、侵害の予期の有無・程度、侵害場所に出向く必要性等を考慮し、行為者がその機会を利用し積極的に相手方に加害行為をする意思で侵害に臨んだときなど、３６条の趣旨に照らし許容されない場合には、侵害の急迫性は否定される。

ウ　甲とCは仲間割れしており関係性は悪く、Cは粗暴な性格であり甲はCから暴力を振るわれることを十分に予期していた。また、甲はC方へと赴いているところ、わざわざCのもとへ行く必要性はなかった。そもそも甲はCの粗暴な性格を熟知したうえでCから殴ら

● 丙の２回目の暴行について、正当防衛の成立を丁寧に論じられているが、１回目の暴行と同様に出題趣旨では、簡潔に論じることが求められており、やや冗長な印象を受ける。

● 採点実感によると、「丙による１回目殴打についても正当防衛が成立するところ、実行行為者に正当防衛が成立する場合、背後者である共謀共同正犯の正当防衛の成否について、どのように判断すべきかが問題となる旨を的確に示している答案……は高い評価となった」とあり、本答案もこの点を端的に指摘できており、高い評価につながったものと考えられる。

● 背後者である共謀共同正犯の正当防衛の成否について、判例（最決平4.6.5／百選Ⅰ［第８版］〔90〕）を踏まえて規範を定立し、事実に即して適切なあてはめができている。

れそうになった場合にはその機会を利用してCに暴力を振るい痛めつけようと考えており積極的加害意思が認められ、甲については急迫性が否定される。したがって、甲には正当防衛は成立しない。

(3) よって、甲には暴行罪の共同正犯が成立する。

2 丁の罪責

(1) 丁に暴行罪の幇助犯（６２条1項、２０８条）が成立しないか。

(2) 幇助行為とは、有形無形の方法により心理的・物理的に犯行を容易にすることをいう。丁は、丙がCの胸倉をつかんでいるのを見て「頑張れ」と声をかけており、丙に心理的影響を与え犯行を容易にしたといえ、幇助行為が認められる。また、丁は幇助行為をすることを認識しており故意も認められるから、構成要件該当性が認められる。

(3) 丁にも正当防衛が成立するか。狭義の共犯の処罰根拠も共犯者を通じて間接的に法益侵害を惹起する点にあるから、共同正犯と同様に違法は連帯し正犯に正当防衛が成立すれば幇助犯にも正当防衛が成立する。そして、丁は丙に対して「頑張れ」といっているもののこの機会を利用してCに対して積極的に加害する意思があったわけではないから、正当防衛の成立が否定される理由はない。したがって、丁に正当防衛が成立する。

(4) よって、丁には暴行罪の幇助犯が成立しない。

以　上

※ 実際の答案は８頁以内に収まっています。

● 出題趣旨によれば、丁の行為が「幇助」（62Ⅰ）にあたることを示すことが求められているところ、本答案では「幇助」につき定義を示し、心理的影響により正犯である丙の犯行を容易にしたことを指摘した上で、適切なあてはめができており、出題趣旨に合致する。

MEMO

再現答案②　Aランク　110～127位（130.60点、R・Sさん　論文順位442位）

第1　設問1　甲の罪責

1　甲がAの腹部を繰り返し蹴った行為に傷害罪（２０４条）が成立するか。

⑴　上記行為は、Aの身体の枢要部である腹部を複数回蹴るものであり同罪の実行行為に当たる。かかる行為によりAに肋骨骨折等という生理的機能障害を負わせているから、「傷害した」といえる。

⑵　甲は上記構成要件該当事実の認識認容があり、故意（３８条１項）が認められる。

⑶　よって、同罪が成立する。

2　甲がAの財布を自分のポケットに入れた行為に強盗罪（２３６条１項）が成立するか。

⑴　甲がAに対し「この財布はもらっておくよ。」と言った行為が「脅迫」に当たるか。

ア　同罪は暴行・脅迫を手段として財物を奪取する犯罪であるため、「暴行又は脅迫」は、財物奪取に向けられている必要がある。そこで、新たな暴行・脅迫が行われない限り、「暴行又は脅迫」は認められない。もっとも、その程度は、自己の先行行為によって作出した反抗抑圧状態を継続させるものであれば足りる。

イ　前述の通り、甲はAの枢要部である腹部を執拗に蹴っている。まず、前提として、これは財物奪取に向けられてないところ、「暴行」たり得ない。もっとも、かかる行為は午後８時という暗い時間帯に、人のいないB公園で行われており、Aは人の助けを求めることができない状況である。また、Aは甲の配下であるから、Aは甲に服従する関係にある。したがって、甲は上記行為によりAの反抗抑圧状態を作出したといえる。

　そして、「この財布はもらっておくよ。」という言葉は、これに反抗した場合更なる暴行に及ぶことを暗示しているところ、反抗抑圧状態を継続させるものであるといえる。

ウ　したがって、「脅迫」にあたる。

⑵　甲はかかる行為により、Aが所有し占有している財産的価値を有する有体物たる「財物」である本件財布を、Aの意思に反して自己の占有に移転させているから「強取した」といえる。

⑶　甲には故意があり、不法領得の意思も認められる。

⑷　よって、同罪が成立する。

3　以上より、傷害罪、強盗罪が成立し、これらは別個の行為によるから併合罪（４５条前段）となり、甲はかかる罪責を負う。

第2　設問1　乙の罪責

1　乙のバタフライナイフをAに示して本件カードの暗証番号を聞き出した行為に強盗利得未遂罪（２４３条・２３６条２項）が成立しないか。

⑴　まず、「財産上不法の利益」があるか。

　一般に暗証番号のみでは利益内容として不確実性があるものであり、これにあたらない。

　もっとも、キャッシュカードを有する者にとっては暗証番号を得ることは預金を引き出しうる地位に直結するものである。預金は範囲が限定されている。そのため、かかるものにとっては「財産上不

●　出題趣旨によれば、甲がAに傷害を負わせた行為につき、本答案は、定義を示した上で簡潔に論述しており、出題趣旨に合致する。

●　本答案は、出題趣旨の「新たな暴行・脅迫必要説」（東京高判昭48.3.26）のうち、「維持継続説」に立ち、規範を定立して、具体的な事実関係に当てはめて結論を導いているといえる。もっとも、新たな脅迫の部分について、反抗抑圧状態を継続させることを肯定するにあたり、検討が不十分である（再現答案①との比較参照）。

●　出題趣旨によれば、「財産上不法の利益」を明示した上で、強盗利得罪（236Ⅱ）の成否を検討することが求められている。本答案は、裁判

法の利益」といえる。

乙はキャッシュカードを有するところ、乙にとっては、暗証番号は「財産上不法の利益」といえる。

(2) 「脅迫」は相手方の反抗抑圧に足る程度であり、処分行為に向けられている必要はないが、確実かつ具体的な利益移転に向けられている必要がある。上記行為は、バタフライナイフという殺傷能力の高い凶器をAの眼前に示す行為であり、「死にたくなければ」とAの生命侵害を暗示する言葉も伴っているので、Aの反抗を抑圧するに足る「脅迫」と言いうる。

ＡＴＭにカードを挿入し、正しい暗証番号を入力すれば、それにより自動的に預金を引き出すことができる。そのため、キャッシュカードを有する者がその正しい暗証番号を知っている場合には、あたかも預金の引き出す正当な権利を有する者のように振る舞える。乙は、本件カードを有しているので、Aからその暗証番号を聞き出すことができれば、Aの預金を自由に引き出すことのできる地位を取得する。かかる地位は、具体的な財産上の利益といえる。また、乙はAから暗証番号を聞き出すだけで上記地位を取得するから利益移転も確実である。

したがって、上記行為は確実かつ具体的な利益移転に向けられた、「財産上不法な利益」を得ようとする行為にあたり、「脅迫」といえる。

(3) しかし、Aは、本件カードの暗証番号と異なる４桁の数字を答えているので、乙は上記地位を取得せず、「財産上不法の利益を得」ていない。

(4) したがって、上記行為に強盗利得未遂罪が成立する。

2 乙がＡＴＭから預金を引き出そうとした行為に窃盗未遂罪（２４３条、２３５条）が成立するか。

(1) 上記行為に実行行為性が認められるか。いわゆる不能犯と未遂犯の区別が問題となる。

ア 実行行為性は行為者が認識していた事情及び一般人が認識し得た事情を基礎として、一般人の立場から構成要件的結果発生の現実的危険があったかといえるかにより判断すべきと解する。

イ 乙は４桁の番号を正しい暗証番号だと思い込んでいた。また、一般人は当該番号が間違った番号であると認識し得なかった。したがって、一般人の立場から、乙の行為は預金を引き出し窃取する現実的危険があったといえる。

ウ したがって、実行行為性が認められる。

(2) もっとも、取引が停止され、乙は預金を引き出せなかったから「未遂」に終わっている。

(3) 乙には故意があり、不法領得の意思も認められる。

(4) よって、同罪が成立する。

3 以上より、強盗未遂罪と窃盗未遂罪が成立し、両者は併合罪となる。

第３ 設問２(1)

1 １回目殴打に正当防衛が成立するか。

(1) 「急迫不正の侵害」とは、法益侵害が現に存在しているか間近に

例（東京高判平21.11.16／百選Ⅱ［第８版］〔41〕）の考え方に沿ってこれを肯定した上で、暗証番号が間違っていた点にも触れ（(2)以下の論述）、同未遂罪の成立を論述しており、出題趣旨に合致する。

● 本答案は、乙が事後的・客観的に現金をＡＴＭから引き出せなかった状況について、未遂犯・不能犯の成否を論じている点では出題趣旨に合致する。しかし、再現答案①と比較すると、自説の理由を明確に論じていない点で、説得力のある論理展開とはいえない。

● 丙の２回にわたる暴行について、

迫っていることをいう。Cは丙に対して殴りかかっており、丙の身体の安全という法益への侵害が間近に迫っているから「急迫不正の侵害」が認められる。

(2) 「防衛するため」といえるか。防衛の意思の要否及び内容が問題となる。

ア　違法性の実質は、社会的相当性を逸脱した法益侵害の危険性にあり、行為者の主観は、社会的相当性の有無に影響を与える。そこで、防衛の意思が必要であり、その内容は、急迫不正の侵害を認識しつつ、これを避けようとする単純な心理状態で足りる。

イ　丙は上記急迫不正の侵害を認識しつつ身を守るために殴打行為をしている。

ウ　したがって、身体の安全という「自己の権利」を「防衛するため」といえる。

(3) 「やむを得ずにした」とは、防衛行為として必要かつ相当であることをいう。丙は素手であるCに対し、同じく素手で１回のみ殴ったに過ぎない。そのため、「やむを得ずにした」といえる。

(4) よって、１回目殴打に正当防衛が成立する。

2　２回目殴打に正当防衛が成立するか。

(1) Cが殴りかかってきているから、「急迫不正の侵害」が認められる。丙は身を守るために殴打行為をしており、身体の安全という「自己の権利」を「防衛するため」といえる。１回目殴打と同様に「やむを得ずにした」といえる。

(2) よって、２回目殴打に正当防衛が成立する。

正当防衛の成否につき簡潔に論じることができており、出題趣旨に合致する。

第4　設問2(2)

1　丙の上記行為に甲につき暴行罪の共同正犯（６０条、２０８条）が成立するか。

(1) 甲は実行行為を行っていないが同罪が成立するか。共謀共同正犯の成否が問題となる。

ア　６０条が「すべて正犯とする」として一部実行全部責任を定めるのは、他の共犯者によって引き起こされた法益侵害と因果性を有するためである。そこで、他の共犯者による法益侵害と因果性を有する場合には、共同正犯が成立する。具体的には、ⅰ正犯意思に基づく共謀、ⅱ共謀に基づく他の共犯者の実行行為が必要である。

イ　甲は、丙に「この後、Cとの話合いに行くから、一緒に付いて来てほしい。」と言っている。そして、元々甲とCの間のトラブルを解決するためC方に赴いているのだから、甲は首謀者的地位にあったといえる。そのため、甲は自己の犯罪としてCを痛めつけるという正犯意思を有していた。かかる意思に基づき、甲は丙に対し「俺がCを押さえるから、Cを殴れ。」と言い、丙は甲の言うとおりCを殴るのもやむを得ないと考えているから、ここに暴行罪の共謀が成立したといえる（ⅰ）。

そして、丙はかかる共謀に基づきCを殴打している（ⅱ）。

ウ　したがって、共謀共同正犯が成立し得る。

(2) もっとも、正当防衛が成立し、違法性が阻却されないか。この点、丙には正当防衛が成立しているところ、その効果は甲には及ば

● 丙と甲の間に共謀共同正犯が成立することが丁寧に論じられており、出題趣旨に合致する。

● 背後者である甲の正当防衛の成否について、本答案では、人的違法を

ない。共同正犯には狭義の共犯とは異なり従属性が妥当しないからである。そのため、各人を基準として正当防衛の要件を判断し、その結果として違法性の判断が共犯者間で異なることはあり得る。

ア 「急迫不正の侵害」が認められるか。

(ア) 同項は、緊急状況の下で公的機関による法的保護を求めることが期待できない場合に、私人による対抗行為を自力救済禁止の例外として許容したものである。そこで、行為者が侵害を予期した上で対抗行為に及んだ場合に、直ちに急迫性が失われるわけではないが、その機会を利用し積極的に相手方に対して加害する意思で侵害に臨んだときなど、同項の趣旨に照らし許容されないときは急迫性が認められないと解する。

(イ) 甲は、粗暴な性格のCから殴られるかもしれないと考えているから、侵害を予期している。また、そうなった場合には、むしろその機会を利用してCに暴力を振るい、痛め付けようと考えているから、積極的に加害する意思を有している。

(ウ) したがって、「急迫不正の侵害」は認められない。

イ したがって、正当防衛は成立せず、違法性は阻却されない。

(3) よって、暴行罪の共同正犯が成立し、甲はかかる罪責を負う。

2 丁が丙に対し「頑張れ。ここで待っているから終わったらこっちに来い。」と言った行為に暴行罪の幇助犯（６２条１項、２０８条）が成立するか。

(1) 「幇助」とは、実行行為以外の方法で正犯の実行行為を容易にすることをいう。丁の上記行為は、丙による暴行を容易にするものだから、「幇助」に当たる。

(2) 幇助犯が成立するためには、幇助行為と正犯の実行行為の間に因果関係が必要であるところ、促進的因果関係で足りる。丁の言葉を聞いた丙は発奮しCを殴っているから、丁の行為は丙の行為を心理的に促進したといえ、因果関係が認められる。

(3) 丁は丙がCを殴り倒した後その場から逃走するのを手助けしようと思っているから、幇助意思も認められる。

(4) もっとも、正犯に正当防衛が成立することから違法性が連帯し、違法性が阻却されないか。

ア 幇助犯の処罰根拠は、正犯を介した法益侵害の惹起にあるところ、前述の共同正犯と異なり、狭義の共犯には従属性が妥当する。そのため、違法は連帯、責任は個別の原則により正犯の違法性が連帯すると考える。

イ 本件では丙には正当防衛が成立するが、甲には正当防衛が成立しない。

ウ したがって、甲との関係では違法性が認められる。

(5) よって、上記行為に、甲との関係で同罪が成立する。

以　上

考慮して、違法性の相対化を認める立場から、規範を定立し、事実に即して適切なあてはめができており、出題趣旨に合致する。

● 丁の行為の幇助該当性については、丙に心理的に働きかけて「発奮させ」などのように簡潔に指摘すれば足りるが、本答案は、単に「丙による暴行を容易にするもの」と示すだけで、その理由となる事実の摘示・評価すら論じられていない点で、説得力に欠ける。

● 本答案は、「説明相互の整合性」（設問指示参照）として、共同正犯では違法の連帯を否定しつつも（上記１(2)）、狭義の共犯ではこれを肯定する理由を論じていないが、ほとんどの答案が言及できていなかったため、差がつかなかったものと考えられる。

再現答案③　Bランク　1474～1518位（96.17点、K・Hさん　論文順位822位）

設問１
第１　甲の罪責
１　甲がＡの腹部を繰り返し蹴って、肋骨骨折等の傷害を負わせた行為に、傷害罪（２０４条）が成立する。
２　甲がＡの財布を、奪った行為に強盗罪（２３６条）が成立しないか。
(1)　まず、強盗罪は奪取罪であり、強盗罪における暴行脅迫は、財物奪取に向けられている必要がある。本件では、腹を立てたことによって上記傷害を行い、抵抗できなくなったＡを見て、初めて財物奪取意思を生じているため、上記傷害行為は財物奪取に向けられたものとはいえない。
(2)　もっとも、財物奪取に向けられた新たな暴行脅迫があるといえれば、強盗罪が成立し得る。
ア　この点、反抗抑圧状態になっている場合における、新たな暴行脅迫は、元から生じている反抗抑圧状態を継続させる程度のもので足りる。
イ　本件では、すでにＡは上記傷害行為によって、反抗する気力を失っており、その状態で、甲から「この財布はもらっておくよ。」と言われた場合には、反抗すれば更に暴行されるとの思いから、反抗抑圧状態が継続するため、かかる発言をもって、新たな暴行脅迫といえる。
ウ　したがって、本件では財物奪取に向けられた、暴行脅迫がある。

● 甲のＡへの暴行につき、傷害罪が成立する点について、出題趣旨では簡潔に論じることが求められているが、本答案は「傷害」の定義やあてはめが論じられておらず、最低限の論理すら展開できていない点で、不適切である。

● 本答案は、出題趣旨の「新たな暴行・脅迫必要説」（東京高判昭48.3.26）のうち、「維持継続説」に立って結論を導いているが、理由付けが何も論じられていない。あてはめにおける具体的な事実の摘示・評価も乏しく、事案の分析に不足がみられる（再現答案①との対比推奨）。

(3)　そして、甲は財布という財物を暴行脅迫により反抗できなくなっているＡから、自分のポケットに入れているため、強取したといえ、故意（３８条１項）も認められる。
(4)　よって、上記行為に強盗罪が成立する。
３　甲が乙に、Ａを見張っておけと指示し、乙がＡを見張っていた行為に、監禁罪（２２０条）の共謀共同正犯（６０条）が成立しないか。
(1)　まず、甲は乙に指示しただけに過ぎず、実行行為を行っていないが、共同正犯となるか。
ア　この点、共犯の一部実行全部責任の根拠は、他人の行為を利用して犯罪を実行した点で、結果に対し因果性を及ぼしていることによる。そのため、①共謀、②共謀に基づく実行行為、③正犯意思があれば、共謀共同正犯として責任を負う。
イ　本件では、甲の指示に対し、乙は小遣い欲しさに了承しており共謀が認められ、共謀に基づき乙はＡを見張っていた。そして、甲は自らＡを追求するためにＡをその場にとどめておく必要があったことから、乙に見張りを頼んでおり、正犯意思も認められる。
(2)　そして、乙の見張りはＡの可能的自由を間接的に奪っているから、「監禁」といえる。
(3)　よって、上記行為に乙と監禁罪の共謀共同正犯が成立する。
４　以上より、甲の行為に①傷害罪、②強盗罪、③監禁罪の共謀共同正犯が成立し、これらは併合罪（４５条）となる。
第２　乙の罪責

● 採点実感によると、本事案は監禁罪の典型的な場面でなく、また甲・乙双方に監禁に向けた具体的な行為がないため、検討は不要である。

1　上述の通り、乙が甲からの指示を受け、Aを見張っていた行為に監禁罪の共謀共同正犯が成立する。
2　乙が、甲から手渡された財布を自己の占有下においた行為に、強盗罪が成立しないか。
(1)　まず、乙は財布の取得に対して、暴行脅迫をしていないが、甲の行った上述の傷害により、Aは怯えている様子のままであったことから、甲の暴行脅迫を利用して、強盗を行ったとして、強盗罪の承継的共同正犯とならないか。
ア　この点、共犯の処罰根拠は結果に対して因果性を及ぼしたことにあるところ、因果性を及ぼし得ない行為については、責任を負わないため、承継的共同正犯は認められない。
イ　したがって、強盗罪の承継的共同正犯は成立しない。
(2)　次に、乙が財布を取得した行為に窃盗罪が成立するか。
ア　この点、本件財布は甲から手渡されているが、Aは目の前にずっとおり、占有自体は完全には失われていないため、窃盗罪の客体となり得る。そして、本件財布はAの所有物であるから、「他人の財物」といえる。
イ　そして、乙は財布の中身からキャッシュカード等を奪って現金を取得しようと考えていたから、不法領得の意思も認められる。
(3)　よって、上記行為に窃盗罪が成立する。
3　乙が、Aに対し、バタフライナイフを示しながら、キャッシュカードの暗証番号を答えさせた行為に、強盗利得罪（２３６条２項）が成立しないか。

● 本答案は、承継的共同正犯の成否を論じているが、採点実感によれば、「乙は、甲がAから本件財布を強取した後、その事情を知らずに甲から本件財布を受領したにすぎず、甲が本件財布の強取に至るまでの間に乙が関与したと評価する余地はないから、承継的共同正犯の成否が問題となる場面ではなく、これを検討する必要はなかった」とされている。

(1)　まず、バタフライナイフの刃先を眼前に示す行為は、反抗を抑圧するに足りる脅迫であるから、強盗罪における暴行脅迫にあたる。
(2)　次に、キャッシュカードの暗証番号は「財産上不法の利益」にあたるか。
ア　この点について、確かに暗証番号それのみでは、財産上の利益とはなり得ないが、キャッシュカードを有している者が、暗証番号を取得すればキャッシュカードの中の預金を引き出す地位という財産上の利益を取得することができる。
イ　本件では、乙はキャッシュカードを有しており、暗証番号を取得すれば預金を引き出す地位を取得することになるから、暗証番号は「財産上不法の利益」となる。
(3)　よって、これを聞き出した上記行為には強盗利得罪が成立する。
4　乙が、ATMから本件キャッシュカードを用いて、預金を引き出そうとした行為に窃盗未遂罪（２５０条・２３５条）が成立しないか。
(1)　まず、本件では暗証番号が間違っており、引き出すことができないため、窃盗の実行行為となり得るか。不能犯の判断基準が問題となる。
ア　この点、実行行為は構成要件的結果発生の現実的危険を有する行為であり、構成要件は一般人を基準とした違法有責行為類型であるとともに、構成要件該当性は行為者を基準に行われる。
　そこで、一般人が認識し得た事実及び行為者が特に認識していた事実を基礎として、一般人を基準として結果発生の現実的危険があったかどうかで判断する。

● 出題趣旨によれば、「財産上不法の利益」の具体的内容を明示したうえで、強盗罪（236Ⅱ）の成否を検討することが求められている。本答案は、「財産上不法の利益」の具体的内容を裁判例（東京高判平21.11.16／百選Ⅱ［第８版］〔41〕）の考え方に沿って肯定しているため、出題趣旨と合致する。

● 本答案は、乙が、事後的・客観的に現金をATMから引き出せなかった状況について、未遂犯・不能犯の成否を論じており、出題趣旨に合致する。

イ　これを本件で見ると、キャッシュカードとキャッシュカードの所有者から聞き出した暗証番号を有している者が、ＡＴＭから預金を引き出そうとする行為は、財物奪取の現実的危険があったといえ、不能犯とはならず、未遂犯となる。

⑵　そして、本件では、乙は預金を奪おうと考えており、故意とともに、不法領得の意思もあるから、窃盗未遂罪が成立する。

5　以上より、乙の行為に①監禁罪の共謀共同正犯、②窃盗罪、③強盗利得罪、④窃盗未遂罪が成立し、②③④は包括一罪となり、①と併合罪となる。

設問２

第１　小問⑴

1　丙の暴行について、正当防衛（３６条１項）が成立し、違法性が阻却されないか。

⑴　まず、丙は１回目暴行及び２回目暴行の際に、Ｃから殴り掛かられており、「急迫不正の侵害」があったといえる。なお、甲はＣが殴りかかってくることを予期していたが、丙は知らなかったため、急迫性は否定されない。

⑵　そして、丙は自己の身を守るためには、Ｃを殴るのもやむを得ないと考え、上記各暴行に至っているから、防衛の意思も認められる。

⑶　そして、Ｃが殴りかかってきたことに対し、丙も１回殴ったに過ぎないから、必要かつ相当な行為といえ、「やむを得ずにした」といえる。

● 事実の摘示・評価が乏しい上、自説へのあてはめも十分になされておらず、説得的な論理展開とはいえない。

● 丙の２回にわたる暴行について、その正当防衛の成否につき簡潔に論じることができている。

2　よって、丙の各暴行には、正当防衛が成立し違法性が阻却される。

第２　小問⑵

1　甲の罪責

甲が、丙にＣを殴らせた行為に、暴行罪が成立するか。

⑴　まず、甲は実行行為を行っていないが、設問１の通り、共謀共同正犯が成立しうるところ、甲は丙に対し「Ｃを殴れ。」と言い、これを認識して丙はＣを殴っているから、黙示の共謀があったといえ、かかる共謀に基づき丙は暴行を行っている。

そして、甲はＣ対する個人的な恨みから、丙に指示しており、正犯意思も認められる。

したがって、甲に暴行罪の共謀共同正犯が成立しうる。

⑵　次に、上述の通り、丙には正当防衛が成立し、暴行罪が成立しないところ、甲にも正当防衛が成立し、違法性が阻却されないか。

ア　この点について、違法性は、共犯者間で原則として連帯されるが、違法性阻却事由の要件のうち、主観的要件については、主観が行為者によってそれぞれ異なるため個別で判断する。

イ　本件では、甲はＣに会えば、殴られることを予期しており、むしろその機会を積極的に利用して丙にＣを殴らせようとしていたのであるから、急迫性を欠き「急迫不正の侵害」があったとはいえない。

ウ　したがって、正当防衛は成立せず、違法性は阻却されない。

エ　そして、共犯者間で違法性の判断が異なるが、主観は個別で異なるため違法性の判断が異なることはやむを得ない。

● 本答案の全体的な特徴として、理由付けが不足している点が挙げられる。理由付けが不足していると、なぜそのような論理が展開できるのかが不明であり、正しく問題を理解しているのかも不明瞭となる。そのため、論点を多数拾えたとしても、「Ａ」評価を得るには至らないものと考え

(3) よって、甲に暴行罪の共謀共同正犯が成立する。

2 丁の罪責

丁が丙に対し、「頑張れ。ここで待っているから終わったらこっちに来い。」と声をかけた行為に、暴行罪の幇助犯（６２条１項）が成立するか。

(1) まず、幇助とは、正犯を容易にする行為をいい、促進関係にあれば足りる。また、心理的な幇助であっても幇助行為となり得るところ、本件における丁の声かけは、丙を発奮させるに至っているから、心理的な幇助行為となる。

(2) 次に、甲と同様に丁にも正当防衛が成立するか検討するところ、丁は丙がＣを一方的に殴っていると思い込んでおり、防衛の意思が認められない。

したがって、正当防衛は成立しない。

(3) よって、丁の行為に暴行罪の幇助犯が成立する。

以　上

られる（他方、積極的に理由付けをしている再現答案①は極めて高い評価を得ている）。

● 狭義の共犯における正当防衛の成否について、自説の立場を明らかにせずに論じており、あてはめも不十分である（再現答案①②との対比推奨）。

再現答案④　Cランク　811～850位（109.66点、K・Wさん　論文順位727位）

第１　設問１
１　甲の罪責
⑴　Ａを殴る蹴る等してＡに肋骨骨折等の傷害を負わせた行為について
　甲がＡを殴る蹴るなどした行為は不法な有形力の行使としての暴行にあたるところ、Ａは甲のかかる行為によって肋骨骨折という生理的機能障害を被っている。そのため、甲は「人の身体を傷害した」といえ、Ａに対する傷害罪（刑法（以下、略）２０４条）が成立する。
⑵　「この財布をもらっておくよ」とＡに申し向け、Ａの本件財布をズボンのポケットに入れた行為
　甲のかかる行為につき、強盗罪（２３６条１項）が成立しないか。本件で甲はＡの上記暴行後に財物奪取の意思を生じさせているところ、「暴行又は脅迫を用いて」にあたるか問題となる。
ア　ここで、強盗罪における「暴行又は脅迫」は財物奪取の意思に基づいて行われなければならない。そして、本件で甲はＡに対する財物奪取の意思を事後的に生じさせているため、これを満たさないようにも思える。
　しかし、財物奪取の意思が生じた後にさらに新たな暴行・脅迫を加えたときは、当該暴行脅迫は財物奪取の手段と評価でき、強盗罪が成立する。そして、その際の暴行・脅迫は既に自己の先行行為により相手方の反抗を抑圧していることに鑑み、反抗抑圧状態を維持・継続させるものであれば足りると解する。
イ　本問について見ると、甲はＡに対し先行してＡの頭部を拳で殴り腹部を繰り返し蹴るといった強固な暴行をＡに加えており、Ａは倒れたまま抵抗する気力を失っているところ、甲の先行する暴行によってＡは反抗抑圧状態にあったといえる。
　そして、甲はＡに「この財布はもらっておくよ」と申し向けているところ、甲はＡの属する特殊詐欺グループのリーダーであり、先行する暴行が強固なものであることを踏まえれば、かかる言葉はいう事を聞かなければさらなる暴行を加えることを黙示的に示す「脅迫」であると評価できる。
ウ　したがって、反抗抑圧状態を維持・継続させるに足りる「脅迫」が認められ、甲はこれを「用いて」「他人の財物」たる本件財布を「強取」したといえる。
　さらに、不法領得の意思、故意に欠けるところもないため、甲にはＡに対する強盗罪が成立する。
２　乙の罪責
⑴　まず、乙は甲が行ったＡに対する強盗罪について、事後的に甲に見張りを頼まれることで関与しているが、乙も甲の行った強盗罪についての責任を負うか。いわゆる承継的共同正犯の成否が問題となる。
ア　この点、共同正犯の処罰根拠は法益侵害に因果性を及ぼした点にある。したがって、共同正犯が成立するためには①共謀、②共謀に基づく実行行為が認められなければならない。
　そして、共謀とは犯罪遂行の合意をいい、犯行の本質部分の意思連絡及び共同犯行の意思からなる。
　そこで、本問について見ると甲は乙に「小遣いをやるからＡを見張っておけ」と言い、乙はこれを了承し３万円及び本件財布を受け

● 本答案は、「強盗罪における『暴行又は脅迫』は財物奪取の意思に基づいて行われなければならない」と論述しているが、その理由付けがない（せめて、「強盗罪が重い法定刑を規定しているのは、財物奪取の手段として暴行・脅迫がなされるのを禁止するため」くらいの論述はあってもよい）。

● 本答案は、甲に強盗罪が成立することを前提に承継的共同正犯の成否を論じているが、本問において、承継的共同正犯の成否を検討する必要はない（本問において、甲が本件財布の強取に至るまでの間に乙が関与したと評価する余地はないから、承継的共同正犯の成否が問題となる場面ではない。採点実感参照）。

取っている。そして、甲はいったん食事にでかけることにしたものであって、Aから名簿の流出につき話を聞くことができていないことから暴行等の犯行が続くおそれがあることは想定できる。

イ　もっとも、乙はその状況から甲がAに暴行をふるったことは認識することができたとしても、上記のやり取りから強盗罪の意思連絡を認めることはできない。よって、強盗罪の共謀があったものとは評価できず、乙は甲の先行する強盗罪につき罪責を負わない。

(2)　Aにバタフライナイフを突きつけてカードの暗証番号を聞き出した行為

ア　かかる乙の行為につき、2項強盗未遂罪（236条2項、243条）が成立しないか。本件カードを所持する乙がそのカードの暗証番号を聞き出す行為が「財産上不法の利益」を「得」たといえるかが問題となる。

イ　この点、2項強盗罪も1項強盗罪と同様に強盗として扱われることから、「財産上不法の利益」とは1項強盗罪の「財物」と同等に具体性・確実性のある利益ではならず、事実上ないし反射的な利益はこれに含まれない。そして、これを「得」たというためには強盗罪が移転罪であることに鑑み、被害者が財産上の利益を失う反面、強盗犯人がこれを得る関係が必要であるものと解する。

ウ　そして、本問について見ると、乙は本件カードを所持しているところ、Aから暗証番号を聞き出すことができれば、当該口座から現金を引き出すことができる地位を得ることができる。そして、このような地位は暗証番号さえ知っていれば具体的かつ確実なものであり、本件カードを盗られ暗証番号まで知られてしまえばAが引き出す地位を失う反面、乙がこれを得たといえる。したがって、乙がAから暗証番号を聞き出す行為は、「財産上不法の利益」を「得」るものと認められる。

● 出題趣旨によれば、「財産上不法の利益」が何かを明示した上で、強盗罪（236Ⅱ）の成否を検討することが求められている。本答案は、「財産上不法の利益」を判例（東京高判平21.11.16／百選Ⅱ［第8版］〔41〕）の考え方に沿って肯定しており、出題趣旨に合致する。

エ　さらに、バタフライナイフの刃先をAの眼前に示す行為は、相手方の反抗を抑圧する程度の「暴行」にあたり、かかる手段を「用いて」上述の利益を「得」ようとしたものといえる。また、不法領得の意思、故意に欠けるところもない。

オ　もっとも、乙がAから聞き出した暗証番号はAが見誤ったことから他のキャッシュカードのものであった。そのため、乙の行為はおよそ財産侵害といった結果発生の可能性がなく、不能犯として不可罰にならないか問題となる。

　この点、未遂犯の処罰根拠は結果発生の危険を惹起した点に求められるところ、このような危険性の判断は行為時に一般人が認識し得た事情及び行為者が特に認識していた事情を基礎とし、行為の時点に立って一般人の見地から判断されるべきである。

　そして、本問で暗証番号が他のキャッシュカードのものであった事実は、一般人も行為者たる乙も認識し得たものではなく、被害者たるAがたまたまカードを他のものと見誤ったことによるものであった。したがって、暗証番号が他のカードのものであったという事実は排除して行為の危険性を判断すべきであると解する。

　そうすると、本件の乙の行為はAの本件カードの預金口座内の現金につき財産侵害の危険性を十分に有する行為と評価できるとこ

● 本答案は、間違った暗証番号を聞き出したことについて、強盗利得罪で不能犯として検討する一方で、検討が求められる窃盗罪の検討をしておらず、不能犯という論点自体を検討していても（その検討自体も理由付けが不足しており、説得的ではない）、その位置づけを誤ってしまっている。

ろ、未遂犯としての処罰根拠としての危険性が肯定されると解する。

エ　したがって、乙には２項強盗罪の未遂犯が成立すると解する。

第２　設問２

１　小問(1)

(1)　丙による暴行について、正当防衛（３６条２項）が成立することを論じる。

ここで、正当防衛の要件は、①急迫不正の侵害、②防衛の意思、③やむを得ずにした行為であることである。以下、本件について要件を満たすことを確認する。

(2)　１回目殴打について

ア　①急迫不正の侵害

ここで、急迫不正の侵害とは、侵害が現存または切迫していることをいう。そして、丙は甲と異なりＣと面識がなく、甲がＣに文句を言うつもりであることや、Ｃから暴力を振るわれる可能性があることを何も聞かされていなかった。そのため、Ｃから一方的に顔面を殴られ、さらに殴りかかってきた本件において侵害の切迫性が認められる。

イ　②防衛の意思

次に、防衛の意思とは、侵害を認識しつつそれに対応しようとする単純な心理状態を指し、攻撃の意思や憤怒を伴っても認められるが、専ら攻撃の意思で攻撃に出たといえる場合には否定されると解する。

そして、本件で丙は身を守るためには甲の指示通りＣを殴るのもやむを得ないと思って１回目殴打に出ている。そのため、防衛の意思に基づいてなされた行為といえ防衛の意思が肯定される。

ウ　③やむを得ずにした行為

最後に、やむを得ずにした行為とは反撃行為が防衛手段として必要最小限度のものであることを指す。そして、本件の丙による１回目殴打はＣの胸倉をつかんでＣの顔面を１回殴るものであるところ、Ｃと丙の年齢は同程度であり、素手による攻撃にとどまることを踏まえれば、丙による反撃行為は自己を防衛するための必要最小限度の行為にとどまるといえる。

したがって、１回目殴打はやむを得ずにした行為といえる。

エ　よって、１回目殴打は正当防衛の要件を満たすところ、正当防衛の成立が認められると解する。

(3)　２回目殴打について

ア　①について

ここで、本件で２回目殴打の場面においてもＣはなお丙に殴りかかってきているところ、侵害が切迫しているといえ急迫不正の侵害が認められると解する。

イ　②について

次に、２回目殴打の場合において、丙は丁による声援によって発奮しているものの、専ら攻撃の意思をもってなされたものとまでは評価できず、なおも攻撃を続けようとするＣとの関係で身を守るためになされたものと評価できる。したがって、防衛の意思に基づい

●　「正当防衛（36条２項）」と論述しているが、36条２項は過剰防衛である。条文は正しく摘示する必要がある。

●　ここでの論述１つとっても、そもそも「防衛の意思」が必要であることの理由付けがなされておらず（再現答案①では端的に理由が付されている）、「専ら攻撃の意思で攻撃に出たといえる場合には否定される」と解する理由も論じられていない（再現答案①との対比推奨）。

てなされた行為といえる。
ウ　③について
さらに、２回目殴打は１回目殴打と同様にＣの顔面を拳で殴るものであるところ、１回目殴打同様に素手で殴りかかってきたＣに対応する形で行われている。したがって、２回目殴打も反撃行為として必要最小限度と評価できる。よって、やむを得ずにした行為にあたる。
エ　よって、２回目殴打も正当防衛の要件を満たし、正当防衛が成立すると解する。
2　小問(2)
(1)　①について
ア　丁が丙に対し、「頑張れ。ここで待っているから終わったらこっちに来い。」と声をかけ逃走を助けた行為につき、丁に暴行罪の幇助犯（６２条１項、２０８条１項）が成立しないか。
この点、幇助犯の成立要件は、①幇助行為、②因果関係、③故意、④正犯による実行行為であるところ本件の丁の行為はこれを満たすか。
イ　まず、本件の丁の行為は「頑張れ。」と声援を送り、逃走を支援することを申し向けるものであるであるから、正犯たる丙の実行行為を心理的に容易にする行為として幇助行為にあたる（①）。
次に、かかる丁の行為によって丙は発奮し２回目殴打に至っているところ、促進的な因果関係も認められ（②）、故意も認められると解する（③）。

● 出題趣旨によれば、丙の２回にわたる暴行について、正当防衛が成立することを簡潔に論じることが求められている。本答案の論述は丁寧ではあるが、本問のメイン論点でもない（問題の前提としての位置付けにとどまる）ので、ここまで紙面を割く必要はない。

もっとも、正犯たる丙について上述のように正当防衛が成立するため、丙による２回目殴打としての暴行罪は違法性が阻却される。そして、正犯との関係で幇助犯は従属的な地位に立つところ、共犯においては違法性は連帯するのが原則である。そのため、正犯の行為につき違法性が阻却される以上、④が否定される。
ウ　したがって、④の要件を満たさないため、丙による２回目殴打について丁に暴行罪の幇助犯は成立しないと解する。
(2)　②について
甲に暴行罪の共同正犯が成立するか。
ア　ここで、甲は丙に対して「俺がＣを押さえるから、Ｃを殴れ」と言い、丙は身を守るためには甲の言う通りＣを殴るのもやむを得ないと考え、１回目殴打・２回目殴打をするに至っている。そのため、共謀共同正犯の成否が検討されるところ、丙は甲による「俺がＣを押さえるから、Ｃを殴れ」という言葉によって暴行の犯意を生じさせ、実際に甲の言う通りＣを殴ることで黙示の意思連絡を遂げている。そして、甲はそもそもＣを痛めつけてやろうと考え、丙と共にＣ方に赴いているところ、正犯性も肯定でき共謀が認められる。
そして、実際に実行犯たる丙が共謀に基づきＣを殴っているところ、共謀に基づく実行行為も肯定される。したがって、甲に暴行罪の共同正犯が成立する。
イ　もっとも、かかる行為について甲にも丙と同様に正当防衛が成立しないか。しかし、甲は丙と異なり、Ｃに文句をいうつもりでＣから暴力を振るわれる可能性があることを認識しているため、上記の

● 本答案は、「共犯においては違法性は連帯するのが原則である」としているが、その理由付け（「他人の適法な行為に関与した共犯を処罰する必要はない」など）が論じられておらず、説得力に乏しい。

正当防衛の要件を満たさないように思える。そこで、誰を基準として正当防衛の成立を判断するべきかが問題となる。

ウ　ここで、先述のように共犯において違法性は連帯するのが原則である。もっとも、違法性の実質が社会倫理規範の違反にあることからすると、急迫不正の侵害の有無や、防衛の意思といった主観的事情は個別に判断されるべきであるが、客観的な事情としてのやむを得ずにした行為にあたるかの判断は共同行為全体を対象に判断されるべきと解する。

そして、本問で甲はC方に文句をいうつもりで、Cから暴力を振るわれる可能性があることを認識した上でC方に丙を伴って赴いているところ、急迫不正の侵害といった要件を満たすか個別的に検討されるべきである。

そして、甲はC方に赴く必要性がないにもかかわらず文句をいうつもりで、あえてそこに赴いている上、暴力を振るわれる可能性を認識しつつ粗暴な性格の丙を連れて行っており、積極的にCを攻撃する意思があるといえる。したがって、侵害を予期した上で積極的に加害する意思を有しているところ、甲との関係で急迫不正の侵害は認められない。

エ　よって、正当防衛は成立せず甲には暴行罪の共同正犯が成立すると解する。

以　上

※　実際の答案は８頁以内に収まっています。

●　制限従属性説に立つ場合、共同正犯の場合では違法の相対化を認める一方で、狭義の共犯の場合には、なぜそれが妥当しないのか説明する必要がある。本答案では、かかる問題意識や共同正犯と狭義の共犯の法的性質の違いを指摘できておらず、高い評価にはつながらなかったものと推察される。

刑事系

第２問　刑事訴訟法

問題文

［刑事系科目］

〔第２問〕（配点：１００）

次の【**事例**】を読んで、後記**〔設問１〕**及び**〔設問２〕**に答えなさい。

【事　例】

1　Ｈ県警察Ｉ警察署の司法警察員Ｐは、同県Ｉ市内のアパート（以下「本件アパート」という。）２階の２０１号室を拠点として覚醒剤の密売が行われているとの情報を得たことから、令和５年９月１６日午後８時頃、本件アパートに赴いたところ、本件アパート２０１号室から出てくる人物を目撃したため、同人を尾行した。すると、同人は、Ｉ市内の路上において、左手に手提げかばん（以下「本件かばん」という。）を持っていた男性（後に甲と判明した。以下「甲」という。）と接触し、封筒（以下「本件封筒」という。）を甲に手渡し、甲は、本件封筒を本件かばんに入れた。これを目撃したＰは、本件封筒の中には覚醒剤が入っているのではないかと疑い、甲が本件アパートから出てきた人物と別れた後、甲に対する職務質問を開始した。

2　Ｐが「ちょっといいですか。名前を教えていただけますか。」と尋ねたところ、甲が氏名を名のったことから、Ｐは無線で甲の前科を照会した。その結果、甲には覚醒剤取締法違反（使用）の前科があることが判明した。引き続き、Ｐが「先ほど封筒を受け取ってかばんに入れましたよね。封筒の中身は何ですか。」と尋ねたところ、甲は、「貸していたお金を返してもらっただけです。」と答えた。しかし、甲が異常に汗をかき、目をきょろきょろさせ、落ち着きがないなど、覚醒剤常用者の特徴を示していたため、Ｐは、本件封筒の中に覚醒剤が入っているとの疑いを更に強め、甲に対し、「封筒の中を見せてもらえませんか。」と言った。

すると、甲がいきなりその場から走って逃げ出したので、Ｐは、これを追い掛け、すぐに追い付いて甲の前方に回り込んだ。甲は、立ち止まって、「何で追い掛けてくるんですか。任意じゃないんですか。」と言ったが、Ｐは、「何で逃げたんだ。そのかばんの中を見せろ。」と言いながら、いきなり本件かばんのチャックを開け、その中に手を差し入れ、その中をのぞき込みながらその在中物を手で探った。そして、Ｐが本件かばんの中に入っていた書類を手で持ち上げたところ、その下から注射器が発見された。Ｐが同注射器を取り出し、甲に対し、「これは何だ。一緒に署まで来てもらおうか。」と言ったところ、甲は警察署への同行に応じた。そこで、Ｐは、同注射器を本件かばんに戻した上、同日午後８時３０分頃、甲をＩ警察署まで任意同行した。

3　Ｉ警察署への任意同行後、甲が本件かばんやその在中物の任意提出に応じなかったことから、Ｐは、捜索差押許可状を取得して、本件かばんやその在中物を差し押さえる必要があると考えた。そこで、Ｐは、甲に職務質問を実施した経緯に関する捜査報告書（以下「捜査報告書①」

という。）及び注射器発見の経緯に関する捜査報告書（以下「捜査報告書②」という。）を作成した。

捜査報告書①には、覚醒剤の密売拠点と疑われる本件アパートから出てきた人物から甲が本件封筒を受け取って本件かばんに入れたこと、甲には覚醒剤取締法違反（使用）の前科があること、甲が覚醒剤常用者の特徴を示していたこと及び甲は本件封筒の中を見せるように言われると逃げ出したことが記載されていた。これに対して、捜査報告書②には、本件かばんのチャックを開けたところ注射器が入っていた旨記載されていたが、Ｐが本件かばんの中に手を入れて探り、書類の下から同注射器を発見して取り出したことは記載されていなかった。

4　Ｐは、同日午後９時３０分頃、捜査報告書①及び捜査報告書②等を疎明資料として、Ｈ地方裁判所裁判官に対し、「捜索すべき場所、身体又は物」を甲の身体及び所持品、「差し押さえるべき物」を本件かばん及びその在中物並びに覚醒剤等とする捜索差押許可状の発付を請求し、その旨の捜索差押許可状の発付を受けた。

同日午後１０時３０分頃、Ｐが同許可状に基づき捜索を実施したところ、本件かばん内側のサイドポケットから本件封筒が発見された。Ｐがこれを取り出して中身を確認すると、覚醒剤様の白色結晶入りのチャック付きポリ袋が入っていたことから、Ｐは、同結晶の簡易検査を実施した。その結果、同結晶から覚醒剤の陽性反応が出たことから、Ｐは、同日午後１１時頃、覚醒剤取締法違反（所持）の事実で甲を現行犯逮捕するとともに、同許可状に基づき、同結晶入りのチャック付きポリ袋を差し押さえた。

その後、同結晶の鑑定が実施され、同結晶が覚醒剤である旨の【鑑定書】が作成された。同月２７日、甲は、覚醒剤取締法違反（所持）の事実で、Ｈ地方裁判所に起訴された。

検察官は、第１回公判期日において、前記【鑑定書】の証拠調べを請求したが、甲の弁護人は、前記【鑑定書】の取調べに異議がある旨の意見を述べた。

5　他方、Ｐが本件アパート２０１号室に関する捜査を実施したところ、同室の賃貸借契約の名義人が乙であること、乙には覚醒剤取締法違反（所持）の前科があり、その前科に係る事件記録の捜査報告書によれば、乙の首右側に小さな蛇のタトゥーがあることが判明した。

Ｐは、同年９月２７日午後１１時３０分頃、本件アパート２０１号室の玄関ドアが見える公道上において、本件アパートの張り込みを開始した。Ｐは、同月２８日午前１時３０分頃に男性１名が、同日午前２時頃に別の男性２名がそれぞれ本件アパート２０１号室に入る様子を目撃した。Ｐは、これらの男性のうち、同日午前１時３０分頃に本件アパート２０１号室に入った男性の顔が乙の顔と極めて酷似していたことから、同男性の首右側にタトゥーが入っているか否か及びその形状を確認できれば、同男性が乙であると特定できると考えた。

同日午前８時頃、Ｐが本件アパート２０１号室から出てきた同男性を尾行したところ、同男性は本件アパート付近の喫茶店に入店した。そこで、Ｐは、同男性が乙であることを特定する目的で、同喫茶店において、同店店長の承諾を得た上で、店内に着席していた同男性から少し離れた席から、ビデオカメラを用いて、同男性を撮影した【捜査①】。Pが撮影した映像は、全体で約２０秒間のものであり、そこには、小さな蛇のタトゥーが入った同男性の首右側や同男性が椅子に座って飲食する様子のほか、その後方の客の様子が映っていた。

Pが同映像に映る男性の容貌及び首右側の小さな蛇のタトゥーの形状を乙のそれと突き合わせたところ、その特徴が一致したことから、同日午前１時３０分頃に本件アパート２０１号室に入った男性は乙であると特定することができた。

6　さらに、Pは、乙とその他の男性らとの共犯関係、覚醒剤の搬入状況などの組織的な覚醒剤密売の実態を明らかにするため、本件アパート２０１号室への人の出入りの様子を監視する必要があると考えた。しかし、同室の玄関ドアは幅員約５メートルの公道側に向かって設置されていた上、同ドア横には公道上を見渡せる位置に腰高窓が設置されていたことから、同室に出入りする人物に気付かれることなく、同室の玄関ドアが見える公道上で張り込んで同室の様子を間断なく監視することは困難であった。

一方、その公道の反対側には３階建てのビルが建っており、同ビル２階の部屋の公道側の窓からは、本件アパート２０１号室の玄関ドアが見通せた。そこで、Pは、同年１０月３日、同ビルの所有者及び管理会社の承諾を得て、同ビル２階の前記窓のそばにビデオカメラを設置し、同日から同年１２月３日までの間、毎日２４時間、本件アパート２０１号室の玄関ドアやその付近の共用通路を撮影し続けた【捜査②】。

撮影された映像には、同室玄関ドアが開けられるたびに、玄関内側や奥の部屋に通じる廊下が映り込んでいた。

7　その後、Pは、乙及び２名の男性が毎日おおむね決まった時間に同室に出入りする様子が記録されていた前記ビデオカメラの映像等を疎明資料として、本件アパート２０１号室の捜索差押許可状を取得し、同室の捜索を実施したところ、同室内から大量の覚醒剤等が発見されたことから、乙らを覚醒剤取締法違反（営利目的所持）の事実で現行犯逮捕した。

〔設問１〕

【鑑定書】の証拠能力について、具体的事実を摘示しつつ論じなさい。

〔設問２〕

下線部の【捜査①】及び【捜査②】のビデオ撮影の適法性について、具体的事実を摘示しつつ論じなさい。

（参照条文）　覚醒剤取締法

第１９条　次に掲げる場合のほかは、何人も、覚醒剤を使用してはならない。

一　（以下略）

第４１条の２　覚醒剤を、みだりに、所持し、譲り渡し、又は譲り受けた者（略）は、１０年以下の懲役［注：拘禁刑］に処する。

２　営利の目的で前項の罪を犯した者は、１年以上の有期懲役［注：有期拘禁刑］に処し、又は情状により１年以上の有期懲役［注：有期拘禁刑］及び５００万円以下の罰金に処する。

３　（略）

第４１条の３　次の各号の一に該当する者は、１０年以下の懲役［注：拘禁刑］に処する。

一　第１９条（使用の禁止）の規定に違反した者

二　（以下略）

出題趣旨

【刑事系科目】

〔第２問〕

本問は、覚醒剤取締法違反を素材として、捜査及び公判に関する具体的事例を示し、各局面で生じる刑事手続上の問題点、その解決に必要な法解釈、法適用に当たって重要な具体的事実の分析及び評価並びに具体的結論に至る思考過程を論述させることにより、刑事訴訟法（以下「刑訴法」という。）に関する基本的学識、法適用能力及び論理的思考力を試すものである。

〔設問１〕は、甲から押収した覚醒剤の鑑定書の証拠能力を論じさせることにより、所持品検査の限界及び違法収集証拠排除法則に対する理解と具体的事案への適用能力を試すものである。

本問では、鑑定の対象となった覚醒剤は、裁判官が発付した捜索差押許可状により差し押さえられたものであり、差押手続それ自体には違法性が認められないものの、これに先行する手続において、Ｐは甲の承諾を得ることなく、甲所持のかばん（以下「本件かばん」という。）のチャックを開けた上、いきなり本件かばんの中に手を差し入れて探り、注射器を取り上げていることから、この点の違法性が覚醒剤の鑑定書の証拠能力に与える影響が問題となることを適切に把握した上で、その証拠能力の有無について論じる必要がある。

まず、Ｐが注射器を発見した手続については、その法的性質は警察官職務執行法（以下「警職法」という。）上の職務質問及びそれに付随する所持品検査であると考えられることから、所持品検査の限界が問題となるところ、所持品検査の適法性が争われた事案に関する最高裁判所の判例（最判昭和５３年６月２０日刑集３２巻４号６７０頁）や関連する警職法の条文の解釈などを意識しつつ、具体的事情を挙げて、これに適切な法的評価を加えて論じる必要がある。

次に、Ｐが注射器を発見した手続が違法であるとした場合には、かかる手続の違法性が覚醒剤の鑑定書の証拠能力にどのような影響を及ぼすのかという点が問題となることから、違法収集証拠排除法則についての基本的な理解及び鑑定書という派生証拠の証拠能力に関する自説を示した上、本件事例の具体的事実を適切に評価して結論を出すことが求められる。

この点については、違法収集証拠排除法則に関する最高裁判所の判例（最判昭和５３年９月７日刑集３２巻６号１６７２頁）を踏まえて、違法収集証拠が排除される根拠（適正手続の保障、司法の廉潔性の保持、将来の違法捜査の抑止）、排除の判断基準、その際に考慮される要素等を論じる必要がある。また、派生証拠の証拠能力については、違法性の承継論、毒樹の果実論、派生証拠にも端的に違法収集証拠排除法則を適用する考え方など、様々な立場があるが、いずれの立場に立つにせよ、自説及びその論拠を説得的に論じる必要があろう。

そして、こうした解釈の枠組みの下で、所持品検査の違法性の判断から覚醒剤の鑑定書の証拠能力の判断に至る過程を論じることになるが、その際には、事例中に現れた具体的事実を的確に抽出し、分析して結論を導く必要がある。そして、証拠能力を認めるか、それとも認めないかという結論はともかく、具体的事実を事例中からただ書き写して羅列するのではなく、それぞれの事実が持つ意味を的確に評価して論じなければならない。例えば、本問では、捜索差押許可状の請求に当たって、捜査報告書①及び同②が疎明資料として提出されているところ、同①には、覚醒剤の密売拠点であると疑われるアパートから出てきた人物から甲が封筒を受け取っているなど、覚醒剤を所持している可能性が高いことをうかがわせる事情が記載されている一方で、同②には、Ｐが本件かばんの中に手を入れて探り、書類の下から注射器を発見したことが記載されていない点につき、これらの事実がどのような意味を有するのかを丁寧に検討することが求められる。また、派生証拠の証拠能力については、自説との論理的整合性が求められており、例えば、毒樹の果実論に立つ場合には、どの証拠が一次証拠と考えられるのかに留意しながら論述する必要がある。

〔設問２〕は、いずれもビデオ撮影の適法性を問うものである。すなわち、【捜査①】では、覚醒剤の密売所の疑いのあるアパートの一室に出入りする人物と乙の同一性を確認するために、同アパートから出てきた人物が入った喫茶店において、同人の容ぼうをビデオカメラで撮影しており、【捜査②】では、乙と同アパートに出入りする人物との共犯関係、覚醒剤の搬入状況などの組織的な覚醒剤密売の実態を明らかにするために、近隣のマンションの一室から同アパートの一室の玄関ドアやその周辺を継続撮影しているところ、こうした撮影行為の適法性を問うことにより、強制処分と任意処分を区別する基準、強制捜査又は任意捜査の適否の判断方法についての理解と、その具体的事実への適用能力を試すものである。

この点に関し、写真撮影やビデオカメラによる撮影の適否が問題となった事案に関する最高裁判所の判例は、それらの撮影が強制処分に該当するか否かを明示的に判断することなく、当該事案においては令状によらずに適法にこれらを実施することが許されるとしている（最大判昭和４４年１２月２４日刑集２３巻１２号１６２５頁、最決平成２０年４月１５日刑集６２巻５号１３９８頁）。他方、最高裁判所は、「強制手段とは、有形力の行使を伴う手段を意味するものではなく、個人の意思を制圧し、身体、住居、財産等に制約を加えて強制的に捜査目的を実現する行為など、特別の根拠規定がなければ許容することが相当でない手段を意味する」と判示している（最決昭和５１年３月１６日刑集３０巻２号１８７頁、以下「昭和５１年決定」という。）。本問においても、これらの判例や関連する刑訴法の条文の解釈などを意識しつつ、強制処分に対する規律の趣旨・根拠を踏まえながら、強制処分と任意処分とを区別する基準を論述することが求められる。

その上で、まず、【捜査①】及び【捜査②】が強制処分か否かを検討することになるが、その際には、各ビデオ撮影により侵害される権利・利益の性質を踏まえた論述が求められる。そして、これらの捜査が強制処分に至っていると評価する場合には、法定された強制処分の類型に該当するか否か等を検討する必要があろう。

他方、任意処分にとどまると評価する場合であっても、各捜査活動により何らかの権利・利益を侵害し又は侵害するおそれがあるため、無制約に許容されるものではなく、任意捜査において許容される限界内のものか否かを検討することになる。この許容性については、昭和５１年決定を踏まえれば、具体的事案において、特定の捜査手段により対象者に生じ得る権利・利益の侵害の内容・程度と、同目的を達成するために当該手段を採る必要性とを比較衡量し、具体的状況の下で相当と認められるか否かを検討することになる。

本問では、こうした解釈の枠組みを適切に示した上で、本件事例の具体的状況下におけるビデオ撮影の適法性を論述することになるが、その際には、〔設問１〕と同様、事例中に現れた具体的事実を的確に抽出し、分析して結論を導く必要がある。すなわち、各ビデオ撮影の適否の結論はともかく、具体的事実を事例中からただ書き写して羅列すればよいというものではなく、それぞれの事実が持つ意味を的確に評価して論じなければならない。

【捜査①】については、喫茶店における当該ビデオ撮影により制約を受ける権利・利益の内容や性質、その制約の程度がいかなるものであるのかを明示し、アパートに出入りする人物と乙の同一性を明らかにするという捜査目的を達成するための手段として、目視や写真撮影ではなくビデオ撮影という方法を用いることの意味を踏まえた論述が求められることになる。また、【捜査②】については、【捜査①】において制約を受ける権利・利益の内容や性質との相違、捜査目的の相違、ビデオ撮影の期間や態様の相違を意識しつつ、【捜査①】の場合と同様、制約を受ける権利・利益の内容や性質、その制約の程度がいかなるものであるのかを明示し、アパートに出入りする人物と乙との共犯関係、覚醒剤の搬入状況などの組織的な覚醒剤密売の実態を明らかにするという捜査目的を達成するための手段として、約２か月間にわたって２４時間継続撮影するという方法を用いることの意味や、その際に玄関内部や奥の部屋に通じる廊下が映り込んでいたことの意味などを踏まえた論述が求められることになる。

採点実感

1　採点方針等

本年の問題も、昨年までと同様、比較的長文の事例を設定し、その捜査及び公判において生じる刑事手続上の問題につき、問題の所在を的確に把握し、その法的解決に必要な法解釈・法適用に当たって重要な具体的事実を抽出して分析した上、これに的確な法解釈により導かれた法解釈を適用して、一定の結論を論理的かつ説得的に論述することが求められており、法律実務家になるために必要な刑事訴訟法（以下「刑訴法」という。）に関する基本的学識、事案分析能力、法解釈適用能力、論理的思考力及び論述能力等を試すものである。

出題の趣旨は、既に公表したとおりである。

〔設問１〕は、甲から押収した覚醒剤の鑑定書の証拠能力を論じさせることにより、所持品検査の限界及び違法収集証拠排除法則に対する理解と具体的事案への適用能力を試すものである。ここでは、鑑定の対象となった覚醒剤が裁判官発付の捜索差押許可状により差し押さえられたものであり、差押手続それ自体には違法性が認められないものの、これに先行する手続において、Ｐは甲の承諾を得ることなく、甲所持の手提げかばん（以下「本件かばん」という。）のチャックを開けた上、いきなり本件かばんの中に手を差し入れて探り、注射器を取り出していることから、この点の違法性が覚醒剤の鑑定書の証拠能力に与える影響が問題となることを適切に把握した上で、Ｐが注射器を発見した手続の適法性につき、具体的事情を挙げながら、これに適切な法的評価を加えて論じる必要がある。そして、この点に関する自己の結論をもとに、違法収集証拠排除法則に対する基本的な理解及び鑑定書という派生証拠の証拠能力に関する自説を示した上、本件事例の具体的事実を適切に評価して結論を出すことが求められる。

〔設問２〕は、【捜査①】では、覚醒剤の密売所の疑いのあるアパートの一室に出入りする人物と乙の同一性を確認するために、同アパートから出てきた人物が入った喫茶店において、同人の容ぼうをビデオカメラで撮影した行為【捜査①】、乙及び同アパートに出入りする人物との共犯関係、覚醒剤の搬入状況などの組織的な覚醒剤密売の実態を明らかにするために、近隣のマンションの一室から同アパートの一室の玄関ドアやその周辺を継続撮影した行為【捜査②】について、各撮影行為の適法性を問うものである。ここでは、写真撮影やビデオカメラによる撮影の適否が問題となった事案に関する最高裁の判例に留意しつつ、強制処分に対する規律の趣旨・根拠を踏まえながら、強制処分と任意処分とを区別する基準及び任意処分の限界を論述することが求められる。

採点に当たっては、このような出題の趣旨に沿った論述が的確になされているかに留意した。

前記各設問は、いずれも、捜査及び公判に関して刑訴法が定める制度・手続及び関連する判例の基本的な理解（なぜ判例がそのような論理構成・判示をしているのかという理由も含めて）に関わるものであり、既に公表済みの出題の趣旨で挙げた最高裁判例など法科大学院の刑事手続に関する授業でも取り扱われる基本的な判例を正確に理解していれば、本事例において何を論じるべきか自ずと把握することができ、十分解答は可能であろう。

２　採点実感

各考査委員の意見を踏まえた感想を記す。

⑴　おおむね出題の意図に沿った論述をしていると評価できる答案としては、次のようなものがあった。

〔設問１〕では、覚醒剤の差押手続に先行する手続において、Ｐは甲の承諾を得ることなく、本件かばんのチャックを開けた上、いきなり本件かばんの中に手を差し入れて探り、注射器を取り出していることから、この点の違法性が覚醒剤の鑑定書の証拠能力に与える影響が問題となることを明確に論じ、Ｐが注射器を発見した行為の性質を所持品検査と捉え、最高裁判所の判例（最判昭和５３年６月２０日刑集３２巻４号６７０頁等）や関連する警察官職務執行法の条文の解釈などを意識した法解釈を示し、具体的事情を挙げて、これに適切な法的評価を加える答案が見受けられた。また、Ｐが注射器を発見した手続が違法であると結論付け、その違法性が覚醒剤の鑑定書の証拠能力にどのような影響を及ぼすのかという点につき、最高裁判所の判例（最判昭和５３年９月７日刑集３２巻６号１６７２頁。以下「昭和５３年判決」という。）を踏まえて、違法収集証拠排除法則の根拠・排除の要件・考慮要素及び派生証拠の証拠能力に関する自説を示した上、事例中に現れた具体的事情を的確に抽出、分析して結論を導いている答案が見受けられた。

〔設問２〕では、各ビデオ撮影が検証類似の性質を有すること、無令状での検証は刑訴法第２１８条第３項及び同法第２２０条に規定されているだけであることを踏まえ、これらの条文に該当しない各ビデオ撮影が同法第１９７条第１項但し書の「強制の処分」に該当するなら、無令状で実施されている【捜査①】及び【捜査②】は令状主義に違反して違法となるため、強制処分の意義、任意処分としての適法性の限界が問題となることを明確に論じた上で、これらの論点につき、刑訴法の条文の解釈や関連する最高裁判所の判例（最決昭和５１年３月１６日刑集３０巻２号１８７頁（以下「昭和５１年決定」という。）、最決平成２０年４月１５日刑集６２巻５号１３９８頁（以下「平成２０年決定」という。）等）を意識した法解釈を示し、事例中に現れた具体的事情を的確に抽出、分析して結論を導いている答案が見受けられた。

⑵　他方、そもそも、法原則・法概念の意義や関連する判例の判断基準等についての記述が不十分・不正確で、当該項目についての理解が不足していると見ざるを得ない答案や、法原則や法概念の意義や関連する判例の判断基準等として記述された内容自体には問題がないものの、これらを機械的に暗記して記述するのみで、具体的事実に対してそれらの法原則・法概念や判断基準等を的確に適用することができていない答案、具体的事実に対する洞察が表面的で、その抽出自体が不十分、抽出した事実の持つ意味の分析が不十分・不適切な答案が見受けられた。

例えば、〔設問１〕では、そもそも、Ｐが注射器を発見した行為の違法性が覚醒剤の鑑定書という派生証拠の証拠能力にどのような影響を与えるのかという点が問題となるところ、このような問題の所在を十分に把握できていない答案が見受けられたほか、Ｐが注射器を発見した行為の性質を行政警察活動と司法警察活動のいずれと捉えているのかが不明確なまま、漫然と刑訴法第１９７条第１項但し書の「強制の処分」の意義を論じる答案などが見受けられた。次に、違法収集証拠排除法則については、覚醒剤の鑑定書という派生証拠の証拠能力が問題となっていることから、違法収集証拠排除法則のみならず、派生証拠の証拠能力に関する判断枠組みを示すことが求められていたところ、そもそも、派生証拠の証拠能力が問題となっていることに気付いていない答案、派生証拠の証拠能力に関する判断枠組みを示すことなく、漫然と違法収集証拠排除法則を当てはめる答案、違法収集証拠排除法則や派生証拠の証拠能力に関する判断枠組みを示すことはできているものの、昭和５３年判決が証拠物に関する判示であることや手続的価値の重要性を説いているにもかかわらず、こうした議論を踏まえない論述に終始する答案が少なからず見受けられた。さらに、覚醒剤の鑑定書の証拠能力に関する結論を導く際には、派生証拠の証拠能力に関する自説と論理的に整合する当てはめが求められていたところ、例えば、派生証拠の証拠能力に関して、違法性の承継論を採るのであれば、本件は、Ｐが本件かばんのチャックを開けて手を差し入れてその在中品を探った上、注射器を取り出したという違法な先行手続が行われ、引き続いて、捜査報告書①及び同②を疎明資料とする捜索差押許可状に基づき、覚醒剤（及びその鑑定書）という証拠が獲得（後行手続）された事案であると捉え、違法な先行手続の結果が後行手続に利用されていることを根拠に、後行手続に違法性が承継されたと考えて、違法収集証拠排除法則の適用の有無を検討することになるのに、違法が証拠に承継されるといった説明をしたり、先行手続の違法の重大性のみを検討したりするなど、違法性の承継論の論理が示されていない答案、毒樹の果実論を採るのであれば、第１次証拠と第２次証拠の間の関連性の程度が基準となるはずなのに、違法な「手続」と「証拠」の間の関連性の程度を基準としている答案などが相当数見受けられた。加えて、派生証拠の証拠能力の当てはめにおいては、Ｐの行為ないし注射器との密接関連性を議論するに当たって、どの立場に立つにせよ、疎明資料として用いられた捜査報告書①には、覚醒剤の密売拠点であると疑われるアパートから出てきた人物から甲が封筒を受け取っているなど、覚醒剤を所持している可能性が高いことをうかがわせる事情が記載されている一方で、捜査報告書②には、Ｐが本件かばんの中に手を入れて探り、書類の下から注射器を発見したことが記載されていない点につき、これらの事実がどのような意味を有するのかを丁寧に検討する必要があるところ、これらの事実に触れずに、Ｐが注射器を発見した行為は令状主義に反するから重大な違法があるなどと安易に結論付ける答案が少なからず見受けられた。

次に、〔設問２〕では、多くの答案が強制処分の意義に言及し、各ビデオ撮影につき、強制処分か否か、任意処分であるとしたらその適法性の限界を超えているか否かを論じることができていたものの、例えば、〔設問２〕において強制処分性や任意処分としての限界が問題となる理由が示されていない答案が少なからず見受けられたほか、強制処分か否かについては、自説の根拠が説得的に論じられていない答案や、各ビデオ撮影によって侵害されている権利・利益を単に「プライバシー」と論述するのみでその内実に対する理解が示されていない答案が相当数見受けられた。また、任意処分としての適法性の限界については、刑訴法の条文、比例原則、昭和５１年決定や平成２０年決定などを踏まえて、特定の捜査手段により対象者に生じ得る権利・利益の侵害の内容・程度と、捜査目的を達成するために当該手段を採る必要性とを比較衡量し、具体的状況のもとで相当と認められるか否かを検討することになるところ、昭和５１年決定をあらゆる任意処分の適法性を判断する一般原則であるかのように、漫然と、必要性、緊急性及び相当性を列挙する答案が数多く見受けられた。さらに、各ビデオ撮影の適法性に関する当てはめでは、【捜査①】については、捜査の必要性や、目視や写真撮影ではなくビデオ撮影という方法を採る必要性について十分検討せず、主に喫茶店という場所の公共性のみをもって相当性を認めるにとどまっている答案、【捜査②】においては、ビデオ撮影によって侵害されている権利・利益につき、撮影されているのが玄関ドアの開閉に伴って不可避的に見えてしまう部分であることなどの事情を捨象し、単に「私的領域への侵入」という言葉や撮影期間の長さだけをもって強制処分と結論付ける答案、逆に、玄関ドアの開閉に伴って住居の内部が見えてしまっている点に全く配慮されていない答案、捜査の必要性やビデオ撮影という方法を採る必要性について十分検討せず、撮影期間の長さだけに着目して違法と結論付ける答案、単純に強制処分に該当するから違法、あるいは、強制処分に該当するのに令状を取得していないから違法として、なぜ違法なのか、なぜ令状が必要なのかについての説明がない答案など、具体的事実の抽出、分析が不十分な答案が相当数見受けられた。

3 答案の評価

(1) 「優秀の水準」にあると認められる答案

〔設問1〕については、本件が違法収集証拠排除法則の問題であることを明示し、判例や条文の解釈などを意識しつつ、Pが注射器を発見した行為の適法性を検討し、違法収集証拠排除法則や派生証拠の証拠能力に関する自説を明示し、事例中に現れた具体的事実を的確に抽出、分析して自説と整合的かつ説得的な当てはめをして結論を導いている答案である。

また、〔設問2〕については、強制処分の意義や任意処分としての適法性の限界が問題となることを明示し、これらの解釈論を説得的に論述した上、事例中に現れた具体的事情、例えば、各ビデオ撮影により侵害された権利・利益の内容や程度の違いや各撮影の目的・必要性等を的確に抽出、分析して結論を導いている答案である。

(2) 「良好の水準」にあると認められる答案

〔設問1〕については、本件が違法収集証拠排除法則の問題であることを意識した上、Pが注射器を発見した行為の適法性を論じる際には一応の法解釈を示し、当てはめにおいては、不十分であるものの、事例中に現れた具体的事実を一応抽出、分析し、違法収集証拠排除法則については、その根拠や排除の要件を明示し、派生証拠の証拠能力に関する自説を論じた上で、不十分であるものの、事例中に現れた具体的事実を一応抽出し、分析して結論を導いている答案である。

また、〔設問2〕については、強制処分の意義や任意処分としての適法性の限界が問題となることは意識できており、これらの解釈論を一応論述した上、事例中に現れた具体的事情を不十分ながらも抽出し、分析して結論を導いている答案である。

(3) 「一応の水準」に達していると認められる答案

〔設問1〕については、本件が違法収集証拠排除法則の問題であることを一応は把握できているものの、Pが注射器を発見した行為の性質を意識することなく同行為の適法性を検討し、当てはめにおいても、事例中に現れた具体的事実の抽出、分析が不十分である上、派生証拠の証拠能力に関する自説の論述が不十分で、いかなる立場に立っているのか不明確であり、当てはめにおいても、自説と整合しない当てはめに終始し、具体的事実の抽出、分析も事実をただ書き写すだけの不十分な答案である。

また、〔設問2〕については、強制処分の意義や任意処分としての適法性の限界が問題となる理由が意識できていない上、条文の解釈や判例を意識することなく不十分な法解釈しか示すことができず、当てはめにおいても、各ビデオ撮影により乙のいかなる権利・利益が侵害され、どの程度侵害されているのかという点に対する配慮が不十分であり、物足りなさを感じさせる答案である。

⑷ 「不良の水準」にとどまると認められる答案

前記の水準に及ばない不良なものをいう。一般的には、刑訴法上の基本的な原則の意味を理解することなく機械的に暗記し、これを断片的に論述しているだけの答案や、関係条文・法原則を踏まえた法解釈を論述・展開することなく、事例中の事実をただ書き写しているかのような答案など、法律学に関する基本的学識と能力の欠如が露呈しているものである。

例を挙げれば、〔設問１〕であれば、所持品検査の限界や違法収集証拠排除法則の根拠・排除の要件を論述することなく、事例中に現れた事情をただ書き写して結論付ける答案がこれに当たる。また、甲の弁護人の証拠意見を踏まえれば、本件の争点が違法収集証拠排除法則の適用の有無であることは明らかであるのに、伝聞法則の論述を全面的に展開する答案もこれに当たる。また、〔設問２〕であれば、強制処分の意義や任意処分としての適法性の限界を論述することなく、事例中に現れた事情をただ書き写して結論付ける答案がこれに当たる。

4 法科大学院教育に求めるもの

このような結果を踏まえると、今後の法科大学院教育においても、刑事手続を構成する各制度の趣旨・目的について、最高裁判所の基本的な判例を踏まえて、原理原則に遡り、基本から深くかつ正確に理解し、条文や関連する判例の解釈論を論じられるようにすること、それを踏まえて、具体的事例を法的に分析し、問題の所在をその理由とともに正確に把握できるようにすること、これらの解釈論に具体的事例を当てはめて適用する能力を身に付けること、自己の立場から論述の整合性に配慮しつつ論理立てて分かりやすい文章で表現できる能力を培うことが強く求められる。また、刑訴法においては、刑事実務における手続の立体的な理解が不可欠であり、通常の捜査・公判の過程を具体的に想起できるように、実務教育との有機的連携を意識し、刑事手続の各局面において、裁判官、検察官、弁護人の法曹三者が具体的にどのような立場からどのような活動を行い、それがどのように関連して手続が進んでいくのかなど、刑事手続が法曹三者それぞれの立場から動態として積み重ねられていくことについて理解を深めていくことが重要である。

再現答案① Aランク 17～21位（144.96点、E・Tさん 論文順位169位）

第１　設問１

１　鑑定書について証拠調べ請求がされているところ、これに対して弁護人は異議ありとの証拠意見を述べている。証拠調べ請求においては伝聞証拠であれば同意または不同意（刑事訴訟法（以下略。）３２６条参照）という証拠意見を述べ、証拠物に関しては異議ありまたは異議なしと述べるのが通常である。本問では弁護人は異議ありと述べていることから、鑑定書が証拠禁止にあたり証拠能力が否定されるのではないかが問題となる。

２　そもそも、鑑定書は所持品検査で発見された結晶の鑑定書であるところ、所持品検査に違法があれば鑑定書も毒樹の果実として証拠排除される可能性があるから、所持品検査が適法に行われているのか問題となる。

⑴　まず、職務質問の要件についてみると、２０１号室での覚醒剤の密売が疑われている中、２０１号室から出てきた男から封筒を受け取っており、「何らかの犯罪を犯したと疑うに足りる」といえるから、職務質問の要件（警職法２条１項）を満たす。

⑵　所持品検査については明文規定はないものの、口頭による質問と密接し効果を上げるのに必要かつ有効なものであるから、職務質問に付随するものとして任意処分として認められる。そして、任意手段たる職務質問に付随して行う以上、原則として所持人の承諾を得る必要がある。もっとも、職務質問は犯罪の予防・鎮圧という行政警察活動として行われるから承諾がなければ一切許されないと解するのは相当ではない。そこで、捜索に至らない程度の行為は強制にわたらない限り許されるが、捜索に至らない程度の行為であってもこれを受ける者の権利を害するから、所持品検査の必要性、緊急性、これによって害される個人の法益と得られる公共の利益との権衡等を考慮し、具体的状況の下で相当と認められる限度で許される。

⑶　判例の中には、中身を取り出した行為についても「捜索に類するもの」として強制処分該当性を認めないものもあり、一個一個丹念に調べるようなものでなければ捜索にあたらないとするものもあるが、この判例に対しては批判的な意見も強い。捜索の本質は強制力を用いて差し押さえるべき物の発見をすることにあり、外部から見えないものでも見える状態にするという意味で、外部から物の状態を五官で覚知する検証とその性質を異にする。本問では、カバンにチャックがされており外部からは何も見えない状態であったものをチャックを開けており、それにとどまらず手を差し入れ、チャックを開けただけでは見えないようなカバンの書類を持ち上げた下にある注射器を取り出している。そうだとすれば、通常目に見えない範囲のものを強制力を行使して外部から見えるようにするものといえるから、捜索に至っているといえる。

⑷　したがって、所持品検査は違法である。

３　覚醒剤は捜索差押許可状に基づく捜索により発見されたものであるところ、捜索差押許可状の発付のためには疎明しなければならない。①の疎明資料だけでは捜索差押許可状は発付されなかったと考えられるから、捜索差押許可状の発付を受けたこと及びこれに基づく捜索差押え並びに現行犯逮捕の各手続には違法性が承継される。

● 本答案は、Ｐの所持品検査の違法性が鑑定書という派生証拠の証拠能力にどのような影響を与えるのかという問題の所在を適切に把握できている（採点実感参照）。

● 出題趣旨によれば、所持品検査の適法性について、最高裁の判例や関連する警職法の条文の解釈などを意識しつつ、具体的事情を挙げて、これに適切な評価を加えて論じる必要があるところ、本答案は、判例（最判昭53.6.20／百選［第11版］〔4〕）を踏まえて論じることができている。

● 本答案では、捜索に当たるかの具体的な検討において、判例（最判昭53.6.20／百選［第11版］〔4〕）だけでなく、所持品検査の適法性が問題となった判例（最判昭53.9.7／百選［第11版］〔88〕、最決平7.5.30）も踏まえて検討しているため、高い評価につながったと考えられる。

4　違法な捜索差押えにより得られた覚醒剤を鑑定した鑑定書は、毒樹の果実であるが、証拠能力が否定されるか。

(1)　証拠の取得手続に違法があっても証拠物自体の証拠価値に変わりはないし、刑事訴訟法は真実発見（1条）を目的としているから証拠能力を否定すべきではないとも思われる。もっとも、司法の廉潔性、将来の違法捜査の抑止、適正手続（憲３１）の保障の観点から無条件に証拠能力を認めるわけにはいかない。そして、毒樹の果実も違法収集証拠排除法則の適用の一場面にすぎないから、①第一次的証拠の収集方法の違法の程度、②第二次的証拠の重要性、③両証拠間の関連性の程度を考慮し、令状主義の精神を没却するような重大な違法があり、将来の違法捜査抑止のために証拠とすべきことが相当でない場合には、証拠能力が否定される。

(2)　本問では、実質的に無令状捜索がされたのに等しい状況であり、かかる無令状捜索があったからこそ捜索差押許可状が発付され、これに基づき捜索差押えをして重要な証拠である覚醒剤を手に入れることができ、その覚醒剤を鑑定することで鑑定書という証拠を取得しているから、両証拠の関連性は極めて強いといえる。鑑定書は覚醒剤であることを示すもので重要な証拠価値を有することは否定しがたく、所持品検査も緊急状況の下で行き過ぎてしまったという面も否定しがたい。もっとも、捜査報告書①には職務質問時の状況が詳細に記載されているにもかかわらず、捜査報告書②に関してはカバンのチャックを開けると注射器が入っていたとしか記載されておらず、カバンのチャックを開けたときには注射器が見えなかったことやカバンのチャックを無理やり開けて手を差し入れてカバンの奥から注射器を取り出すことにより発見されたことについては記載されておらず、所持品検査の中で捜索に至ったことを意図的に糊塗しているものであり、その態度は悪質である。そうだとすれば、令状主義の精神を没却するような違法があり、将来の違法捜査抑止の観点から証拠とすべきことが相当でないといえる。

5　したがって、鑑定書の証拠能力は認められない。

第2　設問2

1　捜査①

(1)　ビデオ撮影は、物や人の状態を五官の作用で覚知する「検証」にあたるから、ビデオ撮影が「強制の処分」にあたれば、令状なく行われた検証となり無令状検証が許される例外的要件（２１８条3項）も満たさないため、令状主義に反し違法となる。そこで、「強制の処分」の意義が問題となる。

(2)ア　１９７条１項ただし書の趣旨は国民の権利自由を制約する処分については、国民の代表者である国会による事前の立法を求めることで国民の権利自由を守る点にある。「強制の処分」は強制処分法定主義と令状主義の両面にわたり統制を受けるもので、その内容はかかる厳格な法的制約に服させる必要があるものに限定されるべきである。相手方の承諾がある場合には権利自由の制約は観念し得ない。また、昭和５１年判決が身体、住居、財産を挙げているのは重要な権利の例示とみることができる。

したがって、「強制の処分」とは、①相手方の明示又は黙示の意

● 出題趣旨によれば、違法収集証拠排除法則に関する判例（最判昭53.9.7／百選［第11版］〔88〕）を踏まえて、違法収集証拠が排除される根拠、排除の判断基準、その際に考慮される要素等を論じる必要があるとされている。本答案では、判例を踏まえたうえで適切に基準を立て、派生証拠の関連性を検討することができている。

● 本答案では、捜査報告書①と②の内容を比較し、捜査報告書②作成の際の警察官の事後の違法行為から、Ｐの一連の行為の経緯を違法収集証拠排除法則の判断基準に当てはめをしている。これは、捜査報告書①及び②の関係について問題文で与えられた事実を分析し、その際に判例（最判平15.2.14／百選［第11版］〔90〕）も踏まえて論ずることができており、問題文中の事実がどのような意味を有するのかを丁寧に検討できている（出題趣旨参照）。

● 採点実感によれば、設問2においては写真撮影やビデオカメラによる撮影の適否が問題となった事案に関する判例に留意しつつ、強制処分に対する規律の趣旨・根拠を踏まえながら、強制処分と任意処分とを区別する基準及び任意処分の限界を論述することが求められている。本答案では、判例（最判平20.4.15／百選［第11版］〔9〕）において示された、

思に反して、②その重要な権利・利益を実質的に侵害・制約する処分のことをいう。

イ　捜査1は撮影対象者である乙に無断で行われており、少なくとも乙の黙示の意思に反するといえるから、①の要件を満たす。捜査1は喫茶店内における撮影であるところ、かかる捜査によりみだりにその容貌・姿態を撮影されない自由（憲法13条）を侵害する。もっとも、喫茶店は自宅などと異なり不特定多数の者が立ち入れる場所であり、少なくとも喫茶店内にいる者に対しては観察されることを受忍すべきといえる。また、観察と撮影は異なり撮影されることまでも受忍すべきとはいえないとも考えられるが、このスマホ社会において、外を出歩けば他人のスマホでの撮影があちらこちらで行われており、外に出る以上そのような撮影も受忍すべき限度にあるといえる。そうだとすると、重要な権利利益が実質的に侵害・制約されたとはいえない。

ウ　したがって、「強制の処分」にあたらない。

(3)ア　もっとも、任意捜査であっても何らかの法益を侵害しまたは侵害するおそれがあるから、捜査比例の原則（197条1項本文）が及ぶ。したがって、必要性、緊急性等を考慮し具体的状況の下で相当といえる限りにおいて適法となる。

イ　本問では、本件アパート201号室で覚醒剤の密売が行われているとの情報を得ているところ、本件アパートの201号室から本件封筒を手渡している現場が目撃されている。そして、201号室から出てきた男から封筒を受け取った男は覚醒剤取締法違反の前科がある甲で、本件封筒の中には覚醒剤が入っていた。本件アパートには3人の男性が夜中に入っていったところ、男性のうち午前1時半に入った男の顔が乙の顔と極めて酷似しており、乙は201号室の賃貸借契約の名義人で、覚醒剤取締法違反の前科があったため、乙と午前1時半に201号室に入った男との同一性を確認する必要があった。乙の首の右側には小さな蛇のタトゥーが入っており、タトゥーの有無及び形状を確認することで午前1時半に部屋に入った男性と乙の同一性を確認することができる。首元にある小さいタトゥーは暗い中では確認することが困難であり、タトゥーは見る角度や明るさによって見え方が異なることがある。また、写真撮影を乙にばれないように何枚にもわたって行うことは困難であり、色や細かい模様などを確認するためには様々な角度から連続して撮影が行えるビデオ撮影をする必要があったといえる。確かに、捜査①により乙のみだりにその容貌・姿態を撮影されない権利が侵害されるが、捜査①は喫茶店という不特定多数の者が立ち寄れることができる場所で行われており、もとより人からその姿を観察されることは受忍すべき場所であり要保護性が高くないことや、喫茶店において店長の承諾を得たうえで20秒というタトゥーの有無及び形状を撮影するために必要最小限の時間で行われている。また、覚醒剤密売は重大犯罪であり、201号室に入っていった男が売人である可能性は高く、覚醒剤事案の抜本的解決のためには売人をとらえることが重要であり、捜査により侵害される法益より捜査の必要性が上回るため、具体的状況の下で相当であるといえる。なお、撮影データの中

無令状のビデオ撮影の問題意識や判断基準を示すことができている。

● 本答案では、捜査①において侵害されている権利・利益について、その内実に対する理解が適切になされているといえる（採点実感参照）。

● 本答案では、捜査の必要性や目視や写真撮影ではなくビデオ撮影という方法をとる必要性について十分に検討したうえで、捜査①の適法性を検討できており、具体的事実の抽出や分析が十分にできているといえるため、高い評価を得たと推測される（採点実感参照）。

には後方の客の様子が映っていたが、京都府学連事件においては捜査対象者と無関係の者の容貌が映り込んでいたとしても任意捜査として許容される態様で撮影を行っている以上、憲法に反しないとされている。そのため、本問において後方の客の様子が映っていたとしても捜査の適法性には影響しない。

2　捜査②

(1)　捜査②についても検証たる性質を有するため、「強制の処分」にあたるか、当たらないとしても任意捜査の限界を超えるもので違法とならないか問題となる。捜査①と同様の基準により判断する。

(2)ア　前述のように「強制の処分」とは、相手方の明示または黙示の意思に反して、その重要な権利利益を実質的に侵害・制約する処分をいう。

イ　捜査②も対象者乙には知らせずに行われているから、黙示の意思に反する。次に捜査②も、みだりに容貌・姿態を撮影されない権利という憲法１３条により保障される権利を侵害するものである。これに加えて捜査②は、本件アパート２０１号室の玄関ドアやその付近の共用通路を撮影するもので、腰高窓があり公道から見ることは不可能な場所を撮影するものである。また、玄関ドアが開けられるたびに玄関の内側や奥の部屋に通じる廊下が映り込んでいる。玄関の内側や廊下というのは喫茶店のような人から見られることを受忍すべき場所であるとはいえない。むしろ部屋の中というのは個人の要塞ともいうべき高度のプライバシーが存在する場所であり、捜査②は私的領域に侵入されない権利という、憲法３５条の身体・住居・財産等に侵入されない権利に準ずるものとして憲法３５条の保障を受ける権利を侵害するものといえるから、重要な利益を実質的に侵害するものといえ、相手方の明示または黙示の意思に反して重要な権利利益を実質的に侵害・制約するといえる。したがって、捜査②は「強制の処分」にあたる。

ウ　前述のようにビデオ撮影は検証たる性質を有するから強制処分法定主義違反とはならないが、令状なく検証を行っているため令状主義違反となる。

(3)　なお、仮に捜査②が強制処分にあたらないとしても、任意捜査としての限界をこえないか。

ア　任意捜査の限界をこえないかどうかは捜査の必要性、緊急性等を考慮し具体的状況の下で相当といえるかによって判断される。

イ　本件アパート２０１号室を拠点とする覚醒剤密売がされている疑いが生じていたところ令和５年９月２８日に男性３名が出入りしており、そのうち一人が甲に覚醒剤を渡した乙であることが判明している。もっとも、残り２人の男性についてはその素性がわからず乙とその他の男性らとの共犯関係や覚醒剤の搬入状況などの組織的な覚醒剤密売の実態を明らかにするため本件アパート２０１号室への人の出入りの様子を監視する必要があった。もっとも、同室の玄関ドアは幅員約５メートルの公道側に向かって設置されており、同ドア横には公道上を見渡せる位置に腰高窓が設置されていたことから、同室に出入りする人物に気づかれることなく同室の玄関ドアが見える公道上で張り込んで同室の様子を監視することは困難であっ

● 本答案では、捜査②により侵害された権利・利益につき撮影されているのが玄関ドアの開閉に伴って不可避的に見えてしまう部分であるという事情を踏まえたうえで事案の分析が的確になされている。

● 本答案は、事実をただ羅列するだけでなく評価も加えられており、事案の分析が的確になされている。

た。一方、公道の反対側内達３階建てのビルの２階の部屋の公道側の窓からは本件アパート２０１号室の玄関ドアが見通せる状態だったから、その場所から撮影する必要があった。また、ビデオはその人の歩き方や体格、表情など写真よりも多くの情報を取得することができ、ビデオで撮影して実態を明らかにする必要があったから、ビデオ撮影の必要性は認められる。もっとも、撮影は同年１０月３日から同年１２月３日まで２か月間と長期にわたって２４時間間断なく行われており、権利侵害が継続的であったといえる。前述のようにかかる撮影は私的領域の撮影も含むものであり権利侵害の程度が極めて大きく、たとえビルの所有者や管理会社の承諾を得ていたとしても、失われる法益があまりに大きく相当性を欠く。

ウ　よって、捜査②は違法である。

以　上

※　実際の答案は８頁以内に収まっています。

MEMO

再現答案②　Aランク　244～279位（123.50点、K・Mさん　論文順位253位）

第１　設問１
１　鑑定書に証拠能力は認められるか。
　本件では、①Ｐによる所持品検査、②所持品検査をもとに作成された捜査報告書、③捜査報告書を疎明資料してなされた現行犯逮捕および捜索、④逮捕による身柄拘束を利用した取調べ、の過程を経て鑑定書が作成されている。
　では、鑑定書作成の起点となった所持品検査は適法か。
２　まず、Ｐは甲が本件アパート２０１号室から出てきた人物から本件封筒を受け取った場面を現認しており、「犯罪を犯し、若しくは犯そうとしていると疑うに足りる相当な理由」（警察官職務執行法２条１項）があるといえるから、Ｐの甲に対する職務質問は適法である。
　そして、Ｐが本件かばんのチャックを開けてその中に手を差し入れ、在中物を探った行為は所持品検査に当たるところ、この行為は適法か。
(1)　ここで所持品検査は、口頭による質問と密接に関連し、その効果を上げるうえで必要性、有効性が認められる行為であるから、職務質問に付随する行為として許容される。もっとも、任意処分である職務質問に付随して行われる以上、相手方の同意を得て行うのが原則である。もっとも、常に相手方の同意が必要であるとすると、捜査の実効性を害し妥当でない。そこで、捜索に至らない程度の行為は強制にわたらない限り、必要性・緊急性を考慮した上、具体的事情に照らして相当と認められる場合には、所持品検査として適法であると解する。

●　本答案は、Ｐの所持品検査の違法性が鑑定書という派生証拠の証拠能力にどのような影響を与えるのかという問題の所在を適切に把握できている（採点実感参照）。

●　出題趣旨によれば、所持品検査の適法性について、最高裁の判例や関連する警職法の条文の解釈などを意識しつつ、具体的事情を挙げて、これに適切な評価を加えて論じる必要があるとしている。本答案では、判例（最判昭53.6.20／百選［第11版］〔４〕）による規範を立て、本事案が捜索に至っているかについては端的に認定している（なお、再現答案①参照）。

(2)　これを本件についてみる。
　本件では、Ｐはチャックが閉まっていた本件かばんを開披した上、中を探っており、この行為は捜索に当たる。そのため、上記行為は捜索に至ってしまっているから、違法な所持品検査である。
　なお、甲は異常に汗をかいたり目をきょろきょろさせたりするなど、覚醒剤常用者の特徴を有しているため、相当性を基礎づける事情があるが、上記の通り上記行為は捜索に至っている以上、これらの事情を検討するまでもなく上記行為は違法である。
(3)　よって、上記行為は違法である。
３　では、上記行為に引き続いてなされた現行犯逮捕・捜索は適法か。上記行為の違法性が現行犯逮捕に影響するか。違法性の承継が問題になる。
(1)　ここで、違法性の承継を認めないと、違法収集証拠排除法則が骨抜きになってしまい妥当ではない。そこで、先行手続と後行手続が密接に関連する場合には、先行手続における違法が後行手続に承継されると考える。具体的には、両手続が同一の目的でなされ、後行手続が先行手続を直接利用してされている場合には、違法性が承継されると解する。
(2)　これを本件についてみる。
ア　まず、先行手続の目的は覚醒剤の密売事件の摘発にあり、後行手続の目的と同じである。そのため、両手続の目的は同一である。
イ　さらに、現行犯逮捕、捜索は違法な所持品検査により得られた

●　本答案では、捜査報告書を疎明資料として行われた捜索だけでなく、かかる捜索から得られた証拠によって甲が現行犯逮捕されたことについて違法性の承継を論じている。もっとも、設問においては鑑定書の証拠能力が問題となっているところ、鑑定書の取得過程において、現行犯逮捕は問題とならない以上、現行犯逮捕についての違法性の承継は論じる必要がない。

証拠を疎明資料としてされているから、後行手続は先行手続を直接利用して行われたと評価できる。確かに、捜索に際しては裁判官による令状審査が行われているため、この手続によって両手続の関係が希釈化し、直接利用されたものではないとも思えるが、令状審査にあたって提出された捜査報告書①②には職質実施の経緯、注射器発見の経緯しか記載されておらず、所持品検査の違法性を基礎づける事情が記載されていない。そのため、裁判官は所持品検査の違法性についての判断をしないまま捜索令状を発付しているといえ、令状審査がされているからといって直接利用は否定されず、違法性が希釈化されたとはいえない。

ウ　よって、所持品検査の違法性が捜索、現行犯逮捕に承継され、捜索の手続は違法である。

4　では、現行犯逮捕による身柄拘束を利用して作成された鑑定書に証拠能力は認められるか。違法収集証拠排除法則が問題となる。

(1)　この点について、国民の司法への信頼確保の観点からは、違法な手続により獲得された証拠の証拠能力は否定すべきとも思える。もっとも、軽微な違法にすぎない場合にも常に証拠能力を否定すると捜査の実効性を害する。そこで、手続に令状主義の精神を没却する重大な違法があり、その証拠の証拠能力を認めることが将来の違法捜査抑止の観点から妥当ではない場合には、証拠能力は否定されると考える。

(2)　これを本件についてみる。

ア　本件では、上記の通り、所持品検査に違法がある。そしてその違法は、相手方の意思に反してその携帯物の中を捜索するというものであり、本来は捜索令状を取って行われるべき捜査であるものであるから、令状なくしてされた上記行為は違法である。さらに、上記行為は憲法が保障する私的領域に侵入されない利益（憲法３５条参照）を侵害するものであるから、その違法は重大である。よって、本件では重大な違法が認められる。

イ　さらに、上記行為の主体は警察官であるところ、警察官であれば上記捜査が違法であることを認識していたと考えられる。それにもかかわらず、令状審査の際に違法性を基礎づける事情を裁判官にあえて提示していないと考えるところ、このような行為の悪質性は高く、排除相当性がある。

ウ　よって、鑑定書は違法な捜索に引き続いてされたものとして、違法収集証拠に当たる。

5　よって、鑑定書に証拠能力は認められない。

第2　設問2

1　捜査①の適法性

(1)　捜査①は適法か。捜査①は強制処分（刑事訴訟法（以下法名省略）１９７条１項本文）に当たり、違法ではないか。

ア　まず、現行法における強制処分の要件の厳格性およびその効果の重大性に鑑み、強制処分とは、相手方の明示又は黙示の意思に反して、その重要な権利利益を実質的に侵害・制約する処分をいうと解する。

イ　これを本件についてみる。

● 強制処分として摘示する条文は「197条１項但書」である。

まず本件において、捜査①のビデオ撮影がされていることを対象者が知ればそれを拒否したと考えられるから、捜査①は少なくとも相手方の黙示の意思には反している。

次に、捜査①によって制約される利益としては、喫茶店内において撮影されない利益が想定できる。そして、この利益はプライバシー権（憲法１３条）によって保障された重要な権利とも思える。しかし、喫茶店は多くの人が出入りすることが想定された空間であるから、撮影されることが想定されていない住居内とは異なり、他者から観察されることをある程度受忍せざるを得ない空間であるといえる。そうすると、上記利益は重要な権利利益とまではいえない。

ウ　よって、捜査①は強制処分に当たらない。

(2)　そうだとしても、捜査①は上記利益を制約する以上、警察比例の原則から、一定の制約に服する。では、捜査①は任意処分として許容されるか。

ア　ここで、任意処分として許容されるか否かは、当該捜査が行われた際の具体的事情に照らして相当と認められる限度にあるといえるか否かによって判断する。

イ　これを本件についてみる。

本件の被疑事件は覚醒剤取締法違反であるところ、同罪は１年以上の懲役［注：拘禁刑］になりうる重罪である（覚醒剤取締法４１条の２第２項）。また、事前の捜査によって、被疑者は乙である可能性が高いことが判明しており、２０１号室から出てきた男が乙であるか否かを確認するために、首にタトゥーがあるかを見る必要性が高かった。そして、首元のタトゥーは服に隠れるときもあると考えられるところ、写真ではタトゥーが見えている瞬間を撮影できるとは限らず、確実に上記目的を達する手段としては不適当である。そのため、ビデオ撮影をする必要性もあった。

さらに、本件でビデオ撮影をしたのはわずか２０秒であり、ビデオ撮影により制約される利益が大きくないことをも考慮すると、捜査①には相当性が認められる。

ウ　よって、捜査①は任意処分として許容される。

2　捜査②の適法性

(1)　捜査②は強制処分に当たるか。

まず本件において、捜査②のビデオ撮影がされていることを対象者が知ればそれを拒否したと考えられるから、捜査②は少なくとも相手方の黙示の意思には反している。

さらに、捜査②で制約される利益としては公道から玄関ドア等を撮影されない利益が想定される。そして、この利益はプライバシー権の一つとして保障されるものではあるが、あくまで公道から見える範囲を対象とするものである。公道から見える範囲については、観察されることを受忍せざるを得ず、その重要性は相対的に劣る。そうすると、上記利益は重要な利益とはいえない。

よって、捜査②は強制処分には当たらない。

(2)　では、任意処分として許容されるか。

まず、被疑事実が重大であることは捜査①と同様である。さら

● 本答案では、捜査①において侵害されている権利・利益について、その内実に対する理解が適切になされているといえる（採点実感参照）。

● 本答案では、捜査の必要性や、目視や写真撮影ではなくビデオ撮影という方法をとる必要性について十分に検討した上で、捜査①の適法性を検討できており、具体的事実の抽出や分析が十分にできているといえるため、高い評価を得たと推測される（採点実感参照）。

● 本答案では、玄関ドアの開閉に伴って住居の内部が見えてしまっている点について全く触れていない。そのため、捜査②の強制処分該当性を論じる上で具体的事実の検討が不十分であると判断されたと推測される（採点実感参照）。

に、捜査①によって被疑者が乙であることが判明しており、嫌疑も高い。そして、２０１号室に出入りする人物に気づかれることなく同室の玄関ドアが見える公道上で張り込んで同室の様子を間断なく監視することは困難だったところ、ビデオ撮影をする必要性も高かった。

しかし、捜査②では２か月にわたって、毎日２４時間撮影を継続している。上記目的達成のためには必ずしも２４時間継続録画する必要はなく、出入りが多い時間に限って録画すれば足りる。また、長期にわたる継続監視では、対象者の行動パターンなど、上記利益では評価し尽くせない利益が害される可能性が高い。

そうすると、捜査②は具体的事情のもとで相当な限度を超えていたといえる。

(3) よって、捜査②は違法である。

以　上

再現答案③　Bランク　1205～1255位（101.34点、S・Uさん　論文順位878位）

第1　設問1

1　鑑定書の証拠能力について違法な捜査に基づき得られた証拠を証拠として採用してしまった場合、適正手続（憲法31条）、司法の廉潔性、将来の違法捜査抑制の見地からも妥当でない。そこで、重大な違法があり、将来の違法捜査抑制の見地から証拠とすることが相当でないといえる証拠については証拠とすることができないと解する。

2　そこで、以下では本件の一連の捜査の違法性についての検討をする。

(1)　まず、警察官Pの職務質問に違法があったといえないか。

甲は覚醒剤の密売が行われているとの情報が入っていた本件アパート201号室から出てきた人物から本件封筒を受け取る行為をしており、「何らかの犯罪を犯し……ていると疑うに足りる相当の理由のある者」（警察官職務執行法（以下警職法とする。）2条1項）といえるため、不審事由該当性は認められる。

(2)　では、警察官Pの職務質問の際、いきなり本件かばんのチャックを開け、その中に手を差し入れ、その中をのぞき込みながらその在中物を手で探ったことが承諾なき所持品検査として違法とならないか。

この点、確かに所持品検査は任意に行われるものであり（同条3項参照）承諾なき所持品検査は原則許されない。もっとも、流動する各般の警察諸事情に鑑み、一定場面では承諾なき所持品検査も許されると解すべきである。

そこで、捜索に至らない程度の、強制にわたらないものであり、必要性、緊急性、公益との権衡を考えたときに相当といえる限度のものであれば、承諾なき所持品検査といえど適法なものといえると解する。

本件でPは本件かばんの在中物の探索にあたって、本件かばんという空間的領域の探索を行っており、これが捜索に至る程度のものであったといえる可能性がある。また、職務質問時Pが甲の名前を照会したところ、甲には覚醒剤取締法違反の前科があることが判明していた。そして、引き続きPが職務質問を進めたところ、甲は覚醒剤常用者の特徴をあらわにし、この時点で何らかの覚醒剤関連の罪を犯している嫌疑が十分に高まっていたといえる。そこで、刑事訴訟法（以下法令名略）197条1項ただし書「強制の処分」該当性の検討も併せて行うことで、捜索に至らない程度の、強制にわたらないものであったといえるかの判断をする。

「強制の処分」とは現に刑事訴訟法上に規定されている強制処分と同程度の法的制約に値する処分をいうと解する。そこで、「強制の処分」とは、相手方の意思を制圧し、身体住居財産等の重要な権利利益を侵害する処分をいうと解する。

本件は、Pが甲に封筒の中身を見せるよう要求したところ、甲は逃走を図ったわけなので、上記行為は甲の意思に反していたといえる。また、上記行為は本件かばんという甲のプライバシーが強く及ぶ場所に対して、のぞき込むだけでなく、その在中物をさぐる行為をしており、もはや公権力による私的領域（憲法35条参照）への侵襲があったものといえる。

● 出題趣旨・採点実感によれば、違法収集証拠排除法則に関する判例（最判昭53.9.7／百選［第11版］〔88〕）を踏まえて、違法収集証拠が排除される根拠、排除の判断基準、その際に考慮される要素等を論じた上で、派生証拠の証拠能力に関する判断枠組みを立てて検討することが求められていた。本答案では、判例を踏まえつつ適切に基準を立てた上で、派生証拠の関連性を検討することができている。

● 本答案は、Pの探索行為について、職務質問中に犯罪の嫌疑が高まっていったことを理由に、かかる行為の性質が行政警察活動たる所持品検査から、司法警察活動である捜索に転じたと理由付けをした上で、「強制の処分」（197Ⅰ但書）該当性を論じたものと考えられる。もっとも、所持品検査は職務質問という行政警察活動に付随して行われるものであり、問題文中に司法警察活動に転じたと認定できる事情も特にないことから、端的に「捜索に至らない程度」かどうかを論じるべきであった。このような答案は、行政警察活動と司法警察活動のいずれと捉えているのかが不明確なまま漫然と「強制の処分」を論じたものと判断され、評価が下がったものと考えられる（採点実感参照）。

したがって、上記行為は相手方の意思を制圧し、身体住居財産等の重要な権利利益を侵害する処分といえ、「強制の処分」該当性が認められる。

そして、上記の通りであるため、上記行為は刑事訴訟法上の捜索ということができ、強制処分法定主義に反することはない。もっとも、令状（２１８条１項前段）を得た上で上記行為をしていないので令状主義に反する違法が認められる。

よって、上記行為は刑事訴訟法上の「強制の処分」に該当するものであり、また、捜索に至り、強制にわたっているものということができる。

(3) また、本件封筒を取り出し中身を確認する行為をしているわけであるが、これは令状の発付を受け適法になされた捜索差押えをするにあたっての「必要な処分」（１１１条１項）ということができ、これについては適法なものといえる。

3　上記の違法性について、確かにその後、適法な捜索差押えがなされているわけであるが、かかる捜索差押えは職務質問、捜査にて明らかになった同一被疑事実の解明という同一目的としてなされており、これらの捜査報告書を疎明資料として令状が発付されているのだから、本件の職務質問、捜査を直接利用し、なされた捜査であるといえ、これに違法性が承継される。

4　また、違法な捜査によって証拠が収集された場合、その証拠をもとにして新たな証拠が得られ、結果これを証拠とすることができるとしてしまっては、上記の違法収集証拠排除法則の趣旨に反する。そこで、第一次証拠の違法性の程度、第一次証拠と第二次証拠との密接関連性、第二次証拠の必要性等を考慮して、第二次証拠の証拠能力の検討をする。

本件では、上記の通り、令状主義に違反する重大な違法があり、これがその後の捜索差押手続にも承継されており、この捜索差押手続から得られた覚醒剤様の白色結晶が入手されたわけであるので、この証拠の獲得にあたっての違法性は大きい。また、その違法な捜査から第二次証拠獲得までの間に令状審査がなされているが、その違法性を判断するための事実についての記載があったわけではなく、裁判官が違法性の判断を適切にできていない。そこで、令状審査による違法性の希釈はなされておらず、違法性の重大性は変わらない。そして、同結晶の鑑定の結果を記載しているのが鑑定書なわけであるのでこれらの密接関連性は強いものといえる。確かに、鑑定書は覚醒剤事犯の立件にあたって必要となる重要な証拠であるが、上記のような重大な違法がある以上、これを証拠とすることは将来の違法捜査抑制の見地からも相当といえるものではない。

よって、鑑定書の証拠能力は認められない。

第2　設問2

1　捜査①について

(1) 捜査①が「強制の処分」（１９７条１項ただし書）といえるか。上記第１、２(2)で示した規範をもって判断する。

捜査①にて喫茶店の店長の承諾を得てはいるものの乙はかかる捜査をされることを承諾しておらず、乙の意思は全く介在することな

● 本件封筒を取り出し、中身を確認した行為は、かばんの在中物の探索行為に包摂されるものであり、かかる探索行為と切り離して検討する必要はない。また、かばんの在中物の探索行為を違法としながら、これに含まれる一部の行為を適法とするのは論理的に整合しない。

● 本答案は派生証拠の証拠能力につき、自説に沿って規範を立てた上で、捜査報告書①②の記載内容につき分析が不十分であるものの、事例中に現れた具体的事実を抽出し、分析して結論を導き出している答案といえ、良好の水準に達していると考えられる（採点実感参照）。

く捜査①がなされている。そこで、乙の意思を制圧しているということができる。また、確かに喫茶店という公道よりかはプライバシーが要請される場所での撮影ではあるが、喫茶店内は人が自由に立ち入ることができるため、プライバシー保護の要請が強く要求されるような場所ではなく、私的領域への侵襲とはいいがたい。そこで、重要な権利利益を侵害する処分とはいうことができず、「強制の処分」該当性は認められない。

⑵ もっとも、強制処分に該当せずとも任意処分として許されるのか。

この点、必要性、緊急性を考慮して、相当といえる限度のものかどうかで判断する。

本件では、本件アパートの名義は覚醒剤取締法違反の前科を有している乙であったところ、捜査の過程で本件アパートに乙らしき人物が出入りしていた。そして、乙はタトゥーを入れておりこれが確認できれば乙を特定することはできた。そうであるならば、捜査①をする必要性は肯定できるところであり、また、既に甲を逮捕してしまった以上、これが露見するのも時間の問題であり、かかる捜査をする緊急性も認められた。そして、Pが撮影した映像はたったの２０秒だけであり、確かに他の客が映っているとはいっても主として映るのは乙だけであり、相当な限度のものであるといえる。

よって、任意処分をとしても捜査①は適法である。

2 捜査②について

⑴ 捜査②が「強制の処分」（１９７条１項ただし書）といえるか。

● 本答案は、「強制の処分」の意義につき、判例（最大判平29.3.15／百選［第11版］〔31〕）を参考に、判例（最決昭51.3.16／百選［第11版］〔１〕）の基準を採ったものと考えられる。もっとも、「意思の制圧」は、意思に反する程度が抑圧されるほどに高いことを意味するものであり、単に意思の介在がないことをもって基礎づけられるものではない。そのため、意思に反することをもって「意思の制圧」に当たるとするのであれば、「合理的に推認される個人（対象者）の意思に反する場合も含まれる」などの論述が必要となる。

上記第１、２⑵で示した規範をもって判断する。

捜査②にてビルの所有者及び管理会社の承諾を得てはいるものの乙はかかる捜査をされることを承諾しておらず、乙の意思は全く介在することなく捜査②がなされている。そこで、乙の意思を制圧しているということができる。また、確かに本件アパート２０１号室の玄関ドアやその付近の共用通路というプライバシーが要請される場所での撮影ではあるが、玄関ドアやその付近の共用通路であれば人が自由に立ち入ることができるため、プライバシー保護の要請が強く要求されるような場所ではなく、私的領域への侵襲とはいいがたい。そこで、重要な権利利益を侵害する処分とはいうことができず、「強制の処分」該当性は認められない。

⑵ もっとも、強制処分に該当せずとも任意処分として許されるのか。

この点、上記判断基準で判断する。

上記での状況に加え、乙とその他の男性らとの共犯関係、覚醒剤の搬入状況などの組織的な覚醒剤密売の実態を明らかにするため、本件アパート２０１号室のアパートの出入りを確認する必要性は肯定できる。また、同室に出入りする人物に気づかれることなく、同室の玄関ドアが見える公道上で張り込んで同室の様子を間断なく監視することは困難であったのだから、この点も捜査②を行う必要性を肯定するための事情となる。また、緊急性に関しても捜査①と同じように認められる。加えて、確かに３か月もの間、本件アパート２０１号室の玄関ドア付近を２４時間撮影していたわけであるが、

● 本答案は、玄関ドアの開閉に伴って住居の内部が見えてしまっている点について全く触れていない。そのため、捜査②の強制処分該当性を論じる上で具体的事実の検討が不十分であると判断されたものと推察される（採点実感参照）。

撮影された映像は玄関内側、奥の部屋に通じる廊下が映っていたのみであり、これをもって相当な限度を超えているということはできない。

よって、任意処分としても捜査②は適法である。

以　上

再現答案④　Cランク　756～810位（110.33点、S・Sさん　論文順位185位）

設問１

１　そもそも、伝聞証拠（刑事訴訟法３２０条）とは、原供述者の公判廷外の供述を内容とし、要証事実との関係でその内容の真実性が問題になる証拠をいう。本件は鑑定書であるところ、鑑定人の公判廷外の原供述を内容とする、結晶が覚醒剤であることを内容とする証拠であり、結晶が覚醒剤であることという要証事実との関係で内容の真実性が問題となる。しかし、鑑定書は専門技術者の鑑定結果を示したものであり、性質上口頭よりも書面の方が伝わりやすいので伝聞例外として証拠能力が認められる（３項）。

２　刑事訴訟法は、公共の福祉の維持と個人の基本的人権の保障とを全うしつつ、事案の真相を明らかにすることを目的としており（１条）、捜査に「正当な理由」が要求される憲法３５条、３３条、３１条の趣旨から、違法収集証拠は排除されるべきである。

具体的には、司法の廉潔性や違法捜査抑止の見地から、①令状主義の趣旨を没却する重大な違法があり、②証拠として認めることが相当でない場合に、証拠能力が否定されると解する。そして、違法な捜査により直接収集された証拠でなくとも、違法な捜査が影響を及ぼした証拠が排除されるべき場合がある。違法性の承継や毒樹の果実といった理解は説明の違いに過ぎないので、上記枠組みの中で因果性の有無として理解すれば足りる。

職務質問に付随し実効性を確保する行為として、任意処分としての所持品検査が許容される。具体的には、任意処分である以上相手方の同意に基づくことが原則だが、相手方の同意を得られない場合でも、捜索に至らない程度の行為は、強制にわたらない限り、必要性や緊急性を考慮し、具体的状況の下で相当といえる範囲で認められる（米子事件）。そして、捜査官がボーリングバッグのチャックを開きその中を一べつすることまでは、上記範囲の所持品検査であり、任意処分として適法であるとされる。対して本件はかばんを開いて中を一べつするにとどまらず、中に手を差し入れ、中をのぞき込みながら在中物を手で探り、中の書類をどけてその下から注射器を取り出したのであり、判例を逸脱した所持品への「捜索」（２１８条１項）が認められるので、令状主義に反する違法がある。そして、疎明資料②には、本件かばんのチャックを開けたところ注射器が入っていた旨のみが記載されているところ、これは上記判例の範囲を逸脱し違法な捜査であることに気づいていながら、それを秘匿して適法な所持品検査を契機とした捜索差押令状を取得したいというＰの主観が推認される。これらのことからすれば、令状主義の趣旨を没却する重大な違法がある（①）。そして、本件は違法な捜索によりＰが捜査報告書を作成し、それに基づいて令状が発付され、令状に基づく捜索差押えから取得された証拠について鑑定書が作成されているところ、違法な捜査がなければ令状の発付はなかったのであり、捜査報告書を経ているとはいえ、違法は希釈されない。そのため、鑑定書を証拠として許容すると、令状主義が骨抜きになり、将来の違法捜査抑止の見地から相当でない（②）。したがって、鑑定書は証拠から排除されるべきである。

よって、鑑定書に証拠能力は認められない。

設問２

●　設問１では、鑑定書の証拠能力について問われている。鑑定書も一般に公判廷外の供述に当たり、伝聞証拠該当性が問題となりうる。もっとも、本問では検察官が第１回公判期日において鑑定書の証拠調べ請求をした際、甲の弁護人は「前期鑑定書の取調べに異議がある旨の意見を述べた」(事実４参照)とあることから、甲の弁護人としては本件鑑定書の証拠能力のうち、証拠の収集過程の違法に関係する部分につき争うことが明らかであり、検討事項を絞り込む必要があった。そのため、本答案での伝聞証拠該当性について検討は不要であったと思われる。

なお、鑑定書の伝聞例外の根拠規定は、321条３項ではなく同条４項である。

●　本答案は、所持品検査の違法性につき、判例（最判昭53.6.20／百選［第11版］〔４〕）による規範を立てた上で、問題文中の具体的事実に即して検討できている。もっとも、本答案内でも指摘があるように、所持品検査は職務質問に付随して行われるものである以上、Ｐが行った職務質問の適法性についても条文を摘示した上で所持品検査と併せて検討すべきであった。

1　捜査1

⑴　捜査1は「強制の処分」（197条1項ただし書）に該当しないか。該当すれば、強制処分法定主義または令状主義に服するため問題になる。

強制処分は上述の厳格な規制に服するところ、その範囲は限定的に解されるべきである。そこで強制処分とは、①相手方の明示又は黙示の意思に反し、②重要な権利利益を制約する処分をいうと解する。

捜査①では、喫茶店内において、ビデオカメラによって乙の容ぼうが撮影されているところ、合理的に考えて乙が撮影に同意しないことから黙示の意思に反する（①）。他方で、乙のむやみに容ぼうを撮影されない権利が制約されているところ、喫茶店という誰でも出入りできる場所においては、上記権利への制約はある程度受忍せざるを得ず、上記権利は憲法が保障する「住居、書類及び所持品」（憲法35条）に準ずるといえるほどの重要な利益とはいえない。そうすると、重要な権利利益の制約があるとはいえない（②不充足）。

したがって、捜査①は強制処分に該当しない。

⑵　任意処分であっても、捜査比例の原則に服する（197条1項）。具体的には、捜査の必要性、緊急性を考慮し、具体的状況の下で相当といえる場合に、適法となると解する。

本件では、上述の通り乙のむやみに容ぼうを撮影されない権利への制約があるが、その制約はある程度受忍せざるを得ないものであり、また撮影時間も20秒ほどと短く、権利制約の度合いは大きいとはいえない。

他方で、本件の被疑事件は営利目的での覚醒剤所持事件であるところ、これは法定の懲役［注：拘禁刑］の期間上限がない重大犯罪である（覚醒剤取締法41条の2第2項）。また、Pは本件アパート201号室がその拠点となっているとの情報を掴んでおり、乙は同室の賃貸借契約の名義人であるほか、乙には覚醒剤取締法違反の前科があるため、乙の嫌疑は強い。そして、201号室に入った男性と乙との同一性を確かめるため、乙の首にあるタトゥーの有無を確認する必要性があり、このような機会は次にいつあるか分からないので、撮影の必要性、緊急性は高い。そうすると、捜査が具体的状況の下で相当といえる。

⑶　よって、捜査①は適法である。なお、映像には他の客の様子も映っているが、喫茶店の店主の同意を得ており、捜査に伴うやむを得ない制約として問題ない。

2　捜査2

⑴　同様に、捜査②は強制処分に該当しないか。

捜査②は本件アパートから公道を挟んで反対側にあるビルの2階窓のそばにビデオカメラを設置し、本件アパート201号室の入り口を撮影するものである。

確かに、アパートの出入り口は公道から見える位置にあり、そこでの出入りを目撃されることはある程度受忍せざるをえない。しかし、捜査②は24時間休みなく2か月間に及んでいるところ、誰が

● 本答案では、捜査①において侵害されている権利・利益について、その内実に対する理解が適切になされているといえる（採点実感参照）。

● 任意処分の限界につき、目視や写真撮影ではなくビデオ撮影である必要があったのかについても検討する必要があった（出題趣旨参照）。

● 採点実感によると、捜査②において侵害される権利利益の制約についての内実に対する理解を示すことを求められている。本答案は、捜査②により侵害制約される権利利益として、201号室に誰が出入りしているかが明らかにされない期待権として

いつ２０１号室に出入りするかがほとんど明らかになり、プライバシーが制約されている。また、玄関ドアが開けられる度に玄関内側や奥の部屋に通じる廊下が映り込んでいたところ、憲法上保障されている「住居」が定期的に監視の目にさらされることになる。そうすると、捜査①とは質の異なる憲法３５条に準ずるプライバシーが制約されるといえ、重要な権利利益の制約がある（②）。そして、乙は捜査②に同意しないであろうから、黙示の意思に反する（①）。

したがって、強制処分に該当する。

(2) 捜査②は五官の作用を用いて対象物の性質や形状を認識する行為であり、「検証」（２１８条１項）に該当し、令状がないことから令状主義に反する。

以　上

のプライバシー権と住居の内部が写されることのないという期待権としてのプライバシーを挙げ、どちらも憲法35条の私的領域に準ずると認定しているが、特に前者についてなぜ憲法35条に準ずるプライバシーといえるのかについて論じられていない。そのため、具体的事実の分析が不十分と判断されたものと推察される。

予備試験

憲法

問題文

［憲　法］

次の文章を読んで、後記の〔**設問**〕に答えなさい。

山懐に抱かれたＡ集落（人口約１７０人、世帯数約５０戸）は、Ｂ市の字（あざ）の一つであり、何百年にもわたって集落の氏神を祀（まつ）るＣ神社を中心に生活が営まれてきた。Ａ町内会は、Ａ集落の住民が自治的に組織した任意団体であり、地方自治法第２６０条の２の「認可地縁団体」（資料参照）であって、現在の加入率は１００パーセントである。Ａ町内会規約はその目的に「会員相互の親睦及び福祉の増進を図り、地域課題の解決等に取り組むことにより、地域的な共同生活に資すること」を掲げ、この目的を達成するための事業として、①清掃、美化等の環境整備に関すること、②防災、防火に関すること、③住民相互の連絡、広報に関すること、④集会所の管理運営に関すること、⑤その他Ａ町内会の目的を達成するために必要なこと、を挙げている。

Ａ集落では地域の共同事業を住民自ら担ってきた。Ａ町内会として、例えば、生活道路・下水道の清掃、ごみ収集所の管理、Ｂ市の「市報」等の配布、Ｃ神社の祭事挙行への協力などを行っている。町内会費は１世帯当たり年額８０００円であり、町内会費からは、街路灯費やごみ収集所管理費などに加え、Ｃ神社祭事挙行費を支出している。祭事挙行費は１世帯当たり年額約１０００円である。

Ｃ神社は宗教法人ではなく、氏子名簿もない。かつて火事で鳥居を除いて神社建物が失われたため、同所にＡ町内会が、御神体を安置した集会所を建設した。集会所入り口には「Ａ町内会集会所」「Ｃ神社」と並列して表示されている。集会所は大きな一部屋から成る建物であり、平素から人々の交流や憩いの場となっている。Ｃ神社には神職が常駐しておらず、日々のお祀（まつ）りは集会所の管理と併せて、Ａ町内会の役員が持ち回りで行っている。年２回行われるＣ神社の祭事では、近隣から派遣された宮司が祝詞をあげるなど、神道方式により神事が行われるほか、集落に伝えられてきた文化である伝統舞踊が、神事の一環として披露される。祭事の準備・執行・後始末などを担当しているのは、Ａ町内会の会員である住民である。住民の中にはＣ神社の氏子としての意識が強い者もいれば弱い者もいるが、住民のほとんどはＣ神社の祭事をＡ集落の重要な年中行事と認識している。

Ｄ教の熱心な信者であるＸは、旅行中にＡ集落の風景が大変気に入り、Ａ集落内に定住することとした。Ｘは、生活道路・下水道の清掃、ごみ収集所の管理、Ｂ市の「市報」等の配布については、日常生活に不可欠であり、Ａ集落に住む以上はＡ町内会に加入せざるを得ないと思っている。しかしＣ神社の祭事挙行のために町内会費が使われることは、金額の多寡にかかわらず、Ｄ教徒であるＸとしては、到底認められない。そこで、町内会に加入するに当たり「⑴祭事挙行費を町内会の予算から支出する慣行をなくしてほしい、⑵もしそれが無理なら、祭事挙行費１世帯割合相当の

１０００円を差し引いた年額７０００円のみを会費として納めたい。」とＡ町内会会長に相談を持ち掛けた。

Ａ町内会総会ではＸの提案に対する否定的意見が多く示された。会員Ｅは「Ａ町内会は任意の私的団体なのだから、私たちが決めたやり方でいいはずだ。」と言い、会員Ｆは「祭事はＡ集落の重要な年中行事だ。集落を支えている町内会の会費から支出しなければ、集落に伝えられてきた伝統舞踊も続けられなくなる。」と発言した。また、氏子意識の強い会員Ｇは「私のような氏子にとって、祭事は信仰に基づく大切な宗教的活動だ。祭事ができなくなると私の信教の自由はどうなるのか。」と述べた。さらに会員Ｈは「一括して一律に徴収するのが楽である。一人一人が都合を言い始めたら話が収まらない。」と意見を言うなど、種々様々であった。そこでＡ町内会会長は、知り合いの法律家に、憲法上の問題について意見を求めることにした。

〔設問〕

あなたが意見を求められた法律家であるとして、以下の⑴及び⑵について、必要に応じて判例に触れつつ、あなた自身の見解を述べなさい。

⑴　祭事挙行費を町内会の予算から支出することの可否

⑵　祭事挙行費を予算から支出し得るとして、町内会費８０００円を一律に徴収することの可否

【資料】地方自治法（昭和２２年法律第６７号）（抄録）

第２６０条の２　町又は字の区域その他市町村内の一定の区域に住所を有する者の地縁に基づいて形成された団体（以下本条において「地縁による団体」という。）は、地域的な共同活動を円滑に行うため市町村長の認可を受けたときは、その規約に定める目的の範囲内において、権利を有し、義務を負う。

②③④⑤　（略）

⑥　第一項の認可は、当該認可を受けた地縁による団体を、公共団体その他の行政組織の一部とすることを意味するものと解釈してはならない。

（以下略）

出題趣旨

本問は、団体と団体の構成員をめぐる憲法上の論点に関する問題である。

本問で、Ｃ神社の祭事を、宗教というよりＡ集落の伝統と位置付ける住民の存在はあるが、Ｃ神社は氏神を祀る神社であり、神事を含めた祭事挙行に関わる宗教性は否定しえない。とはいえＡ町内会は私的団体であり、政教分離原則（憲法第２０条、第８９条）は直接には関係せず、私人と私人の間の問題である。このことを踏まえた上で、議論枠組みを設定する必要がある。その際、判例としては三菱樹脂事件（最高裁大法廷判決昭和４８年１２月１２日民集２７巻１１号１５３６頁）を意識することが求められる。

その上で、Ａ町内会やＡ町内会とほぼ同一の集団としての氏子集団の活動と、構成員である会員（会員となる者も含む。）の信教の自由（憲法第２０条）との問題を調整することとなるが、Ａ町内会は実質的に公共的な事務を担っており、また事実上の強制加入団体であることにも注意を払う必要がある。

判断枠組みについて、たとえば国労広島地本事件（最高裁第三小法廷判決昭和５０年１１月２８日民集２９巻１０号１６９８頁）や、南九州税理士会事件（最高裁第三小法廷判決平成８年３月１９日民集５０巻３号６１５頁）等の判例を踏まえて検討することが求められる。

具体的に、設問で求められている①神社での祭事挙行費の町内会費からの支出、②町内会会員の信教の自由と協力義務の限界、を考えるに当たっては、認可地縁団体としての目的（地方自治法第２６０条の２第１項）の範囲内であるか否か、範囲内であるとして、祭事挙行費相当も含む町内会費の一律徴収に応じる協力義務を課しうるか否かを論ずることになる。

MEMO

再現答案①　Aランク（S・Mさん　順位25位）

1　⑴祭事挙行費を町内会化の予算から支出すること、及び⑵祭事挙行費を含めた町内会費８０００円を一律に徴収する規定は、別の宗教を信仰している者に対してその信仰に反する金銭の支出を義務付けることで、その者の信仰の一貫性を傷つけ、信教の自由を侵害するものとして、公序良俗（民法９０条）に反して無効とならないかが問題となる。

2　まず、憲法は対国家規範であるから、私人間には直接適用されない。もっとも、国民の憲法上の権利を実質的に保護するために、私人間の紛争であっても、私法規定を憲法の趣旨を踏まえて解釈・適用し、その趣旨に反する行為や規定は、公序良俗に違反するものとして違法・無効となると考える。

3　本件規定は、⑵町内会費を構成員の意思にかかわらず一律に徴収し、⑴町内会費から祭事挙行費を支出するものであるから、当該祭事とは異なる宗教を信仰する構成員にとって、自らの信仰に反する金銭支出という外部的行為を義務付けられることにより、その信仰の一貫性が傷つけられ、信教の自由を少なくとも間接的には制約するものである。

4　他方、任意団体は団体の目的達成のために、その構成員に対する一定の統制権を有すると考える。したがって、当該規定が①団体の目的を逸脱する場合（地方自治法２６０条の２第１項参照）や、②たとえ目的の範囲内であっても、当該規定の必要性とそれによる不利益を比較較量の上、かかる規定が構成員の権利を不当に侵害するものといえる場合に限り、公序良俗違反として違法・無効となるものと考える。

5　まず⑴について、本件町内会は私的団体である（地方自治法２６０条の２第６項参照）から、政教分離については問題とならない。そして、町内会の目的として、会員相互の親睦を図ることが掲げられ、その目的を達成するために必要な事業を行うこととされている。そして、本件祭事は、住民によりＡ集落の重要な年中行事と認識されており、また、神社が平素から人々の交流の場となっていることを踏まえると、本件祭事は伝統舞踏を将来に承継したり、住民の親睦を深めることに資するものであり、町内会の目的に沿うものとして、町内会費の支出もその目的の範囲内といえる（①）。

6　それでは、構成員の権利を不当に侵害するものといえるか。

まず、本件祭事の運営は町内会の会員である住民により行われており、Ｃ神社は町内集会場と併設されていることから、世俗的な面もあるものの、祭事では神道方式により神事が行われるほか、集会場には御神体が安置されており、宗教性があることは外部から見ても明白である。したがって、別の宗教の教徒にとっては、自ら支出した町内会費をかかる祭事に支出されることは、その金銭の多寡にかかわらず、信仰の一貫性を侵害されるものとして、その不利益は大きい。他

● 出題趣旨によれば、A町内会は私的団体であるため、政教分離原則（20、89）とは直接関係せず、いわゆる私人間効力の問題であるとしており、三菱樹脂事件判決（最大判昭48.12.12／百選Ⅰ［第7版］〔9〕）を意識することが求められるとされている。本答案は、私人間効力の問題であることを明確に意識し、上記判例を踏まえて判断枠組みを的確に設定できており、出題趣旨に合致する。

● 本答案は、「任意団体は団体の目的達成のために、その構成員に対する一定の統制権を有する」と論述しており、法人の活動とその構成員である個人の人権の衝突に関する国労広島地本事件判決（最判昭50.11.28／百選Ⅱ［第7版］〔145〕）を明確に意識して判断枠組みを設定できている点で、出題趣旨に合致する。

方、確かにかかる祭事ができないと、集落の伝統を承継できなくなったり、祭事を自らの信仰の一貫として執り行う者の信教の自由を害することにもなりうる。もっとも、祭事に支出される費用は５０戸×１０００円の年額わずか５万円であり、熱心な氏子の寄付を募ることなどによって、町内会費による祭事挙行費の支出ができなくても、祭事の継続が困難になるとは考えづらい。したがって、支出規定の必要性は、上記不利益を正当化できるものではなく、⑴の規定は構成員の信教の自由を不当に侵害するものとして、公序良俗違反により違法・無効となると考える。

7　次に⑵について、まず町内会の目的の範囲内か検討するに、一律徴収された町内会費は、地域の清掃やごみ収集所の管理のための費用としても使用されており、地域における福祉の増進を図るための費用として、住民から町内会費を一律に徴収することは町内会の目的の範囲内の行為であるといえる（①）。

8　他方、町内会は任意団体ではあるものの、その活動として、上記の通り、集落における地域の清掃やごみ収集所の管理など、日常生活に不可欠な事業を行っている。したがって、加入しないと日常生活に支障をきたすものとして、実質的には強制加入団体であるといえ、それを踏まえると、町内会費の一律徴収を定める規定は、構成員の意思を問わずその財産を徴収するものとして不利益を与えるものである。もっとも、そのうち７０００円については、上述の活動に使用されることにより、構成員の生活環境や衛生状況の向上に資するものであるため、その不利益は受忍すべきものであるし、フリーライダーを防ぐためにも一律徴収の必要性も高い。他方、上記の通り、町内会費からの祭事挙行費の支出を定めた規定は無効であると考えられる以上、１０００円分の徴収については、必要性の前提を欠く。

　したがって、規定⑵については、７０００円の強制徴収の限度で有効となると考える。

以　上

● 本答案は、単に問題文の事情を摘示・羅列するにとどまらず、的確かつ具体的な評価を多く加えることができており、説得的な論理展開ができている優れた答案として高く評価されたものと推察される。

再現答案②　Aランク（K・Sさん　順位224位）

第1　設問1
1　まず、祭事挙行費を町内会の予算から支出することが「目的の範囲内」（地方自治法（以下法）260条の2）といえるか。A町内会の目的には会員相互の親睦を図ること、地域的な共同生活に資することを掲げている。祭事はA集落の重要な年中行事であり、氏子としての意識の強弱はあれど住民皆で取り組む行事であるから、会員相互の親睦に役立つ要素があり、Y異域的な共同生活を実現する上で必要なものであり、そのために町内会費から祭事挙行費を支出することも直ちに目的の範囲外であるとはいえない。
2(1)　もっとも、Xの信教の自由（20条1項）を侵害するものとして違憲でないか。
この際、A町内会は任意の私的団体であるから、憲法が適用されるか問題となるところ、憲法は公権力との間で国民の利益を保護するための規範であるから、私人間には直接適用ないし類推適用はされない。しかし、公序良俗（民法90条）や709条等の司法規定の適用にあたり参酌すべきである。

● 本答案も、A町内会は私的団体であることから、いわゆる私人間効力の問題であることを明確に意識し、三菱樹脂事件判決（最大判昭48.12.12／百選Ⅰ［第7版］〔9〕）を踏まえて私人間効力の枠組みを的確に設定できており、出題趣旨に合致する。

(2)　そして、熱心なD教信者であるXからすれば、自ら支払った町内会費が祭事挙行費として用いられることはXの信教の自由を制約するものである。他方、他の会員の信教の自由への配慮を要すると共に祭事を行うことを欲する会員への配慮も要するべきである。また、A町内会は任意の私的団体ではあるものの、A集落での加入率は100％であり、生活道路、下水道の清掃、ごみ収集所の管理、市報の配布など日常生活に不可欠であり、A集落に住もうとする者は町内会に加入せざるを得ないという点から事実上の強制加入団体であることも考慮することを要する。そこで、祭事挙行費の支出により害される会員たるXの宗教感情等の利益と他の会員の利益との比較衡量によって決すべきである。
(3)　町内会費として徴収される8000円のうち祭事挙行費として用いられるのは1000円であり、比較的小さい額である。また、一般会費として徴収されるものであり結びつきが強いわけではない。さらに、C神社は宗教法人でなく、氏子名簿もなく、神職が駐在しておらず、同所には集会所があるが人々の交流の場として用いられている。そして、祭事では神道方式による神事のなかでは伝統舞踊が披露されるが、祭事の準備後始末は住民に行われ、氏子としての意識の強弱は様々であるが、住民のほとんどは年中行事として認識しているにとどまる。以上の事実を踏まえれば、C神社により行われる祭事の宗教的意義は希薄であり、もっぱら世俗的なものであったと考えられ、祭事により害されるXの利益の程度は低いものであったと見ること

● 出題趣旨によれば、「A町内会は実質的に公共的な事務を担っており、また事実上の強制加入団体であることにも注意を払う必要がある」としているところ、本答案はこの点を踏まえた上で、A町内会とその構成員である会員との問題の調整について検討できており、出題趣旨に合致する。もっとも、再現答案①のように、法人の活動とその構成員である個人の人権の衝突に関する国労広島地本事件判決（最判昭50.11.28／百選Ⅱ［第7版］〔145〕）を明確に意識した判断枠組みの設定まではできていない。

ができる。
　また、会員の中には、集落に伝えられてきた伝統舞踊を継続することや、氏子として宗教活動の一環として捉えているものも一定数いることに加えて、祭事は住民の年中行事として重要な役割を担っていたといえる。
　よって、Ｘの害される利益よりも他の会員の利益の方が上回るため、公序良俗に反するとはいえず、「目的の範囲内」である。
3　よって、町内会の予算から祭事挙行費を支出することは認められる。
第2　設問2
1　祭事挙行費を含めた町内会費を一律徴収することは「目的の範囲」といえるか。そもそも、祭事挙行費は徴収する８０００円のうち１０００円のみが用いられるのであり、Ｘから徴収しなかったところで祭事が行えなくなることは考えにくく、目的の範囲内か疑問である。
2(1)　また、信教の自由を侵害するとして公序良俗に反しないか。前設問同様に他の会員の利益、事実上の強制加入団体であることを考慮しつつ、Ｘの害される利益と他の会員の有する利益を比較衡量して決すべきである。
(2)　前設問でも述べたように、祭事は多くの住民にとって重要な年間行事であり開催を望んでいる者は多い。しかし、Ｘから祭事挙行費として使用される１０００円を控除した７０００円を徴収したとしてもそれにより祭事が行えなくなるとは考えにくく、これは、Ｘ以外に一定数他の宗教の信者がいた場合であっても同様に考えることができる。町内会員は一律徴収が楽だからという理由を主張するところ、会費徴収の都合とＸの宗教的感情を比較すると、Ｘの害される利益の方がはるかに大きいと考えることができる。
(3)　したがって、公序良俗に反し目的の範囲外であると考えられる。
3　よって、一律徴収はできない。

以　上

● 本答案も、再現答案①と同じく、問題文の事情をただ摘示・羅列するにとどまらず、具体的な評価を自分なりに加えることができており、それが「Ａ」評価につながっているものと考えられる。

● Ｘの信教の自由（20Ⅰ前段）に配慮した適切な検討を加えることができている。

再現答案③　Bランク（A・Aさん　順位749位）

第１　設問⑴

１　祭事挙行費を町内会の予算から支出することは、政教分離規定（憲法２０条１項後段、同条３項、８９条前段）に違反し、許されないのではないか。

２　政教分離規定は、国家の宗教的中立性・非宗教性を求めるが、国家と宗教の関わり合いを一切許さないものではなく、信教の自由の保障の関係において、文化的・社会的条件に照らしてその関わり合いが相当とされる限度を超えた場合に、政教分離規定に反し違憲となるものと解する。そして、相当とされる限度を超えるか否かの判断は、その関わり合いをもたらす行為の目的及び効果のほか、諸般の事情を考慮し、かつ、一般人の評価に基づいて行われなければならないと解する。

３　Ｃ神社は宗教法人でなく、氏子名簿もないが、集落の氏神を祀る神社であるため、宗教的施設に当たる。もっとも、Ｃ神社には神職が常駐しておらず、日々のお祀りはＡ町内会の役員が持ち回りで行っているところ、Ａ町内会はＡ集落の住民が自治的に組織した任意団体であるから、Ａ町内会は氏子集団でなく、宗教団体に当たらない。

　また、Ｃ神社の祭事は神道方式により神事が行われるため、宗教的性格を有するともいえるが、集落に伝えられてきた文化としての伝統舞踊が行われ、祭事の準備や執行・後始末を担当するのはＡ町内会の会員である住民であるし、住民のほとんどはＣ神社の祭事をＡ集落の重要な年中行事として認識していることから、Ｃ神社の祭事の宗教的性格は希薄になっているといえる。

　そして、Ａ町内会規約によれば、Ａ町内会は会員相互間の親睦や福祉の増進を図り、地域的な共同生活に資することを目的としてあげている。その目的を達成するために住民から町内会費を徴収し、その一部としてＣ神社祭事挙行費を支出しているところ、当該費用は宗教的性格の希薄となった重要な年中行事であるＣ神社祭事を行うために支出していると考えられるから、Ｃ神社祭事挙行費を支出する目的は専ら地域的な共同生活に資するための年中行事を行うことにあるといえ、その目的は宗教的意義を有するとはいえない。そして、前述のように、Ａ町内会の住民のほとんどがＣ神社の祭事をＡ集落の重要な年中行事として認識していることから、かかる祭事のためにＣ神社祭事挙行費を支出することも一般人の評価を基準として、特定の宗教に対する援助、助長、促進又は圧迫、干渉となるような効果を有するとはいえない。

　したがって、Ａ町内会とＣ神社の関わり合いの程度は相当とされる限度を超えるものとはいえない。

４　よって、祭事挙行費を町内会の予算から支出することは、政教分離原則の規定に反せず、許される。

●　本答案は、最初に政教分離原則に関する判例を意識した規範を定立しているが、本問では、そもそもＡ町内会は私的団体であるため、政教分離原則（20、89）とは直接関係せず、いわゆる私人間効力が問題となる以上、まずは再現答案①②のように私人間効力の問題に関する判断枠組みを設定すべきである。

●　本答案は、Ａ町内会（及び氏子集団）の活動が政教分離原則に反するかという問題をメインに据えて詳しく検討している。しかし、出題趣旨によれば、本問のメインとなる論点は、Ａ町内会（及び氏子集団）の活動と構成員である会員の信教の自由との問題をどのように調整するかという点にある。本答案は、この点について正面から答えることができていないため、「Ａ」評価を得るには至らなかったものと推察される。

第２　設問⑵
１　Ａ町内会が町内会費用８０００円を一律に徴収することは、Ａ町内会の目的の範囲外にあるとして、許されないのではないか。
⑴　地方自治法２６０条の２第１項によれば、地縁による団体はその規約に定める目的の範囲内において権利を有し義務を負うとされる。Ａ町内会は「認可地縁団体」であるところ、Ａ町内会規約では「会員相互の親睦及び福祉の増進を図」ること、「地域的な共同生活に資すること」がＡ町内会の目的であることが定められている。
⑵　本件において、町内会費は街路灯費やごみ収集所管理費に加えて、Ｃ神社祭事挙行費を支出している。街路灯費やごみ収集所管理費は「地域的な共同生活に資する」ために必要な費用であるから、これらの費用の徴収のため町内会費用を一律に徴収することはＡ町内会の目的の範囲内にあるといえる。また、Ｃ神社祭事挙行費についても、住民のほとんどがＣ神社の祭事がＡ集落の重要な年中行事と認識していることから、Ｃ神社祭事挙行費は「会員相互の親睦及び福祉の増進を図」ることを目的として支出されたものといえ、Ａ町内会の目的の範囲になるといえそうである。
⑶　したがって、Ａ町内会が町内会費用８０００円を一律に徴収することはＡ町内会の目的の範囲外にあると思える。

２　もっとも、南九州税理士会事件によれば、税理士会のような強制加入団体において、団体の活動が団体の構成員に過大な義務を課すといえるときは、当該活動は団体の目的の範囲内にないとされる。そのため、Ａ町内会が強制加入団体といえるか、町内会費を徴収することがＡ町内会の構成員に過大な義務を課すといえるかについて、以下検討する。
⑴　会員ＥはＡ町内会が任意の私的団体であると主張する。しかし、Ａ町内会の現在の加入率は１００％であり、日常生活に不可欠な生活道路や下水道の清掃、ごみ収集所の管理、Ｂ市の「市報」等の配布をＡ町内会規約に定められた目的を達成するために行っているため、Ａ町内会に加入しなければ、Ａ集落において日常生活を送ることができないため、Ａ町内会は事実上の強制加入団体であるといえる。
⑵　次に、町内会費用８０００円を一律に徴収することがＡ町内会の構成員に過大な負担を課すといえるか。上記の判例によれば、団体の活動を行うことによる利益と団体構成員の不利益を比較衡量し、団体の活動が構成員に過大な協力義務を課すといえるときは、公序良俗（民法９０条）に反するものとして、団体の目的の範囲内にないとされる。
　本件において、会員ＦはＣ神社の祭事はＡ集落の重要な年中行事であることを主張しており、Ｃ神社の祭事は会員相互の親睦及び福祉の増進に資するものであるから、Ｃ神

● 本答案は、設問⑵においては、南九州税理士会事件判決（最判平8.3.19／百選Ⅰ［第７版］〔36〕）など）を意識した検討ができており、その点で出題趣旨に合致する。

社の祭事を行うためにＣ神社祭事挙行費を含めた町内会費を徴収することによる利益は大きいといえる。確かに、ＸはＤ教徒であるため、Ｃ神社祭事挙行費を含めた町内会費を徴収することはＸの信教の自由を害し、Ｘの不利益が大きいとも思われる。しかし、前述のように、Ａ町内会が祭事挙行費を支出することは政教分離規定に反するものではなく、特定の宗教に対する圧迫・干渉などの効果を有するものではない。そのため、祭事挙行費を徴収することはＸの信教の自由を制約するものとはいえず、Ａ町内会の構成員が被る不利益は大きいとはいえないため、Ａ町内会の構成員に過大な協力義務を課すものとはいえない。

３　よって、Ａ町内会が町内会費用８０００円を一律に徴収することは、Ａ町内会の目的の範囲にあるものといえ、許される。

以　上

※　実際の答案は４頁以内に収まっています。

● 問題文によれば、「Ｃ神社の祭事挙行のために町内会費が使われることは、金額の多寡にかかわらず、Ｄ教徒であるＸとしては、到底認められない」とある。この点について、本答案は「Ｘの不利益が大きいとも思われる」とする一方、Ａ町内会が町内会費からＣ神社祭事挙行費を支出することは政教分離原則に反しないとの理由で「Ｘの信教の自由を制約するものとはいえ」ないとしており、論理の飛躍がみられる。

MEMO

再現答案④　Cランク（Y・Aさん　順位887位）

第１　［設問］⑴

１　まず、A町内会がC神社の祭事挙行費用を支出することが政教分離原則（２０条１項）に反するとも思えるが、地方自治法２６０条の２第６項によりA町内会は行政組織の一部とはみなされないため、同原則には違反しない。

２　そこで、A町内会がC神社の祭事挙行費用を支出することが地方自治法２６０条の２第１項の「目的の範囲内」になく、無効とならないか。

⑴　当該行為が目的の範囲内か否かは、①強制加入性の有無、②法人の目的・性格、③制約される人権の性質を考慮して判断すべきである。

⑵　本問では、A町内会への加入は任意ではあったが、A集落に住む者は１００％A町内会に加入していたため、実質的にA町内会への加入は強制であった。②A町内会はC神社に集会所を建設し、また、A町内会は重要な年中行事であるC神社の祭事を行っており、A町内会はC神社にとって重要な存在であった。③祭事挙行費は１年間で１０００円程度であり、財産権（２９条１項）に対する制約の程度は小さかった。また、C神社の祭事に参加させられることはなく、信教の自由（２０条）に対する制約も間接的なものにとどまり、制約態様は小さかった。

３　以上より、A町内会の上記支出は「目的な範囲内」の行為といえ、有効である。

第２　［設問］⑵

１　C神社の祭事挙行費を支出する目的でD教徒であるXから８０００円を徴収することがXの信教の自由（２０条）を侵害するか。

２　８０００円のうち７０００円についてはA町内会の生活道路・下水道の清掃等日常生活に必要不可欠に使用されるため、Xの信教の自由に対する制約は認められない。

３　そして、１０００円分についてはC神社の祭事挙行費に充てられるため、XのD教を信仰する自由に対する制約が認められる。

もっとも、信教の自由といえども「公共の福祉」（１２条、１３条）による制約は免れないため、以下、C神社の祭事挙行費１０００円をXから徴収すること（以下、「本件徴収」という）が「公共の福祉」による制約として正当化されないかについて検討する。

⑴　この点、信教の自由は精神的自由権の中核をなす自由であり、また、歴史的経緯を踏まえ特に明文で規定された権利であるため、重要な権利である。もっとも、上記の通り、信教に対する制約は間接的なものにとどまり、その制約態様は小さい。

そこで、本件徴収の合憲性は、目的が重要であり、手段が

● 本答案は、他の再現答案と異なり、私人間効力の問題や政教分離原則との関係について十分に言及できておらず、出題趣旨に合致しない。

● 法人の活動とその構成員である個人の人権の衝突に関し、その判断枠組みについて、判例（国労広島地本事件判決（最判昭50.11.28／百選Ⅱ［第７版］〔145〕）、南九州税理士会事件判決（最判平8.3.19／百選Ⅰ［第７版］〔36〕）など）を意識して規範を定立できている点は、出題趣旨に合致する。

● 本答案は、いわゆる三段階審査のパターン（①権利の保護範囲（領域）、②権利に対する制約、③権利に対する制約の正当化）に沿った論述を展開しているが、そもそも本問では国家・個人間の問題構造とはなっていない。本問のメインとなる論点は、A町内会（及び氏子集団）の活動と構成員である会員の信教の自由との問題をどのように調整するかという点にあり、本答案はこの点を意識できていないため、他の再現答案と差が開いたものと考えられる。

上記目的達成との関係において実質的関連性を有しているかで判断する。

⑵ア　本件徴収の目的は、Ｆも主張する通り、Ａ集落にとって重要な年中行事であるＣ神社の祭事を行い、伝統舞踊を伝えていくことであり、重要である。

イ　本件徴収の手段は、たしかにＧの主張する通り、Ｃ神社の祭事は宗教的色彩の強い行為であり、他の宗教を信仰するものに配慮せず一律に徴収をしている。しかし、Ｈの主張する通り、一括して徴収するほうが手続的に簡易であり、また、Ａ集落には氏子意識の弱い者もいたため、個別事情に配慮して徴収を行った場合、そのような者からの徴収が困難となるおそれがある。そして、徴収される額は一年間で１０００円であり額は小さい。さらに、Ｅの主張する通り、Ａ町内会は任意の私的団体であるため、その費用の徴収方法について一定の裁量が認められる。これらの事情から、個別事情に配慮せず、一律に徴収することも上記目的達成との関係において実質的関連性を有しているといえる。

4　以上より、本件徴収はＸの信教の自由を侵害せず、合憲である。

以　上

● 問題文によれば、「Ｃ神社の祭事挙行のために町内会費が使われることは、金額の多寡にかかわらず、Ｄ教徒であるＸとしては、到底認められない」とある。本答案は、この点について何も考慮できておらず、Ｘの信教の自由に対する配慮に欠けており、説得的な論述を展開できているとは言い難い。

行政法

問題文

［行政法］

Ｘは、Ｙ県Ａ市の郊外において多数の農地がまとまって存在する地域（以下「本件地域」という。）内にある土地を所有している（以下、Ｘが所有する土地を「甲土地」という。）。本件地域は、北東から南西に向かって緩やかに下る地形をなしており、多くは田として利用されている。Ｘは、甲土地の北東部分に木造平屋建ての住宅（以下「本件住宅」という。）を建築してそこで居住するとともに、甲土地のその他の部分を畑（以下「本件畑」という。）として耕作し、根菜類を栽培している。本件畑は、農業用の用排水路に接続していないものの、本件地域には、高い位置にある田から低い位置にある田に向かって自然に水が浸透し流下するという性質があるため、本件畑の耕作条件は良好であった。Ｘは、本件畑で育てた野菜の販売により収入を得ることによって、生活を営んできた。

Ｂは、本件地域内に複数の農地を所有しており、それらの農地の中には、甲土地の南側に接する土地（以下「乙土地」という。）及び西側に接する土地（以下「丙土地」という。）がある。Ｂ及び土木建築会社Ｃは、乙土地を宅地として売り出すことを計画し、Ｃは、令和５年１０月下旬頃から乙土地の造成工事（以下「本件造成工事」という。）に着手した。本件造成工事は、乙土地のうち本件畑に接する部分の地下にコンクリートの基礎を築き、その上にコンクリート製擁壁を設置して、同擁壁の上端まで造成土を入れるというものであった。同年１１月半ば頃には本件造成工事が完成し、乙土地の地表面は本件畑の地表面より４０センチメートルほど高くなった。

Ｂ及びＣは、令和５年１１月１５日、乙土地をＣの資材置場にするという名目で、農地法第５条第１項に基づき、同法にいう「都道府県知事等」に該当するＹ県知事に対して、乙土地にＣの賃借権を設定することの許可を求める旨の申請（以下「本件申請」という。）をした。提出された許可申請書には、土地造成及び工事の着手時期が令和６年１月１０日であることが記載されており、付近の土地等の被害を防除する施設については記載がなかった。本件造成工事によって造成された土地の面積は、同申請書に記載された土地造成の所要面積に合致するものであった。

Ｘは、令和５年１１月２０日、Ｙ県の担当部局に赴き、本件造成工事によって本件畑の排水に支障が生じると主張して復旧を求めた。Ｙ県の担当者Ｄは、Ｂ及びＣに対し、本件畑の排水に支障を生じさせないための措置を採ることを指導し、Ｂは、丙土地上に、本件畑の南西角から西に向かう水路を設けた。この水路は、排水に十分な断面が取られておらず、勾配も十分なものではなかったが、Ｄは、目視による短時間の確認を行っただけで、Ｂが指導に従って措置を採ったと判断した。Ｄの報告を受けたＹ県知事は、農地法第５条第２項第４号にいう「周辺の農地（中略）に係る営農条件に支障を生ずるおそれがあると認められる場合」には当たらないと認定して、令和６年１月９日、本件申請を許可する処分（以下「本件処分」という。）をした。

令和６年５月頃、本件畑は、付近の田に入水がされた際に冠水するようになった。特に本件畑の南側部分の排水障害は著しく、同部分では常に水がたまり、根菜類の栽培ができない状態になっている。本件畑の排水を改善するために、本件畑に盛土をしてかさ上げをする工事を行う場合、その費用（以下「本件費用」という。）は１２０万円余と見込まれている。同年６月の時点において、本件住宅に関する損害は発生していないが、Ｘは、本件住宅の床下が浸水による被害を受けるおそれもあると考えている。

Ｘは、法的措置として、令和６年６月中に本件処分の取消訴訟（以下「本件訴訟１」という。）を提起するとともに、本件処分によって本件費用相当額の損害が発生したことを理由とする国家賠償請求訴訟（以下「本件訴訟２」という。）及びＹ県知事がＣに対して農地法第５１条第１項に基づく原状回復の措置命令をすることを求める義務付け訴訟（以下「本件訴訟３」という。）を提起することを検討している。

以上を前提として、以下の設問に答えなさい。また、農地法の抜粋を**【資料】**として掲げるので、適宜参照しなさい。なお、**【資料】**に掲げられていない同法の規定については、考慮しなくてよい。

〔設問１〕

Ｘは、本件訴訟１における原告適格についてどのような主張をすべきか、検討しなさい。

〔設問２〕

Ｘが本件訴訟１における原告適格を有することを前提として、以下の各小問に答えなさい。

⑴　Ｘは、本件訴訟２において、国家賠償法第１条第１項の「違法」及び「過失」についてどのような主張をすべきか、検討しなさい。

⑵　Ｘは、本件訴訟３において、行政事件訴訟法第３７条の２第１項の要件及び農地法第５１条第１項の処分の要件が充足されることについてどのような主張をすべきか、検討しなさい。

【資料】

○　農地法（昭和２７年法律第２２９号）（抜粋）

（農地又は採草放牧地の権利移動の制限）

第３条　農地又は採草放牧地について所有権を移転し、又は（中略）賃借権若しくはその他の使用及び収益を目的とする権利を設定し、若しくは移転する場合には、政令で定めるところにより、当事者が農業委員会の許可を受けなければならない。（以下略）

一～十六　（略）

２～６　（略）

（農地又は採草放牧地の転用のための権利移動の制限）

第５条　農地を農地以外のものにするため（中略）、これらの土地について第３条第１項本文に掲げる権利を設定し、又は移転する場合には、当事者が都道府県知事等の許可を受けなければならない。（以下略）

一～七　（略）

２　前項の許可は、次の各号のいずれかに該当する場合には、することができない。（以下略）

一～三　（略）

四　申請に係る農地を農地以外のものにすること（中略）により、土砂の流出又は崩壊その他の災害を発生させるおそれがあると認められる場合、農業用用排水施設の有する機能に支障を及ぼすおそれがあると認められる場合その他の周辺の農地（中略）に係る営農条件に支障を生ずるおそれがあると認められる場合

五～八　（略）

３～５　（略）

（違反転用に対する処分）

第５１条　都道府県知事等は、（中略）次の各号のいずれかに該当する者（以下この条において「違反転用者等」という。）に対して、土地の農業上の利用の確保及び他の公益並びに関係人の利益を衡量して特に必要があると認めるときは、その必要の限度において、第４条若しくは第５条の規定によつてした許可を取り消し、その条件を変更し、若しくは新たに条件を付し、又は工事その他の行為の停止を命じ、若しくは相当の期限を定めて原状回復その他違反を是正するため必要な措置（中略）を講ずべきことを命ずることができる。

一　第４条第１項若しくは第５条第１項の規定に違反した者又はその一般承継人

二、三　（略）

四　偽りその他不正の手段により、第４条第１項又は第５条第１項の許可を受けた者

2～5　（略）

出題趣旨

本問は、農地法第５条第１項の許可がなされたことによって第三者である農家が農業上の被害を受けたという事実に基づいて、取消訴訟の原告適格及び義務付け訴訟に特有の訴訟要件について基本的な理解を試すとともに、国家賠償法第１条第１項の違法及び過失並びに個別法の処分要件の充足性について事案に応じて論じることができるかどうかを試す趣旨の問題である。

設問１は、農地法第５条第１項の許可の取消訴訟における第三者の原告適格を問うものである。判例の採用する法律上保護された利益説の立場から、当該許可に関する農地法の規定が第三者の利益を個別的利益としても保護する趣旨を有することを指摘した上で、原告適格を肯定する論述が求められる。

設問２⑴は、行政処分によって損害が発生した場合における、国家賠償法第１条第１項の違法及び過失に関する主張を問うものである。本件処分が農地法の規定に適合しないものであることを指摘し（なお、職務行為基準説の立場に立って違法性を認定する場合であっても、「公権力の行使」である本件処分が法律要件に違反して行われたということが前提となる。）、このことを踏まえた上で国家賠償法第１条第１項の違法及び過失があるということについて、自覚的に論じなければならない。本問及び設問２⑵では、設問１における原告適格が認められること、すなわち本件処分によって農地法上保護された原告の利益が侵害されることを前提として論述することが求められる。

設問２⑵は、行政事件訴訟法第３７条の２第１項の要件及び農地法第５１条第１項の処分要件の充足を問うものである。前者に関しては「重大な損害」要件及び補充性の要件の充足を、後者に関しては「違反転用者等」該当性及び「土地の農業上の利用の確保及び他の公益並びに関係人の利益を衡量して特に必要があると認めるとき」という要件の充足をそれぞれ論じることが求められる。

MEMO

再現答案①　Aランク（T・Iさん　順位77位）

第１　設問１

１　本件訴訟１においてＸに原告適格が認められるためには「法律上の利益を有する者」（行政事件訴訟法（以下、「行訴法」という。）９条１項）といえなくてはならない。

２　「法律上の利益を有する者」とは、当該処分により権利または法律上保護された利益を侵害されもしくは必然的に侵害されるおそれのあるものをいい、当該処分を定めた行政法規が不特定多数者の具体的利益を一般的公益に吸収解消させるにとどめず個々人の個別的利益として保護する趣旨である場合にはそのような利益も法律上保護された利益という。そして、Ｘは本件処分の名宛人ではないため同条２項の要素を考慮する。

⑴　Ｘは農地の利用を阻害されない利益（以下、「本件利益」という。）法律上の利益に当たると主張することが考えられる。

⑵　農地法３条１項は農地の権利移転には許可を必要としていること、また同法５条１項は農地の転用にも許可を必要としている。また、許可条件として「周辺の農地に係る農営条件に支障を生ずるおそれ」のないこととしている（同条２項４号）。これらのことより、本件利益を不特定多数者の具体的利益として保護する趣旨である。

⑶　一方、本件処分により侵害される利益は農地や畑による作物の栽培を困難にするという意味で財産権が侵害されるにとどまる。しかし、農地や畑による作物の栽培をする者にはそれにより収入を得て生活している者もいる。そうだとすれば、本件処分は収入を失わせ生活や健康等を害することとなる。また、本件処分のされた農地の近隣において農地や畑を有する者は排水障害等により直接的な被害を受ける。

そのため、農地法は近隣に農地や畑を有し、本件処分により直接的な被害を受ける者の本件利益を個々人の個別的利益として保護する趣旨である。

３　Ｘは、本件処分のなされた乙土地の北側に甲土地を有し、そこで本件畑を営んでいる。そして、本件造成工事により水たまりができ根菜類の栽培ができない状態になっており、著しい被害を受けている。

４　したがって、Ｘは「法律上の利益を有する者」に当たり、本件訴訟１の原告適格が認められる。

第２　設問２小問⑴

１　「違法」について

⑴　「違法」とは職務上の注意義務に反することをいう。

本件では、ＸはＹ県の担当部局に本件造成工事によって本件畑の排水に支障が生じると主張しているものの、Ｙ県知事は担当者Ｄに排水に十分な断面がとられておらず、勾

●　行訴法９条１項・２項を踏まえ、第三者の原告適格（「法律上の利益を有する者」（行訴９Ⅰ））に係る判例の一般的な判断基準を正確に示すことができている。

●　農地法５条１項の許可に関する農地法の規定が、農家であるＸの農業上の利益を個別的利益としても保護する趣旨であることを的確に指摘することができており、出題趣旨に合致する。

●　出題趣旨によれば、まずは「本件処分が農地法の規定に適合しないものであることを指摘」する必要があり、本答案のように職務行為基準説の立場に立つ場合でも、「『公権力の

配も不十分であったにもかかわらず、実際に検証等をせず目視による短時間の確認をしたのみでBが指導に従ったと判断したDの報告を受け、本件処分をしている。

そのため、Y県知事は客観的注意義務に反したといえ「違法」といえる。

(2) また、Y県知事は農地法51条1項に基づく原状回復措置命令をしていないところ、かかる規制権限をするかどうかはY県知事の裁量にゆだねられている。そこで、法がそのような権限を与えた趣旨に反して権限を行使しなかったときは「違法」となる。

本件畑の南側部分の排水障害は著しく水たまりが生じ、根菜類が栽培できなくなっている。そのため、Y県知事が当該規制権限を行使しなかったことはその趣旨に反している。

よって、この点も「違法」となる。

2 「過失」について

国家賠償法における「過失」は「違法」と一元的にとらえられる。そのため、「違法」の認められる本件では「過失」も当然に認められる。

第3 設問2小問(2)

1 行訴法37条の2第1項について

(1) まず、「重大な損害」(行訴法37条の2第1項)について、Xが所有する本件畑は本件造成工事により、一部に水たまりが生じ、根菜類の栽培ができない状態となっているところ、Xは本件畑で育てた野菜を販売することで収入を得ているため、これにより生活が困難となっている。また、本件住宅の床下が浸水被害を受けるおそれも生じている。そのため、「重大な損害が生じるおそれ」が認められる。

(2) そして、原状回復措置命令以外に取り得る手段もないため、「他に適当な方法がない」ともいえる。

2 農地法51条1項について

本件でB及びCが本件畑に対する被害を防止する措置をとることが困難という事情はない一方で、Xには上記の通り著しい被害が生じ得るため、「特に必要がある」といえる。

以 上

行使』である本件処分が法律要件に違反して行われたということが前提となる」とされている。本答案は、この点について農地法の規定を具体的に指摘せず、端的に言及するにとどまっているが、一応、出題趣旨に沿う論述ができている。

● 理由付けがないため、問題点について正しく理解していることを表現できていない。

● 一般に、補充性の要件は救済の必要性に関する要件と解されており、損害を避けるための救済手段が個別法の中に特別に定められている場合には、補充性の要件を満たさないとされる。本問においては、本答案も指摘するように、原状回復の措置命令を得ない限り、Xは既に生じている本件畑に関する損害や、将来生じうる本件住宅に関する損害を避けることが困難であり、これを避けるための救済手段が農地法の中に特別に定められている場合でもないため、補充性の要件を満たすと考えられる。

再現答案②　Aランク（T・Aさん　順位294位）

第1　設問1

1(1)　原告適格は、当該処分の取消しにつき、「法律上の利益を有する者」（行政事件訴訟法（以下、「行訴法」という。）9条1項）に認められる。

(2)　ここで、「法律上の利益を有する者」とは、当該処分により自己の権利若しくは法律上保護された利益を侵害され、または必然的に侵害されるおそれのあるものをいう。

そして、当該処分を定めた行政法規が、不特定多数者の具体的利益を専ら一般的公益に吸収解消させるにとどめず、それが帰属する個々人の個別的利益としてもこれを保護すべきとする趣旨を含むと解される場合には、このような利益も法律上保護された利益に当たると解する。その際には、9条2項に掲げる判断要素を勘案してこれを決する。

2　本件でこれをみると、本件で問題になるXの利益は、本件畑で根菜類の栽培を行う利益及び本件住宅に平穏に居住する利益である。これらはいずれも一般的公益として保護されることが明らかである。

では、個々人の個別的利益としても法律上保護されるといえるか。

(1)　農地法5条2項4号は、農地の転用による「土砂の流出又は崩壊その他の災害を発生させるおそれがあると認められる場合」には、知事は同条1項の農地の転用の許可をすることができない旨規定している。この規定は、農地の転用による人の生命・身体への侵害を生ずるおそれを避けるために設けられたものと解される。

そして、Xが有する本件住宅に平穏に居住する利益は、本件住宅が浸水すれば、本件住宅という財産の侵害にとどまらず、そこに居住するXの生命・身体に対する侵害が生じる危険もあることから、人の生命・身体の保護という利益を含んでいる。

したがって、Xの本件住宅に平穏に居住する利益は法律上保護された利益といえる。

(2)　次に、農地法5条2項4号は、上記のほか、「農業用排水施設の有する機能に支障を及ぼすおそれがある場合その他の周辺の農地（中略）に係る営農条件に支障を生ずるおそれがあると認められる場合」にも、知事は同条1項の農地の転用の許可をすることができない旨定めている。

また、同法51条1項柱書では、農地等の転用のための権利移動の制限等に違反した者に対して、転用許可の取消等の処分をするに際して、「土地の農業上の利用の確保及び他の公益」を「関係人の利益」と「衡量」する旨定められている。

これらの規定から、農地法は、排水施設の機能及び営農

●　本答案も、他の再現答案と同様に、行訴法9条1項・2項を踏まえ、第三者の原告適格（「法律上の利益を有する者」（行訴9Ⅰ））に係る判例の一般的な判断基準を正確に示すことができている。

●　本答案も、農地法5条1項の許可に関する農地法の規定が、農家であるXの農業上の利益を個別的利益としても保護する趣旨であることを的確に指摘することができており、出題趣旨に合致する。また、農地法51条1項柱書も摘示して農地法の仕組み・構造を踏まえた論述ができている。

条件の保護を通じて、農地での作物の栽培等の「土地の農業上の利用」を保護する趣旨を含んでいるものと解される。

したがって、本件畑で根菜類の栽培を行う利益は、「土地の農業上の利用」として、農地法によって保護された利益である。

よって、Xが主張する利益はいずれも法律上保護された利益であるから、Xは本件訴訟1における原告適格を有する。

第2　設問2

1　小問(1)

まず、国家賠償法上の違法性は、処分の公定力にかかわらず主張できるから、前もって取消訴訟によって処分が違法であることを確定しておく必要はない。

そして、国家賠償法1条1項の「過失」は、公務員が職務上尽くすべき注意義務に違反していることをいう。

そして、右の注意義務に違反してされた公務員の行為は「違法」と評価されるべきであるから、「違法」及び「過失」は公務員が職務上尽くすべき注意義務に違反していることをもって一元的に判断すべきである。

本件では、本件申請の許可申請書に、付近の土地等の被害を防除する施設については記載がない。加えて、Xが本件造成工事によって本件畑の排水に支障が生じる旨主張した。しかし、Y県の担当者Dは、Bが設けた水路が、断面、勾配ともに排水に十分ではなかったのに、目視による短時間の確認を行っただけでBが指導に従って措置を採ったと判断した。

Dが本件申請につき、営農条件に与える影響についての調査を怠り、それに基づいてY知事が本件処分をしたことは、公務員が職務上尽くすべき注意義務に反し、「違法」及び「過失」がある。

2　小問(2)

(1)　義務付けの訴え

ア　「一定の処分」とは、裁判所の判断が可能な程度に処分が特定されていればよい。

本件訴訟3は原状回復の措置命令を求めるものであるからこれを満たす。

イ　本件では、本件住宅の床下が浸水による被害を受けるおそれがあり、Xの生命・身体に損害が生じうる。

したがって、「重大な損害」も肯定される。

ウ　差止訴訟や取消訴訟によって本件訴訟3で訴求している請求は認めることができず、「他に適当な方法がない」といえる。

(2)　農地法51条1項

まず、Bは本件許可を受けている。しかし、本件申請

● 再現答案①と異なり、本答案は「違法」と「過失」の関係について、理由付けをしつつ自覚的に論じており、出題趣旨に合致する。

● 本答案も、再現答案①と同様に、農地法の規定を具体的に指摘してはいないものの、「『公権力の行使』である本件処分が法律要件に違反して行われたということ」について論じており、出題趣旨に沿う論述ができている。

は、排水に十分な施設を備えず、近隣の営農条件に支障を生ずるものだから、同法５条２項４号に適合しない。

それにもかかわらず、本件許可を受けたＢ及びＣは同法５１条１項４号の者にあたる。

そして、Ｘの上記の「土地の農業上の利用の確保」等の利益と、Ｂ及びＣが受けた本件許可を取り消される不利益を比較すると、これらを「衡量して特に必要がある」といえる。

したがって、本件訴訟３は農地法第５１条第１項の処分の要件を満たす。

以　上

※　実際の答案は４頁以内に収まっています。

● 出題趣旨によれば、農地法51条1項の処分要件の充足を問う設問2⑵では、「違反転用者等」（法51Ⅰ柱書参照）該当性、及び「土地の農業上の利用の確保及び他の公益並びに関係人の利益を衡量して特に必要があると認めるとき」という要件の充足を論じることが求められる。本答案は、そのいずれの要件についても一応検討できており、出題趣旨に合致する。

MEMO

再現答案③　Bランク（T・Tさん　順位1360位）

第1　設問1

1　Xは、本件訴訟1における原告適格を有するか。原告適格とは、「法律上の利益を有する者」をいうところ、かかる文言の意義が問題となる。Xは本件処分の名宛人ではないところ、行政事件訴訟法（以下、「行訴法」という。）9条2項により判断する。

(1)　「法律上の利益を有する者」とは、当該処分により、権利利益若しくは法律上保護された利益を侵害又は必然的に侵害されるおそれがある者をいう。そして、当該処分を定める根拠法規が具体的利益を一般的公益の中に吸収解消させるにとどめず、個々人の個別的利益としても保護する趣旨を含む場合には、かかる利益も法律上保護された利益にあたると解する。

(2)ア　まず、Xが主張する利益として①本件畑で農業を行う利益及び②災害による被害を受けない利益があることが考えられる。

イ　次に、①について、本件処分は根拠法規たる法5条2項4号は「周辺の農地に係る営農条件に支障を生ずるおそれ」について許可ができない要件としており、具体的利益として保護しているといえる。また、②について、同号は、「災害を発生させるおそれ」を許可ができない要件としており、具体的利益として保護しているといえる。

ウ　そして、①について、農業というのは天候や周辺の状況といった環境の影響に依存するものであり、それで安定して生計を立てるためには、わずかな変化でも大きな被害を生ずる。さらに、安定した栽培を続けることが重要であるから、1度でも害されると回復困難である。それに加え、本件造成工事の性質上、継続して被害を受けることとなる。そのため5条2項4号は、転用処分の周辺で農業を行う者の①を個別的利益として保護する趣旨を有するものといえ、かかる者は「法律上の利益を有する者」にあたる。

また、②については、公益保護の性質が強く、一般公益として吸収解消されるものといえるから、個別的利益として保護する趣旨のものではない。

(3)　では、Xが①について「法律上の利益」を有するか検討する。

Xは、本件造成工事の行われる乙土地の隣にあり、かかる工事により根菜類の栽培ができないなどの被害が生じている。そのためXは、「法律上の利益を有する者」といえる。

2　よって、Xは原告適格を有する。

第2　設問2(1)

● 本答案も、他の再現答案と同様に、行訴法9条1項・2項を踏まえ、第三者の原告適格（「法律上の利益を有する者」（行訴9Ⅰ））に係る判例の一般的な判断基準を正確に示すことができている。

● 本答案も、農地法5条1項の許可に関する農地法の規定が、農家であるXの農業上の利益を個別的利益としても保護する趣旨であることを的確に指摘することができており、出題趣旨に合致する。

1　まず、国賠法１条１項における「違法」とは取消訴訟と異なり行為の観点から判断されるところ、「過失」と検討対象は実質的に重なると解するため、同様に検討する。
2　確かに、ＤはＢ及びＣに対して措置を指導し、Ｂは水路を設けた。しかし、水路には瑕疵があったにもかかわらず、Ｄは目視で確認しただけであった。そのため、Ｘとしては、かかる確認義務を怠ったという主張をすべきである。
第３　設問２⑵
1　行政事件訴訟法３７条の２第１項について
⑴　農地法５１条１項に基づく現状回復の措置命令という判断可能なものであるから「一定の処分」にあたる。
⑵　Ｘは、農業により生計を立てているにもかかわらず、本件造成工事により、栽培ができなくなっており、前述の通り、金銭をもっても回復困難な被害が生じており、「重大な被害が生ずるおそれ」があるといえる。
⑶　特に他に個別法はないため、「他に適当な方法」はない。
2　農地法５１条１項について
　上記Ｘが被る被害に鑑みて、Ｘが農業を行う利益は、Ｂ及びＣの営業の利益と比較して「特に必要」があると主張する。

以　上

● なぜ国家賠償法１条１項の違法及び過失の要件が「実質的に重なる」と解するのか、その理由を論じる必要がある。ここでは、「職務上通常尽くすべき注意義務を尽くすことなく漫然と処分したと認められるような事情がある場合に限り、国家賠償法１条１項の『違法』があったと評価すべきところ、これは注意義務違反である同条１項の『過失』にほかならないため、両者は一元的に判断される」といった論述が一例として考えられる。

行政法

再現答案④　Cランク（Y・Aさん　順位887位）

第１　［設問１］
１　Ｘは本件訴訟１における原告適格、つまり、「法律上の利益を有する者」（行訴法９条１項）に当たるか。

「法律上の利益を有する者」とは、当該処分により自己の権利又は法律上保護された利益を侵害又は必然的に侵害されるおそれのある者をいう。そして、当該処分を定める法規が不特定多数者の具体的利益を専ら一般的公益に吸収解消させず、それが帰属する個々人の個別的利益として保護する趣旨を含むと解される場合には、そのような利益も法律上保護された利益に当たる。その際には、行訴法９条２項の考慮要素を勘案する。

２　そこで、Ｃの本件畑の排水設備が適正に行われ、本件畑で野菜を栽培し、それによる収入を得る利益が法律上保護された利益といえるかについて検討する。

本件処分は農地法５条１項に基づいて行われており、農地法５条２項４号は申請に係る農地以外の農地の農業用排水施設の有する機能に支障を及ぶ場合には、許可することができないとしている。そのため、Ｃの上記利益は一般的公益として保護されている。そして、農地法５１条１項では「他の公益並びに関係人の利益」を衡量して違反転用に対する処分をすることができるとしており、本件処分により影響を受ける者の利益を個別的利益として保護しているといえる。

よって、Ｃの上記利益は個別的利益として保護されているといえる。

３　また、Ｃの生命・身体が法律上保護された利益といえるか。

農地法５条２項４号は申請に係る農地以外の農地に災害が発生するおそれがある場合には、本件処分はできないとしている。また、農地法５１条１項は、「関係人の利益」を衡量して違反転用に対する処分をすることができるとしている。さらに、生命・身体は一度侵害されると回復が困難な利益である。そのため、本件処分により生命・身体に対して重大かつ直接的な侵害が及ぶ者の生命・身体は個別的利益として保護されているといえる。

本問では、本件処分がなされると、本件住宅の床下が浸水による被害を受けるおそれがあり、土壌が緩やかとなり、本件住宅が倒壊するおそれが生じるため、Ｃの生命・身体に対する侵害が認められる。

よって、Ｃの上記利益は個別的利益として保護されているといえる。

４　以上より、Ｘは本件訴訟１における原告適格を有する。

第２　［設問２］⑴
１　国家賠償法１条１項の「違法」及び「過失」とは同義に解すべきであり、損害が発生したことで直ちに認められるもの

●　本答案も、他の再現答案と同様に、行訴法９条１項・２項を踏まえ、第三者の原告適格（「法律上の利益を有する者」（行訴９Ⅰ））に係る判例の一般的な判断基準を正確に示すことができている。

●　本答案も、再現答案②と同じく、農地法５条１項、同条２項４号、同法51条１項を摘示し、結論として農地法の規定が農家であるＸの農業上の利益を個別的利益としても保護する趣旨であることを指摘できており、出題趣旨に合致する。もっとも、農地法の規定がどう結論に結び付くかの論述（理由付け）が他の再現答案と比較して薄いため、説得的な論述とまでは言い難い。

ではなく、公務員が職務上負っている法的義務に違反したことをいう。

2　本問では、本件処分により本件費用という損害が発生している。そこで、Y県の担当者Dに「違法」及び「過失」が認められるか。

たしかに、Dは本件処分に際して本件畑の排水に支障を生じさせないようにB及びCに対して指導を行っていた。しかし、Dはこれを目視による短時間の確認をしただけで詳細な調査はしなかった。そして、Dが本件畑の排水設備について詳細な調査をしていた場合には、本件費用の発生を回避することができたといえる。また、Dが詳細な調査を行っていれば、本件費用の発生を予見できた。

3　よって、Dの上記行為には国賠法1条1項の「違法」及び「過失」が認められる。

第3　［設問2］(2)

1　まず、行訴法37条の2第1項の非申請型義務付け訴訟の要件充足性について検討する。

(1)　非申請型義務付け訴訟の要件は、①「一定の処分」、②「重大な損害」の発生、③「損害を避けるために他に適当な方法がないとき」、④原告適格である。

①については、裁判所が特定可能な程度のものであることを要する。②については、37条の2第2項を考慮する。③については、民事訴訟、当事者訴訟で紛争を解決できる場合には満たされないと解する。

(2)　本問では、Xは本件処分を取り消してBに本件畑の原状回復を負わせるよう求めており処分が特定されている（①充足）。また、上記措置が採られない場合には、本件住宅が倒壊し、Xの生命・身体を害するおそれがあるが、生命・身体は一度侵害されると回復が困難な非常に重要な権利である（②充足）。さらに、上記措置は行政庁であるY県しか採り得ない（③充足）。そして、上記通りXに原告適格は認められる（④充足）。

よって、37条の2第1項の要件は満たしている。

2　次に、農地法51条1項の要件充足性について検討する。「特に必要がある」といえるかが問題となる。

本問では、上記通り、本件住宅が倒壊し、Xの生命・身体に対する危険が生じているため、特に上記措置を講じる必要性が高かったといえる。

よって、「特に必要がある」といえる。

3　以上より、Xは上記主張をすべきである。

以　上

● 出題趣旨によれば、まずは「本件処分が農地法の規定に適合しないものであることを指摘」する必要があり、本答案のように職務行為基準説の立場に立つ場合でも、「『公権力の行使』である本件処分が法律要件に違反して行われたということが前提となる」とされている。本答案は、この点について農地法の規定を具体的に指摘せず、事実を端的に摘示するにとどまっている。

● 一般に、第三者に対する民事訴訟（差止訴訟）の提起が可能であるという理由だけでは、補充性の要件を満たさないことにはならないと解されている（行政事件訴訟と民事訴訟とでは争点が異なる上、どちらがより適切な方法かを法が指定しているわけでもなく、その選択は私人に委ねられているため）。

民法

問題文

［民 法］

次の文章を読んで、後記の〔**設問１**⑴・⑵〕及び〔**設問２**⑴・⑵〕に答えなさい。

解答に当たっては、文中において特定されている日時にかかわらず、令和６年１月１日現在において施行されている法令に基づいて答えなさい。なお、民法以外の法令の適用について検討する必要はない。

【事実Ⅰ】

１．Ａが機関長として搭乗するタンカー甲は、令和３年４月１日、太平洋上で消息を絶った。令和４年６月２２日、甲の船体の一部が洋上を漂流しているところを発見され、調査の結果、甲は、令和３年４月１日未明に発生した船舶火災によって沈没したことが明らかになった。同じ頃、甲の乗組員数名の遺体及び所持品の一部が発見されたが、Ａの遺体は含まれていなかった。

２．Ａの推定相続人は、子Ｂ及び子Ｃである。Ａは、乙土地（時価２０００万円相当）を所有しているが、そのほかに見るべき財産はない。

３．令和４年６月２３日、Ｂは、Ａについて管轄の家庭裁判所に失踪の宣告を請求し、同年８月１日、失踪の宣告がされた。

【事実Ⅱ】

前記【事実Ⅰ】の１から３までに加えて、以下の事実があった。

４．Ａは、平成３０年４月１日、以下の内容の自筆証書遺言に係る同日付遺言書（以下「本件遺言書」という。）を適法に作成し、封筒に入れて厳封した上で、自室の机の引出しに入れておいた。

⑴　乙土地をＣに相続させる。

⑵　前項に記載以外の財産は、各相続人の法定相続分に従って相続させる。

５．令和４年８月２４日、Ｂは、遺産分割協議書等の必要な書類を偽造して、乙土地について相続を原因とする自己への所有権移転登記手続をした。その上で、Ｂは、Ｄに対して、同月２５日、乙土地を代金２０００万円で売り渡し、その旨の登記がされた。Ｄは、現在も乙土地を占有している。

６．令和４年８月３０日、ＣがＡの部屋を片付けていたところ、机の引出しから本件遺言書を発見し、これを管轄の家庭裁判所に提出して検認を請求し、同年９月１４日、適法に検認が行われた。

〔**設問１**⑴〕

【事実Ⅰ】及び【事実Ⅱ】（１から６まで）を前提として、Ｃは、Ｄに対して、所有権に基づき、乙土地の明渡しを請求した。Ｄからの反論にも言及しつつ、Ｃの請求が認められるかについて論じなさい。

【事実Ⅲ】

前記【事実Ⅰ】の１から３までに加えて、以下の事実があった（前記【事実Ⅱ】の４から６までは存在しなかったものとする。）。

7．Aは甲の沈没後に外国漁船によって救出されていたが、諸般の事情から帰国できないでいた。Aは、令和４年８月５日頃、Bに電話をして無事を伝えたが、Bは、Aの滞在する地域の情勢等から帰国は困難であると判断し、友人Fに、Aは生存しているものの帰国は困難であることを伝え、その財産の処分について相談したほかは、この事実を誰にも話さずに秘匿していた。Aの滞在する地域は外国との通信が厳しく制限されており、前記の電話のほかにAの生存を伝えるものはなかった。

8．令和４年８月２４日、Cは、適法に相続放棄の申述を行った。同月２５日、乙土地について、相続を原因とするAからBへの所有権移転登記がされた。同年１０月２０日、Bは、Aの生存を知らない不動産業者Eに対して、代金２０００万円で乙土地を売り渡し、その旨の登記がされた。その際、Bは、Eに対して、「ひょっとしたら１年後くらいに１割増しで買い戻すかもしれないので、その間は他の人に処分しないでほしい。」と申し向けていた。

9．令和５年６月１９日、Eは、Fから「Bから乙土地の買戻しの話は聞いていると思うが、今のところ、Bには十分な資金がない。そこで、Bと話し合った上で、私が乙土地を購入することになった。」と聞き、Bにも確認した上で、Fに対して、乙土地を代金２２００万円で売り渡し、その旨の登記がされた。Fは、現在も乙土地を占有している。

10．Aは、令和５年６月２４日、住所地に帰来した。その後、Aの請求を受けた管轄の家庭裁判所は、Aの失踪の宣告を取り消した。

〔設問１(2)〕

【事実Ⅰ】及び【事実Ⅲ】（１から３まで及び７から10まで）を前提として、Aは、Fに対して、所有権に基づき、乙土地の明渡しを請求した。Fの反論にも言及しつつ、Aの請求が認められるかについて論じなさい。

【事実Ⅳ】

11．Gは、令和６年３月１日、取引関係にあるHに対する５００万円の支払債務を弁済する目的で、取引銀行であるI銀行に、５００万円の振込依頼をしたが、その際、振込先として、誤って、K銀行のH名義ではなくJ名義の普通預金口座（以下「J名義口座」という。）を指定してしまった。K銀行は、I銀行からの振込依頼を受け、K銀行のJ名義口座に５００万円の入金処理

民法

を行った（以下「本件誤振込み」という。）。なお、Ｊは、Ｇ及びＨとは何ら関係のない人物である。

12. Ｇは、令和６年３月７日、Ｈから入金がない旨の連絡を受け、本件誤振込みに気付いた。

Ｇは、直ちにＩ銀行に連絡し、Ｊ名義口座への振込依頼は誤りであり、Ｊとの間に振込みの原因となる関係はないので、Ｊ名義口座に入金された５００万円を戻してほしい旨申し出た。Ｉ銀行は、直ちに、Ｋ銀行に返還を求めた。

13. 一般に、銀行実務では、振込先の口座を誤って振込依頼をした振込依頼人からの申出があれば、受取人の預金口座への入金処理が完了している場合であっても、受取人の承諾を得て振込依頼前の状態に戻す、組戻しという手続が執られている。

14. 令和６年３月８日午前１０時、Ｋ銀行は、Ｊに組戻しの承諾を得ることとし、Ｋ銀行の担当者がＪに電話を架け、応答したＪに対し、Ｇからの５００万円の振込みについて、Ｇは誤振込みであるとして、組戻しを求めている旨説明し、その承諾を求めた。これに対し、Ｊは、Ｇから５００万円を振り込まれる理由は確かにすぐには思い当たらないが、よく考えたい、組戻しの承諾をするかどうかについては検討して後日連絡する旨述べた。しかし、その後、Ｊは、Ｋ銀行に連絡をすることなく、Ｋ銀行の担当者の問合せにも応じなくなった。

〔設問２(1)〕

【事実Ⅳ】（11から14まで）を前提として、Ｇが、Ｊに対して５００万円の不当利得の返還を求めた場合に、その請求が認められるかについて論じなさい。なお、Ｊ名義口座からは、本件誤振込みの後、出金は行われていないものとする。

【事実Ⅴ】

前記【事実Ⅳ】の11から14までに加えて、次の事実があった。

15. 令和６年３月８日夜、Ｊは、債権者の一人である知人Ｌに対して、現金で５００万円の弁済をしていた。Ｌによると、Ｊは同日午後８時頃に、突然Ｌの自宅を訪れ、Ｌに対して負う債務の弁済が遅れたことをわび、弁済に充ててほしいと現金５００万円を置いていった。Ｌが弁済金の出所を尋ねたところ、Ｊは、自分の銀行口座に誤って振り込まれた金銭である旨を説明した。Ｌは迷ったが、結局これをＪに対して有する債権の弁済として受け取った。

16. Ｋ銀行は、【事実Ⅳ】14のとおり、令和６年３月８日午前１０時にＪに組戻しの承諾を得るべく連絡をしていたが、Ｋ銀行の担当者は、Ｊ名義口座について取引を一時的に停止するなどの措置を採ることをしていなかった。同日午後１時、Ｊは、同口座から現金５００万円の払戻しを受けており、それにより同口座の残高は０円となっていた。同口座は、ここ数年間残高は０円であって、本件振込み及びその払戻しを除き、入出金は行われていなかった。

17. Ｇは、Ｌに対して、ＪがＬに支払った現金５００万円は本件誤振込みにより送金された５００万円を払い戻したものであるとして、不当利得返還請求権に基づき、５００万円の返還を求めた。これに対してＬは、①Ｌの利得はＪの一般財産からの弁済であるから、Ｇの損失との間には因果関係がないこと、②Ｌの利得はＪに対する債権の弁済の受領であり、法律上の原因があることを理由として、Ｇの請求を拒絶した。

〔設問２⑵〕

【事実Ⅳ】及び【事実Ⅴ】(11から17) までを前提として、ＧのＬに対する不当利得返還請求が認められるかについて、Ｌの反論①及び②に留意しつつ論じなさい。

出題趣旨

設問１は、船舶遭難者について失踪宣告がされた事案を題材として、遺言に反する相続財産の処分が行われた場合の権利関係、失踪宣告後取消前に行われた取引行為の効力について問う問題である。設問１⑴では、失踪宣告の法的効果、「相続させる」遺言の法的性格等についての理解を前提として、法定相続分を超える部分については登記がなければ第三者に対抗することができないとの規律（民法第８９９条の２第１項）に即して論述するとともに、土地の共有者間における明渡請求の可否について検討することが求められる。設問１⑵では、失踪宣告後取消前に「善意でした行為」（同法第３２条第１項後段）の効力について、その解釈を示した上で、いわば「わら人形」として善意者が介在させられた可能性があることなどの事実に即して論述することが求められる。

設問２は、銀行口座へ誤振込みがされた事案を題材として、三当事者間における不当利得の法律関係について問う問題である。設問２⑴では、振込依頼人からの受取人に対する不当利得返還請求の可否について、誤振込みによっても預金債権が成立すること、受取人が預金債権を行使することができるか否かが問題となることなどを踏まえて論じることが求められる。設問２⑵では、誤振込金が振り込まれた銀行口座から受取人が金銭を引き出し、これをその債権者に対する弁済に充てた場合において、振込依頼人からの当該債権者に対する不当利得返還請求が認められるかについて、いわゆる騙取金による弁済に関する判例（最判昭和４９年９月２６日民集２８巻６号１２４３頁）の考え方を参照するなどして論じることが求められる。

MEMO

再現答案①　Aランク（S・Mさん　順位25位）

【設問１(1)】
１　Ｃの請求の要件は乙土地についての①Ｃの所有及び②Ｄの占有である。②は事実５から明らかであるので、①について検討する。
２　令和４年８月１日の失踪宣告により、Ａは令和３年４月１日に死亡したものとみなされ（民法３０条２項、３１条）、相続が開始される（８８２条）。そして、本件遺言書は、(1)の文言から、特定財産承継遺言（１０１４条２項）として、相続分の指定（９０２条１項）を伴う遺産分割方法の指定（９０８条）とみるのが妥当であり、かかる遺言に従いＣは乙土地の所有権を取得する。
３　他方、Ｄからの反論として、自らは乙土地の所有権の得喪について「第三者」（１７７条）であり、登記を先に備えている以上、Ｃはその所有権をＤに対抗できないと主張することが考えられる。
(1)　この点、Ｃの所有権取得は「相続による権利の承継」であるから、８９９条の２第１項が適用され、Ｃは自らの法定相続分に限り登記なくして第三者に対抗できる。
(2)　本件で、Ｄは、乙土地について登記の欠缺を主張する正当な利益を有する「第三者」に当たるが、ＣはＡの子として１／２の法定相続分を有する（８８７条１項、９００条４号）ため、１／２の持分権についてはＤに登記なくして対抗できる。しかし、残りの部分について、Ｃは対抗要件としての登記を備えておらず、Ｄが背信的悪意者と認められる事情もない以上、Ｄにその所有権を対抗することはできない。
４　そして、Ｄは自己の持分権に従い乙土地の全部を使用することができる（２４９条１項）ので、Ｃの請求は認められない。

● 特定の財産である乙土地を特定の相続人であるCに「相続させる」旨の遺言は、特段の事情がない限り、遺産分割方法の指定である「特定財産承継遺言」（1014Ⅱ）に当たる。そして、法定相続分を超える額の特定の遺産を分割する旨の指定がされた場合、当該相続人の相続分を変更する意思を含むものと解するのが遺言の合理的な解釈といえることから、特段の事情がない限り、「相続分の指定」（902）も伴うものと一般的に解されている。本答案は、このような基本的な理解に沿った論理的な論述ができている。

● 土地の共有者間における明渡請求の可否について検討できており、出題趣旨に合致する。

【設問１(2)】
１　Ａの請求の要件は乙土地についての①Ａの所有及び②Ｆの占有であり、②は明らかであるので、①について検討する。
２　Ａについての失踪宣告により、令和４年８月２４日に相続を原因とするＡからＢへの所有権移転登記がなされているが、失踪宣告の取消しにより、かかる所有権移転は遡及的に無効となり、Ｂは無権利者となる。したがって、その後のＥ、Ｆも有効に所有権は取得できず、当初よりＡが所有権を有していたものとして、①の要件も認められるようにも思われる。
３　もっとも、Ｆからは、ＥＦの売買契約は、「失踪の宣告後、その取消前に善意でした行為」（３２条１項後段）として宣告取消の効力が及ばず、有効な取引としてＡは所有権を喪失すると反論されることが考えられる。
(1)　この点、同項の趣旨は、取引安全を図るため失踪宣告の取消しによる遡及効を制限し、本来の権利者の犠牲のもと、取消後に契約関係に入った者を保護する点にある。そうだとすると、かかる犠牲を正当化するため、契約関係の双方が失踪宣告の対象者の生存について善意であることを要求すべきであると考える。

(2) 本件では、FはAの生存を知っていることから、同項の趣旨が妥当せず、保護に値するとはいえないから、同項の適用はない。

4 したがって、Fの反論は認められず、Aの請求は認められる。

【設問2(1)】

1 GからJへの不当利得返還請求について、その要件は①Gの損失、②Jの利得、③その利得に法律上の原因がないこと、④①と②の因果関係である。

2 まずGは誤振込みにより500万円を喪失するという損失を受けており（①）、Jは、K銀行に対する500万円の預金債権を取得することで利得を得ている（②）。また、Jの預金債権取得に法律上の原因がないことは明らかであり（③）、Gの誤振込みによりI銀行がK銀行に振込依頼をし、J名義の口座に入金処理がなされたことにより、かかる債権が発生しているから、社会通念上の因果関係も認められる（④）。

● 失踪宣告後取消前に「善意でした行為」（32Ⅰ後段）の効力について、32条1項後段の規定の趣旨に踏まえた論理的な論述が展開できており、出題趣旨に合致する。

● 振込依頼人からの受取人に対する不当利得返還請求の可否について、簡潔ながらも適切な論述ができている。本答案は、「Jは、K銀行に対する500万円の預金債権を取得することで利得を得ている」と論じているが、これは出題趣旨にいう「誤振込みによっても預金債権が成立すること」を端的に示すものといえ、出題趣旨に合致する。

3 したがって、Gの請求は認められる。

【設問2(2)】

1 GからLへの不当利得返還請求について、その要件は①Gの損失、②Lの利得、③その利得に法律上の原因がないこと、④①と②の因果関係である。

2 Gは誤振り込みにより500万円の損失を受けており（①）、Lは500万円の弁済による利得を受けている（②）。

3 それでは、かかる利得に法律上の原因がないといえるか。

(1) 不当利得の当事者間の公平を図るという制度趣旨から、法律上の原因がないとは、当事者間において利得者への利益の帰属を正当化する相対的・実質的理由がないことを意味する。そして、誤振込みによる弁済の場合は、弁済を受けたものが、その金銭が誤振込みによるものであることについて悪意であれば、誤振込者との関係においては、その利益の帰属を実質的に正当化することはできず、その利得に法律上の原因がないといえると考える。

(2) 本件においては、LはJからの弁済を受けた時点で、その金銭が誤振込みによるものであることを知っていたのだから、Gとの関係でその利益の帰属は正当化できず、利得に法律上の原因がないといえる（③）。

4 利得と損失の因果関係については、その損失によって利得

● いわゆる騙取金による弁済に関する判例（最判昭49.9.26／百選Ⅱ［第8版］〔80〕）を明確に意識した論述を展開できており、出題趣旨に合致する。なお、同判例は、弁済を受けた者が「悪意」である場合のみならず、「重大な過失」がある場合も、「法律上の原因がなく、不当利得となる」としている。

がもたらされたという社会通念上の因果関係があれば足り、利得と損失の間に、振込み・引出し、両替、一般財産との混和等があっても、因果関係は直ちに否定されない。

本件においては、Ｊの口座残高はここ数年間０円であり、誤振込みのわずか数日後にＬに弁済を行っていることから、Ｇの誤振込みにより弁済がなされたことは明らかであり、社会通念上の因果関係は否定されない(④)。

5　したがって、Ｇの請求は認められる。

以　上

※　実際の答案は４頁以内に収まっています。

MEMO

再現答案②　Aランク（T・Iさん　順位77位）

第１　設問⑴
１　ＣのＤに対する請求は、所有権に基づく返還請求権としての乙土地明渡請求である。
２　ここで、Ｄが乙土地を占有していることは明らかである。では、Ｃに乙土地の所有権は認められるか。
⑴　本件で、被相続人であるＡは「乙土地をＣに相続させる」旨の遺言をしている。遺言は被相続人の意思にかなうように解釈すべきところ、「相続させる」旨の遺言をした者は当該目的物を受け継がせる意思を有するのが通常である。そのため、「相続させる」旨の遺言は、遺産分割方法の指定（９０２条１項）であると解する。
　そのため、本件遺言書の検認が適法に行われていることより、Ｃに乙土地の所有権が認められる。
⑵　もっとも、Ｄは乙土地の登記を備えているものの、Ｃは乙土地の登記を得ていない。そのため、Ｃは法定相続分である２分の１（９００条1号、４号）を「第三者」に対抗することができない（８９９条の２第１項）。
　ここで、「第三者」とは、遺産分割の遡及効（９０９条）により害される者、すなわち遺産分割前の第三者をいう。Ｄは本件遺言書が適法に検認される前に、Ｂより乙土地を買い受けているため遺産分割前の第三者として「第三者」に当たる。そのため、ＣはＤに対して２分の１以上の部分について対抗することができない。
３　このことにより、ＣとＤは乙土地を共有している状態となるところ、共有者は共有物の全部を使用することができる（２４９条１項）ため、Ｃは明渡請求をできず、Ｃの請求は認められない。
第２　設問１⑵
１　ＡのＦに対する請求は、所有権に基づく乙土地明渡請求である。
２　本件では、Ｆの乙土地占有は明らかなので、Ａに所有権が認められるか。
⑴　本件では、Ａに対してされた失踪宣告（３０条２項）がされているところ、これが取り消されている（３２条）ため、乙土地に関する行為は無効となり（同条２項本文）、Ａに乙土地の所有権が認められると思える。
⑵　ここで、ＦはＥＦ間の売買契約はＥが「善意」（３２条１項後段）ため、当該売買契約は無効とならないと主張することが考えられる。３２条１項後段の趣旨は、取引の安全を保護することにある。もっとも、失踪宣告を取り消された者の保護もしなくてはならない。そこで、「善意」とは行為の当事者が双方善意でなくてはならないと解する。
　本件で、ＦはＡに失踪宣告が取り消され得る事情を知っていたのだから、「善意」ではない。

● 「902条１項」は、遺産分割方法の指定（908Ⅰ）の根拠条文ではなく、相続分の指定の根拠条文であるが、相続分の指定を伴う遺産分割方法の指定と善意解釈された可能性がある（が、根拠条文は正しく摘示すべきである）。

● 土地の共有者間における明渡請求の可否について検討できており、出題趣旨に合致する。

● 失踪宣告後取消前に「善意でした行為」（32Ⅰ後段）の効力について、再現答案①と同様に、32条１項後段の規定の趣旨に照らして論理的な論述を展開できており、出題趣旨に合致する。

よって、Fの主張は認められない。
3　したがって、Aに乙土地の所有権が認められ、Aの請求は認められる。
第3　設問2(1)
1　GのJに対する請求は本件誤振込みによる不当利得返還請求（703条）である。
2(1)　JはG及びHとは何ら関係のない人物であり、GがH名義の口座と誤ってJ名義口座に振り込んだにすぎないため「法律上の原因なく」といえる。また、Gは組戻しを受けることができておらず「損失」も認められる。
(2)　一方、JはJ名義口座から本件誤振込みから出金を行っておらず、この場合でも「利益を受けた」といえるか。
ここで、「利益を受けた」といえるためには現実に利益を受ける必要はなく実質的に取得したといえれば足りる。
本件では、Jは確かに出金を行っておらず金銭を現実に取得したわけではないが、自己の口座に500万円が振り込まれおりいつでも引き出せる状態にあったのである。また、JはK銀行の組戻しの承諾の求めにも応じておらず、後日連絡すると伝えておきながらその後のK銀行の問い合わせにも応じていない。このことより、Jは組戻しに応じる気はないといえる。
よって、Jは実質的に500万円について取得したといえ「利益を受けた」といえる。
3　したがって、JはGの「損失」「によって」「利益を受けた」といえるため、Gの不当利得返還請求は認められる。
第4　設問2(2)
1　ここでのGのLに対する請求は不当利得返還請求である。
2　まず、Gは500万円の返還を受けられておらず「損失」が認められ、Lは500万円の弁済を受けていることにより「利益を受けた」ともいえる。
3　では、これらに因果関係が認められるか。
確かに、Lは債権の弁済として500万円の支払を受けたにすぎないものの、J名義口座の残高はここ数年間0円であったのであり、本件振込み及びその払戻しを除き入出金は行われていなかったのである。このことからすれば、本件誤振込みがなければLは弁済を受けられなかったのである。
そのため、Gの損失とLの受益には因果関係が認められ、反論①は失当である。
4(1)　次に、「法律上の原因なく」といえるか。
(2)　ここで、誤振込みによる弁済であっても債権者はあくまで弁済を受けたにすぎない。そのため、原則として誤振込みによる弁済であっても「法律上の原因がない」とはいえない。しかし、債権者が誤振込みによる弁済であることについて悪意または重過失である場合には、そのような弁済

● 判例（最判平8.4.26／百選Ⅱ［第8版］〔72〕）によれば、振込みの原因関係の存否にかかわらず、振込みがあれば受取人と振込先の銀行との間に預金契約が成立し、受取人は預金債権を取得してこれを行使することができる旨判示している。本答案は、判例の立場を明確に意識した論述ができていない。

● いわゆる騙取金による弁済に関する判例（最判昭49.9.26／百選Ⅱ［第8版］〔80〕）を明確に意識した論述を展開できており、出題趣旨に合致する。

民法

は正当化することができないため、例外的に「法律上の原因がない」といえると解する。

Lは J から弁済金が自分の銀行口座に誤って振り込まれた金銭であることについて説明している。

そのため、Lは悪意であるため「法律上の原因がない」といえ、反論②も失当である。

5　したがって、Gの請求は認められる。

以　上

※　実際の答案は4頁以内に収まっています。

MEMO

再現答案③　Aランク（K・Nさん　順位103位）

第1　設問1⑴について
1　CはDに対して、乙土地の所有権に基づき乙土地の明渡請求をしている。これは認められるか。
2　まず、Cは乙土地の所有権について、Aの遺言により承継取得したと主張する。Aは本件遺言書（民法（以下法名略）968条）により乙土地をCに相続させる遺言をしているが、この効力はAの死亡時にさかのぼって効力を生じる（985条）。
　ではAの死亡時について検討する。Aが搭乗していた甲は令和3年4月1日に沈没し、Aについての失踪宣告がされたところ、「危難が去ったとき」（31条、30条2項）に死亡したとみなされるので、Aは甲が沈没した令和3年4月1日に死亡したとみなされる。
　よって、本件遺言書の効力は同日から生じ、Cは乙土地の所有権を承継取得している。
3　これに対してDは、Aの子であるBが乙土地について相続（869条）し、これを承継取得したと主張する。
⑴　なお、Bは遺産分割協議書を偽造しているが、相続人の欠格事由は認められない（891条5号）。法は「遺言書」について「偽造」した場合、相続人の欠格事由を認めているが、本問でBが偽造したのは遺産分割協議書であり、「遺言書」に当たらないからだ。

● 失踪宣告の法的効果について端的に論じられている点は出題趣旨に合致するが、「相続させる」遺言の法的性格について言及できていない点は、出題趣旨に合致しない。

　もっとも、Bは法定相続分（900条1号）を超える権利については無権利者であり、乙土地2分の1についてのみ適法に相続するにとどまる。
⑵　したがって、DはBから乙土地2分の1について適法に承継取得し、この限度において、Cの所有権とDの所有権が対抗関係に立つ（177条）ところ、DはCに先立つ乙土地所有権登記を具備している。したがって、この限度でDは適法に所有権を取得する。
4　よって、CのDに対する所有権に基づく乙土地の明渡請求は認められない。
第2　設問1⑵について
1　AはFに対して所有権に基づいて乙土地の明渡請求をしている。これはAの死亡宣告が取り消された（32条1項）ことに基づくところ、FはEがAが死亡していないことについて「善意」（32条1項）であるとしてEF間の売買契約は失踪宣告の取消の効力を受けないと反論する。
2　もっとも、「善意」とは、当事者全員がAが死亡していないことについて善意であることを指す。なぜなら、このように解しないと、何らの帰責性のないAに不利であるからだ。また、このように解したとしても、善意であったEは乙土地を永続的に住居として利用する目的などは有していない不動産業者であり、BE間で1年後の買戻しも検討されていた

● 土地の共有者間における明渡請求の可否について、正面から検討することができていない。

● 失踪宣告後取消前に「善意でした行為」（32Ⅰ後段）の効力について、32条1項後段の規定の趣旨を考慮した論述ができている。もっとも、本答案は、本問の個別・具体的な事情をも「善意でした行為」の解釈を展開する中で用いており、規範定立

以上、Aを犠牲にしてまでEを保護する必要性が認められない。
3　したがって、AのFに対する当該請求は認められる。
第3　設問2⑴について
1　GはJに対して５００万円の不当利得返還請求をしている（７０３条）。これは認められるか。要件は、①利得、②「損失」、③因果関係、④「法律上の原因なく」である。
2⑴　まず、誤振込みであったとしても、受取人は銀行に対して預金債権を取得するので、本件誤振込みによりJはKに対する５００万円の預金債権という利得を取得する（①）。
⑵　次に、Gは本件誤振込みにより５００万円の払戻しを受けることができなくなっているので、「損失」が認められる。
⑶　前述のJの利得とGの損失は本件誤振込みに基づくもので、因果関係が認められる。
⑷　「法律上の因果関係がない」とは、公平の理念から見て財産的価値の移動を当事者間において正当化するだけの実質的理由がないことをいう。GがJ名義の口座に５００万円を振り込んだことは、Gが単に操作を誤ってしまっただけであり、これを正当化する実質的理由がない。よって、「法律上の原因がない」と認められる。

と当てはめを渾然一体のものとして論述している点は、適切とはいえない。

● 判例（最判平8.4.26／百選Ⅱ［第8版］〔72〕）の立場を踏まえた論述ができており、出題趣旨に合致する。

民法

3　したがって、GのJに対する請求は認められる。
第4　設問2⑵について
1　GのLに対する不当利得返還請求は認められるか（７０３条）。要件は前述のとおりである。
2⑴　Lは５００万円についてJから受領することで利得を得て、Gには本件誤振込みにより前述のとおり「損失」が生じている（①②）。
⑵　そして、利得と損失に直接の因果関係がある必要はなく、社会通念上の因果関係があれば足りる。よって、Lの反論①は認められず、Lが５００万円を受領したのはJを介在しているが、Lの利得とGの損失に社会通念上の因果関係が認められる（③）。
⑶　また、本問のような横領金弁済の場合には、債権者が弁済を受けた金銭が横領金であることについて悪意又は重過失である場合、公平の理念からみて財産的価値の移動を当事者間で正当化するだけの実質的理由がないと認められ、「法律上の原因がない」といえる。
　本問ではLは受領した５００万円が誤振込みによるものであるとJから聞いているので、「法律上の原因がない」と認められる。
3　したがって、GのLに対する請求は認められる。
以　上

● いわゆる騙取金による弁済に関する判例（最判昭49.9.26／百選Ⅱ［第8版］〔80〕）を明確に意識した論述を展開できており、出題趣旨に合致する。

再現答案④　Bランク（R・Sさん　順位209位）

設問1(1)
1　Cの請求は、乙土地所有権に基づく物権的返還請求としての乙土地明渡請求である。これが認められるためには、①Cの乙土地所有、②Dの乙土地不法占有を要する。
2　Aは失踪の宣告（３０条２項）を受けているところ、これによりAは死亡したものとみなされる（３１条）ことから、Aの推定相続人であるCはAを相続し、Aの所有していた乙土地を承継取得している（８８２条、８９６条）。一方、Bも推定相続人であるから、乙土地はBとCの持分２分の１ずつの共有状態にある（８９８条、９００条４号）と考えるのが原則である。しかし、本件遺言書には乙土地をCに相続させる旨記載されていることから、Cが単独で乙土地を所有しているとみることができる。よって、①を満たす。
3　Dは無権利者であるBから乙を買い受けており（５５５条）、正当な占有権原を有しない。なお、Dは８９９条の２第１項によりAは登記なくして乙土地の取得をDに対抗できないと反論することが考えられるが、同項は全くの無権利者からの譲受人も保護する趣旨の規定ではないから、本件には適用されない。
4　以上より、Cの請求は認められる。

● 「相続させる」遺言の法的性格について言及できておらず、出題趣旨に合致しない。結論だけ論じても、説得的な論理展開とは評価されない。

● 土地の共有者間における明渡請求の可否について検討できていないため、結論を誤っている（再現答案①②参照）。

設問1(2)
1　Aの請求は、乙土地所有権に基づく物権的返還請求としての乙土地明渡請求である。これが認められるためには、①Aの乙所有、②Fの乙不法占有を要する。
2(1)　Aは失踪の宣告により死亡したものとみなされているところ、Cは相続を放棄しているため、乙はBが単独で承継していた（９３９条）。その後、失踪の宣告が取り消されている（３２条１項前段）ことから、Bによる乙取得は遡及的に無効になる（１２１条）。そのため、無権利者Bからの譲受人であるE及びFは乙を取得し得ないのが原則である。しかし、EはBから乙を買い受ける時点でA生存の事実につき知らなかったため、Fがかかる「善意」の地位を承継することでFは有効に乙所有権を取得したとのFの反論が考えられる。
(2)　同項の趣旨は、何らの帰責性もない失踪者の犠牲の下に第三者の利益が発生する場面において失踪者の利益を保護するとともに、失踪者生存の事実につき知らずに取引関係に入った第三者の取引の安全を確保する点にある。そうだとすれば、「善意」は失踪者の死亡を前提として取引関係に入った者全員に要求されると解するのが相当である。
(3)　BはAから電話を受けてAの無事を知っていた。FもBからA生存の事実につき伝え聞いており、悪意であった。
(4)　よって、未だ乙所有権はAに帰属しているため、①を満たす。

● 失踪宣告後取消前に「善意でした行為」（32Ⅰ後段）の効力について、再現答案①②と同様に、32条１項後段の規定の趣旨に照らして論理的な論述を展開できており、出題趣旨に合致する。

3　失踪の宣告の取消しにより、Ｆは乙所有権を失うため（３２条２項前段）正当な占有権原を有しない。よって、②を満たす。
4　以上より、Ａの請求は認められる。
設問２(1)
1　Ｇの請求は、不当利得返還請求（７０３条）である。
2(1)　Ｊは自己名義の口座に５００万円の振込みを受けており、同額の受益がある。
(2)　「法律上の原因なく」には、形式的には正当視される財産権の移転であっても、実質的には正当化できない場合も含まれる。
　Ｊに対する振込みは、Ｋ及びＩによる適式な手続を踏んでなされたものであり、形式的には瑕疵のない財産権の移転である。しかし、ＧＪ間には何らの取引関係もなく、Ｊは５００万円につき正当な受領権限を有していなかったことから、かかる振込みは実質的にみて正当といえるものではない。
　よって、Ｊの受益は「法律上の原因なく」されたものである。
(3)　Ｇには５００万円の「損失」がある。
(4)　受益と損失の間の因果関係は、社会通念上のもので足りるところ、Ｇの５００万円が銀行による手続を通ってＪ名義口座に振り込まれていることから、因果関係が認められる。
3　よって、Ｇの請求は認められる。
設問２(2)
1　Ｇの請求は、不当利得返還請求（７０３条、７０４条）である。
2(1)　ＬにはＪによる弁済により５００万円の受益がある。
(2)　Ｌの受益は、Ｊに対する債権の弁済の受領であり、法律上の原因があると考える余地がある。しかし、即時取得制度（１９２条）との調整の観点から、弁済にあてられた金銭が不法な手段によって取得されたものであることにつき悪意又は重過失である場合には、かかる弁済を実質的にみて正当化することはできないから、このような場合には法律上の原因がないというべきである。
　Ｊは弁済に当たって、当該５００万円が自分の銀行口座に誤って振り込まれた金銭である旨を説明しており、Ｌはこれを承知している。
　したがって、Ｌには前記「悪意」が認められ、Ｌは「法律上の原因なく」受益したといえる。
(3)　Ｇには５００万円の「損失」がある。
(4)　Ｌの受益はＪの一般財産からの弁済であるから、Ｇの損失との間に因果関係がないと考える余地がある。しかし、

●　設問２(1)では、「誤振込みによっても預金債権が成立すること」を踏まえた論述が求められていた（出題趣旨参照）。本答案は、判例（最判平8.4.26／百選Ⅱ［第８版］〔72〕）を踏まえた論述や、上記の問題点を明確に意識した論述ができていない。

●　いわゆる騙取金による弁済に関する判例（最判昭49.9.26／百選Ⅱ［第８版］〔80〕）は、即時取得（192）との関係について特に言及していない。
　なお、即時取得（192）の趣旨は、動産の占有に対する信頼を保護し、無権利者と取引した者に権利取得を認めることで動産取引の安全を確保する点にあるところ、これと本問の問題との直接的な関係はないと考えられる。

民法

本件払込み及びその払戻しを除き、Ｊ名義の口座には数年間入出金が行われず残高が０円であったことから、Ｇの誤振込みによる５００万円がそのままＬへの弁済にあてられたとみるべきであるから、因果関係ありといえる。

3　Ｌは前述の通り「悪意の受益者」であるから、Ｃの請求は５００万円に利息を付したものにつき認められる。

以　上

※　実際の答案は４頁以内に収まっています。

商法

問題文

［商　法］

次の文章を読んで、後記の〔**設問１**〕及び〔**設問２**〕に答えなさい。

1．甲株式会社（以下「甲社」という。）は、住宅用インテリアの企画、製造、販売等を業とする大会社でない取締役会設置会社であり、会計監査人設置会社でない監査役設置会社である。甲社の定款には、その発行する全部の株式の内容として譲渡による当該株式の取得について取締役会の承認を要すること、定時株主総会の議決権の基準日は毎年１２月３１日とすること、事業年度は毎年１月１日から１２月３１日までの１年とすることが定められている。甲社の発行済株式の総数は１０００株であり、令和５年１２月３１日の株主名簿によれば、創業者であるＡが５００株を、ＢとＣが１５０株ずつを、Ａの親族であるＤとＥが１００株ずつを、それぞれ保有していた。甲社の創業以来、Ａが代表取締役を、ＢとＣが取締役を、Ｆが監査役を、それぞれ務め、ＤとＥは甲社の日常の経営に関わっていない。

2．Ｄは、令和６年２月頃、その保有する甲社の株式の全部（以下「本件株式」という。）を売却して家計の足しにしたいとＡに相談した。Ａは、甲社が同年３月３１日に本件株式を１株当たり１０万円（総額１０００万円）で買い取ることとし、同月開催予定の甲社の定時株主総会において、そのことを取り上げるとＤに約束した。

3．甲社は、会社法上必要な手続を経て、令和６年３月３１日に、Ｄから、本件株式を総額１０００万円で買い取った。その過程で、Ａは、同月に開催された甲社の定時株主総会において、「本総会において適法に確定した計算書類に基づいて計算したところ、令和６年３月３１日における分配可能額は１２００万円以上あり、甲社が本件株式を買い取ることに問題はない。」と説明し、甲社による本件株式の取得の承認を受けた。

4．ところが、令和６年７月になって、甲社の預金口座の記録を照会していたＢが上記３の計算書類の基礎となった令和５年中の会計帳簿に過誤があったことを偶然発見した。当該過誤は、甲社において会計帳簿をほぼ単独で作成していた経理担当従業員Ｇが、一部の取引について会計帳簿への記載を失念したために発生したものであった。Ｆによる会計監査は、例年、会計帳簿が適正に作成されたことを前提として計算書類と会計帳簿の内容の照合を行うのみであったため、会計監査では当該過誤が発見されず、上記３の定時株主総会においても、Ｆは疑義を述べなかった。Ａは、甲社の経理及び財務を担当しており、計算書類の作成と分配可能額の計算も自分で行っていたが、その基礎となる会計帳簿の作成については直属の部下であるＧに任せきりにして関与しておらず、Ｇによる一部の取引についての会計帳簿への記載の失念に気付かなかった。当該過誤を修正したところ、令和６年３月３１日における分配可能額は８００万円であった。

〔設問１〕

上記１から４までを前提として、次の⑴及び⑵に答えなさい。なお、本件株式の取得価格は適正な金額であったものとする。

⑴　甲社による本件株式の買取りは有効かについて、論じなさい。

⑵　甲社による本件株式の買取りに関して、A、D及びFは、甲社に対し、会社法上どのような責任を負うかについて、論じなさい。

下記５以下においては、上記２から４までの事実は存在しないことを前提として、**〔設問２〕**に答えなさい。

５．Aは、令和６年５月頃、とある同族企業の社長から、親族である株主が死亡するたびに株式が多数の相続人に分散したために会社の管理が厄介になったという話を聞いて心配になり、全ての甲社の株式を自分の手元で保有したいと考えるようになった。AがB、C、D及びEに個別に相談したところ、B、C及びDは対価次第で甲社の株式の売却に応じると回答したが、Eは「長年にわたり株主であった自分を、さしたる理由もなく甲社から排除しようというのか。」と不満を強く述べ、売却を固く拒否した。

６．Aは、旧知の税理士Hに甲社の株式の評価額の算定を依頼し、「１株当たり６万円から１０万円までの範囲が甲社の株式の適正な評価額である。」との意見を得た。そこで、Aは、令和６年７月３１日までに、甲社の取締役会の承認を受け、B、C及びDから、その保有する甲社の株式を１株当たり１０万円で適法に取得し、当該株式について、株主名簿の名義書換が行われた。他方、Aは、同年８月以降、Eに対し、特別支配株主の株式等売渡請求（以下「本件売渡請求」という。）をすることとし、甲社に対し、その旨及び株式売渡対価を１株当たり６万円、取得日を同年９月２０日とすることなどの会社法所定の事項を通知し、同年８月２０日開催の甲社の取締役会において、その承認を受けた。甲社は、同月２７日に、会社法所定の事項をEに通知し、また、本件売渡請求に関する事項を記載した会社法所定の書面を甲社本店に備え置いた。その通知を受けたEは、Aの都合で一方的に甲社から排除されることに不満を強く抱き、さらに、B、C及びDからの株式の取得の事実を知り、その取得価格が本件売渡請求における株式売渡対価の額と異なることに対して不満を一層強めた。

〔設問２〕

令和６年９月２日時点において、Eの立場において会社法上どのような手段を採ることが考えられるかについて、論じなさい。

出題趣旨

設問１⑴は財源規制違反の自己株式取得の効力を問うものである。有効説、無効説のいずれも有力に主張されており、いずれの考え方に立ってもよいが、それぞれの考え方について論拠を示していることが求められる。

設問１⑵は財源規制違反が発生したことに対する責任を問うものである。代表取締役Ａと株主Ｄについては会社法第４６２条第１項の責任を、Ａと監査役Ｆについては任務懈怠責任（同法第４２３条第１項）を検討することが望まれる。同法第４６２条第１項の責任に関しては、Ｄについては「当該行為により金銭等の交付を受けた者」として無過失責任を負うが、Ａについては「業務執行者」としてその職務を怠ったものといえるか、また、ＡとＦの任務懈怠責任に関しても、財源規制違反が発生するに至った会計帳簿及び計算書類の過誤、その監査の不備等について論じる必要がある。なお、大会社でない会社の会計限定監査役の任務懈怠に関する最判令和３年７月１９日集民２６６号１５７頁も参照されたい。あわせて、ＡとＦの任務懈怠責任を検討する上では、賠償する責任を負う損害の額をどのように考えるかについても言及していることが望ましい。

設問２は、特別支配株主の株式等売渡請求（会社法第１７９条以下）の手続の過程において、効力発生前の段階で、売渡株主が採ることのできる救済手段を問うものである。売買価格決定の申立て（同法第１７９条の８）及び差止請求（同法第１７９条の７）について説明する必要がある。

差止めに関して、価格の不当性や締出し目的（正当な事業目的がないこと）が差止事由に該当するかを論じることになる。価格に関しては、Ａが準備した第三者による適正な評価額の範囲内にある価格について「著しく不当」といえるかを認定することが求められる。締出し目的での株式等売渡請求が差止事由に該当するかに関しては、その法律構成と実質的な評価を説得的に論じられるかが問われる。なお、東京地判平成２２年９月６日判タ１３３４号１１７頁（全部取得条項付種類株式）、札幌地判令和３年６月１１日金判１６２４号２４頁（株式併合）を参照されたい。

MEMO

再現答案① Aランク（S・Mさん 順位25位）

【設問１】

小問⑴

１ 甲社の令和６年３月３１日における分配可能額は８００万円であったから、Ｄからの総額１０００万円での自己株式の買取りは財源規制違反である（会社法４６１条１項２号）。かかる株式の買取りは有効か。

２ 法が厳格な財源規制を置いた趣旨は、会社財産の不当な流出を防止し、会社債権者の保護を図る点にある。そこで、かかる趣旨を没却しないために、財源規制に違反する自己株式の買取りは、相手方の善意・悪意を問わず、また、分配可能額内の買取りも含めて一律無効になるものと考える。

３ したがって、本件株式の買取りは無効である。

小問⑵

第１ ４６２条に基づく責任

１ Ｄの責任

Ｄは財源違反の自己株式の取得により「金銭等の交付を受けた者」であるから、その「交付を受けた金銭等の帳簿価額」である１０００万円を甲社に返還する義務を負う（４６２条１項・無過失責任）。

２ Ａの責任

⑴ Ａは本件自己株式取得の決議案を総会に提案した取締役であるから、その職務を行うについて注意を怠らなかったことを証明しない限り、甲社に本件株式の買取総額である１０００万円を賠償する義務を負う（４６２条１項１号イ）。

⑵ 本件財源規制違反は、分配可能額の計算の基礎となる会計帳簿のミスによるものであるところ、Ａはその作成を部下のＧに任せており、Ｇが作成した資料に明白な誤りがなければ、その内容が正確であると信頼することが許容され、Ａには注意義務違反が認められないという考え方もありうる。

しかし、Ａは甲社の経理と財務を担当していたのだから、計算書類作成の基礎となる会計帳簿についても、ミスがないかを自ら確認したり、ミスをチェックできる体制を整える義務があったといえ、漫然とＧのみにその作成を任せ、ミスを確認する体制が整備されていなかったことは、上記の義務に違反する注意義務違反が認められる。

⑶ したがって、Ａに免責はなく、Ａは甲社に対して１０００万円を賠償する義務を負う。

３ 小問⑵の続きは【設問２】の下に記載する。

【設問２】

１ Ａは甲社の株式を１０００株中９００株有しており、総株主の議決権の９／１０を有するものとして特別支配株主に当たる（１７９条１項）。したがって、本件売渡請求について

● 財源規制違反の自己株式取得の効力について、無効説の論拠を適切に示すことができており、出題趣旨に合致する。

なお、一般的に、無効説の論拠としては、①462条１項の責任の範囲が分配可能額の超過部分ではなく交付を受けた金銭等の全部であるのは、財源規制に違反する行為が無効であることを前提にしていること、②461条が財源規制に違反する会社財産の株主への分配を明確に禁止しているにもかかわらず、特段の規定もないのにこれを有効と解するのは矛盾していること、といったものが挙げられる（本答案は②を指摘するものと解される）。

● 本答案のような構成を採用した場合であっても、設問間の論理的な整合性を問う問題でない限り、得点に影響を与えるものではないと推察される（が、決して望ましいものではない）。

Ｅは①売渡株式の取得をやめることの請求（１７９条の７第１項）、②裁判所に対する売渡株式の売買価格の決定の申立て（１７９条の８第１項）をすることが考えられる。
２　①１７９条の７に基づく請求
(1)　Ｅに対する本件売渡請求の対価は１株６万円であり、適正な評価額の範囲内にある。もっとも、そのわずかひと月前になされたＢ、Ｃ、Ｄからの株式の買取りは対価額が１株１０万円とされており、会社価値の増減をうかがわせる事情がない以上、その差額に合理的な理由があるとはいえず、また、１００株分でその差は４００万円と極めて大きく、Ｅにとっての不利益も大きいものといえる。したがって、本件売渡請求の対価として交付する金銭の額が、「会社の財産の状況その他の事情に照らして著しく不当である」といえる。
(2)　そして、本件売渡請求によりＥは甲社の株主としての地位を失うとともに、上記のとおりその十分な対価を得ることができず、「不利益を受けるおそれ」がある。
(3)　したがって、Ｅは①の請求が可能である。
３　②１７９条の８に基づく申立て
(1)　Ｅは本件株式売渡の対価が不当であると考えており、その取得日の前日たる９月１９日までに、裁判所に対して売渡株式の売買価格の決定の申立てをすることができる。

●　本答案は、適正な評価額の範囲内にある売渡対価であっても「著しく不当」（179の７Ⅰ③）といえることについて、説得的に論述を展開できており、出題趣旨に合致する。

●　売買価格決定の申立て（179の８）についても説明できており、出題趣旨に合致する。

商法

【設問１】小問(2)（続き）
第２　４２３条１項に基づく責任
１　Ａの責任
(1)　Ａは甲社の取締役であり「役員」にあたる。また、財源規制違反の株式の買取りは無効である以上、甲社にその支出額たる１０００万円の損害が発生しているといえる。
　また、上述の通り、Ａは甲社の経理と財務を担当する取締役として、計算書類作成の基礎となる会計帳簿についても、ミスがないかを自ら確認したり、ミスをチェックできる体制を整えることを任務としていたにもかかわらず、それを怠った点に任務懈怠が認められる。
　そして、かかる任務懈怠と損害の発生に因果関係も認められ、また、Ａに特段の免責事由も認められない（４２８条１項参照）。
(2)　したがって、Ａは４２３条１項に基づき、甲社に生じた損害たる１０００万円を賠償する責任を負う。
２　Ｆの責任
(1)　Ｆは甲社の監査役であるから、「役員」に当たる。
(2)　そして、監査役として、取締役の職務執行の監査や、甲社の業務及び財産の状況の調査をすることを任務として負っていた。そのため、Ｇの作成した会計帳簿の内容を自ら確認したり、Ａら取締役が確認体制を整備しているかを確

●　本答案は、Ａ・Ｄについては462条１項の責任を、Ａ・Ｆについては423条１項の責任を、それぞれ的確に検討できており、出題趣旨に合致する。任務懈怠の内容についても、本問の事情に即してＡ・Ｆごとに具体的に論述できており、他の再現答案と比較して非常に優れている。

認する義務があったといえ、かかる義務を怠った点について任務懈怠が認められる。

(3) そのため、Ｆはその任務懈怠により甲社に生じた１０００万円の損害について、４２３条１項に基づく賠償責任を負う。

以　上

※　実際の答案は4頁以内に収まっています。

MEMO

再現答案② Aランク（S・Tさん 順位347位）

第１ 設問１
１ 小問(1)
本件株式の買取りは、自己株式の合意取得の決定（会社法（以下略）１５７条１項）の株式取得にあたり、分配可能価格が８００万円であるのに１０００万円分を買い取った点で、４６１条１項３号に違反するものであった。
効力について、株式取得は多数の利害関係人が発生する点で、株式の買取りを無効とすれば取引の安全を著しく害する。したがって、有効とすべきである。
２ 小問(2)
(1) Ａは本件株式の買取りをした業務執行者である。Ｄは本件株式の買取りにより、金銭の交付を受けたものである。したがって、４６２条１項により甲社への金銭の返還義務を負う。
また、Ａは取締役であり、甲社の経理や財務を担当していた。したがって分配可能額の計算の基礎となる会計帳簿の作成について部下であるＧに任せきりにしていた。
したがって、善管注意義務違反があるといえ、任務懈怠責任（４２３条）も負う。
(2) Ｆは監査役であったが、会計帳簿が適正であることを前提とした、計算書類と会計帳簿の照合をしていたのみで、会計帳簿の過誤を看過し、Ａが分配可能額規制に反した株式の買取りが行われた。したがって、Ｆも任務懈怠責任を負い、Ａと連帯責任となる（４３０条）。
第２ 設問２
１ まず、Ｅは売却請求自体をやめるように１７９条の７第１項３号による請求ができないか。Ｅに対する売却の対価１株６万円が「著しく不当」ではないかが問題となる。
税理士Ｈによる甲社株式の評価額が１株６万円から１０万円であったため、Ｅに対する６万円の対価も適切にも思える。もっとも、Ｅ以外のＢ・Ｃ・Ｄに対して、令和６年７月３１日という本件売渡請求と１か月程度しか離れていない期間内で１株１０万円という６万円の約２倍弱の額で株式を取得している。したがって、価格が「著しく不当」であるといえる。
２ また、上記請求が認められないとしても、本件売渡請求がされており、Ｅは「売渡株主等」にあたる。そして、取得日は９月２０日で、現時点は９月２日であり、取得日の２０日前の日であるから、価格決定の申立て（１７９条の８第１項）ができ、裁判所に価格を決定してもらうことができる。
以 上

● 一般的に、有効説の論拠としては、①463条１項が「効力を生じた日」と定めていること、②無効説に立つと自己株式取得時の原状回復において会社債権者の利益が害されるおそれがあること、といったものが挙げられる。

● 簡潔ながらも、Ａ・Ｄについては462条１項の責任を、Ａ・Ｆについては423条１項の責任を、それぞれ端的に検討できており、出題趣旨に合致する。

● 本答案は、設問２についても押さえるべきポイント（差止請求（179の７）の説明及び「著しく不当」といえるかどうかの認定、売却価格決定の申立て（179の８）の説明）を押さえることができているため、非常に少ない文章量であっても「Ａ」評価につながったものと推察される。

MEMO

再現答案③　Bランク（K・Nさん　順位103位）

第1　設問1⑴について
1　甲社による本件株式の買取りは有効か。甲社が本件株式を買い取ることは自己株式の取得（会社法（以下法名略）156条1項、157条1項）にあたり、分配可能額を超えて株主に対して金銭を交付することはできない（461条3号）。しかし、本件株式の買取りの効力が生じる日の分配可能額は800万円であるにもかかわらず、甲社は株主Dに対して本件株式の買取りの対価として1000万円交付している。この場合、本件株式の買取りの効力が問題となる。
2⑴　まず、このような財源規制（461条）の趣旨は会社財産の浪費を防ぎ、株主及び会社債権者を保護することにある。よって、分配可能額を超えた交付行為は無効とすべきである。

●　財源規制違反の自己株式取得の効力について、無効説の論拠を適切に示すことができており、出題趣旨に合致する。

⑵　実際、分配可能額を超えた金銭等の交付を受けた場合、この交付を受けた株主等は金銭等の帳簿額価格に相当する金銭を支払う義務を負う（462条参照）以上、交付行為の効力は無効であり、原状回復義務があると考えることができる。
3　したがって、甲社による本件株式の買取りは無効である。
第2　設問1⑵について
1　甲社の本件株式の買取りはその効力が生じる日に分配可能額を超えているところ、これについてA、DおよびFはいかなる責任を負うか。
2　まず、Aについて検討する。
⑴　Aは甲社の代表取締役（349条1項）であり、業務執行権限を有することから「職務を行った業務執行者」（462条1項柱書）に当たる。

●　Aについては任務懈怠責任（423Ⅰ）も問題となる。

⑵　では、Aは「職務を行うについて注意を怠らなかった」といえるか。確かに、Aは甲社の計算書類に基づいて分配可能額を計算していることから、必要な注意義務を果たしたともいえる。しかし、Aは甲社の代表取締役であっただけでなく経理と財務を担当している以上、計算書類これ自体に過誤がないか確認する義務があった。にもかかわらず、Aはこれを怠っている以上、Aに免責事由は認められない。

●　Aが「業務執行者」としてその職務を怠ったものといえるかについて、本問の事情に即して具体的に検討できており、出題趣旨に合致する。

⑶　したがって、Aは甲社の本件買取りにつき、金銭の交付を受けたDと連帯して交付を受けた額である1000万円についての支払義務を甲社に対して負う（462条1項）。
3　次に、Dについて検討する。
　Dは本件株式の買取りに基づいて「金銭等の交付を受けた者」（462条1項柱書）にあたり、Aと連帯して1000万円の支払義務を甲社に対して負う。
4　では、Fは甲社に対して任務懈怠責任（423条1項）を負うか。Ｆは甲社の監査役であり「役員等」にあたる。
(1) 監査役は取締役の職務の執行を監査（３８１条１項）だけでなく、「財産の状況の調査」（同条２項）を行うことができる。よって、計算書類と会計帳簿の内容の照合だけでなく、その前提となる会計帳簿の適正な作成についても調査すべきであった。しかし、Ｆはこれを怠っているので任務懈怠が認められる。
(2) 本件株式の買取りにより、甲社には１０００万円の「損害」が認められ、これとＦの任務懈怠との因果関係も認められる。
(3) そして、任務懈怠についてＦの帰責性（４２８条反対解釈）も認められ、Ｆは甲社に対して任務懈怠に基づく１０００万円の損害賠償責任を負う。

第３　設問２について
１　Ｅは本件売渡請求についてＥは差止請求をすることができるか（１７９条１項、１７９条の７）。
２(1) 本件売渡請求により、Ｅは甲社の株主でなくなるおそれがあり、「不利益を受けるおそれ」（同条１項）が認められる。
(2) また、Ｈによると甲株式の適正な評価額は１株当たり６万円から１０万円であり、ＢＣＤからの甲株式の買取は１株当たり１０万円であるにもかかわらず、Ｅに対しては１株当たり６万円である。よって、本件売渡請求は「著しく不当」（同項３号）である。
３　よって、Ｅは本件売渡請求の差止請求をすることができる。

以　上

● 監査役の権限に言及した上で、任務懈怠の具体的な内容について検討できており、出題趣旨に合致する。

● 売却価格決定の申立て（179の８）の説明ができていない。

● 本答案は、単にＢＣＤの取得価格とＥの売渡対価の額が異なる事実のみをもって「著しく不当」であるとしているが、売渡対価が１株当たり６万円であっても適正な評価額の範囲内にある以上、なぜ「著しく不当」（179の７Ⅰ③）といえるかについてより踏み込んだ検討が必要になる（再現答案①との対比推奨）。

商法

再現答案④　Cランク（K・Eさん　順位910位）

第一　設問1(1)
1　本件株式の買取りによってDに交付される金銭は分配可能額（会社法461条2項）である800万円を超過しており、会社法461条1項に抵触する。では、かかる株式の買取りは有効か否か、明文なく問題となる。
2　この点について、分配可能額規制に違反する行為は会社の財産に大きな影響を及ぼす行為であり、一律に無効とすべきであるとも思える。しかし、規制違反について知りえない一般株主に対する買取りを無効にしてしまうと、取引安全を害し、株主の利益を損なうことになる。そこで、当該株主が分配可能額規制違反について悪意又は重過失によりこれを知らなかったときは買取りは無効となると解する。
3　本件においては、財源規制に違反していることは買取後の令和6年7月になって発覚したのであり、しかもFによる監査のミスにより計算書類上は規制に適合している形となっていたのであるから、Dは分配可能額規制に違反して本件買取りが行われたことに関して善意であり、過失もなかったと考えられる。
4　したがって、本件買取りは有効であると解する。

● 株主の主観的な態様いかんによって財源規制違反の自己株式取得の効力が左右されるとすると、会社債権者の利益が害されることになるので、妥当な考え方とはいえないと考えられる。

第二　設問1(2)
1　Aの責任について
　Aは株式の買取当時に代表取締役であったので、会社法462条1項における「当該行為に関する職務を行った業務執行者」にあたり、当該金銭の交付を受けた者が交付を受けた金銭の帳簿価額に相当する金銭を支払う義務を負う。本件では1000万円の支払義務を甲社に対して負う。
2　Dの責任について
　Dは本件買取りにおいて「金銭等の交付を受けた者」（462条1項）にあたるので、甲社に対して1000万円の支払義務を負う。AとDの債務は連帯債務となる（462条1項）。
3　Fの責任について
(1)　Fの著しい過失により分配可能額規制違反の行為が行われたと評価できるが、監査役であるFの責任については会社法423条1項による。以下、423条1項の要件該当性を検討する。
(2)　任務懈怠
　Fは監査に関して会社に対し善管注意義務を負っている。本件ではFは計算書類と会計帳簿の内容の照合を行うのみというずさんな監査を行っており、善管注意義務違反があるため、任務懈怠が認められる。
(3)　損害の発生
　本来の分配可能額は800万円であったのに甲社は1200万円をDに交付してしまったことから、差額の

● Aについては任務懈怠責任（423Ⅰ）も問題となる。

● なお、会計限定監査役の任務懈怠に関する判例（最判令3.7.19／令3重判〔7〕）は、「監査役は、会計帳簿の内容が正確であることを当然の前提として計算書類等の監査を行ってよいものではない」とした上で、会計限定監査役は、「計算書類等に表示された情報が会計帳簿の内

４００万円について損害が認められる。
⑷　因果関係
　Ｆの任務懈怠によって損害が発生したと評価できるため、因果関係は肯定できる。
⑸　故意または過失
　上記のようなずさんな監査をした以上、少なくとも過失については問題なく肯定できる。
　したがって、Ｆは４００万円について甲社に損害賠償義務を負う。
第三　設問２
１　９月２日時点ではいまだ効力発生日（９月２０日）前であるので、ＥはＡに対して「株式等売渡請求」に係る「売渡株式等」の全部の取得をやめるよう請求することが考えられる（１７９条の７）。以下、要件充足性を検討する。
２　売渡株主が不利益を受けるおそれ
　本件売渡請求が認められると、Ａは株式を失い、また、ほかの株主よりも廉価で株を手放すことを余儀なくされる。よって、この条件を満たす。
３　１項各号該当性
　１号と２号については、本件では適切な手続に則って行われているので、問題とならない。３号について検討する。
　売渡の対価が会社財産に照らして著しく不当といえるかどうかが問題となる。これについて、本来Ｂ、Ｃ、Ｄには１株当たり１０万円を支払っていたのに、Ｅに対しては６万円しか払わないというのは著しく不当であると解する。
　したがって、ＥはＡに対し株式の取得をやめるよう請求することができる。

以　上

容に合致していることを確認しさえすれば、常にその任務を尽くしたといえるものではない」としている。

● 売却価格決定の申立て（179の８）の説明ができていない。

● 本答案も、再現答案③と同じく、単にＢＣＤの取得価格とＥの売渡対価の額が異なる事実のみをもって「著しく不当」であるとしているが、売渡対価が１株当たり６万円であっても適正な評価額の範囲内にある以上、なぜ「著しく不当」（179の７Ⅰ③）といえるかについてより踏み込んだ検討が必要になる（再現答案①との対比推奨）。

民事訴訟法

問題文

［民事訴訟法］（**〔設問１〕**と**〔設問２〕**の配点の割合は、１：１）

次の文章を読んで、後記の**〔設問１〕**及び**〔設問２〕**に答えなさい。

【事例】

Ｘは、伝統工芸品の製作を手掛けている芸術家である。Ｙは、Ｘの製作活動を支援しており、Ａを代理人として、Ｘの工芸品を頻繁に購入していた。

Ｘは、新作の工芸品が完成した旨をＡに伝えたところ、Ｙが３００万円で購入を希望しているとＡから聞いた。そこで、Ｘは、いつものようにＡを通じて、新作の工芸品を３００万円でＹに売り渡した（以下、この契約を「本件契約」といい、本件契約の売買代金を「本件代金」という。）。しかし、本件代金が支払われないので、ＸがＹに事情を直接聞いたところ、Ｙは、Ｘに対し、Ａから新作の工芸品の話など聞いたことはなく、Ａにその購入を依頼した覚えもないことから、本件代金を支払うつもりはないと答えた。また、Ｙは、Ｘに対し、現在、Ａとは連絡が取れなくなっていることも伝えた。その後、Ｘは、弁護士Ｌ１を訴訟代理人として、Ｙに対し、本件代金３００万円の支払を求める訴えを提起した（以下「本件訴訟」という。）。これに対して、Ｙは、弁護士Ｌ２を訴訟代理人として本件訴訟に応訴し、ＸＹ間の本件契約の成立を争った。弁論準備手続における争点整理の結果、本件訴訟においては、本件契約における代理権の授与の有無及び表見代理の成否が主要な争点となった。

〔設問１〕

弁論準備手続終結後の人証調べは、前記の争点について行われた。結審が予定されていたその後の口頭弁論期日において、Ｌ２は、ＹがＸに対して有する貸金債権３００万円（弁済期は本件訴訟の提起前に既に到来していた。）を自働債権とし、本件代金に係る債権を受働債権として、対当額で相殺する旨の相殺の抗弁を新たに主張した。Ｌ１がＬ２に対して、相殺の抗弁を弁論準備手続の終結前に主張することができなかった理由について説明を求めたところ、Ｌ２は、「相殺の抗弁は自己の債権を犠牲にするものであるから、初めから主張する必要はないと考えていた。」と述べるとともに、「相殺権の行使時期には法律上特段の制約がなく、判例によれば、基準時後に相殺権を行使したことを請求異議の訴えの異議事由とすることも許容されている以上、弁論準備手続の終結後に相殺の抗弁を主張することも許容されるべきである。」と述べた。Ｌ１は、本件訴訟の開始前から相殺適状になっており、仮定的抗弁として主張することができたにもかかわらず、それをしなかった理由について更に説明を求めたが、Ｌ２からは前記の説明以上の具体的な説明はされなかった。そこで、Ｌ１は、相殺の抗弁は時機に後れた攻撃防御方法に当たるとして、その却下を求めた。

この場合において、裁判所は相殺の抗弁を却下すべきかについて、検討しなさい。

〔設問２〕（**〔設問１〕**の問題文中に記載した事実は考慮しない。）

主要な争点が明らかになったため、Ｘは、Ａに訴訟告知をした。しかし、Ａは、本件訴訟に参加しなかった。その後、本件訴訟では、弁論準備手続が終結し、人証調べが行われた。その結果、ＹはＡに代理権を授与しておらず、また、表見代理の成立は認められないことを理由として、Ｘの請求を棄却するとの判決がされた（以下「前訴判決」という。）。

前訴判決の確定後、Ｘは、Ａは無権代理人としての責任を負うとして、Ａに対して本件代金３００万円の支払を求める訴えを提起した（以下「後訴」という。）。これに対して、Ａは、応訴し、ＡはＹから代理権を授与されていたと主張した。

Ｘは、上記のようなＡの主張は訴訟告知の効果によって排斥されるべきであると考えている。Ｘの立場から、Ａの主張を排斥する立論を、判例を踏まえて、展開しなさい。なお、解答に当たっては、Ａが補助参加の利益を有していたことを前提として論じなさい。

出題趣旨

〔設問１〕は、民事訴訟法（以下「法」という。）第１５７条第１項の「時機に後れた攻撃防御方法の却下」についての問題である。法第１５７条第１項の要件とその適用に関する理解を、具体的な事例を通して問うものである。

〔設問１〕では、法第１５７条第１項が定める①時機に後れた、②故意又は重過失、③訴訟の完結の遅延の各要件についての基本的な理解と事例に即した分析及び検討が求められている。つまり、条文の基本的な理解を基に、事例において問題となっている攻撃防御方法が相殺の抗弁であること、また、この相殺の抗弁が争点整理手続（弁論準備手続）の終了後に提出されたものであり、争点整理手続の終了前に提出することができなかった理由の説明を求められている（法第１７４条､第１６７条）ことなどを踏まえて、これらが法第１５７条第１項のどの要件と関連してくるのかを検討し、その適用の有無について論理的かつ説得的な結論を導くことが期待されている。

〔設問２〕は、訴訟告知の効果に関する問題である。訴訟告知を受けたものの補助参加をしなかった者に対するその効果についての理解を、具体的な事例を通して問うものである。

つまり、〔設問２〕では、まず、法第５３条第４項により法第４６条の規定の適用があることから、法第４６条に規定する補助参加人に対する裁判の効力が訴訟告知によって被告知者に及ぶ要件の検討が求められる。その検討の際には、補助参加人に対する裁判の効力について、判例・通説は共同の訴訟追行を基礎とする参加的効力と解するが、これに基づく場合には、その参加的効力の内容及び補助参加をしていない被告知者に参加的効力を及ぼすことを正当化する根拠についても検討することが必要になろう。

その上で、告知者と被告知者との関係性を踏まえて、訴訟告知による参加的効力が生ずるとする場合には、参加的効力の及ぶ客観的範囲を具体的に明らかにした上で、後訴におけるＡの主張が排斥されるかを論ずることが求められている。その際には、判例（最判平成１４年1月２２日判時１７７６号６７頁）の理解を踏まえて、事例に即した丁寧な論述をすることが期待されている。

なお、補助参加人に対する裁判の効力につき判例・通説の立場をとらない場合も、その理由及び事例に関する論述が論理的か否かが評価される。

MEMO

再現答案① Aランク（S・Mさん　順位25位）

【設問１】

１　弁論準備手続終結後の攻撃防御方法の提出は、相手方の求めに応じ、その終了前にこれを提出できなかった理由を説明する必要がある（民訴法１７４条、１６７条）。そのため、本件はＬ２によるかかる説明が不十分であるとして、時機に後れた攻撃防御方法の提出（１５７条）であることを理由に、相殺の抗弁を却下すべきか。

２　まず、本件では弁論準備手続の終了後に相殺の抗弁が提出されている以上、それが「時機に後れ」たものであることは否定できない。また、これを認めると、反対債権の存否について新たに審理が必要となり、「訴訟の完結を遅延させる」ことにもなる。それでは、「故意又は重大な過失」によるものといえるか。

⑴　本件においては、本件契約における代理権の授与の有無及び表見代理の成否が問題となっており、有権代理または表見代理を理由にＸからＹへの請求が認められる可能性も十分にあったのだから、Ｙ側としても相殺の抗弁を訴訟の早い段階で仮定的抗弁として提出する期待可能性は十分にあったともいいうる。

⑵　しかし、相殺の抗弁が審理されると反対債権の不存在について既判力が生じる（１１４条2項）ため、反対債権を失うという点でＸにとって実質的敗訴ともいえる不利益が生じる。また、相殺の抗弁を提出することで、Ｘの主張を認めたかのような心証を裁判官に抱かせることを嫌って、その提出を控えるということも合理性がある。

　また、Ｌ２が主張の通り、判例では前訴基準時前に債権が相殺適状になっていた場合において、前訴の既判力が生じる確定判決後ですら、相殺権の行使を主張して、請求異議の訴えを提起することも認められている以上、訴訟係属中でまだ既判力が生じていない本件において、相殺の抗弁の提出を認めないのは不合理である。

⑶　したがって、本件における相殺の抗弁の提出は、時機に後れたことについて故意・重過失が認められず、裁判所は１５７条により抗弁を却下すべきではない。

【設問２】

１　Ａは前訴においてＸより訴訟告知を受けており、ＡのＹから代理権授与を受けていたという主張は、前訴判決の参加的効力により排斥されないか（５３条4項、４６条）。

２　参加的効力とは、敗訴負担の公平な分担という観点から、被参加者が敗訴した場合に参加者と被参加者間に生じる効力である。そして、判決内容の影響が訴訟当事者とならない第三者に及ぶのは、必ずしも判決主文に限られないから、その効力は判決理由中の判断にも生じる。ただし、基準の明確化のために、その範囲は判決主文を直接導く主要事実に限られ

● 「時機に後れて提出した」（157Ⅰ）とは、弁論の経過との関係で、適宜の時機に提出することが可能と考えられる時機よりも後れて提出されたことをいう。

● 争点整理手続の終了後に攻撃防御方法を提出した当事者は説明義務（174・167）を負うところ、この説明義務に違反した場合、その事実は当事者の故意・重過失の重要な認定資料になると一般に解されている。本答案も、説明義務を負うＬ２の説明が合理的かどうかという点と故意・重過失の要件を関連付けて検討しており、出題趣旨に合致する。

ると考えるべきである。

3　本件において、Aは補助参加の利益を有していたから、前訴に「参加できる第三者」として有効に訴訟告知を受けているところ、前訴に参加したものとみなされ（５３条１項、４項）、前訴の参加的効力が及ぶ。そして、前訴で認められたYがAに代理権を授与していなかったという事実は、有権代理が否定されることを理由に、Xの請求棄却判決を直接導く主要事実である。したがって、参加的効力により、Aは前訴で敗訴したXとの関係において、前訴の判断と異なる、Yから代理権を授与されていたという事実を主張することは許されず、Aの主張は排斥される。

4　なお、実際に訴訟に参加していない者に参加的効力を生じさせることを正当化するため、被告知者に参加的効力が及ぶのは、被告知者が告知者の敗訴により、実体法上賠償請求を受けるおそれがあるなど、訴訟告知による被告知者の参加が当然に期待される場合に限られるという見解がある。そうだとしても、本件では前訴において有権代理や表見代理が否定された場合、XからAに無権代理の責任追及がなされることは当然に予想され（１１７条１項）、実体法上も訴訟告知によるAの参加が当然に期待できたといえるから、上記結論は異ならない。

以　上

● 出題趣旨によれば、参加的効力の及ぶ客観的範囲を具体的に明らかにした上で、後訴におけるAの主張が排斥されるかを論ずることが求められており、その際、判例（最判平14.1.22／百選［第６版］〔99〕）の理解を踏まえて、事例に即した丁寧な論述をすることが期待されていた。本答案は、以上のいずれも適切に論述できており、出題趣旨に合致する。

民事訴訟法

再現答案② Aランク（S・Yさん　順位121位）

第一　設問１

１　裁判所は、Ｌ２らの相殺の抗弁を、時機に後れた攻撃防御方法に当たるとして、却下すべきか（民事訴訟法（以下、略）１５７条）。

２　まず、Ｌ２らは「当事者」（１５７条）にあたる。では、Ｌ２らに「故意又は重大な過失」があるといえるか。この点、弁論準備手続をはじめとする争点及び証拠の整理手続を経た場合には、当該手続終了後に新たに攻撃防御方法を追加する場合には、これを手続終了前提出できなかった理由を説明しなくてはならないとされている（１７４条、１６７条）。そして、これについて合理的な理由の説明ができない場合には、上記「故意又は重大な過失」が推定されることになる。

３　本件で、Ｌ２らは合理的な説明をしているか。Ｌ２らは説明を求められると、相殺の抗弁が実質的敗訴を意味するものであるから、早期に提出する必要はないと考えていたという、相殺の抗弁の特殊性及び相殺権の行使が基準時後にも請求異議の訴えの異議事由として許容されるという、相殺の抗弁の時期的性質を答えている。

確かに、相殺の抗弁は訴訟物たる訴求債権とは別個の債権に基づくものであり、基準時後の行使も既判力（１１４条１項）によって妨げられない以上、早期に提出するべきものとは言い難く、また、却下されたとしても後に行使されてしまうことが考えられるから、Ｌ２らの説明は正当とも思える。しかし、その後にXがさらに仮定的抗弁として主張しなかった理由を尋ねているところ、Ｌ２らはこれに対してなんら説明をしていない。この点、Ｌ２らの上記説明については、仮定的抗弁として主張する場合には、直ちに実質的敗訴を表すものではないといえるし、基準時後の行使が認められていることは、仮定的抗弁として主張しなくて良い理由にはならない。

したがって、この点についてＬ２らは合理的な説明をしていないと解するべきである。よって、合理的な説明をしていない以上、「故意又は重大な過失」は推定される。

４　また、Ｌ２らの主張する相殺の抗弁の自働債権は、本件訴訟の開始前から相殺適状になっていたのだから、「時機に後れた」といえる。さらに、「訴訟の完結を遅延させることとなる」とは、絶対的遅延概念、すなわち、証拠として採用した場合には採用しなかった場合と比べて訴訟の完結が遅れる場合を指す。相殺の抗弁には、例外的に既判力が生じるとされており（１１４条２項）、慎重な審理が要求される以上、これにより訴訟の完結は遅延されることになると考えられる。

５　以上より、１５７条の要件充足性を満たすから、裁判所は

● 争点整理手続の終了後に攻撃防御方法を提出した当事者は説明義務（174・167）を負うところ、この説明義務に違反した場合、その事実は当事者の故意・重過失の重要な認定資料になると一般に解されている。本答案は、この点について正しく理解しており、出題趣旨に合致する。

● 再現答案①と逆の結論を採用しているが、説得力のある論理が展開されており、非常に優れた論述と考えられる。

● 「訴訟の完結を遅延させること」とは、時機に後れて提出された攻撃防御方法の審理がなければ直ちに弁論を終結できるのに、更に期日を開かなければならない場合をいう（最判昭30.4.5参照）。

相殺の抗弁を却下すべきである。

第二　設問２

１　Ｘが主張する訴訟告知の効果は、参加的効力（４６条参照）であると考えられる。では、そもそも本件において参加的効力が生じているといえるか。

２　この点、参加的効力の趣旨は、共に訴訟追行を行った、ないしは、行うことができたのに行わなかった以上、当該訴訟に敗訴した場合にはその責任も負うべきであるという敗訴責任分担原理にある。だとすれば、そもそも訴訟追行の可能性がない利害対立がある者の間では、参加的効力は生じないことになる。では、ＸＡ間に利害対立はあるか。

確かに、ＸとＡは後訴において原告・被告の関係にあるため、利害対立があるとも思える。しかし、前訴においては、ＸＡ間の代理権（民法９９条１項）授与を証明すれば、ＸはＹに売買代金債権の支払を請求できるし、Ａは自己の無権代理人の責任（民法１１７条１項）を逃れることができるという点において、ＸＡは利害を共通にしており、対立はない。したがって、共同訴訟追行の可能性があるから、ＸＡ間には参加的効力は生じると解する。

３　では、参加的効力はどのような効力か。この点、４６条は効力が発生しない様々な除外事由を定めているし、その根拠も敗訴責任分担原理にあるから、参加的効力は既判力（１１４条１項）とは異なる特殊の効力であると解する。したがって、参加的効力は敗訴当事者間において生じる。また、その客観的範囲としては、補助参加人ないし訴訟告知を受けたものとしては判決主文のみならず理由中の判断にも興味・関心があることが一般的であるから、判決理由中の判断にも生じると解する。もっとも、あまりに広く参加的効力を発生させると当事者の自由な訴訟行為の妨げとなるから、その範囲は判決主文を導くのに必要かつ重要な事実ないし法律判断に限定されると解する。

４　本件では、判決主文たるＸのＹに対する売買契約に基づく売買代金支払請求権の不存在という判断のためには、ＹがＡに代理権を授与していないことという事実は必要かつ重要であるといえる。したがって、この点においてＸＡ間で参加的効力が発生しているといえる。

５　以上より、ＸＡ間でＹがＡに代理権を授与していないという点を争えない以上、ＡのＹから代理権を授与されていたという主張も許されない。

以　上

●　出題趣旨によれば、補助参加をしていない被告知者に参加的効力を及ぼすことを正当化する根拠について検討することが求められる。本答案は、参加的効力の「敗訴責任の共同分担」という根拠にさかのぼり、ＸＡ間に共同の訴訟追行の可能性があることを指摘して、上記の点を適切に検討することができており、出題趣旨に合致する。

●　本答案も、再現答案①と同じく、判例（最判平14.1.22／百選［第6版］〔99〕）の理解を踏まえつつ、参加的効力の及ぶ客観的範囲を具体的に明らかにした上で、後訴におけるＡの主張が排斥されるかを論ずることができており、出題趣旨に合致する。

再現答案③　Bランク（K・Iさん　順位229位）

第１　設問１
１　Ｌ２は弁論準備手続後に相殺の抗弁を主張しているが、裁判所はこれを時機に後れた攻撃防御方法として却下することはできるか（１５７条１項）。
２　「時機に後れて」とは、以前から当該攻撃防御方法が提出されることが期待される状況にあったことをいう。
　本件では、訴訟は弁論準備手続に付されており、それ以前から相殺適状にあったことからすると、弁論準備手続においてすでに相殺の抗弁が主張されることが期待できたといえる。よって、「時機に後れて」いたといえる。
３　本件では、確かに相殺の抗弁が自己の出捐を伴うものであり、早期の提出を期待することができないといえそうである。しかしながら、弁論準備手続を経て、当事者は自己の有する攻撃防御方法を把握していたといえるのであるから、少なくとも、訴訟の終了間近になるより早い段階で相殺の抗弁を主張することは期待できたと考えられる。そして、Ｙに訴訟代理人が存在することを踏まえると、そのような過失は重大なものであり、「故意または重大な過失」といえる。
４　「訴訟の完結を遅延させること」とは、絶対的遅延概念を指し、当該攻撃防御方法を採用した場合に、却下した場合と比べ、さらに口頭弁論期日を必要とする場合を指すが、本件ではこれを満たす。

●　本答案は、争点整理手続の終了後に攻撃防御方法を提出した当事者の説明義務（174・167）と故意・重過失の要件との関係について、再現答案①②のように正面から論じることができておらず、出題趣旨に合致しない。

５　以上より、時機に後れた攻撃防御方法として相殺の抗弁を却下することができる。
第２　設問２
１　５３条４項により、訴訟告知を受けたものは参加しなくとも参加的効力（４６条）が及ぶ。
２　参加的効力の法的性質について問題となるも、４６条において除外事由が列挙されていることからすれば、既判力とは異なる特殊の効力であると考えるべきである。そして、参加的効力の性質が、敗訴当事者間の責任分担原理であると考えられることからすれば、その主観的範囲は敗訴当事者間であり、参加人は判決中の理由により事実上の影響が及ぶことを期待またはおそれて補助参加することに鑑みれば、その客観的範囲は、判決の主文を導き出すのに直接必要な主要事実に関する認定に及ぶと考えるべきである。
３　本件では、ＸはＡに対し、訴訟告知をし、Ｘが敗訴しているため、参加的効力の主観的範囲に含まれる。また、前訴判決の理由は、ＹがＡに代理権を授与していないことであり、これは判決の主文を導き出すのに直接必要な主要事実に関する認定といえるから、客観的範囲に含まれる。
　以上から、参加的効力が及び、Ａは後訴において、自らが代理権を授与されていなかったことを争うことはできない。
以　上

●　本答案も、再現答案①②と比べれば端的な論述とはなっているものの、参加的効力の根拠やその客観的範囲などについて、本問に即した論述がなされており、出題趣旨に沿うものと考えられる。

MEMO

再現答案④　Cランク（S・Tさん　順位347位）

第１　設問１
１　相殺の抗弁は時機に後れた攻撃防御方法（民事訴訟法（以下略）１５７条）にあたり、却下すべきではないか。
２　まず、相殺の抗弁が提出されたことで、今まで訴訟で審理されていなかったＹからＸへの貸金債権を新たに審理することになる。したがって、「訴訟の完結を遅延させる」ものであった。
　「時機に後れて」いたかについて、確かに弁論準備期日においても相殺の抗弁の主張は可能であったが、相殺の抗弁は自己の債権を犠牲に相手の債権と対当額で相殺するという点で実質敗訴である。したがって、弁論準備期日の段階から主張しない場合でも「時機に後れて」いないとすべきである。
　したがって、時機に後れた攻撃防御方法にあたらず却下すべきではない。
第２　設問２
１　訴訟告知（５３条）によって、Ａは補助参加の利益を有していたため、参加的効力を受ける。参加的効力によって、Ａの代理権授与の主張が排斥されないか、参加的効力の範囲が問題となる。
２　参加的効力の趣旨は、敗訴責任の、告知者と参加人による共同負担である。したがって、参加的効力の範囲は既判力にとどめる必要はなく、判決理由中の判断も含めるべきである。
３　既判力は訴訟物の存否に生じるところ、訴訟物はＸからＹへの本件代金請求権である。そして、ＡがＹから代理権を授与されていなかった事実は訴訟物が不存在となる理由中の判断である。したがって、参加的効力が及ぶ。
　ゆえに、Ａは代理権授与の主張ができない。
以　上

● 本答案は、出題趣旨に掲げられた要件①（時機に後れた）、要件③（訴訟の完結の遅延）については検討できているが、当事者の説明義務（174・167）との関係でも問題となる要件②（故意又は重過失）について一切検討できていない。そのため、他の再現答案との差が開いてしまったものと推察される。

● 参加的効力は、判決の主文に包含された訴訟物たる権利関係の存否についての判断だけではなく、その前提として判決理由中でなされた事実の認定や先決的権利関係の存否についての判断にも及ぶ（最判昭45.10.22／百選［第６版］〔98〕）。ここにいう判決理由中でなされた事実の認定や先決的権利関係の存否についての判断とは、判決の主文を導き出すために必要な主要事実に係る認定及び法律判断などをいい、これに当たらない事実・論点について示された認定や法律判断は含まれない（最判平14.1.22／百選［第６版］〔99〕）。
　本答案は、単に「判決理由中の判断も含めるべきである」としか論述しておらず、上記の判例法理を踏まえた適切な論述ができていない。

刑法

問題文

［刑　法］

以下の事例に基づき、甲及び乙の罪責について論じなさい（特別法違反の点を除く。）。

1　甲（２０歳、男性）は、自宅から道のり約１キロメートルにあるＸ駅構内の居酒屋において、某年７月１日午後７時から友人乙（２０歳、男性）と飲食する約束をしていたため、同日午後６時４０分頃、自宅を出発した。

2　甲は、Ｘ駅に向かって人通りの少ない路上を歩いていたところ、同日午後６時４５分頃、甲の約１０メートル前を歩いていたＡ（３０歳、男性）がズボンの後ろポケットから携帯電話機を取り出した際、同ポケットに入れていたコインケース（縦横の長さがそれぞれ約１０センチメートルのもの。以下「本件ケース」という。）を路上（以下「第１現場」という。）に落としたことに気付いた。

Ａは、同日午後６時４０分頃、仕事を終え、自己の携帯電話機及び本件ケースをズボンの後ろポケットに入れて勤務先を出発し、Ｘ駅に向かっていたが、急いでいたため本件ケースを落としたことに気付かなかった。

甲は、本件ケースが自己の好みのものであったため、このままＡが気付かなければ、本件ケースを自己のものにしようと考え、第１現場にとどまってＡの様子を注視していたところ、Ａが第１現場の先にある交差点を右折し、同交差点付近の建物によりＡの姿が隠れて見えなくなったことを確認した。

そのため、甲は、本件ケースを拾い上げて自己のズボンのポケットに入れ、再びＸ駅に向かった。

甲が本件ケースを拾い上げたのは、Ａが本件ケースを落としてから約１分後であった。

Ａは、甲が本件ケースを拾い上げた時点で、第１現場から道のり約１００メートルの地点におり、同地点と第１現場との間には建物があるため相互に見通すことができなかったが、同地点から上記交差点方向に約２０メートル戻れば第１現場を見通すことができた。

Ａは、同日午後６時５５分頃、第１現場から道のり約７００メートルのＸ駅に到着し、間もなく本件ケースを落としたことに気付き、勤務先からＸ駅までの道中で落としたのではないかと考えて、本件ケースを探しながらＸ駅から第１現場を経由して勤務先まで戻ったが、本件ケースが見当たらなかったため、本件ケースを紛失した旨を警察官に届け出た。

3　甲は、上記居酒屋に徒歩で向かったところ、Ｘ駅まで道のり約５００メートルのコンビニエンスストア（以下「本件店舗」という。）前の歩道（以下「第２現場」という。）において、ガードレールに沿って駐輪された３台の自転車のうちの１台（以下「本件自転車」という。）が新品に近い状態である上に無施錠であることに気付いた。

本件店舗には専用の自転車置場がなかったが、第２現場は、自転車が駐輪できる相当程度のスペースがあり、事実上、本件店舗を含む付近店舗利用客の自転車置場として使用されていた。

本件自転車の所有者Ｂ（２５歳、男性）は、本件店舗を利用してからＸ駅構内にある書店に立ち寄って参考書を購入したいと考えていたものの、Ｘ駅付近にある有料自転車置場の料金を支払うことが惜しくなった。

そのため、Ｂは、第２現場に本件自転車を駐輪したまま徒歩で上記書店に行き、同日午後８時頃には本件自転車を取りに戻ろうと考え、同日午後６時１５分頃、本件自転車を第２現場に駐輪した。その際、Ｂは、本件自転車の施錠を失念した。Ｂは、本件店舗に立ち寄った後、同日午後６時２０分頃、第２現場に本件自転車を駐輪したまま上記書店に向かった。

甲は、本件自転車が本件店舗を含む付近店舗の利用客が駐輪したものであると考えたが、上記居酒屋まで歩くことが面倒になり、本件自転車を足代わりにして乗り捨てようと考え、同日午後６時５０分頃、本件自転車を持ち去った。

Ｂは、甲が本件自転車を持ち去った時点で上記書店におり、同日午後８時頃、第２現場に戻ったが、本件自転車が見当たらなかったため、本件自転車が盗まれたと考え、その旨を警察官に届け出た。

4　甲は、上記居酒屋に向かっていた際、自己の携帯電話機を操作しながら本件自転車を運転していたため、甲の前方を歩いていたＣ（３０歳、男性）の存在に気付かず、Ｃに接触しそうになった。甲は、Ｃから「気を付けろよ。」と注意されたことで逆上し、本件自転車から降り、同日午後６時５５分頃、Ｃの顔面を拳で数回殴った上、Ｃの腹部を足で数回蹴った。

甲は、ちょうどその場に乙が通り掛かったことから、乙に対し、「こいつが俺に説教してきたから痛め付けてやった。お前も一緒に痛め付けてくれ。」と言った。

乙は、Ｃの顔面が腫れていた上、Ｃがうなだれて意気消沈している様子であったことから、甲の言うとおり、甲がＣに暴行を加えたと認識した。

乙は、勤務先から解雇されたばかりでストレスがたまっていた上、Ｃが逃げたり抵抗したりする様子がなかったことから、この状況を積極的に利用してＣに暴行を加え、ストレスを解消したいと考え、甲に対し、「分かった。やってやる。」と言って、同日午後７時頃、Ｃの頭部を拳で数回殴った上、Ｃの腹部を足で数回蹴った。

甲は、乙がＣに暴行を加えている間、その様子を間近で見ていたが、乙と共にＣに暴行を加えることはなかった。

甲及び乙は、気が済んだため、その場にＣを残し、本件自転車を乗り捨てて上記居酒屋に徒歩で向かった。

Ｃは、甲から顔面を殴られたことにより全治約１週間を要する顔面打撲の傷害を負った。

Ｃは、乙から頭部を殴られたことにより全治約２週間を要する頭部打撲の傷害を負った。

Cは、全治約1か月間を要する肋骨骨折の傷害を負ったが、同傷害は、甲がCの腹部を蹴った暴行から生じたのか、乙がCの腹部を蹴った暴行から生じたのかは不明であったものの、甲の同暴行及び乙の同暴行は、いずれも同傷害を生じさせ得る危険性があった。

MEMO

出題趣旨

本事例前段は、甲が路上を歩いていた際、前方を歩いていたAが落としたコインケースを拾い上げて領得した上、コンビニエンスストア前の歩道にBが駐輪した自転車を乗り去って領得した事例について、甲の罪責に関する論述を求めるものである。各領得行為の時点でA及びBそれぞれに各財物に対する占有が認められれば、甲に窃盗罪が成立し得るため、占有の有無に関する判断基準を示した上で、事実関係を的確に分析してA及びBそれぞれの占有の有無を検討する必要がある。その上で窃盗罪又は占有離脱物横領罪の成否を論じることになろう。

本事例後段は、甲がCに暴行を加えたことによりCに顔面打撲の傷害を負わせ、甲と暴行の共謀を遂げた乙がCに暴行を加えたことによりCに頭部打撲の傷害を負わせ、さらに、同共謀前に甲が加えた暴行又は同共謀を遂げた乙が加えた暴行によりCに肋骨骨折の傷害を負わせた事例について、甲及び乙の罪責に関する論述を求めるものである。その際、共謀の前後における甲及び乙それぞれの行為と各傷害結果との関係について的確に分析した上で、甲については各傷害結果が帰属されることについて検討する必要がある。乙については承継的共同正犯の成否を検討する必要があり、承継的共同正犯を否定した場合には中途共謀事案における刑法第２０７条（同時傷害の特例）の適用の可否について検討する必要がある。

MEMO

再現答案① Aランク（T・Iさん　順位77位）

第１　甲の罪責
１　本件ケースを持ち去った行為について
(1)　甲の上記行為について窃盗罪（２３５条）が成立しないか。
(2)　まず、本件ケースはＡの所有物であり、財産的価値を有するので「他人の財物」に当たる。
(3)　「窃取」とは、他人の占有する物をその意思に反して自己の占有に移転させる行為をいう。では、Ａに本件ケースの占有が認められるか。ここで、占有は物に対する事実的支配の有無と占有の意思により社会通念に基づき判断する。

Ａが本件ケースを落とした第１現場は路上で開放的な場所であり、午後６時４５分頃であり周囲が比較的少ない時間帯である。また、甲が本件ケースを拾い上げたのは第１現場の先にある交差点を右折して同交差点の建物によりＡの姿が見えなくなった地点であるため、Ａは本件ケースを見ることができない地点である。そして、本件ケースは縦横の長さがそれぞれ１０センチメートルと小さい。しかし、第１現場は路上とはいえ人通りの少ない場所である。また、甲が本件ケースを拾い上げたのはＡが本件ケースを落とした１分後であり近接している。加えて、Ａは本件ケースを見通すことができなかったものの、Ａは交差点方向に約２０メートル戻れば第１現場を見通すことができたのである。そのため、Ａの本件ケースに対する事実的支配が認められる。

● 出題趣旨によれば、占有の有無に関する判断基準を示す必要があるところ、本答案はこれを適切に示すことができており、出題趣旨に合致する。

また、Ａは本件ケースを落としたことについて急いでいたため本件ケースを落とした地点を覚えていなかったものの、約１５分後に第１現場から約７００メートルのＸ駅に到着した時点で本件ケースを落としたことに気づき、本件ケースを探して戻っていることにより占有の意思も認められる。

よって、Ａに本件ケースの占有が認められる。

そして、甲は本件ケースを持ち去っているため「窃取」したといえる。
(4)　以上より、不法領得の意思に欠けるところもないので甲に①窃盗罪が成立する。
２　本件自転車を乗り捨てた行為について
(1)　甲の上記行為について窃盗罪が成立しないか。
(2)　本件自転車はＢの所有物であり「他人の財物」に当たる。
(3)　では「窃取した」したといえるか。

確かに、Ｂは歩道という開放性の高い場所に本件自転車を駐輪している。また、本件自転車は無施錠であったのであり、甲が本件自転車に乗ったのはＢが駐輪してから３０分という比較的長い時間が過ぎている。そして、Ｂは本件自転車を２時間近く第２現場に置いておく予定であり、占有の意思も強くはない。しかし、第２現場は歩道であるものの本件店舗には専用の駐輪場がないため、本件店舗の利用者に利用さ

● なお、本問の事実関係と類似する裁判例（東京高判平3.4.1）では、本問と同様に時間的・場所的近接性が認められるものの、置き忘れた財布を見通せる状況になかったこと、被害者が財布を置き忘れたことなどから、被害者は置き忘れた（一時的に失くした）財物に対する現実的な支配を回復できる状態にはなかったとして、被害者の占有が否定されている。

れていた場所である。また、Bは本件自転車の施錠について失念していたにすぎない。加えて、Bが第２現場に本件自転車を置いたままにしたのは、有料の自転車置場の料金を支払うのを惜しくなったにすぎず、書店を利用する間一時的に置いていたにすぎないため占有の意思も強い。そして、自転車は相当程度の大きさのある物であり、持ち去りが容易なものではない。また、自転車は交通手段なのであり、外に置いておくことが不自然なことではない。

よって、Bに本件自転車の占有が認められるため、これを乗り去っている甲は「窃取した」といえる。

(4) また、使用窃盗及び毀棄罪との区別より不法領得の意思、すなわち利用処分意思及び権利者排除意思が認められなくてはならない。

甲は本件自転車を居酒屋まで乗って行っており、利用処分意思が認められる。そして、甲は本件自転車を乗り捨てることを予定しており、Bの利用が困難となるため権利者排除意思も認められる。よって、不法領得の意思が認められる。

(5) 以上より、故意（３８条１項）に欠けるところもないため②窃盗罪が成立する。

３　Cに怪我をさせた行為について

甲は顔面打撲等の傷害を負わせており、人の生理的機能を害したものとして③傷害罪（２０４条）が成立する。なお、頭部打撲及び肋骨骨折の傷害については甲の行為により生じたものではないが、下記の通り乙と共同正犯（６０条）となるところ、共謀後に生じたものであるためこれらについても罪責を負う。

４　罪責

甲には犯罪①から④が成立し、併合罪（４５条前段）となる。

第２　乙の罪責

１　Cの頭部打撲の傷害について

「共同して犯罪を実行した」といえるためには、①共謀②共謀に基づく実行が認められなくてはならない。

乙は甲から「お前も一緒にやってくれ」と言われており、これを了承しているため①共謀が認められる。また、乙がCに暴行しているため②共謀に基づく実行も認められる。

そのため、傷害罪の共同正犯が成立する。

２　Cの顔面打撲の傷害について

(1) 共犯の処罰根拠は共犯の行為を介して因果性を与えることにある。そのため、顔面打撲は甲が乙と共犯関係になる前に生じた顔面打撲について甲は因果性を与えておらず、罪責を負わないのが原則である。

(2) もっとも、先行者の行為を積極的に利用したといえる場合には例外的に罪責を負うと解する。

● 本答案は、単に事実を摘示・羅列するにとどまらず、具体的な評価も加えており、説得的な論述が展開できている答案として「A」評価につながったものと推察される。

● 出題趣旨は、不法領得の意思について特に言及していない。また、本問の事実関係（甲には本件自転車の返還意思がなく、利用処分意思も特に問題なく認められること）に照らすと、本答案のような簡潔な論述が時間・紙面的にも望ましいと考えられる。

● 承継的共同正犯の論点について適切に問題を提起できている一方、「先行者の行為を積極的に利用したといえる場合には例外的に罪責を負う」とすることの理由（「先行者の行為を自己の犯罪遂行の手段として積極的に利用したといえる場合には、共

刑法

乙は甲から「お前も一緒に痛めつけてくれ。」といわれた際に、Cが甲の暴行によりうなだれて意気消沈していることを認識し、Cが逃げたり抵抗したりすることがないと考えた上で積極的にこの状況を利用してストレス解消のため暴行に及んでいる。そのため、先行者である甲の行為を積極的に利用したといえる。

(3) したがって、乙は顔面打撲についても罪責を負う。

3 肋骨骨折の傷害について

利益原則（刑訴法３３６条）より、同傷害は甲、乙どちらの暴行から生じたか不明であるため、原則として罪責を負わない。

しかし、「その傷害を生じさせた者を知ることができないとき」（２０７条）に当たり、甲と乙の暴行はいずれも肋骨骨折を生じさせ得る危険のあるものであったのだから、２０７条が適用される。

したがって、乙は同傷害についても罪責を負う。

以　上

※ 実際の答案は４頁以内に収まっています。

同して犯罪を実現したといえる」など）が述べられておらず、説得的な論理展開とはいえない。

● 出題趣旨は、「承継的共同正犯を否定した場合」には同時傷害の特例（207）の適用の可否について検討する必要があるとしている。本答案は、承継的共同正犯の成立を肯定している以上、同時傷害の特例（207）の適用の可否を論じる必要はないと考えられる。

MEMO

再現答案②　Aランク（S・Tさん　順位347位）

第１　甲

１　甲が本件ケースをポケットに入れた行為に窃盗罪（刑法（以下略）２３５条）が成立しないか。

(1)　「他人の物」とは、他人所有・他人占有をいうが、本件ケースはＡ所有である。Ａの占有があるか。占有の有無は、占有の事実と占有の意思により判断する。

確かに、甲が上記行為をした時点で、あと２０メートルＡが戻れば第１現場を見通すことができた。しかし、第１現場とＡの居場所では相互に見通すことができず、距離も１００メートルと離れていた。本件ケースは１０センチメートル四方と小さい。また、Ａが本件ケースの存在に気づいたのは現場から７００メートルの地点であり、落としてから約１５分も経過していた。

したがって、占有の事実、占有の意思ともに小さいといえ、他人占有とはいえない。

２　では、上記行為に占有離脱物横領罪（２５４条）が成立するか。

本件ケースの占有はないから「遺失物」にあたる。そして、甲はポケットに入れる「横領」行為をしている。また、故意（３８条１項）もあり、本件ケースを持ち去るという権利者にしかできない態様で利用しようとしていたから不法領得の意思もある。したがって、同罪が成立する。

● 本問の事実関係を分析すると、本件ケースに対するＡの占有を否定する方向に働く事情が多いと考えられる（一方、Ａの占有を肯定する事情としては、時間的・場所的近接性が認められること、路上とはいえ人通りが少ないことが挙げられる）。本答案は、本件ケースに対するＡの占有を否定する事情として、本件ケースの特性やＡが本件ケースを落としたことに気付かなかった事実を摘示しているが、具体的な評価も加えることができると、より説得力が増すと考えられる。

３　甲が本件自動車を持ち去った行為に窃盗罪が成立するか。

(1)　まず「他人の財物」につき、本件自転車はＢ所有であるが、占有はあるか。

確かに、本件自転車は無施錠であったが、Ｂは第２現場に本件自転車を置き後で取りに来ようと考えていたから、占有の意思がある。また、本件自転車はコンビニエンスストアという人の目が多い場所で置かれており、本件自転車は比較的大きいため、占有の事実もある。したがって、他人占有である。

(2)　そして、甲は本件自転車を持ち去ることで、Ｂの意思に反して占有を移転させており、「窃取」も認められる。

(3)　そして、不可罰な使用窃盗との区別から権利者排除意思、毀棄罪との区別から利用処分意思を内容とする不法領得の意思を要する。

甲は、本件自転車を足がわりにしようとしたから利用処分意思がある。

次に、権利者排除意思については、利用可能性の侵害の程度を考慮する。確かに、甲は居酒屋まで行って乗り捨てようと考えていたため、使用窃盗にも思える。しかし、甲が居酒屋で乗り捨てれば、居酒屋はＸ駅構内にあるから、第２現場のコンビニエンスストアから５００メートル離れているため、Ｂは甲を発見することが非常に困難になる。

● 端的ではあるが、Ｂの本件自転車に対する占有を否定する事情である施錠を失念した事実もきちんと摘示した上で、「Ｂは第２現場に本件自転車を置き後で取りに来ようと考えていたから、占有の意思がある」と述べてＢの占有を肯定しており、単にＢの占有を肯定する事情のみを摘示する答案と比べて、説得的に論理を展開できている。

そうすると、Bは通報等しても本件自転車が発見されるまで相当期間使用できなくなるといえ、利用可能性侵害の程度は大きいから、権利者排除意思がある。

ゆえに、不法領得の意思があり、故意もある。

よって、窃盗罪が成立する。

4 甲がCの顔面を殴ることによって、顔面打撲の「傷害」を負わせた行為に、傷害罪（２０４条）が成立する。

5 甲がCの頭部の傷害を負わせた行為に傷害罪の共同正犯（６０条）が成立するか。

共同正犯には、①共謀と、②それに基づく実行、③正犯意思を要するが、甲は乙に一緒に痛めつけるように言い、乙はそれに従っているから、共謀（①）がある。そして、乙がCの頭部を殴り「傷害」を負わせている（②）。そして、甲は暴行の契機であり、甲から乙へ指示をしているから、重要な役割もあるため、正犯意思がある（③）。したがって、傷害罪の共同正犯が成立する。

6 肋骨骨折の傷害について、上記4、5いずれの暴行によっても甲には傷害罪が成立する。

第2 乙

1 顔面打撲の「傷害」について、傷害罪の共同正犯となるか。

共同正犯の根拠は結果への因果性である。したがって、共謀よりも前の犯罪には因果性を及ぼせないから、承継的共同正犯は認められないと解する。したがって、共謀よりも前の顔面打撲の傷害について犯罪は成立しない。

2 Cの頭部の傷害を負わせた行為について、前述の通り傷害罪の共同正犯となる。

3 肋骨骨折の傷害について、乙の参加した前後のいずれの傷害か不明である。

そこで、２０７条が適用できないか。２０７条は共謀した場合を明示していないが、より悪性の高い共謀がある場合を除くべき理由はないから、共謀がある場合にも適用されると解する。

本件では、乙の参加した前後いずれの行為による傷害か不明であるため、同条が適用され、乙も責任を負う結果、傷害罪が成立する。

第3 罪責

1 甲に、占有離脱物横領罪、窃盗罪、顔面・頭部・腹部の傷害に傷害罪が成立し、その罪責を負う。

2 乙に、頭部、腹部の傷害に傷害罪が成立し、その罪責を負う。

以　上

● 本問の事実関係（甲には本件自転車の返還意思がなく、利用処分意思も特に問題なく認められること）に照らすと、甲の不法領得の意思に関し、ここまで紙面を割いて論述する必要はなかったと考えられる（再現答案①参照）が、非常に丁寧かつ的確な論述ではある。

● 承継的共同正犯の成否について、根拠も含めて適切に論述できている。

● 出題趣旨によれば、本問では「承継的共同正犯を否定した場合には中途共謀事案における刑法第207条（同時傷害の特例）の適用の可否について検討する必要がある」とされている。本答案は、「中途共謀事案」である点に着目し、理由を述べつつ適切に論述できており、出題趣旨に合致する。

再現答案③　Bランク（H・Nさん　順位377位）

第一　甲の罪責
1　甲の本件ケースをポケットに入れた行為に窃盗罪（２３５条）が成立するか。
(1)　Aの本件ケースは「他人の財物」にあたる。
(2)　では「窃取」したといえるか。窃取とは他人の占有するものをその意思に反して自己の占有下に移すことをいうところ、本件ケースはAの占有するものといえるか。占有の判断基準が問題となる。
ア　この点について、占有とは物に対する事実上の支配を意味する。そして、その判断は占有の事実、占有の意思を考慮して決する。
イ　上記行為時点において、Aと第一現場との間には建物があり相互に見通すことができなかった。そして、本件ケースはポケットに入るほどの小ささであった。しかし、その直線距離は１００メートルであり、Aは２０メートル戻れば見通すこともできた。上記行為が行われたのはAが本件ケースを落としてから１分後と接着した時点である。これらを考慮すると、占有の事実はなお認められる。
　Aは上記行為時に本件ケースを落としたことに気づいていないものの、その後6時５５分に本件ケースの紛失届を警察に届け出ていることからすると、あえて放棄した意思もない。そのため、占有の意思も認められる。

● 被害者の占有が当該財物に及んでいるかどうかを判断する際の具体的な考慮要素としては、①財物自体の特性、②財物の置かれた場所的状況、③時間的・場所的近接性、④被害者の認識・行動などが挙げられる。
　本答案は、単に③時間的・場所的近接性について指摘するにとどまっているが、「時間的・場所的近接性が認められれば、Aは直ちに本件ケースの現実的な支配を回復できる状態にあったといえる」など、具体的な評価も加えられるとより説得力が増すと考えられる。

ウ　したがって、窃取したといえる。
(3)　よって上記行為に窃盗罪が成立する。
2　本件自転車を持ち去った行為に窃盗罪が成立するか。
(1)　Bの本件自転車は「他人の財物」にあたる。
(2)　窃取したといえるか。占有の有無を前述のように判断する。
ア　上記行為時点においてBは第二現場から５００メートルも離れた書店におり、当然見通すこともできなかった。停めてから３０分の時間も経過している。これらのことから、占有の事実は認められない。
　また、本件自転車は路上に放置されたに過ぎないため占有の意思も認められないとも思える。しかし、Bが停めたのは本件店舗の事実上の自転車置き場として使用されているスペースであり、Bは意識的にそこに本件自転車を停めていることからすると、なお占有の意思は強く認められる。
イ　以上を考慮すると、本件自転車はなおBの占有下にあり、甲はこれを窃取したといえる。
(3)　上記行為の認識認容があるため、故意（３８条１項）も認められる。
(4)　そうだとしても、不法領得の意思が認められるか。その内容と要否が問題となる。
ア　不可罰的な使用窃盗や毀棄隠匿目的と窃盗を区別するため不法領得の意思は必要である。そして、その内容は権利者を

● 「占有の事実は認められない」と論じるのであれば、通常、Bの本件自転車に対する占有は否定されるはずである。本答案は、Bは「なお占有の意思は強く認められる」としているが、そうであれば、Bが施錠を失念した事実についても摘示した上で、説得的な評価を加えるべきである。

排除して他人のものを自己の所有物としてその物の効用に従い利用処分する意思をいう。
イ　本件において、甲は本件自転車を乗り捨てるつもりで上記行為に出ている。そのため不法領得の意思は認められない。
(5)　よって上記行為に窃盗罪は成立しない。
3　甲がCの顔面を拳で数回殴った上、腹部を足で数回蹴った行為に傷害罪（２０４条）が成立するか。
(1)　上記行為により顔面を殴ることによりCは顔面打撲の傷害を負っており「傷害した」といえる。
(2)　上記行為は腹部に傷害を生じさせる危険性を有する行為のため同罪の実行行為性は認められる。
　後述の通り、乙と共同正犯が成立するため腹部への肋骨骨折の傷害結果も帰責できるため「傷害した」にあたる。
(3)　したがって、上記行為に傷害罪が成立する。
4　甲が乙に対し「お前も一緒に痛めつけてくれ」と言った行為に傷害罪の共同正犯（６０条、２０４条）が成立しないか。共謀共同正犯の成否が問題となる。
(1)　この点について、「全て正犯とする」（６０条）と一部実行全部責任を定めたのは、他の共犯者の法益侵害に因果性を有するからである。そこで、①正犯意思に基づく共謀、②共謀に基づく他の共犯者の実行行為が認められれば共謀共同正犯が成立する。

●「甲は本件自転車を乗り捨てるつもりで上記行為に出ている。そのため不法領得の意思は認められない」との一文は、誤りである。甲に本件自転車の返還意思がなければ、Bの本件自転車の利用可能性を持続的に侵害することになる以上、特段の事情がない限り、甲に不法領得の意思（権利者排除意思）が認められるからである。

(2)　甲は元々Cに暴行を加えていた。そして、乙に対し自己の暴行に参加するように働きかけているため正犯意思も認められ、乙との間で意思連絡がある。そのため、正犯意思に基づく共謀はある（①）。そして、この共謀に基づき、乙はCに対し頭部を数回殴り、腹部を足で数回蹴るという暴行行為を行っている。そのため、共謀に基づく他の共犯者の実行行為も認められる。
(3)　したがって共謀共同正犯が成立し、上記行為に傷害罪が成立し、Cに生じた全ての結果に対して責任を負う。
5　以上より、甲には①Aに対する窃盗罪、②Bに対する窃盗罪、③Cに対する傷害罪が成立し、これらは別個の行為のため併合罪（４５条）となる。Cに対する傷害罪は、乙の共同正犯となる。
第二　乙の罪責
1　乙がCの頭部を数回殴り、腹部を足で蹴った行為に傷害罪が成立しないか。
(1)　Cが頭部で数回殴った行為は傷害結果の危険性を有する行為のため実行行為性が認められ、その結果Cは頭部打撲の傷害を負っている。したがって、「傷害した」といえる。
(2)　Cの腹部への暴行は傷害結果の現実的危険性を有する行為であるため実行行為性は認められる。
(3)　Cの腹部骨折及び、顔面打撲の傷害結果も乙に帰責され、

●「Bに対する窃盗罪」の成立は否定していたはずである。結論とそれに至る過程が食い違うことのないように注意して論述する必要がある。

甲との共同正犯とならないか。承継的共同正犯の成否が問題となる。

ア　６０条の根拠から、①共謀前の効果を利用して②結果について因果性を有する場合には、承継的共同正犯が成立する。

イ　本件では乙は自ら暴行を繰り返しており甲の行為の効果を利用していない（①不充足）。

ウ　したがって、承継的共同正犯は成立しない。

(4)　では、Cの腹部の肋骨骨折及び、顔面打撲の傷害結果を乙に帰責することはできるか。同時傷害の特例（２０７条）の適用の可否が問題となる。

同条の趣旨は共犯関係を擬制し、因果関係の立証責任を転換することに趣旨がある。そのため共犯関係がある場合にも適用される。したがって、同条が適用される結果、乙は甲の行った傷害結果についても責任を負う。

(5)　したがって上記行為に傷害罪が成立する。

２　以上より、乙にはCに対する傷害罪が成立し、かかる罪責を負う。甲とは共同正犯となる。

以　上

※　実際の答案は４頁以内に収まっています。

● 出題趣旨によれば、本問では「承継的共同正犯を否定した場合には中途共謀事案における刑法第207条（同時傷害の特例）の適用の可否について検討する必要がある」とされている。本答案は、再現答案②と同じく、「中途共謀事案」である点に着目し、理由を述べつつ適切に論述できており、出題趣旨に合致する。

MEMO

再現答案④　Cランク（Y・Aさん　順位887位）

第１　甲の罪責
１　甲が本件ケースを拾った行為に窃盗罪（２３５条）が成立するか。
本罪の保護法益は平穏な占有にある。そして、本問では、Aが本件ケースを落としているため、Aの占有が認められるかが問題となる。
(1)　占有とは、物に対する事実上の支配のことをいい、占有の意思と占有の事実からなる。そして、占有の事実が認められるか否かは、領得行為時における財物と被害者の場所的時間的近接性、財物を落とした場所の開放性、被害者が財物を落としたことを明確に記憶していたか等の事情を総合考慮して判断する。
(2)　本問では、確かに、甲が本件ケースを拾った時点ではAは交差点方向に２０ｍ戻れば第１現場を見通すことができ、また、第１現場は人通りが少ない場所であり、場所の開放性は低いともいえる。しかし、実際甲が本件ケースを拾った時点ではAと本件ケースは１００ｍも離れており、Aは本件ケースを直視することができなかった。また、人通りが少ないとはいえ、第１現場は単なる路上であり場所の開放性も認められる。さらに、７月とはいえ甲が本件ケースを拾ったのは午後７時であり、周りは薄暗かったといえる。これらの事情に照らせば、Aに本件ケースの占有の事実は認められない。

● 本答案は本件ケースに対するAの占有を否定しているが、この結論を採用する場合には、本問の事実関係に照らして、少なくともAが本件ケースを落としたことに気付かなかった事実を摘示・評価する必要がある。本答案は、占有の意思（支配の意思）を一切考慮していないため、他の再現答案との差が開いたものと考えられる。

よって、甲には窃盗罪が成立せず、占有離脱物横領罪（２５４条）が成立するにとどまる。
２　次に、甲が本件自転車を持ち去った行為に窃盗罪が成立するか。
(1)　まず、上記基準に照らしてBに本件自転車の占有が認められるかを検討する。
本問では、たしかに、本件自転車は施錠されておらず、甲が本件自転車を持ち去った時点でBと本件自転車は５００ｍ以上離れていた。しかし、本件自転車は事実上、本件店舗を含む付近店舗利用客の自転車置き場として利用されていた場所に駐輪されていた。そのため、自転車の性質からして施錠がない場合であっても、いまだBの本件自転車に対する占有は認められると解するべきである。
(2)　次に、不法領得の意思について検討する。
ア　窃盗罪の成立において不法領得の意思を要するのは、このような主観的超過傾向を不要とすると、使用窃盗と窃盗罪の区別、窃盗罪と毀棄・隠匿罪の区別が困難になるからである。そのため、不法領得の意思とは、①権利者を排除して他人の物を自己の物として振舞う意思（権利者排除意思）、②経済的用法に従って利用・処分する意思（利用処分意思）をいう。なお、②については求められる趣旨から考えて毀棄・隠匿以外の方法により何らかの利益を享受す

● 本答案は、事実を摘示するものの、それをどう評価するかについて具体的に論じていないため、説得力に乏しい論述となってしまっている。

る意思で足りると解する。
イ　本問では、甲は本件自転車を乗り捨てようと考えているため、Bの本件自転車の利用を相当程度阻害している（①充足）。また、甲は本件自転車を居酒屋までの交通手段として利用しようとしており、これは毀棄・隠匿を目的としたものではない（②充足）。
よって、甲に不法領得の意思が認められる。
(3)　以上より、甲は本件自転車を「窃取」したといえ、窃盗罪が成立する。
3　また、甲がCの顔面を殴り、顔面打撲の傷害を負わせた行為に傷害罪（２０４条）が成立する。
4　そして、Cの骨折について、甲は乙の暴行開始後もCに対して暴行に及んでいるため、甲・乙どちらの暴行から生じたかに関わりなくCの骨折について傷害罪が成立し、下記より乙と共同正犯（６０条）となる。
5　以上より、甲には①占有離脱物横領罪、②窃盗罪、③Cの顔面打撲につき傷害罪、④Cの骨折につき傷害罪が成立し、③④は法益主体の同一性、時間的場所的近接性が認められることから包括一罪となり、①②と併合罪（４５条）となる。
第２　乙の罪責
1　まず、乙がCの頭部を殴り、頭部打撲の傷害を負わせた行為に傷害罪が成立する。

● 出題趣旨は、不法領得の意思について特に言及していない。また、本問の事実関係（甲には本件自転車の返還意思がなく、利用処分意思も特に問題なく認められること）に照らすと、甲の不法領得の意思についてここまで紙面を割いて検討する必要はなかったと考えられる。

2　次にCの骨折につき乙に傷害罪が成立するかを検討する。
(1)　この点、Cの骨折は甲・乙どちらの暴行から生じたかが不明であるため、刑事訴訟法３３６条の利益原則より乙の関与前の甲の暴行からCの骨折が生じたとした場合でも、乙に傷害罪が成立したといえることが必要である。
ここで、共犯の処罰根拠は、自己の行為が結果へと因果性を与えたことにある。そのため、すでに発生した結果については因果性を与えることはできないため、共犯は成立しない。もっとも、すでに発生した結果を積極的に利用した場合には、その限度で因果性を肯定することが妥当である。
本問では、乙はCが傷害を負いうなだれていることを利用して暴行に及んでいるが、これは傷害の結果から発生した状態を利用したものであり、傷害の結果そのものを利用したものではない。そのため、乙は甲のCに対する傷害の結果を積極的に利用したとはいえず、因果性を肯定できない。
(2)　もっとも、甲・乙両名でCに対して暴行を行っており、どちらの暴行から結果が生じたかが不明であるため、同時傷害の特例（２０７条）が適用され、乙はCの骨折について甲と傷害罪の共犯となる。なお、同条は意思連絡がない場合の規定であるが、意思連絡がある場合にはない場合よりも共犯成立を肯定するべきであるため、意思連絡がある場合において同条を適用することは可能である。　以　上

● なぜ「その限度で因果性を肯定することが妥当」といえるのか、その理由を論じなければ説得的な論理展開とはいえない。

● 再現答案②③と同じく、「中途共謀事案」である点に着目し、理由を述べて適切な論述ができている。

刑法

刑事訴訟法

問題文

[刑事訴訟法]

次の【事例】を読んで、後記〔**設問１**〕及び〔**設問２**〕に答えなさい。

【事例】

1　令和６年２月２日午後１０時頃、Ａ（３０歳代、女性）は、Ｈ県Ｉ市Ｊ町内を歩いていたところ、背後から黒色の軽自動車に衝突された。Ａが路上に転倒すると、すぐに同車から男性が降りてきて、「大丈夫ですか。」と声を掛けながらＡに歩み寄り、立ち上がろうとしたＡの顔面を拳で１回殴り、Ａが手に持っていたハンドバッグを奪い取った上で、直ちに同車に乗り込んでその場から逃走した（以上の事件を、以下【事件①】という。）。このとき、Ａは、同車のナンバーを目視した。

2　同日午後１１時頃、Ｂ（５０歳代、男性）は、同市Ｋ町内を歩いていたところ、背後から黒色の軽自動車に衝突された。Ｂが路上に転倒すると、すぐに同車から男性が降りてきて、「怪我はありませんか。」と声を掛けながらＢに歩み寄り、倒れたままのＢが手に持っていたセカンドバッグに手を掛けたが、付近にいた通行人Ｘと目が合うと同バッグから手を離し、直ちに同車に乗り込んでその場から逃走した（以上の事件を、以下【事件②】という。）。このとき、Ｂ及びＸは、同車のナンバーを目視することができなかった。

なお、【事件①】と【事件②】の現場は、約3キロメートル離れていたが、いずれも、一戸建ての民家が建ち並ぶ住宅街で、夜間は交通量及び人通りが少ない場所であった。

3　同日以降、【事件①】の犯行に使用された車のナンバーに合致する軽自動車の名義人であった甲に対する捜査が開始され、所要の捜査の結果、甲は、【事件①】については強盗罪、【事件②】については強盗未遂罪により起訴された。

4　公判において、甲及び甲の弁護人は、【事件①】については争わず、金品を奪取する目的でＡに軽自動車を衝突させたことなどを認め、裁判所は、証拠調べの結果、【事件①】について、甲に強盗罪が成立するとの心証を得た。

〔**設問１**〕

甲及び甲の弁護人は、【事件②】について、甲が犯人であることを否認したとする。その場合、甲が【事件①】の犯人であることを、【事件②】の犯人が甲であることを推認させる間接事実として用いることができるかについて論じなさい。

〔**設問２**〕

甲及び甲の弁護人は、【事件②】について、甲が軽自動車をＢに衝突させたことは争わず、金品奪取の目的を否認したとする。その場合、【事件①】で甲が金品奪取の目的を有していたことを、【事件②】で甲が同目的を有していたことを推認させる間接事実として用いることができるかについて論じなさい。

出題趣旨

本問は、夜間の住宅街で発生した通行人を被害者とする強盗事件と、その約１時間後に同事件の現場から約３キロメートル離れた住宅街で発生した通行人を被害者とする強盗未遂事件を通じて、類似事実による犯人性立証の可否（設問１）や、類似事実による犯罪の主観的要素の立証の可否（設問２）といった刑事訴訟法の基本的学識の有無や関連する裁判例の理解を問うとともに、具体的事案に対する応用力を問う問題である。

MEMO

再現答案① Aランク（S・Mさん 順位25位）

【設問1】
1 犯人性の証明には厳格な証明を必要とするから、その証明のために用いる事実は、要証事実に対して自然的関連性と法律的関連性を有する必要がある。
2 まず、【事件①】は強盗罪、【事件②】は強盗未遂罪と、それぞれ同種の余罪であり、甲が【事件①】の犯人であることは、【事件②】の犯人が甲であることを推認させるための、必要最小限度の証明力としての自然的関連性は有しているといえる。
3 他方、同種の余罪により犯人性を立証する場合、根拠に乏しい被告人の人格的評価を介在することにより、裁判官に不当な偏見を生じさせ、事実認定を誤らせる可能性があるため、その法律的関連性は原則として否定されるべきである。
もっとも、同種の余罪により被告人の故意などの犯罪の主観的要素を証明する場合や、余罪が顕著な特徴を有し、犯人性を立証しようとする事件がその特徴と相当程度一致する場合など、被告人の悪性格といった人格的評価を介さずとも、その事実だけで要証事実に対して強い証明力を有する場合は、例外的に法律的関連性が認められると考える。
4 本件において、事件①②ともに黒色の軽自動車が使用されているが、事件②においては車のナンバーが確認されておらず、黒色の軽自動車などありふれている以上、顕著な特徴と

● 犯人性の立証には厳格な証明を要するという基本的な問題の出発点を明確に示している答案はわずかであり、本答案のように基本的な問題の出発点を明確に示すことによって、問題を深く理解していることを読み手にアピールすることができる。

● 類似事実による犯人性立証の可否に関する判例（最決平25.2.20／平25重判〔4〕）を踏まえた的確な規範定立ができている。

はいえない。
また、犯行態様として、住宅街において、被害者の背後から車で衝突し、助けるふりをして所持品を奪うという特徴が一致しているものの、それは車を使った強盗をしようとした場合に、通常考えつく手段の域を出るものではなく、顕著な特徴とまではいえない。
5 以上より、甲が【事件①】の犯人である事実は、【事件②】の犯人が甲であることを、その事実のみで強く推認させるものとはいえないから、かかる事実を【事件②】の犯人が甲であることを推認させる間接事実として用いることはできない。

【設問2】
1 強盗罪の金品奪取目的を有していたという事実は、同罪の故意を基礎づける、刑罰権の存否に関する事実といえるため、厳格な証明を必要とする。したがって、それを推認させる間接事実も、要証事実に対する自然的関連性と法律的関連性を有することが要求される。
2 まず、上述の通り【事件①】と【事件②】は同種の事件といえるため、自然的関連性は認められる。
3 そして、法律的関連性について、本件では甲が【事件①】で金品奪取の目的を有していたことから、【事件②】でも同目的を有していたことを推認しようとしている。そして、同

● 単に事実を摘示するだけでなく、適切かつ具体的な評価を加えることができており、説得力のある論述を展開できている。

● 設問2の冒頭でも、本答案は犯罪の主観的要素（甲が金品奪取の目的を有していたこと）の立証には厳格な証明を要するという基本的な問題の出発点を明確に示している。

一の者によりなされた同種の事案において、他方では金品奪取の目的を有していたが、もう他方では金品奪取の目的を有していなかったとは考えづらく、【事件①】で甲が金品奪取の目的を有していたという事実のみをもって、「甲は悪い奴だ」というような人格的評価を介することなく、同種の【事件②】でも甲が金品奪取の目的を有していたことを強く推認できるといえる。

したがって、法律的関連性も否定されず、【事件①】で甲が金品奪取の目的を有していたことを、【事件②】で甲が同目的を有していたことを推認させる間接事実として用いることができると考える。

以　上

● 設問2においても、事実の摘示・評価が的確になされており、「具体的事案に対する応用力を問う」（出題趣旨参照）本問において、説得的な論理展開ができている。

再現答案②　Aランク（S・Tさん　順位347位）

第1　設問1

1　事件②の犯人性の立証のために、甲が事件①の犯人である事実を用いることが可能か、同種前科に証拠能力が認められるか問題となる。

2　まず、甲が同種前科の犯罪をしていた場合、本件でも甲が犯罪をしていたと推測することは可能であるから、同種前科は自然的関連性を有する。

3　では、法律的関連性を有するか。

同種前科で本件の犯人性を立証しようとする場合、当事者に前科についても争う余地を与えるという点で争点が拡散し、事件が複雑化・長期化するおそれがある。また、裁判官が同種前科により、悪性格を推測し、犯人性を立証するという、安易な推論に基づく事実認定を行うおそれもある。したがって、原則として同種前科による犯人性の立証は法律的関連性がないというべきである。

しかし、①前科に顕著な特徴があり、②それが本件の犯罪と類似している場合には、同種前科に法律的関連性が認められると解する。なぜなら、①②を満たす場合には、前科に顕著な特徴がある事実と本件の犯罪がそれに類似している事実から、通常他の者が前科と同じような犯行を偶然行うとは考えにくいという経験則を適用し、合理的に犯人性を立証できるからである。

4　本件では、事件①については、軽自動車で追突してから、声をかけて、被害者からバッグを奪うという犯行方法であった。事件②でも、同色の軽自動車で、3キロと比較的近い距離で、夜間に人通りが少ない場所で、同様の方法で行われたものであった。

しかし、車種もよく見られるものであるし、犯行方法も自動車で追突するという点が通常の強盗の暴行よりも規模が大きい点で特徴があるといえるが、顕著であるとはいえない。

したがって、前科に顕著な特徴があるとはいえず（①）、法律的関連性は認められない。

5　よって、証拠能力は認められない。

第2　設問2

1　事件②の金品強奪目的の立証のために、甲が事件①で金品強奪目的を有していた事実を用いることが可能か、同種前科に証拠能力が認められるか問題となる。

2　まず、甲が同種前科の犯罪をしていた場合、本件でも甲が同じ目的をもって犯罪をしていたと推測することは可能であるから、同種前科は自然的関連性を有する。

3　では、法律的関連性を有するか。

(1)　同種前科を立証に用いれば、争点が拡散し、事件が複雑化・長期化のおそれがある。また、裁判官に心証形成を歪ませ、誤った事実認定のおそれもある。

● 厳密には「同種前科」ではない。設問1では、「前科以外の被告人の他の犯罪事実の証拠を被告人と犯人の同一性の証明に用いようとする場合」（最決平25.2.20／平25重判〔4〕）が問題となっている。

● 訴訟の争点が拡散・混乱してしまう点についても言及できている。

● なお、判例（最決平25.2.20／平25重判〔4〕）は、「被告人の他の犯罪事実を被告人と犯人の同一性の間接事実とすることは、これらの犯罪事実が顕著な特徴を有し、かつ、その特徴が証明対象の犯罪事実と相当程度類似していない限りは、被告人に対してこれらの犯罪事実と同種の犯罪を行う犯罪性向があるという実証的根拠に乏しい人格評価を加え、これをもとに犯人が被告人であるという合理性に乏しい推論をすることに等しく、許されない」としている。

もっとも、客観的構成要件について立証されている場合には、悪性格から犯人性が立証されるおそれはない。したがって、犯人性の立証のために用いる場合よりも緩やかに解すべきである。

そして、主観の立証のために同種前科を利用しても、類似した行動をしている場合には主観も同一であることが通常であるという合理的推測が可能である。ゆえに、犯行方法が相当程度類似している場合には、同種前科を証拠として利用できると解する。

(2) 本件では、軽自動車で追突してから声をかけている点で共通していた。また、夜間に人通りの少ない住宅街であるという点で共通しているから、相当程度類似しているといえる。

4 よって、法律的関連性が認められ、証拠能力が認められるため、証拠として用いることができる。

以 上

● 同種前科による犯罪の主観的要素の立証に関する判例（最決昭41.11.22／百選［第9版］〔66〕）も、「犯罪の客観的要素が他の証拠によって認められる本件事案の下において、被告人の詐欺の故意の如き犯罪の主観的要素を、被告人の同種前科の内容によって認定した原判決に所論の違法は認められない」としている。

刑事訴訟法

再現答案③　Bランク（K・Sさん　順位224位）

第１　設問１

１　まず、間接事実として用いるにあたり、自然的関連性があるかについて検討する。甲が事件①の犯人であるという事実からは、軽自動車で衝突してから被害者に近づき言葉をかけた後にバッグ等の荷物を奪い去ろうとするといった類似した行為態様であり、事件②においても甲が再度犯行に及んだことも推認できることから、事件①の犯人であるとの事実の自然的関連性は肯定できる。

２(1)　もっとも、自然的関連性は肯定されたとしても、法律的関連性は原則として否定されるべきである。悪性格の立証は、被告人の犯罪性向といった実証的根拠に乏しい人格的評価につながりやすく、そのために事実認定を誤らせるおそれや、別の事件にも防御がおよび争点が拡散するおそれもあるからである。

もっとも、実証的根拠に欠ける人格的評価につながらない場合にはこのような悪性格も一つの間接事実として用いることができると解すべきである。そして、当該事実を犯人性の証明に用いる場合には、他の事件における犯罪事実が顕著な特徴を有していること、その特徴が相当程度類似していることが必要である。

(2)　まず、事件①において甲は背後から黒色の軽自動車で衝突させ、転倒した被害者に大丈夫ですかと声をかけ歩み寄り、立ちあがろうとしたところをAの顔面を拳で殴打している。そして、事件②では黒色の軽自動車で衝突させ怪我はありませんか歩み寄り、Bのセカンドバッグに手をかけている。この二つの事件は最初に黒色の軽自動車で衝突し、被害者に対して安否を確認するよう見せかけ油断したすきに被害者の携行品を奪おうとするものであり、ある程度類似しているということができる。

もっとも、強盗罪（刑法２３６条）あるいは同未遂罪の犯行の過程で暴行脅迫の手段として自動車を用いることは特殊とはいえず、あくまで一般的な手段の一つであるといえる。また、両事件の現場は３キロメートル離れた場所で行われており、比較的近く、いずれも民家が立ち並ぶ住宅街であり、夜間は人通りが少ない場所で行われており、共通点はあるものの、犯罪を行う際わざわざ昼間や人通りの多い場所で行うとは考えにくいことから、これらの事実を持って顕著な特徴とはいえない。

したがって、法律的関連性は否定されるべきである。

３　よって、間接事実として用いることはできない。

第２　設問２

１　まず、事件①において甲が金品奪取の目的を有していた場合、その事実から事件②においても同様の目的を有し犯行を行ったことが推認できるから、自然的関連性は肯定されるべ

● 類似事実による犯人性立証の可否に関する判例（最決平25.2.20／平25重判〔4〕）を踏まえた的確な規範定立ができている。また、訴訟の争点が拡散・混乱してしまう点についても言及できている。

● 本答案は、事件①と事件②の一連の行為態様について「ある程度類似している」としか論述していないが、定立した規範に従えば、一連の行為態様が「顕著な特徴を有している」かどうかについても検討しなければならないはずである。本答案は、「自動車を用いることは特殊とはいえず、あくまで一般的な手段の一つである」と述べているが、事件①と事件②の一連の行為態様にも着目すべきである。

きである。
2(1)　もっとも、前設問同様に悪性格の立証は実証的根拠に乏しい人格的評価につながりやすいことから、原則法律的関連性は否定されるべきである。
　しかし、悪性格の立証における法律的関連性が原則として否定される趣旨は、実証的根拠に乏しい人格的評価により判断を誤らせるおそれを防止する点にあるところ、犯人性ではなく、目的等の主観的要素を推認させる場合には実証的根拠に乏しい人格的評価につながる可能性が類型的に低いといえる。
　そこで、目的を考慮する場合には、一定程度の特徴、類似性があれば間接事実として用いることができると解すべきである。
(2)　まず、両事件の行為態様は甲が軽自動車を被害者に対し衝突させ、声を掛けたところに被害者の携行品を奪い取ろうとするものであり、行為態様は共通している。そして、両事件の現場は3キロメートルしか離れておらず、交通量の少ない民家が立ち並ぶ住宅街で行われているという点で共通するものである。したがって、両事件は一定程度の特徴を有しており、類似しているといえる。
(3)　したがって、法律的関連性も肯定できる。
3　よって、甲が事件①において金品奪取目的を有していたことは、事件②において間接事実として用いることができる。

以　上

● 本答案は、「犯人性ではなく、目的等の主観的要素を推認させる場合には実証的根拠に乏しい人格的評価につながる可能性が類型的に低い」としているが、その理由が明確に述べられていないため、説得力に乏しい論理展開となってしまっている。犯罪の主観的要素を立証する場合であっても、「被告人は他にも似たような方法の犯罪を犯しているから、今回も犯罪の意図を有しているだろう」という程度の抽象的な推認を認めれば、「実証的根拠に乏しい人格的評価につながる可能性」が認められる以上、「類型的に低い」とはいえないと考えられる。

刑事訴訟法

再現答案④　Cランク（Y・Hさん　順位316位）

第１　設問１
１　甲が事件１の犯人であることを事件２の犯人が甲であることを推認させる間接事実として用いることができるためには、事件１の犯人が甲であるという事実が、事件２の甲の犯人性に関する事実との関係で、自然的関連性及び法律的関連性を有している必要がある。
２　事件１と事件２はともに、自動車を衝突させ被害者を路上に転倒させる強盗事件であり、事件１は事件２との関係では前の同種の事件といえ、前の同種事件は犯罪事実に対して様々な立証価値を有しているため、上記の自然的関連性は認められる。
３　もっとも、前の同種事件は被告人の犯罪性向といった実証的根拠の乏しい人格評価につながりやすく、事実認定を誤らせるおそれがある。
　そこで、前の同種事件の犯罪事実が顕著な特徴を有し、それが起訴にかかる犯罪事実と相当程度類似しており、両者の犯人が同一であると合理的に推認できる場合には、法律的関連性が認められると解する。
４　事件１の特徴として、背後から黒色の軽自動車に衝突し被害者を路上に転倒させる点と、その後すぐに同車から降り「大丈夫ですか。」などと被害者を心配するような声を掛けながら歩み寄り、被害者に強盗行為を働くという点が挙げられる。前者の点は、黒色の軽自動車が誰にでも購入可能で入手が容易なものであり、背後から自動車が衝突するという行為態様が特異的でないことに照らすと、顕著な特徴を有するとは言い難い。しかし、後者の点は、被害者を心配するような声を掛けながら歩み寄ることと被害者に強盗を働くことが矛盾行為であり、強盗の犯行態様としては一般的なものとはいえないことに照らすと、顕著な特徴を有するといえる。
　そして、甲が起訴された事件２にかかる犯罪事実は、背後から自動車に衝突された被害者がその自動車から降りてきた人にその衝突直後に、「怪我はありませんか。」と被害者を心配することを言われて、バッグを強盗されるというものである。そのため、事件１の顕著な特徴は、事件２の犯罪事実と、背後から自動車に衝突された被害者がその自動車から降りてきた人にその衝突直後に、被害者を心配することを言われてバッグを強盗されるという点において相当程度類似しているといえる。また、事件１と事件２は、起きたのが夜間であることと、衝突したのが黒色の軽自動車であることについて共通性があり、そのそれぞれの現場は、一戸建ての民家が建ち並ぶ住宅街で夜間は交通量及び人通りが少ない場所であったのだから、犯人が同一である可能性が高いといえる。よって、両者の犯人が同一であると合理的に推認できるといえ、法律的関連性が認められる。

●　類似事実による犯人性立証の可否に関する判例（最決平25.2.20／平25重判〔４〕）を踏まえた的確な規範定立ができている。

●　本答案は、「被害者を心配するような声を掛けながら歩み寄ることと被害者に強盗を働くことが矛盾行為であり、強盗の犯行態様としては一般的なものとはいえないことに照らすと、顕著な特徴を有する」としているが、犯人が被害者を気遣うような声掛けをしているのは、被害者を安心ないし油断させて財物を奪いやすくするためであると考えられる。そのため、「顕著な特徴を有する」とまではいえず、いまだ強盗罪の一般的な行為態様の域を出ないと考えられる（再現答案①参照）。

5　したがって、甲が事件1の犯人であることを事件2の犯人が甲であることを推認させる間接事実として用いることができる。

第2　設問2

1　事件1で甲が金品奪取の目的を有していたことを、事件2で甲が同目的を有していたことを推認させる間接事実として用いることができるためには、事件1で金品奪取という強盗罪の故意を甲が有していたという事実が、事件2で甲がそれを有していたという事実との関係で、自然的関連性及び法律的関連性を有している必要がある。

2　第1の設問1の2で述べたように、事件1は事件2との関係で前の同種の事件にあたるため、上記の自然的関連性は認められる。

3　もっとも、故意は犯人の主観にかかわる犯罪の主観的構成要件であり、犯人性と同じく、被告人の犯罪性向といった実証的根拠の乏しい人格評価につながりやすく、事実認定を誤らせるおそれがある。そこで、前の同種事件と後の起訴に関わる事件の犯人の行為態様が、密接的に共通すると認められる場合のみ、上記の法律的関連性が認められると解する。

4　前の同種事件である事件1で甲は、背後から軽自動車で被害者に衝突し、被害者が路上に転倒するとすぐに同車降りて、「大丈夫ですか。」と被害者を心配する声を掛けながら被害者に歩み寄り、立ち上がろうとした被害者の顔面を拳で1回殴り、その手に持っていたハンドバッグを奪い取り、直ちに同車に乗り込んでその場から逃走している。たしかに、事件1は強盗既遂で事件2は強盗未遂であるが、強盗罪の重要な構成要件である「暴行又は脅迫」（刑法236条1項）があることには変わらず、事件2も背後から軽自動車で被害者に衝突し、被害者が路上に転倒するとすぐに同車降りて、被害者を心配する声を掛けながら被害者に歩み寄り、被害者が手に持っていたバッグに掛けて奪おうとして、その後自動車で逃走するという点で密接的に共通している。よって、法律的関連性が認められるといえる。

5　したがって、事件1で甲が金品奪取の目的を有していたことを、事件2で甲が同目的を有していたことを推認させる間接事実として用いることができる。

以　上

●「前の同種事件と後の起訴に関わる事件の犯人の行為態様が、密接的に共通すると認められる場合」には、なぜ「実証的根拠の乏しい人格評価」につながらず、「事実認定を誤らせるおそれ」がないと考えられるのか、その理由が明確に述べられていないため、説得力に乏しい論理展開となってしまっている。

刑事訴訟法

法律実務基礎（民事）

問題文

［民　事］

司法試験予備試験用法文を適宜参照して、以下の各設問に答えなさい。ただし、XのYに対する金銭債権に係る請求については検討する必要がない。

以下の設問中に「別紙」において定義した略語を用いることがある。

〔設問1〕

別紙1【Xの相談内容】は、弁護士PがXから受けた相談内容を記載したものである。弁護士Pは、令和6年7月5日、別紙1【Xの相談内容】を前提に、Xの訴訟代理人として、Yに対し、本件建物の収去及び本件土地の明渡しを求める訴訟（以下「本件訴訟」という。）を提起することとし、本件訴訟における訴状（以下「本件訴状」という。）を作成し、裁判所に提出した。

これに対し、弁護士Qは、本件訴状の送達を受けたY（代表取締役A）から別紙1【Y（代表取締役A）の相談内容】のとおり相談を受け、Yの訴訟代理人として本件訴訟を追行することにした。

以上を前提に、以下の各問いに答えなさい。

(1)　弁護士Pが、本件訴訟において、選択すると考えられる訴訟物を記載しなさい。

(2)　弁護士Pが、本件訴状において記載すべき請求の趣旨（民事訴訟法第１３４条第２項第２号）を記載しなさい。なお、付随的申立てについては、考慮する必要がない。

(3)　弁護士Pが、本件訴状において記載すべき請求を理由づける事実（民事訴訟規則第５３条第１項。以下同じ。）を記載しなさい。解答に当たっては、本件訴訟において、Yが、別紙1【Y（代表取締役A）の相談内容】に沿って認否することを前提とすること。なお、いわゆるよって書き（請求原因の最後のまとめとして、訴訟物を明示するとともに、請求の趣旨と請求原因の記載との結びつきを明らかにするもの）は記載しないこと。

(4)　弁護士Qは、別紙1【Y（代表取締役A）の相談内容】(a)を前提に、本件訴訟の答弁書（以下「本件答弁書」という。）を作成した。弁護士Qが本件答弁書において抗弁として記載すべき具体的事実を記載しなさい。

〔設問2〕

第1回口頭弁論期日において、本件訴状及び本件答弁書が陳述され、弁護士P及び弁護士Qは、それぞれ、次回期日である第1回弁論準備手続期日までに準備書面を作成することとなった。

(1)　弁護士Pは、別紙1【Xの相談内容】の下線部の(i)及び(ii)の各言い分について、再抗弁として主張すべきか否かを検討している。弁護士Pが、上記(i)及び(ii)の各言い分について、それぞれ、①再抗弁として主張すべきか否かの結論を記載するとともに、②(a)再抗弁として主張すべき場合には、再抗弁を構成する具体的事実を記載し、(b)再抗弁として主張しない場合には、その理由を説明しなさい。

⑵　弁護士Ｑは、弁護士Ｐから再抗弁を記載した準備書面（以下「原告準備書面」という。）が提出されたことを受けて、別紙１【Ｙ（代表取締役Ａ）の相談内容】⒝を前提に、以下のような再々抗弁を記載した準備書面（以下「被告準備書面」という。）を作成した。

㋐　Ａは、Ｘに対し、令和４年１１月９日、アンティーク腕時計（本件商品）を代金２００万円で売った。

㋑　〔　　　　　　　　　　〕

㋒　Ａは、Ｘに対し、令和６年３月２０日、㋐の代金債権をもって、本件延滞賃料と対当額で相殺する旨の意思表示をした。

①上記〔　　　　〕に入る具体的事実を記載するとともに、②その事実を主張した理由を簡潔に説明しなさい。

〔設問３〕

第１回弁論準備手続期日において、原告準備書面及び被告準備書面が陳述され、弁護士Ｐは、次回期日である第２回弁論準備手続期日までに準備書面を作成することとなった。

その後、弁護士Ｐは、Ｘから更に別紙１【Ｘからの聴取内容】のとおりの事情を聴取した。

これを前提に、以下の各問いに答えなさい。

⑴　弁護士Ｐは、別紙１【Ｘからの聴取内容】を前提に、被告準備書面の再々抗弁に対し、再々々抗弁として、以下の各事実を主張することにした。

㋐　Ｘが、Ａに対し、令和５年３月２３日、代金２００万円とした本件商品の代金額につき、５０万円とするよう申し入れ、ＸとＡとの間で上記代金額につき争いがあった。

㋑　ＸとＡは、上記㋐につき互いに譲歩し、令和５年４月１０日、本件商品の売買代金債権総額を１００万円に減額する旨の和解をした。

㋒　〔　　　　　　　　　　〕

①上記〔　　　　〕に入る具体的事実を記載するとともに、②上記㋐及び㋑の事実に加えて、上記㋒の事実を主張すべきと考えた理由につき、和解契約の法律効果について触れた上で、簡潔に説明しなさい。

⑵　第２回弁論準備手続期日において、弁護士Ｐは、上記⑴のとおり再々々抗弁を記載した準備書面を陳述し、弁護士Ｑは、再々々抗弁事実のうち上記⑴㋑の事実（以下「本件事実」という。）につき「否認する。Ｘ主張の和解合意をした事実はない。」と述べた。

同期日において、弁護士Ｐは、本件事実を立証するため、別紙２の和解合意書（以下「本件合意書」という。）を提出し、書証として取り調べられた。これに対し、弁護士Ｑは、本件合意書のうちＡ作成部分の成立の真正について「否認する」との陳述をした。

(i) 裁判所は、本件合意書のA作成部分の成立の真正について判断するに当たり、弁護士Qにどのような事項を確認すべきか。①結論を答えた上で、②その理由を簡潔に説明しなさい。

(ii) 弁護士Pは、本件事実を立証するに当たり、今後どのような訴訟活動をすることが考えられるか。証拠構造や本証・反証の別を意識し、上記(i)で裁判所が確認した事項に対する弁護士Qの回答により場合分けした上で簡潔に説明しなさい。

〔設問４〕

仮に、本件訴訟の口頭弁論が令和６年１１月５日に終結し、同年１２月３日、Ｘの請求を全部認容する判決が言い渡され、その後、同判決が確定したとする（以下、この確定した判決を「本件確定判決」という。）。しかし、Ｙが本件建物の収去及び本件土地の明渡しをしないため、Ｘが、本件確定判決に基づき、強制執行の申立てをしようとしたところ、本件建物の所有権が同年１０月１４日にＹからＺに移転していたことが判明したとする。

この場合、①Ｘが強制執行を申し立てるに当たって、どのような不都合が生じるか、②その不都合を防ぐために、Ｘがあらかじめ採るべきであった法的手段は何か、それぞれ簡潔に説明しなさい。

（別紙1）

【Xの相談内容】

「私は、令和2年7月1日、Aに対し、店舗用建物を所有する目的で、私所有の土地（以下「本件土地」という。）を、賃料月額10万円、毎月末日に翌月分払い、期間30年間の約束で賃貸しました（以下「本件賃貸借契約」という。）。

Aは、令和2年8月中には、本件土地上に店舗用建物（以下「本件建物」という。）を建てて、本件建物で高級腕時計の販売を始めました。Aは、令和5年3月17日、本件建物の所有権を現物出資し、時計等の販売を目的とする株式会社Yを設立して自ら代表取締役に就任し、同日、Yに対し、本件建物の所有権移転登記をしました。そして、Aは、私が承諾していないにもかかわらず、同日、Yに対し、本件土地を賃貸しました（以下「本件転貸借契約」という。）。以後、Yが本件建物を店舗として利用しています。私は、Aに対し、本件転貸借契約について抗議するつもりでしたが、同年5月10日、Aは脳梗塞で倒れて入院してしまい、それ以降、賃料が支払われなくなりました。

私は、Aの体調が回復したことから、Aに対し、令和6年3月7日、令和5年6月分から令和6年3月分までの10か月分の延滞賃料100万円（以下「本件延滞賃料」という。）の支払を2週間以内にするように求めましたが、Aは支払おうとしません。

私は、本件延滞賃料に関するAとの話合いは諦め、Aに対し、令和6年3月31日到達の内容証明郵便をもって、(i)賃料不払を理由として本件賃貸借契約を解除するとともに、(ii)本件土地の無断転貸を理由として本件賃貸借契約を解除しました。Yは、何ら正当な権原がなく本件建物を所有して本件土地を占有していますので、Yに対し、本件建物の収去及び本件土地の明渡しを求めたいと思います。」

【Y（代表取締役A）の相談内容】

「(a)Xは、令和2年7月1日、私（A）に対し、店舗用建物を所有する目的で、本件土地を賃料月額10万円、毎月末日に翌月分払い、期間30年間の約束で賃貸して（本件賃貸借契約）、これに基づいて本件土地を引き渡しました。その後、私（A）は、令和2年8月に本件土地上に本件建物を建て、同所で腕時計販売店を経営していましたが、令和5年3月17日、本件建物の所有権を現物出資して、時計等の販売を目的とする当社（Y）を設立するとともに、同日、当社（Y）に対し、賃貸期間の定めなく、賃料月額10万円で本件土地を賃貸し（本件転貸借契約）、これに基づいて本件土地を引き渡しました。しかし、Xは、令和6年3月31日到達の内容証明郵便で本件賃貸借契約を解除すると伝えてきました。Xは、本件賃貸借契約の解除の理由として、私（A）から当社（Y）への本件土地の無断転貸を挙げていますが、個人で腕時計販売店をしていた私（A）が、全額を出資し、腕時計販売を目的とする当社（Y）を設立して、自ら代表取締役に就任したものであり、当社（Y）には他の役員や従業員はおらず、本件建物は引き続き腕時計販売店として使用し、私（A）一人で営業に当たっていたのですから、Xには何も迷惑をかけていません。Xが本件土地を所有していることや、当社（Y）が本件建物を所有していることは事実ですが、上記の解除の主張は不当であり、当社（Y）はXに本件土地を明け渡す義務はないと思います。

(b)また、私（A）は、Xに対し、令和４年１１月９日、アンティーク腕時計（以下「本件商品」という。）を代金２００万円とし、うち１００万円を契約日に支払い、残りの１００万円は令和５年５月９日限り私（A）の口座に振り込んで支払う約束で売り、契約日に本件商品を引き渡しました。しかし、Xは契約日に１００万円を支払ったものの、残りの代金１００万円の支払がなかったため、私（A）は、Xに対し、令和６年３月２０日、この未払代金１００万円と本件延滞賃料とを対当額で相殺する旨を電話で伝えました。」

【Xからの聴取内容】

「Yが主張するとおり、私は、Aから、令和４年１１月９日、本件商品を代金２００万円で購入し、代金のうち１００万円をその日に支払いました。しかし、私は、本件商品を製造から５０年以上が経過したアンティーク商品だと思って２００万円で購入したのですが、令和５年３月２０日頃、製造年代がAの説明とは異なっており、実際には５０万円程度の価値しかないことを知ったのです。そのため、私は、Aにだまされたと思い、同月２３日、Aに本件商品の代金額を５０万円にするよう申し入れました。これに対し、Aは当初、本件商品の代金額は２００万円が相当だと言っていましたが、その後、話し合った結果、同年４月１０日、Aとの間で、「本件商品の売買代金債権総額を１００万円に減額する」との内容で和解しています（以下「本件和解」という。）。その後、Aは、令和６年３月２０日になって、本件商品の未払代金が残っていることを前提に本件延滞賃料と相殺する旨を伝えてきたのですが、上記のとおり既に本件和解が成立している以上、相殺には理由がありません。

なお、本件和解については、私がAとの間で和解が成立した令和５年４月１０日の当日に作成した和解合意書（本件合意書）が存在します。」

（別紙２）

（注）斜体部分は手書きである。

和解合意書

1　甲（A）が、令和４年１１月９日、乙（X）に対して、２００万円で売却したアンティーク腕時計について、その売買代金額に争いが生じたが、甲と乙は、互いに譲歩した結果、本日、上記腕時計の売買代金債権総額を１００万円とすることで合意した。

2　なお、乙は、甲に対し、令和４年１１月９日、上記腕時計の代金として、１００万円を支払済みである。

（以下略）

令和５年４月１０日

甲（売主）　*A*

乙（買主）　*X*　X印

出題趣旨

設問１は、契約関係にない第三者に対する建物収去土地明渡請求が問題となる訴訟において、原告の希望に応じた訴訟物、請求の趣旨、請求を理由づける事実及び抗弁事実の内容を問うものである。前記訴訟物（物権的請求権）や、請求原因及び抗弁（転貸借契約に基づく占有権原）の要件事実につき、正確な理解が求められる。

設問２は、原告の二つの主張（賃料不払及び無断転貸を理由とする解除）に関し、再抗弁該当性及び再抗弁となる場合の再抗弁事実の内容を問うとともに、前記再抗弁に対し、相殺の再々抗弁として機能するために必要な要件事実及びその事実が必要となる理由を問うものである。特に、無断転貸における賃貸人の承諾の意思表示に代わる「背信行為と認めるに足りない特段の事情」につき、その主張の位置付けについて事案に即した正確な分析が求められる。

設問３⑴は、前記再々抗弁に対し、再々々抗弁として機能するために必要な要件事実及びその事実が必要となる理由の説明を問うものであり、和解契約の法律効果（債権の一部消滅）に触れつつ、合わせて弁済の主張が必要となる理由を説得的に論述することが求められる。

設問３⑵は、作成者名義の署名がある私文書の成立の真正が否認された場合に関して、民事訴訟法第２２８条第４項についての理解を問うとともに、要証事実を立証するための当事者の訴訟活動について問うものである。

設問４は、前記訴訟において、口頭弁論終結前に建物の所有権が第三者に移転していた場合につき、強制執行の申立てに当たって生じる不都合を問うとともに、これを防ぐために事前に採るべきであった法的手段（民事保全手続）を問うものである。

MEMO

再現答案①　Aランク（S・Mさん　順位25位）

【設問１】

(1)　所有権に基づく建物収去・土地明渡請求権（１個）

(2)　被告は、原告に対し、本件建物を収去し、本件土地を明け渡せ。

(3)

①　令和２年７月１日、ＸはＡに本件土地を賃料月額１０万円で賃貸した。

②　①に基づき、ＸはＡに本件土地を引き渡した。

③　本件土地上に、Ｙ所有の本件建物が存在する。

④　令和５年３月１７日、ＹはＸの許可を得ずに、Ａに本件土地を賃料月額１０万円で賃貸した。

⑤　令和６年３月７日、ＸはＡに対して、令和５年６月分から令和６年３月分までの本件延滞賃料の支払を求めた。

⑥　⑤から相当期間が経過した。

⑦　令和６年３月３１日、ＸはＡに対して解除の意思表示をした。

(4)

①　ＹはＡが一人で代表取締役を務める会社であり、ＡからＹへの本件土地の賃貸後も、実質的に使用態様の変更はない。

②　令和４年１１月９日、ＡはＸに対して本件商品を代金２０万円で売却した。

③　ＡはＸに本件商品を引き渡した。

④　令和６年３月２０日、ＡはＸに対して、本件商品の代金債権を自働債権として、本件延滞賃料額と対当額で相殺する意思表示をした。

【設問２】

(1)

(i)については、①再抗弁として主張する必要がある。②賃料支払の催告の事実及び催告からの相当期間経過の事実の主張により、賃料不払が解除原因となるため、原告が主張すべき再抗弁となる。

(ii)については、①再抗弁として主張する必要はない。②無断転貸の場合、通常賃借人の背信性が強く、信頼関係の破壊が推定されるため、被告側から信頼関係が破壊されていない事実を主張する必要があるから、原告側からかかる事実を主張する必要はない。

(2)

①　ＡはＸに本件商品を引き渡した。

②　(ア)の事実の主張により、Ｘの同時履行の抗弁権が基礎づけられてしまうため、かかる抗弁権の存在効を排斥するために、Ａによる反対債務の履行を主張する必要がある。

【設問３】

(1)

● 所有権に基づく建物収去土地明渡請求の訴訟物は、通説的な見解によると「所有権に基づく返還請求権としての土地明渡請求権　１個」とされる。なお、請求の趣旨に記載する「建物を収去し」の記述は、執行方法の特定を訴訟物に準ずるものとして審理の対象とするものであって、土地明渡しと別個の実体法上の請求ではないとされている。

● 設問１(3)の請求原因事実の記載については、再現答案②の記載で十分である。

● 設問１(4)では、【Ｙ（代表取締役Ａ）の相談内容】(a)を前提とする抗弁の具体的事実を記載することが求められており、同(b)を前提とする抗弁（相殺の再々抗弁）の具体的事実を記載することは求められていない。

● 出題趣旨によれば、無断転貸における賃貸人の承諾の意思表示に代わる「背信行為と認めるに足りない特段の事情」につき、その主張の位置付けについて正確な分析が求められるところ、本答案は、【Ｘの相談内容】の下線部(ii)の言い分について、出題趣旨が求める正確な分析ができている。

① 令和４年１１月９日、ＸはＡに、本件商品の代金債務の弁済として１００万円を支払った。

② 和解の私法上の拘束力により、Ａが自働債権として主張する、ＡのＸに対する代金債権は１００万円となるところ、かかる債権の消滅を基礎づける事実として、ＸのＡに対する１００万円の弁済を主張する必要がある。

(2)

(i)

① 裁判所は、本件和解調書におけるＡの署名がＡの真意に基づくものであるかを確認する必要がある。

② 本件署名がＡの真意に基づくものである場合、民訴法２２８条４項に基づいて文書の成立の真正が推定される一方、Ａの真意に基づくものではない場合、同項の推定が働かないため、文書の成立の真正の判断に当たり、裁判所として、まずは本件署名がＡの真意に基づくものであるかを確認する必要がある。

(ii)

本件署名がＡの真意に基づくものであるとＱが回答した場合、民訴２２８条４項によるによる文書の成立の真正の推定が働くが、同条は法定証拠法則であり証明責任を転換したものではないため、Ｑの反証により文書成立の真正が真偽不明とならないよう訴訟活動をする必要がある。

他方、本件署名がＡの真意に基づくものでないとＱが回答した場合、同項の推定が働かないため、Ｑの回答と異なり本件署名がＡの真意に基づくものである事実を立証したり、その他の事実から文書の成立の真正について裁判官に確信を抱かせるために、本証として訴訟活動をする必要がある。

【設問４】

① 本件確定判決の既判力及び執行力は、前訴の口頭弁論終結前に目的物を譲り受けたＺに対しては及ばないため（民訴法１１５条１項）、本件確定判決を債務名義（民事執行法２２条１号）としてＺに対して強制執行をすることができないという不都合が生じる。

② Ｘはあらかじめ建物の処分禁止の仮処分を申し立てるべきであった（民事保全法２３条１項、５５条１項）。その場合、ＸはＺに対しても本件確定判決を債務名義として強制執行を行うことができた（同法６４条）。

以　上

● 弁済の再々々抗弁として機能するために必要な要件事実及びその事実が必要となる理由について適切に説明できており、出題趣旨に合致する。

● なお、Ａがその意思に基づき本件合意書に署名したことを認めつつ、本件合意書の成立の真正を争うケースとしては、本件合意書に署名した後に他人がその内容を無断で変更したり、Ｘが本件合意書の内容を誤認させたりするケースが一応考えられる。

● 設問４の①不都合性、及び②不都合を防ぐための法的手段について的確に論述できており、出題趣旨に合致する。

再現答案② Aランク（K・Nさん　順位103位）

第１　設問１について
１　⑴について
所有権に基づく物権的請求権としての土地明渡請求権
１個
２　⑵について
被告は、原告に対して、本件建物を収去して本件土地を明け渡せ
３　⑶について
(i)　Ｘは現在、本件土地を所有している
(ii)　Ｙは現在、本件建物を所有して、本件土地を占有している
４　⑷について
㋐　ＸはＡに、令和２年７月１日、本件土地を、月額１０万円、毎月末日に翌月分前払い、期間３０年の約束で賃借した。
㋑　Ｘは同日、㋐の賃貸借契約に基づき、Ａに本件土地を引き渡した。
㋒　ＡはＹに、令和５年３月１７日、本件建物を月額１０万円、賃貸期間の定めなく賃借した。
㋓　Ａは同日、㋒の転貸借契約に基づき、Ｙに本件建物を引き渡した。
㋔　Ｙは個人で腕時計の販売をしていたＡが全額を出資し、同一の目的を有するＹを設立して、自身が代表取締役となったもので、他に従業員はおらず、本件建物の使用形態も変化がない。
第２　設問２について
１　⑴について
⑴　(i)について
①　再抗弁として主張すべきである。
②　再抗弁とは、抗弁事実と両立し、抗弁事実から生じる法律効果を覆し、請求原因事実から生じる法律効果を復活させるものである。Ｘは賃料不払を理由として本件賃貸借を解除したことを再抗弁として主張すべきである。なぜなら、転貸借契約においては、賃貸人は転借人に対して、賃貸借契約を債務不履行解除したことを対抗することができる（民法６１３条３項但書）ので、占有権原の抗弁を覆し、請求原因事実から生じる法効果を復活させることができるからだ。
⑵　(ii)について
①　再抗弁として主張すべきでない。
②　再抗弁の定義は前述のとおりであるところ、(ii)Ｘが主張しているのは、本件土地の無断転貸を理由とする本件賃貸借契約の解除であり、これは再抗弁として主張すべきでない。無断転貸を理由に解除する場合（民法６１２

● 設問１⑷では、【Ｙの相談内容】ⓐを前提に、抗弁（転貸借契約に基づく占有権原）の要件事実の正確な記載が求められている。具体的には、①ＸＡの土地賃貸借契約締結、②①に基づく土地の引渡し、③ＡＹ賃貸借（転貸借）契約締結、④③に基づく建物引渡し、⑤非背信性の評価根拠事実に該当する事実を記載することになる。本答案は、上記の事実について的確に論述できており、出題趣旨に合致する。

● 設問２⑴は、「ⓐ再抗弁として主張すべき場合には、再抗弁を構成する具体的事実を記載」することを求めている。再抗弁として主張すべきとする理由を論じること自体は特に問題ない（余事記載）と考えられるが、設問に正面から解答する姿勢を崩さないように注意したいところである。

● 本答案は、無断転貸における賃貸人の承諾の意思表示に代わる「背信行為と認めるに足りない特段の事情」につき、その主張の正確な位置付けを論述することができている。

条２項）、信頼関係破壊の法理から、賃借人の行為が賃貸人に対する背信的行為と認めるに足らない特段の事情がある場合を除き解除することができない。本問では、抗弁事実において、Ｙが非背信性を根拠づける事実を主張しているので、これを覆す非背信性の評価障害事実を再抗弁として主張すべきであり、(ii)の事実は再抗弁事実足りえない。

２　(2)について

①　ＡはＸに対し、同日、本件売買契約に基づいて本件商品を引き渡した。

②　再々抗弁とは、再抗弁事実と両立してこれから生じる法効果を覆す事実である。相殺（民法５０５条）は自働債権の債務の履行を強制する性質を有する以上、これを履行しないことが違法であることが必要となる。もっとも、本件売買契約が双務契約であることが再々抗弁事実(ア)にて現れているので、自働債権たる代金債権に同時履行の抗弁（５３３条）が付着している。よって、これを消滅させるため、本件売買契約に基づく反対債務である目的物の引渡しを主張する必要がある。

● 相殺の再々抗弁として機能するために必要な要件事実（双務契約の反対給付の履行又は提供の事実）及びその事実が必要となる理由（同時履行の抗弁権の存在効果を覆滅させる必要があること）を論述できており、出題趣旨に合致する。

第３　設問３について

１　(1)について

①　Ｘは令和４年１１月９日、Ａに対し、再々抗弁事実(ア)の代金債務の履行として１００万円支払った。

②　和解契約によって確定効（民法６９６条）が生じる。再々々抗弁として成立するには、再抗弁事実と両立し、これから生じる法律効果を妨げる必要があるところ、和解の確定効により本件商品の代金額は１００万円であることが確定している。よって、相殺の抗弁を覆すため、１００万円支払ったことが必要となる。

● 相殺の再々抗弁に対する弁済の再々々抗弁として機能する理由について、和解契約の法律効果（自働債権の一部消滅）に触れつつ、適切に論述できており、出題趣旨に合致する。

２　(2)について

(i)

①　裁判所は弁護士に対して、本件契約書のＡの署名が自書であることを否認するのか、署名自体は自書であるが文書の真正な成立を否認するのか、確認すべきである。

②　仮にＰが本件契約書のＡの署名が自書であることを認めた上で改ざんなどの理由による文書の真正な成立を否認する場合、反証なき限り本件契約書がＡ作成の真正な文書であることが法律上推定される（民事訴訟法２２８条４項）。一方Ｐが本件契約書のＡの署名が自書であることを否定した場合、法律上の推定の前提となるＡの自書であることについてＸの側が証明責任を負うことになる。よって、裁判所は上記のような事項を確認すべきである。

● 民訴法228条４項の「推定」の意義について、通説はいわゆる法定証拠法則と解しており、相手方がその推定を覆すためには「反証」で足りるとする。一方、「推定」を法律上の推定と解する見解に立つ場合、相手方がその推定を覆すには「本証」（反対事実の証明）まで必要となる。

(ii)

① 本件契約書のＡの署名が自書であることを認めた上で、本件契約書の文書の真正な成立を否定する場合

この場合、反証なき限り文書の真正な成立が法律上推定（同法２２８条４項）される。よって、Ｙの側が、推定を妨げる反証活動をし、Ｐが被告Ｙの反証活動を妨げる訴訟活動をする。

② 本件契約書のＡの署名が自書であることを否認する場合

この場合、法律上の推定は働かず、文書の真正な成立を証明するＸの側がＡの署名が自書であることについて、本証活動を行う。

第４　設問４について

① Ｘは本件確定判決を債務名義として強制執行を申し立てる（民事執行法２２条１項）ことは、Ｚは強制執行をすることができるものの範囲（同法２３条各号参照）に含まれないので認められない。よって、Ｘは強制執行のため、Ｚを当事者として再び確定判決を得る必要があるという不利益がある。

② Ｘは本件確定判決を債務名義とする強制執行を確実にするため、建物の処分禁止の仮処分の申立て（民事保全法５５条、２３条１項）をすべきであった。

以　上

● 設問３(2)の(ii)では、「弁護士Ｑの回答により場合分け」するよう求められているところ、本答案は、弁護士Ｑの回答を正しく場合分けできている。

● 弁護士ＱがＡの署名につきＡの自書であることを否認した場合には、当事者本人の尋問（民訴207）や筆跡の対照による証明（民訴229）等により、Ａの署名であることを証明するための訴訟活動（本証）を行うことになる。

● 設問４の①不都合性、及び②不都合を防ぐための法的手段について、概ね適切な論述ができている。もっとも、①不都合性については、口頭弁論終結前の承継人には確定判決の効力（執行力）が及ばないこと（民訴115Ｉ③参照）の記述がない点で、再現答案①の方がより丁寧な論述といえる。

※　実際の答案は４頁以内に収まっています。

MEMO

再現答案③　Bランク（S・Yさん　順位121位）

1　設問1

(1)　所有権に基づく返還請求権としての建物収去土地明渡請求権　1個

(2)　被告は、原告に対し、本件別紙目録記載の建物を収去し、土地を明け渡せ。

(3)　①Xは、令和2年7月1日当時、本件土地を所有していた。②Yは、本件建物を本件土地上に所有し、本件土地を占有している。

(4)　Yは本件転貸借契約に基づき、占有正権原の抗弁を主張する。Xは、令和2年7月1日、Aに対して、本件土地を賃料月額10万円で賃貸した。Xは、同日その本件賃貸借契約に基づき、Aに本件土地を引き渡した。Aは、令和5年3月17日、Yに対して、本件土地を賃料月額10万円で賃貸した。Yは、同日、当該本件転貸借契約に基づき、本件土地の引渡しを受けたことを主張する。

2　設問2

(1)　(i)については、主張すべきである。なぜなら、本件転貸借契約は本件賃貸借契約を基礎とするものであるから、本件賃貸借契約が債務不履行によって解除された場合には、本件転貸借契約も存続できなくなる（民法613条3項ただし書参照）。したがって、主張すべきである。その内容としては、本件賃貸借契約では、賃料支払時期が毎月末日に翌月分払いと定められたこと、令和5年5月末日及び令和6年2月末日は到来したこと、Xは令和6年3月7日にAに対して本件延滞賃料を支払うように催告したこと、令和6年3月21日は経過しており、催告後相当期間が経過していること、Xは令和6年3月31日にAに対して本件賃貸借契約を解除する旨の意思表示をしたことを主張する。

(ii)については、主張すべきではない。なぜなら、無断転貸に関してはすでに抗弁にて示されているため、主張自体失当であるからである。

(2)　Aは、令和4年11月9日、Xに対し、本件売買契約に基づいて本件商品を引き渡したと主張する。なぜなら、売買契約（民法555条）は双務契約であるところ、売買契約にはその性質上同時履行の抗弁権が付着しており、その存在効果によって、相殺は許されない（民法505条1項ただし書）。そこで、その存在効果を消滅させるために、反対給付の履行として、本件商品の引渡しを主張する必要があるからである。

3　設問3

(1)　Xが(い)の和解を訴訟上において援用すると主張する。なぜなら、和解契約（民法695条）は、あくまで私法上の効果しか生じないため、和解の効果を訴訟上で主張するた

● 設問1(3)において記載すべき請求原因事実は、①原告の現在（口頭弁論終結時）の所有、及び②被告の現在の占有である。【Y（代表取締役A）の相談内容】(a)によれば、「Xが本件土地を所有していることや、当社（Y）が本件建物を所有していることは事実です」とあり、これに沿って認否することを前提とするよう求められているため、「Xは、現在、本件土地を所有している」といった記載が正しい。したがって、本答案の①の記載は誤りである。

● 設問2(1)は、「(a)再抗弁として主張すべき場合には、再抗弁を構成する具体的事実を記載」することを求めているところ、本答案は、【Xの相談内容】の下線部(i)の言い分について、再抗弁として「主張すべきである」とした上で、その具体的事実を概ね正しく記載できており、出題趣旨に合致する。

一方、下線部(ii)の言い分を再抗弁として主張しない理由については、十分な説明ができていない（再現答案①②参照）。

● 出題趣旨によれば、設問3(1)では、弁済の再々抗弁の要件事実と、和解契約の法律効果（債権の一部消滅）に言及しつつ、弁済の主張が必要と

めには、訴訟上において援用する必要があるからである。

(2)　(i)裁判所は、A作成部分がA自身の意思に基づく署名であるか否かについて確認すべきである。なぜなら、A自身の意思に基づく署名によるものであることを認めている場合には、２２８条４項の「署名」として認められるため、同項により、成立の真正が推定されることになる。一方、A自身の意思に基づく署名であることを認めていない場合には、同項の「署名」に当たるか否かが争点となるからである。

(ii)仮にA作成部分がA自身の意思に基づく署名であることを認めた場合には、それによる成立の真正を前提として、その他の証拠等も用いながら、和解契約の成立の立証をしていくことになる。一方、A作成部分がA自身の意思に基づく署名であることを否定していた場合には、筆跡の対照による証明（民事訴訟法２２９条１項参照）等も用いて、まずは文書の成立の真正を立証していくことになる。

4　設問4

Zは本件訴訟の当事者及び承継人にあたらないため、Zに本件確定判決の効力が及ばない（民事訴訟法１１５条１項参照）。そのため、Xは、本件判決の効力としてZに対して強制執行を行うことができず、改めて、債務名義を得るために、Zに対して本件土地明渡請求訴訟を提起しなければならない。そこで、債務名義を得ておくために、本件土地について占有移転禁止の仮処分（民事保全法２５条の２第１項参照）の申立て（同法１３条１項、２条１項）を行うべきであった。

以　上

なる理由を論述することが求められている。本答案はこれらの点につき十分に論述できていない。

● 民訴法228条４項の「推定」の意義について、これを法定証拠法則と解するのか、それとも法律上の推定と解するのかを明確に論述すべきである。

● 設問４の①不都合性については正しく論述できている一方、②不都合を防ぐための法的手段として「本件土地について占有移転禁止の仮処分」の申立てを行うとするのは誤りである。②の法的手段としては、建物収去土地明渡請求権を保全するための建物の処分禁止の仮処分の申立て（民保23Ⅰ、55Ⅰ、64参照）が正しい。

再現答案④　Cランク（Y・Hさん　順位316位）

第１　設問１
１　小問(1)
　所有権に基づく返還請求権としての建物収去土地明渡請求権
２　小問(2)
　被告は、原告に対して、本件建物を収去して本件土地を明け渡せ。
３　小問(3)
(あ)　Ｘは、本件土地を所有している。
(い)　Ｙは、本件土地上に本件建物を所有して、本件土地を占有している。
４　小問(4)
(う)　Ｘは、令和２年７月１日、Ａに対して、本件土地を、賃料月額１０万円、毎月末日に翌月分払い、期間３０年間の約定で賃貸した。
(え)　Ｘは、同日、Ａに対して、(う)の契約に基づいて本件土地を引き渡した。
(お)　Ａは、令和５年３月１７日、Ｙに対して、本件土地を、賃貸期間の定めなく、賃料月額１０万円の約定で賃貸した。
(か)　Ａは、同日、Ｙに対して、(お)の契約に基づいて本件土地を引き渡した。

● 請求の趣旨を正しく記載できている。

● 所有権に基づく返還請求権としての土地明渡しを求める場合、原告が土地を一定の時点で所有していることを明示しなければならない。本問では「Ｘは、現在、本件土地を所有している」といった記載が求められるところ（再現答案③コメント参照）、本答案は一定の時点を明示しておらず、請求原因事実の記載として不十分である。

(き)　Ｙ社は、Ａが全額出資によって設立をして、自らが代表取締役に就任している会社である。Ｙ社には、Ａ以外に役員や従業員は存在しない。本件建物は引き続きＹ社の目的と同じ腕時計販売売店として使用され、Ａが一人でその営業に当たっていた。(う)と(お)の契約の月額の賃料は同額である。
第２　設問２
１　小問(1)
ア　(i)の言い分は再抗弁として主張すべきである。
(く)　Ｘは、Ａに対して、令和６年３月７日、本件延滞賃料の支払を２週間以内にするように求めた。
(け)　令和６年３月２１日は、経過した。
(こ)　Ｘは、Ａに対して、令和６年３月３１日到達の内容証明郵便をもって本件賃貸借契約を解除するとの意思表示をした。
イ　(ii)の言い分は再抗弁として主張すべきでない。この言い分は、民法６１２条２項に基づく解除を根拠としているところ、その解除権が発生するためには、賃貸借契約が当事者の信頼を基礎とする継続的法律関係であることに鑑み、賃借人であるＡの本件土地の転貸が、賃貸人Ｘに対する背信的行為でないと認められる特段の事情がないことが必要となる。そのため、(き)の事実はＡの転貸の非背信性を基礎

● 無断転貸における賃貸人の承諾の意思表示に代わる「背信行為と認めるに足りない特段の事情」につき、その主張の正確な位置付けを論述することができている。

付ける評価根拠事実であるが、Ｙはそれを基礎付ける評価障害事実を再抗弁事実として主張立証する必要がある。

しかし、Ｙ社はＡが全額出資によって設立をして自らが代表取締役に就任している会社であり、また、Ｙ社にはＡ以外に役員や従業員は存在しないため、Ｙ社とＡは実質的に同視できる。そして、この同視できることと、本件建物は引き続きＹ社の目的と同じ腕時計販売店として使用され、Ａが一人でその営業に当たっていたのであるから、本件建物と本件土地の利用形態はＡの転貸の前後で変わらなかったといえる。さらに、(う)と(お)の契約の月額の賃料は同額であったのであるから、Ａの転貸は自分のみが利益を上げてＸの利益を害するなどの不当な目的を有するものではないといえる。そのため、Ａの転貸はＸに対する背信的行為でないと認められる特段の事情があるため、Ｘは上記評価障害事実を主張立証するのはほぼ不可能であると考えられ、Ｘに上記の解除権は発生しない。

よって、上記を理由に(ii)の言い分は再抗弁として主張すべきでないといえる。

２　小問(2)

(イ)には、［Ａは、Ｘに対し、同日、アンティーク腕時計を(ア)の契約に基づいて引き渡した。］という事実が入る。なぜなら、(ア)の事実は相殺の抗弁の要件事実となる自働債権の発生原因事実であるところ、この債権は売買契約に基づく代金支払請求権であるため、同時履行の抗弁権が付着していることが基礎付けられ、同債権による相殺は民法５０５条１項ただし書により制限され、Ａはその同時履行の抗弁権を除去するために(イ)の事実が必要となるからである。

第３　設問３

１　小問(1)

(う)には、［本件和解の合意は、本件合意書という書面でなされた］という事実が入る。なぜなら、民法６９６条は和解契約の法律効果が生じるには、Ｘが「争いの目的である権利」を「有していた旨の確証」が得られる必要があり、本件和解の合意が本件合意書という書面でなされることにより上記の「確証」が得られることになるからである。

２　小問(2)

ア　(i)について

①　裁判所は、Ａ作成部分の署名はＡの意思に基づくものであることを認めるかをＱに確認すべきである。なぜなら、そのことが認められると民事訴訟法２２８条４項により本件合意書の成立の真正が事実上推定され、また、その推定をＱが争うのかがわかり、争点が明確になるからである。

イ　(ii)について

Ｑが上記のことを認めた場合、本件合意書は事実上成立

● 本答案の「しかし」以降の論述は、Ｘに無断転貸を理由とする賃貸借契約の解除権が発生しないことを説明する内容となっているが、設問２(1)の②では、あくまでも「再抗弁として主張しない場合には、その理由」の説明が求められているだけであり（本答案の「しかし」以前の論述で適切に説明できている）、本案の内容に踏み込んだ検討までは求められていない。

● 相殺の再々抗弁として機能するために必要な要件事実（双務契約の反対給付の履行又は提供の事実）及びその事実が必要となる理由（同時履行の抗弁権の存在効果を覆滅させる必要があること）を論述できており、出題趣旨に合致する。

● 本答案も、再現答案③と同じく、出題趣旨が求める説明を十分に論じることができていない。

● Ａがその意思に基づき本件合意書

の真正が推定され、これは処分証書でもあるため、特段の事情がない限り本件事実の存在が認定されることとなる。そのため、Ｐはこのことについて、何ら訴訟活動をすることはないと考えられる。一方、Ｑが認めなかった場合、上記の推定はなされなくなるので、この推定を働かせるために、Ｐは裁判所に対してＡの筆跡鑑定を求める申立て（民訴法２２９条３項）をすることが考えられる。

第４　設問４

Ｚへの本件建物の所有権の移転は、本件訴訟の口頭弁論終結前になされており、Ｚは「口頭弁論終結後の承継人」（民訴法１１５条１項３号）にはあたらず、本件訴訟の確定判決の既判力（同法１１４条１項）はＺに及ばない。そのため、ＸはＺの訴訟引受け（同法５０条１項）の申立てをしない限り、本件訴訟の確定判決の債務名義によって、Ｚの所有する本件建物に強制執行できないという不都合が生じる。よって、Ｘはあらかじめ、本件建物収去本件土地明渡請求権を被保全権利として、本件建物の処分をＹに禁止する仮処分（民事保全法５５条）の申立て（同法２条１項）をすべきであった。

以　上

※　実際の答案は４頁以内に収まっています。

に署名したことを認めつつ、本件合意書の成立の真正を争うケースは一応想定されるため（再現答案①コメント参照)、「Ｐはこのことについて、何ら訴訟活動をすることはない」との論述は、説得的ではない。

● 設問４の①不都合性、及び②不都合を防ぐための法的手段について、的確に論述できている。

法律実務基礎（刑事）

問題文

［刑　事］

次の【事例】を読んで、後記〔**設問**〕に答えなさい。

【事例】

1　A（２５歳）は、甲県乙市内に住む友人X及び乙市の西約３０キロメートルにある離島の丙島に住む友人Yを訪ねようと考え、令和６年２月１日、X及びYに電話をかけ、Yに対しては同月３日、Xに対しては同月５日に遊びに行く旨伝えた。Aは、同月３日午前１０時頃、丙島への唯一の交通手段である旅客車両用フェリー（以下「本件フェリー」という。）で乙市を出発して丙島に渡り、同日午後１時頃、Tレンタカー丙営業所において、車種を指定して普通乗用自動車１台（登録番号：N３００わ７７７７。以下「本件車両」という。）を「返却期限は同月４日午後５時、返却場所は同営業所」の契約で借り受けた。その際、Aは、同営業所従業員Vから、レンタカー料金３万円は前払いである旨告げられたが、後払いにしてほしい旨懇願し、Vは渋々それを受け入れ、契約書にその旨記載した。

Aは、同月３日午後２時頃、本件車両を運転してY方に赴き、Yと丙島内を観光するなどした後、同月４日午後４時頃、Yを同人方に送り届け、Yと別れた。Aは、その後も本件車両を使用し、返却期限である同日午後５時を過ぎても本件車両を返却しなかった。Vは、返却期限になってもAが本件車両を返却しに来ないので、同日午後６時頃、Aの携帯電話に電話をかけた。Aは、その電話で「これから返しに行く。」などと言ったが、Vから現在地等を尋ねられても何も答えず、一方的に電話を切った。その後、VはAに何度も電話をかけたが、Aは電話に出なかった。Aは、同日午後６時４５分頃、本件車両とともに乙市行きの本件フェリーに乗り込み、同フェリーは同日午後７時に出港した。

2　Aは、同月５日午前１０時頃、本件車両を運転して乙市内のX方を訪ね、一緒に観光しようと誘った。XがAに「この車どうしたんだ。」と聞くと、AはXに「丙島のレンタカー屋で借りた。もう期限過ぎてるけどね。」と言った。XはAに「返さないとだめだよ。そんな車で遊びになんか行けないよ。」と言ってAの誘いを断ったため、Aは、一人で乙市内を観光するなどしていた。Vは、同日午後１時頃、Aに電話をかけ、応答したAに居場所を尋ねたところ、Aは「今、丙島にいる。もう少しで営業所に着く。」などと言って一方的に電話を切り、乙市内の観光を続けた。Vは、その後も繰り返しAに電話をかけたが、Aが一切電話に出なかったため、同月７日、本件車両をだまし取られたとして丙警察署に被害届を提出した。丙警察署の司法警察員は、詐欺の被疑事実（その要旨は別紙のとおり）で丙簡易裁判所裁判官にAに対する逮捕状を請求し、同月９日、同裁判官から同事実での逮捕状の発付を受けた。

Aは、同月１０日午後５時頃、本件車両を運転中、乙市内の公道上でガードレールに衝突する事故を起こした。その際、Ａは、運転席側窓ガラスに頭をぶつけて負傷し、本件車両を放置してその場から逃げ去った。当該事故の目撃者Ｗが警察に１１０番通報し、司法警察員Ｋらが臨場した。Ｋらは、当該事故車両のナンバーから、詐欺の被害届が出されている本件車両であると把握し、①令状の発付を受けずに、本件車両が放置された現場の写真撮影及び本件車両内の証拠品の押収等を行った。その結果、本件車両内から、同月３日午前１０時乙市発丙島行き及び同月４日午後７時丙島発乙市行きの本件フェリーの乗客用チケットの各半券並びに同月４日午後７時丙島発乙市行きの本件フェリーの車両用チケットの半券を押収したほか、運転席側窓ガラスに付着した血痕を採取した。同時に、Ｋらは、目撃者Ｗから聴取した運転者の逃走方向へ向かったところ、頭部から出血しているＡを現場付近で発見した。Ｋらは、人定事項を確認の上、同月１０日、Ａを詐欺罪により通常逮捕した。Ａの逮捕時の所持金は５万円であった。Ａは、逮捕後のＫによる弁解録取手続において「レンタカーをだまし取っていない。同月４日にＶから電話を受けた時、１週間延長してくれと言って承諾してもらった。」などと供述した。Ｋは、本件車両内から採取した血痕のＤＮＡ型がＡのものであるか否かを判別するため、Ａに対し口腔内細胞の提出を求めたが、Ａがそれを拒んだことから、②令状の発付を受けた上、医師がＡの腕に注射針を挿入して血液を採取した。

3　同月１２日、Ａは、詐欺の送致事実（その要旨は別紙に同じ）により甲地方検察庁検察官Ｐに送致された。Ａは、Ｐによる弁解録取手続においてもＫによる弁解録取手続時と同様の供述をし、所要の手続を経て、同日中に勾留された。

③検察官Ｐは、司法警察員Ｋに対し、本件車両内で発見された本件フェリーのチケットの各半券について、購入日時・場所を解明するよう補充捜査の指示をした。捜査の結果、同月３日午前１０時乙市発丙島行き及び同月４日午後７時丙島発乙市行きの乗客用チケットは同月２日午後３時頃Ａがインターネットで予約購入し、その後窓口で発券されていたのに対し、同月４日午後７時丙島発乙市行きの車両用チケットについては、同月４日午後６時３０分頃、Ａが丙島フェリー乗り場の窓口で直接購入し発券されていたことが判明した。

また、検察官Ｐは、同月１４日にＸの事情聴取を行った。Ｘは、同月１日にＡから遊びに行くという電話があったことや同月５日にＡがＸ方に来た際に前記２記載のやり取りがあったことを供述した。Ｘは、そのほか、同月１日のＡとの電話で、同月５日に乙駅構内で待ち合わせて遊びに行くと約束したこと、同月５日にＸ方を訪れた際にＡは「昔から欲しかった車種だった。ナンバーも覚えやすいだろ。」などと言っていたこと、その車のナンバーがＮ３００わ７７７７という同じ数字が並んだものだったのでよく覚えていることなどを供述したため、Ｐは、その旨の同月１４日付け検察官面前調書を作成し、Ｘはこれに署名押印した。

検察官Ｐは、その他所要の捜査を遂げ、詐欺の被疑事実で送致されたＡについて、同月２１日、④単純横領の罪で公判請求した。Ｐは、単純横領罪の成立時期について、⑤㋐同月４日午後５時頃、㋑同月４日午後６時頃、㋒同月４日午後６時４５分頃をそれぞれ検討したが、検討の結果、㋒同月４日午後６時４５分頃とすることにした。

4　Ａは、同年３月１８日の第１回公判期日の冒頭手続において、同年２月４日にＶから電話を受けた際、本件車両の返却期限の延長を了承してもらったので、横領していないと主張し、Ａの弁護人Ｂも、Ａの無罪を主張した。また、検察官Ｐが同月５日にＸ方を訪れた際のＡの言動等を立証するために証拠請求したＸの検察官面前調書をＢが不同意としたため、Ｐは、Ｘの証人尋問を請求し、裁判官ＪはＸを証人として採用した。Ｘは、同年４月１５日の第２回公判期日において「令和６年２月１日にＡから電話があったかどうか、同月５日にＡが私の家に来たかどうか、いずれももう何か月も前のことなので覚えていない。Ａは、地元の中学校の同級生で、いつも怖い先輩たちとつるんでいた。今日傍聴席にいる人たちも、Ａが昔からつるんでいた先輩たちだと思う。」などと証言し、現に法廷の傍聴席には、Ａと同年代の男性が約１０名おり、Ａと目配せをしたり、Ｘの証言中に咳払いをしたりしていた。Ｐは、Ｘの記憶喚起を試みたが、Ｘの証言内容は変わらなかったため、Ｘの同年２月１４日付け検察官面前調書の証拠採用を求め、⑥Ｊは同調書を証拠として採用した。

〔設問１〕

(1)　下線部①につき、司法警察員Ｋらが、本件車両が放置された現場の写真撮影、本件車両内の本件フェリーのチケットの各半券の押収を、令状の発付を受けずに行うことができる理由を答えなさい。

(2)　下線部②につき、司法警察員Ｋが発付を受けた令状の種類及びその令状が必要であると考えた理由を答えなさい。

〔設問２〕

(1)　検察官Ｐが下線部③の指示をした理由を答えなさい。

(2)　下線部④につき、検察官Ｐが送致事実である詐欺ではなく単純横領の罪でＡを公判請求した理由について、詐欺罪の成立に積極的に働く事実、消極的に働く事実の双方を挙げつつ答えなさい。

(3)　下線部⑤につき、検察官Ｐが単純横領の成立時期について㋐、㋑及び㋒を検討した理由並びに㋐、㋑ではなく㋒と結論付けた理由を答えなさい。

〔設問３〕

下線部⑥につき、裁判官ＪがＸの検察官面前調書の採否を決定するに当たって考慮した具体的事実を、条文上の根拠と併せて答えなさい。

〔設問4〕

弁護人Bが、公判請求後にAと接見した際

(1) 「起訴された事実は間違いないが、無罪主張をしてほしい。」とAから言われ、無罪を主張すること

(2) 「Yに『AがVとの電話で、返却期限の延長を了承してもらっているのをレンタカーの助手席で聞いていた。』といううその証言をさせてほしい。」とAから言われ、Yを証人請求すること

について、それぞれ弁護士倫理上問題はあるか、司法試験予備試験用法文中の弁護士職務基本規程を適宜参照し、根拠条文と併せて答えなさい。

【別紙】　※具体的な犯行場所や被害品時価等は省略

被疑事実の要旨

被疑者は、車両借受け名目で車両をだまし取ろうと考え、令和６年２月３日午後１時頃、Ｔレンタカー丙営業所において、同営業所従業員Ｖに対し、真実は、レンタカーとして借り受けた車両を返却する意思がないのに、これがあるように装って車両の借受けを申し込み、同人をして借受期間経過後直ちに同車両が返却されるものと誤信させ、よって、その頃、同所において、同人から同人管理に係る普通乗用自動車１台（Ｎ３００わ７７７７）の交付を受け、もって人を欺いて財物を交付させたものである。

MEMO

出題趣旨

本問は、詐欺罪及び単純横領罪の成否が問題となる事件を題材に、証拠物の押収手続及び必要な令状等（設問１）、詐欺罪及び横領罪の成否を判断する際の考慮要素等（設問２）、刑事訴訟法第３２１条第１項第２号書面の採否を判断する際の考慮要素等（設問３）、弁護士倫理上の問題点（設問４）について、【事例】に現れた証拠や事実、手続の経過を適切に把握した上で、法曹三者それぞれの立場から、その問題点及び結論に至る思考過程について解答することを求めており、刑事事実認定の基本構造、刑事実体法及び刑事手続法についての基本的理解並びに基礎的実務能力を確認するものである。

MEMO

再現答案① Aランク（S・Mさん　順位25位）

【設問１】

(1)　本件フェリーのチケットは「被疑者……が遺留した物」（刑訴法２２１条）に当たるため、その押収は領置として令状の発付を受けずに行うことができる。また、本件現場の写真撮影は権利侵害を伴うものではないため、任意捜査として令状の発付を受けずに行うことができる（１９７条１項）。

(2)　鑑定令状（２２５条３項）及び身体検査令状としての検証令状（２１８条１項）の発付を受けたと考えられる。

まず、血液は無価値な「物」とはいえないから、捜索・差押令状によることはできない。そして、血液の採取は注射による身体侵襲を伴うため、鑑定令状が要求される。もっとも、捜査機関による鑑定嘱託は、直接強制が認められないため、直接強制が可能（２２２条１項、１３９条）な検証令状を併用する必要があると考える。

【設問２】

(1)　本件フェリーの車両用チケットが、事前にインターネット等で購入されていた場合、Aは本件車両を借り受けた時点ですでに車両を返却しない意図を有していたものとして、車両借受け時点での詐欺罪の故意を推認させる事実となる。他方、本件フェリーの車両用チケットが当日現場で購入されたものであるのであれば、本件車両を借り受けた時点では車両を返却する意思を有していたものとして、借受け時点での詐欺罪の故意を否定し、その後に不法領得の意思を有することとなったことを推認させる事実として、横領罪の成立を推認させる事実となる。したがって、詐欺罪と横領罪の判別のためPはかかる指示をしたものと考えられる。

(2)　Aが、本件車両の借受け前の令和６年２月１日に、丙島に住むYに対しては同月３日に、乙市内に住むXに対しては同月５日に遊びに行く連絡をしていた事実は、Aが３日から５日までの間に丙島から乙市に移動することを予定していたことを推認させ、借受け時点から本件車両の返却の意思を有していなかったものとして、詐欺罪の成立に積極的に働く事実となる。

もっとも、Aはフェリーの乗客用のチケットは事前にインターネットで購入していたにもかかわらず、車両用のチケットは丙島発のフェリーの出発前に現地の窓口で直接購入している。かかる事実は、Aが事前に車両を丙島から乙市へ持ち出すことを予定しておらず、借受け時点では車両を返却する意思を有し、その後に不法領得の意思を有することとなったことを基礎づける事実として、詐欺罪の成立に消極的に働く事実であり、詐欺罪の不成立及び単純横領罪の成立を強く推認させる事実となる。そのため、Pは詐欺罪でなく単純横領罪でAを公判請求したものと考えられる。

(3)　㋐は本来の本件車両の返却期限、㋑はVからの電話連絡に

●　下線部①の証拠物の押収手続（実況見分、領置）について、端的かつ適切に論述できている。

●　強制採尿の場合には捜索差押許可状が必要になることを踏まえつつ、強制採血に必要な令状の種類とその理由を端的かつ適切に論述できている。

●　下線部③の補充捜査は、Aに詐欺罪の故意があったかどうかを判断するために指示されたものと考えられる（出題趣旨参照）。本答案は、この点について説得的な論理展開ができている。

●　詐欺罪の成立に積極的に働く事実としては、Aが「昔から欲しかった車種だった」と述べた事実があるので、これを摘示・評価する必要がある。

●　詐欺罪の成立に消極的に働く事実としては、AがXから「この車どうしたんだ」と聞かれた際、「丙島のレンタカー屋で借りた」と述べた事実があるので、これを摘示・評価する必要がある。

よりAが返却期限の経過を確実に認識した時点、㋒はAが本件車両と共にフェリーに乗り込んだ時点である。

単純横領罪は不法領得の意思の発現行為があった時点で成立し、既遂となるところ、㋐、㋑の時点では、Aはまだ丙島にいたから、本件車両の返却は容易であったが、㋒の時点以降は、Aによる本件車両の速やかな返却は困難となっている。したがって、かかる時点において確実な不法領得の意思の発現があったとして、Pはこの時点を単純横領罪の成立時期と結論付けたものと考えられる。

【設問3】

1　本件調書は、Xの公判期日における供述に代わる書面として、伝聞証拠に当たる。したがって、Bが不同意としている以上、原則として証拠能力を認めることはできず（３２０条１項）、証拠として採用するには３２１条１項２号の要件を満たす必要がある。

2　本件において、２月１４日のXの聴取では、２月１日にAから遊びに行く旨電話があったことや、５日のAとのやりとりについての供述がなされていたが、公判供述では、１日の電話の有無や５日のやりとりについて覚えていないと供述しており、前の供述と実質的に異なった供述をしている。

3　それでは、公判供述よりも前の供述を信用すべき特別の情況があるといえるか。

(1)　まず、１４日の聴取での供述は、事件の数日後になされたものであるから、Xの記憶は比較的鮮明であったはずだし、その供述の中で述べた車のナンバーが客観的な事実と一致しており、その内容は信頼に足りるといえる。また、XはAとの会話で本件車両について「返さなければだめだ」という旨を述べており、遵法意識の高さがうかがわれ、その人柄としても、虚偽を述べているとあえて考えるべき理由はない。他方、公判廷では、傍聴席にAが昔からつるんでいる怖い先輩たちがいると考えており、報復を恐れて真意に基づく供述ができないことは十分に考えられることであり、公判供述の信用性が高いとはいえない。

(2)　したがって、公判供述よりも前の供述である１４日の聴取での供述を信用すべき特段の情況があったといえる。

4　したがって、Jは上記のような事実を考慮して、本件検察官面前調書の証拠決定の採否を判断したものと考えられる。

【設問4】

弁護人は依頼者の意思を尊重して職務を行う必要があり（弁護士職務基本規程２２条１項）、依頼者の権利及び正当な利益の実現に努めなければならない（規程２１条）から、たとえそれが真実であっても、被告人に不利益な事実をあえて主張する必要はない。もっとも、虚偽証言などによる検察官の立証活動を不当な妨害をしないという意味での真実義務は負うと考える

●　本答案は、横領罪の成否を判断する際の考慮要素について的確に検討できており、出題趣旨に合致する。

●　「実質的に異なった供述」（刑訴321Ⅰ②後段）とは、立証事項との関係で、異なった結論・認定を導く内容の供述をいう。

●　いわゆる相対的特信情況（刑訴321Ⅰ②後段）については、一般的に、両供述のなされた外部的事情を比較し、どちらが信用すべき内容の供述がなされる情況であったかを判断するものとされ、その際の判断資料として、副次的に供述内容自体も勘案することができるとされる（最判昭30.1.11／百選［第11版］〔A37〕）。

本答案は、上記の点を踏まえて、適切に相対的特信情況について検討できている。

●　弁護人は、被告人に対する誠実義務（規程５、46）を負う一方、真実義務（規程５）をも負っているため、(1)の無罪主張は真実義務に抵触し、弁護士倫理上問題があるとも考えられる。もっとも、①被告人の犯罪を立証する義務はあくまでも検察

法律実務基礎（刑事）

べきである。したがって、(2)においてYを証人請求することは許されず、被告人を説得しても被告人が翻意しない場合は、弁護士を辞任するなどの対応をとる必要がある。

また(1)についても、積極的な有罪主張の義務は負わずとも、起訴された事実に間違いがないのであれば、弁護士としてはその量刑の軽減や、執行猶予の付与を目指して弁護活動をなすべきであり、その旨を被告人に伝えても被告人が翻意しない場合、弁護士を辞任するなどの対応をとる必要がある。

以　上

※　実際の答案は4頁以内に収まっています。

官に課されていること、②規程82条1項2文により、弁護人は積極的真実義務を負わず、実体的真実の発見を積極的に妨害等する行為（規程75参照）をしてはならないという消極的真実義務しか負わないことから、(1)の無罪主張は真実義務に抵触せず、弁護士倫理上問題はないと考えられる。

一方、(2)の証人請求は、規程75条に違反し、消極的真実義務に抵触する行為であるから、弁護士倫理上問題があると考えられる。

MEMO

再現答案②　Aランク（K・Nさん　順位103位）

第1　設問1について
1　⑴について
　Kらが本件車両が放置された現場の写真撮影を令状なくして行うことができるのは、本件処分が実況見分にあたり、令状主義に反しないからだ（憲法３５条、刑事訴訟法（以下法名略）２１８条参照）。本件処分は五官の作用で物または場所の性質形状を感知する性質を有するが、本件車両は放置されたものであり、任意処分として行うことができる。
　本件フェリーのチケットの各半券の押収については領置（刑事訴訟法２２１条）として令状なくして行うことができる。なぜなら、本件フェリーの半券は、放置された本件車両に残されたもので、「被疑者」が「遺留した物」にあたるからだ。
2　⑵について
　Kは鑑定許可状（１６８条）・身体検査令状（２１８条１項後段）の発付を受ける。まず、Aの腕に注射針を挿入する処分は体内への侵襲を伴うという性質を有する以上、鑑定処分（２２３条）にあたり、鑑定許可状（２２５条、１６８条）が必要となる。しかし、鑑定受託者の場合、直接強制を行うことができない（２２５条4項、１６７条6項、１３７条、１３８条参照）。よって、直接強制を行うため、身体検査令状を併用する必要がある。

●　下線部①の証拠物の押収手続（実況見分、領置）について、適切に論述できている。

●　強制採血に必要な令状の種類とその理由について、適切に論述できている。

第2　設問2について
1　⑴について
　Pが本件フェリーのチケットの購入時刻場所について明らかにするよう指示した理由は、Aが本件車両をVに返却しなかったことが詐欺罪（刑法２４６条１項）と横領罪（同法２５２条）のいずれにあたるのか判断するためである。
　Aが本件車両を返却するつもりがないのに、Vに対して本件車両のレンタルを申し込んでいる場合、当該行為は交付の判断の基礎となる重要事項について偽る欺罔行為に当たり、詐欺罪を検討することになる。一方、Aの本件車両を返却しないという意思が、本件車両のレンタル後である場合、本件車両を返却しないことは、所有者たるVの意思に反して、所有者でなければできない行為をすることに当たり、横領罪を検討することになる。
　本件フェリーのチケットは乗客用と車両用があり、これの購入時刻から、Aがいつから本件車両を返却しない意思を有していたか判断することができる。このような理由から、Pは上記のような指示をした。
2　⑵について
ア　詐欺罪の成立に積極的に働く事実
　Aは本件車両を借りる際、レンタカー料金は前払いである旨告げられたにもかかわらず、後払いにしてほしい旨懇願し

●　本件フェリーのチケットの各半券のうち、特に重要なのが「車両用チケット」の購入日時・場所である（再現答案①参照）。本件フェリーの車両用チケットの購入日時が本件車両の返却期限を経過した後であっても、Aに詐欺罪の故意がなかったことを証明するものではないが、少なくとも詐欺罪の故意の立証は困難となる。

ている。また、本件車両はAが以前から欲しがっていた車種であり、Tレンタカーは車種を指定して申し込む様式であることから、本件車両のレンタルを申し込んだ時点で、本件車両を何らの金銭対価なくして取得する意思があったのではないかと推認される。

イ　詐欺罪の成立に消極的に働く事実

Aは本件車両用のフェリーのチケットを、本件車両のレンタル契約締結以降に購入している。よって、本件車両のレンタル時には本件車両を返却しない意思を有していなかったのではないかと推認される。

また、本件車両はナンバーが７７７７と記憶に残りやすく、その分発見が容易になると考えられる。Tレンタカーは車種を指定してレンタルする様式であり、契約時にこれを取得する意思を有していたのであれば、あえてこれを選ぶとは考えにくい。これらの事実は詐欺罪の成立に消極的に働く。

さらに、Aは本件車両レンタル前の２月１日に、Aと同月５日に乙駅構内で待ち合わせると約束している（A供述）。仮に電話を掛けた時点でAが本件車両を返却せず、これに乗って乙市に向かうつもりであれば、乙構内での待ち合わせの約束はしないと考えられる。よって、この事情は詐欺罪の成立に消極的に働く。

ウ　これらの事実を比較して、詐欺罪の成立に消極的に働く事

● 本答案は、Aがレンタカー料金を後払いにしてほしい旨懇願した事実について、詐欺罪の成立に積極的に働く理由・評価を説得的に論じることができている。

● 詐欺罪の成立に消極的に働くと考える事実を摘示して具体的に評価しようとする姿勢は「A」評価につながったものと推察されるが、少なくとも、詐欺罪の成立に消極的に働く事実として、AがXから「この車どうしたんだ」と聞かれた際、「丙島のレンタカー屋で借りた」と述べた事実を摘示・評価する必要がある。

情のほうが強く、Pは送致事実を詐欺罪でなく、単純横領罪にしたと考えられる。

第３　設問３について

１　Xの検察官面前調書について、証拠能力が認められるか。同調書は「被告人以外の者」たるXの「検察官の面前における供述を録取した書面」なので、条文上の根拠は３２１条１項２号である。

２　「実質的に異なった」とは、他の証拠と相まって公判廷での供述と異なる結論を導くものをいう。同調書には、２月１日にAから遊びに行く旨の電話があったこと及び同月５日に本件車両について昔から欲しかった車であるとAが発言したことについてのXの供述が録取されている。一方公判廷でXはAから電話があったこと及び５日にAと会っていたかどうか覚えていないとあいまいな供述をしており、「実質的に異なった」供述に当たる。

また、公判廷でXは、Aが地元の怖い先輩たちとつるんでいて、その先輩が傍聴席にいる旨供述しており、実際傍聴席にいる１０名ほどの男性がAと目配せをしたり、Xの証言中咳払いをしている。よって、Xに対して証言を歪ませるよう働く外部的事情が認められる。一方、１４日の事情聴取の場において、このような不当な事情はなく、相対的特信情況（同号但書）が認められる。

● 本答案は設問2(3)の解答を飛ばしている。それでも「A」評価を得られるほど他の設問に対する解答が高く評価されたということかもしれないが、決して推奨される姿勢ではない。

● 「実質的に異なった供述」の要件、及び相対的特信情況の要件について、的確に論述できている。

3　Xの検察官面前調書にはXの署名押印（同条１項）がされており、上記のとおり他の要件も満たすため、Ｊは同調書を採用した。

第４　設問４について

１　⑴について

弁護人Ｂが、Ａが被疑事実記載の犯罪を行ったと知りながら無罪を主張することは真実義務（弁護士倫理規程５条）には反しない。なぜなら、弁護人が負うのは、真実発見のため積極的に検察及び裁判所に協力する積極的真実義務ではなく、検察及び裁判所の活動について欺罔などの手段を用いて妨げないという消極的真実義務にとどまるからだ。弁護人Ｂの当該活動は消極的真実義務に反しない。

もっとも、無罪主張をする場合、情状弁護ができないため、量刑に消極的に働くおそれがあることをＡに説明することなく無罪主張をすることは誠実義務（弁護士倫理規程５条）に反するおそれがある。

２　⑵について

弁護人Ｂが真実と異なる証言をさせるためＹを証人請求することは、欺罔などの手段を用いて検察及び裁判所の訴訟活動を妨害することになるため、消極的真実義務に反して、弁護士倫理規程５条に抵触するおそれがある。

以　上

●　全体的に適切な論述ができている。もっとも、消極的真実義務を述べる際には、規程82条１項２文も摘示すべきである。

●　設問４⑵についても適切な論述ができているが、規程75条に違反する旨の論述も求められていたものと推察される。

※　実際の答案は４頁以内に収まっています。

MEMO

再現答案③　Bランク（S・Yさん　順位121位）

1　設問1(1)
(1)　捜査を行う際に、令状が必要となるのは「強制の処分」（刑事訴訟法（以下、略）１９７条1項ただし書）に当たる場合である。そして、強制処分とは、相手方の明示または黙示の意思に反して重要な権利利益を侵害する処分をいう。
(2)　まず、本件における写真撮影の被処分者は、本件車両のレンタル期間が過ぎているから、AではなくVであると考えられ、そうすると、相手方の意思に反するとはいえない。また、仮に相手方がAだとしても、本件写真撮影は公道における車両及び現場の写真撮影であり、被処分者自身を撮影しているわけではない。加えて、本件車両内のプライバシー等が認められるとしても、Aの本件車両のレンタル期間が過ぎていることから、その要保護性は減少していると考えられる。したがって、重要な権利利益を侵害しているとはいえない。
(3)　また、チケットの押収についても、相手方はVであると考えられるし、仮にAであるとしても、上記の通りプライバシーの要保護性は減少しているといえるし、本件車両にはすでに被害届が出されているという点からも、重要な権利利益が侵害されているとはいえない。また、チケットの押収は、「被告人……が遺留した物……は、これを領置することができる」として、領置（１０１条）に当たる可能性もあり、領置は任意処分として令状が必要ないとされている。

● 本件車両が放置された現場の写真撮影は、権利・利益を侵害される者が存在しないため、令状の発付を受けずに行うことができる任意処分たる実況見分に当たる。また、本件車両内の本件フェリーのチケットの各半券の押収も、領置（刑訴221）として令状の発付を受けずに行うことができる。設問1(1)では、これらの点について、再現答案①②のように端的に答えれば十分であると考えられる。

(4)　以上より、写真撮影及びチケットの押収のどちらも強制処分に当たらないし、押収は領置に当たる可能性もあるから、それらを行う際には令状は必要ないと判断した。
2　設問1(2)
発付を受けた令状の種類としては、鑑定処分許可状（２２５条３項）及び身体検査令状（２１８条１項後段）である。なぜなら、強制採血は、強制処分にあたり令状が必要となるところ、血液は人体の中で恒常的に機能しているため、血液を採取する行為は、捜索ではなく、鑑定（２２３条１項参照）としての性質を有する。したがって、鑑定処分許可状が必要となる。また、鑑定処分許可状のみでは強制的に採血を行うことができないため、強制的に行うことができるよう身体検査令状を併用する必要がある。
3　設問2(1)
仮に、Aが当初の返却期日より前に本件フェリーの車両用チケットを購入していた場合には、Aが当初から本件車両を持ち去る意図を有していたことが推認され、詐欺罪に該当すると考えられるが、一方で、Aが返却期日より後にチケットを購入していた場合には、Aは当初から本件車両を持ち去る意図を有していなかったことが推認され、単純横領罪に該当すると考えられるからである。
4　設問2(2)

● 本答案も、強制採尿の場合には捜索差押許可状が必要になることを踏まえた論述となっており、正しく理解していることを表現できている。なお、「鑑定処分許可状のみでは強制的に採血を行うことができない」と述べられているが、より高い評価を得る上では、その理由（225条は172条を準用しておらず、また225条４項は168条６項を準用しているが、同項は139条を準用していない）についても論述しておくのが望ましい。

確かにAは、Vからの電話の際に何も答えず一方的に電話を切ったり、一切電話に出なかったりしていること、及びAが本件車両を昔から欲しかった車種でありと述べており、その発言内容も信用できるため、Aは当初から本件車両を持ち去る意図を有していたと考えられる。すなわち、詐欺罪が成立すると考えられる。一方、仮に当初から詐欺を行う意図があった場合、わざわざ料金を後払いにして欲しい旨を懇願するとは考えられにくいし、Aに対してこれから返しに行くとうの内容を伝えるとは考えづらい。また、AはXに対して本件車両が借り物だということを伝えているし、Aは車両用チケットを、乗客用チケットとは別に返却期限後に購入している。だとすれば、Aは当初は本件車両を返却する意思を有していたものの、途中で本件車両を持ち去りたくなった、すなわち、単純横領罪に該当すると考え、Pは、公判請求した。

● 本答案は、様々な事実を摘示するものの、詐欺罪の成立に積極的ないし消極的に働くとする結論に結び付けるための具体的な評価が不足しており、説得的な論述とは言い難い。

5　設問2(3)

(1)　横領罪は、「横領」したといえる段階、すなわち、不法領得の意思が発現したといえる段階で成立する。そして、不法領得の意思が発現したといえるのは、委託の趣旨に背いて、所有者にしかできないような処分をした段階である。

● 本答案は、横領罪の成否を判断する際の考慮要素について的確に検討できており、出題趣旨に合致する。

(2)　本件では、不法領得の意思の発現時期としては、ア：当初の返却時期、イ：返却期限を過ぎてから一回目にVからの電話を受け取った段階、ウ：Aが本件車両とともにフェリーに乗り込んだ段階の3つが考えられる。その中で、アイの段階では、いまだ丙島から出ておらず、返却の可能性もあったので、委託の趣旨に背いて、所有者にしかできないような処分をしたとはいえない。一方、ウの段階では、もはや丙島から出ており、返却の可能性もなく、委託の趣旨に背いて、所有者にしかできないような処分をしたといえる。したがって、ウの時期が単純横領罪の成立時期と判断した。

6　設問3

(1)　Xは、被告人以外のものであり、問題となっている調書は、検察官面前調書（以下、本件調書）であるから、321条1項2号を検討する。

(2)　本件調書は、「検察官の面前における供述を録取した書面」に当たる。また、「前の供述と相反するか若しくは実質的に異なつた供述をしたとき」とは、他の証拠または立証事項と相まって、別の認定を導くようになる場合のことを指すところ、仮に、本件調書が証拠として採用されれば、Aの言動等から、別の認定を導くようになると考えられる。したがって、「前の供述と相反するか若しくは実質的に異なつた供述をしたとき」といえる。また、「公判準備又は公判期日における供述よりも前の供述を信用すべき特別の情況の存するとき」とは相対的特信情況を指すところ、Xは、Aがいつも怖い先輩たちとつるんでおり、今日傍聴席にいる人たちも、

● 「実質的に異なった供述」の要件、及び相対的特信情況の要件について、的確に論述できている。

Aが昔からつるんでいた先輩たちだと証言し、現に法廷の傍聴席には、Aと同年代の男性が約10名おり、Aと目配せをしたり、Xの証言中に咳払いをしたりしていた。だとすれば、Xが真実の証言をできないと考えられ、「公判準備又は公判期日における供述よりも前の供述を信用すべき特別の情況の存するとき」といえる。

(3) 以上より、Jは本件調書を採用した。

7 設問4

(1) 弁護士は真実尊重義務を負う（弁護士職務基本規程（以下、規程）5条）上に、偽証のそそのかし等をしてはいけないとされているから（75条）、(1)(2)の行為はどちらも許されないと思える。しかし、弁護士は同時に刑事弁護において最善の弁護活動に務める義務（46条）も負うため、上記行為をすることは許されると思える。この点、真実発見はあくまで検察官や裁判所の役目であり、弁護士は依頼人の人権保護等依頼者のため最善の弁護をすることが第一であるから、真実尊重義務は最善弁護義務の前では後退すると解する。

(2) したがって、(1)の行為は、単に無罪を主張するだけであるから弁護士倫理上問題はない。一方、(2)の行為は、Aの依頼といえども嘘の証言を作り出す行為であり、これは最善弁護義務によっても許されるとはいえない。以上より、(1)の行為は許されるが、(2)の行為は許されない。 以 上

● 規程82条1項2文を摘示できていない点を除けば、設問4(1)(2)ともに的確な論述ができている。

※ 実際の答案は4頁以内に収まっています。

MEMO

再現答案④　Cランク（Y・Hさん　順位316位）

第１　設問１
１　小問(1)
　Ｋらの写真撮影は、Ａの本件車両に対するプライバシーという重要な権利利益を制約し、Ａの黙示の意思にも反するものであると考えられ、「強制の処分」（刑事訴訟法（以下、法令名省略。）１９７条１項ただし書）にあたり、令状の発付を受けずに行うことは許されないとも思える。しかし、この写真撮影は、本件車両というＡの被疑事実を証明する重要な証拠を保全する目的で行われたのであるから「必要な処分」（２２２条１項前段、１１１条１項）として、令状の発付を受けずに行うことができる。そして、各半券は、Ａが本件車両を放置してその場から逃げ去ったのであるから、Ａは自己の意思により各半券の占有を放棄したといえ、「遺留した物」（２２１条）にあたる。そのため、各半券の押収は領置（同条）として令状の発付を受けずに行うことができる。
２　小問(2)
　採血は健康状態に障害を及ぼすおそれがあるため、「強制の処分」にあたり、これを行うには令状が必要になる。そして、血液は医師等が専門的方法を用いて取り出すため、鑑定処分許可状（２２５条３項）が必要となる。もっとも、捜査機関の鑑定処分では直接強制できない（２２５条４項、１７２参照）ため、身体検査令状（２１８１項後段）も併用すべきである。よって、ＫがＡの②の採血を行うには、上記２つの令状が必要となる。
第２　設問２
１　小問(1)
　各半券の購入日時・場所が判明すれば、Ｖからの電話に対して、Ａが「今、丙島にいる。もう少しで営業所に着く。」などと言っていた発言が虚偽であったことが客観的に判明する。なぜなら、チケットの各半券を購入した者は、その各半券に記載された行き先・日時の便に搭乗するのが通常であり、Ａが上記の発言をした時点で、Ａは丙島から離れて乙市にいることが認められるからである。そのため、Ｐは③のような指示をした。
２　小問(2)
ア　ＡはＶにお願いをしてレンタカーの料金を後払いにしてもらっているが、前払いが原則なのにわざわざ後払いを懇願するのは非常に不自然であり、この事実はレンタカーを借りる時点でＡに支払意思がなかったことを示す詐欺罪の成立に積極方向に働く。また、Ｖの電話に対しＡは「今、丙島にいる。もう少しで営業所に着く。」などと言って一方的に電話を切り、その後の電話にもＡは一切出なかったというレンタカーを借りた者として極めて不誠実な対応を取っており、これはレンタカーを借りた時点から料金を支払う意思がなかっ

● 本件車両が放置された現場の写真撮影は任意処分たる実況見分であり、捜索・差押えにおける「必要な処分」ではない。

● 強制採血に必要な令状の種類とその理由について、適切に論述できている。

● 下線部③の補充捜査は、Ａに詐欺罪の故意があったかどうかを判断するために指示されたものと考えられる（出題趣旨・再現答案①②参照）。本答案は、この点について正しく解答できていない。

● 本答案も、再現答案②と同じく、Ａがレンタカー料金を後払いにしてほしい旨懇願した事実について、詐欺罪の成立に積極的に働く理由・評価を説得的に論じることができている。もっとも、少なくとも、詐欺罪の成立に積極的に働く事実として、Ａが「昔から欲しかった車種だった」と述べた事実を摘示・評価する必要がある。

たことを示す事実であり、詐欺罪の成立に積極方向に働く。
イ　しかし、ＡはＸに「丙島のレンタカー屋で借りた。もう期限過ぎてるけどね。」と言っており、この発言はＡがＶに対して詐欺行為を働いたことを内容とするものではなく、本件車両を借りる時点ではまだこれをＶに返還する意図がＡにあったことを推認させる発言といえる。よって、この事実はＡに詐欺罪の故意がなかったことをうかがわせ、同罪の成立に消極方向に働く。また、レンタカーの料金は３万円であるところ、逮捕時のＡの所持金は５万円であり、Ａには十分な支払能力があったといえ、レンタカーを借りた後に代金を支払うことが惜しくなってレンタカーを横領したことが推認される。そのため、この事実はＡに詐欺罪の故意がなかったことをうかがわせ、同罪の成立に消極方向に働く。
ウ　よって、Ｐは単純横領の罪でＡを公判請求した。
３　小問(3)
ア　単純横領が成立する時点は、Ａが本件車両を「横領」（刑法２５２条１項）した時点である。そして、「横領」とは不法領得の意思が発現することをいう。
イ　４日午後５時頃の時点は、本件車両の返還時期であり、本件車両はいまだ丙島内にありＶの支配領域内にあるといえ、Ａの返還が期待できないとはいえない。また、同日午後６時頃の時点は、返還時期を１時間過ぎているが、午後５時頃の時点と同じく、本件車両はいまだ丙島内にありＡの返還が期待できないとはいえない。しかし、同日午後６時４５分頃の時点では、Ａは、本件車両とともに乙市行きの本件フェリーに乗り込んでおり、本件車両は丙島内にあるとはいえず、Ｖの支配領域内にはなく、Ａの返還はほぼ期待できなくなる。そのため、Ａが本件フェリーに乗り込んだ行為は、本件車両の所有者であるＶでしかできないような処分をする意思の発現行為といえ、「横領」にあたる。
ウ　よって、Ｐは単純横領の成立時期について、４日の午後６時４５分頃の時点と結論付けた。
第３　設問３
１　「死亡」（３２１条１項２号前段）等の列挙事由は例示的なものにすぎず、これと同程度に供述をＸから得ることが困難である場合、「供述することができないとき」にあたる。
　ＰはＸの記憶喚起を試みたがＸの証言内容は変わらなかったため、Ｘが翻意して証言を変える可能性はかなり低く、「死亡」等と同程度にＸの供述を得ることが困難といえる。
　よって、「供述することができないとき」にあたる。
２　そして、Ｘの検察官面前調書は、ＸがＡから遊びに行くという電話があったことやＡがＸ方に来たことを前提とするものである一方、Ｘは、Ａから電話があったかＡが私の家に来たかどうか覚えていないと証言しており、「実質的に異なつ

● 詐欺罪の成立に消極的に働く事実として、ＡがＸから「この車どうしたんだ」と聞かれた際、「丙島のレンタカー屋で借りた」と述べた事実を摘示し、説得的な評価を加えることができている。

● ㋑の時点は、単に「返還時期を１時間過ぎている」という意味合いしかないわけではなく、「Ｖからの電話連絡によりＡが返却期限の経過を確実に認識した時点」（再現答案①参照）であり、これを踏まえて適切な評価を加えなければならない。

● 本問では、刑訴法321条１項２号前段の要件該当性は問題とならない（供述不能要件を満たさないことは問題文の事情から明らかである）。本答案は、「記憶喚起を試みたがＸの証言内容は変わらなかった」ことを「死亡」と同視しているが、記憶喪失・証言拒絶などではなく、本答案も後に論じているように、外部的事情（法廷の傍聴席に関する事情）によって「実質的に異なった供述」をしているものであるから、端的に刑訴法321条１項２号後段の要件該

た供述」（同号後段）をしている。

3　また、相対的特信情況（同号ただし書）の有無は、供述の際の外部的付随的情況を基準に、これを推知する一資料として供述内容を補完的に考慮して判断すべきである。

Xの検察官面前調書は、XとAとの具体的なやりとりを詳細に述べたXの供述を内容としたもので、Xは本件車両の正確なナンバーまで覚えていたため、信用性がかなり高いといえる一方、Xの証言は法廷の傍聴席にAと同年代のAの仲間である怖い先輩である可能性が高い男性が約１０名もおり、Aと目配せをしたりXの証言中に咳払いをしたりして、XにAの不利にならないように証言するようにアピールしていた状況でなされたものであり、上記の信用性よりも高くない。

よって、相対的特信情況があるといえる。

第4　設問4

1　小問(1)

Bは真実義務（規程５条）を負っているが、これは裁判所と検察官の真実発見を積極的に妨害しないという消極的真実義務にすぎない。よって、単に無罪主張をすることは同義務に反しないので何ら問題はない。

2　小問(2)

Bが、虚偽の証言をするYの証人尋問を請求することは、規程７５条に反し許されない。　以　上

当性のみを検討すべきである。

●　消極的真実義務を述べる際には、規程82条１項２文も摘示すべきである。

※　実際の答案は４頁以内に収まっています。

司法試験&予備試験
令和6年 論文過去問 再現答案から出題趣旨を読み解く。

2025年4月25日　第1版　第1刷発行
編著者●株式会社　東京リーガルマインド
LEC総合研究所　司法試験部

発行所●株式会社　東京リーガルマインド
〒164-0001　東京都中野区中野4-11-10
アーバンネット中野ビル
LECコールセンター　0570-064-464
受付時間　平日9：30～19：30/土・日・祝10：00～18：00
※このナビダイヤルは通話料お客様ご負担となります。
書店様専用受注センター　TEL 048-999-7581 / FAX 048-999-7591
受付時間　平日9：00～17：00/土・日・祝休み
www.lec-jp.com/

印刷・製本●株式会社シナノパブリッシングプレス

ISBN978-4-8449-7130-6

C-Book【改訂新版】

Compact Complete Creative

法律独習用テキスト『C-Book』なら初めて法律を学ぶ方でも、
司法試験&予備試験はもちろん、主要な国家試験で出題される
必要・十分な法律の知識が身につきます。法学部生の試験対策にも有効です。

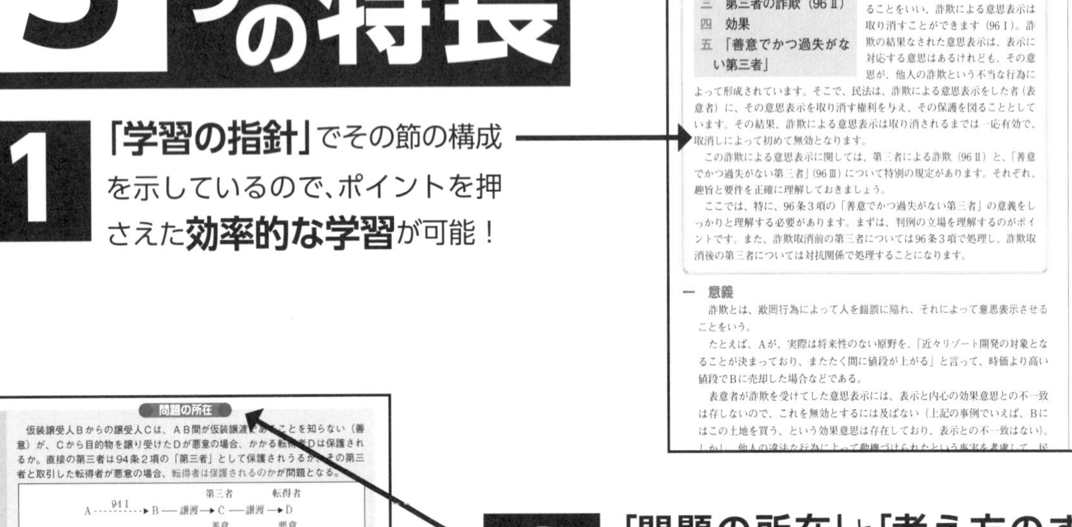

5 C-Book つの特長

1 **「学習の指針」**でその節の構成を示しているので、ポイントを押さえた**効率的な学習**が可能！

6-5 詐欺

一 意義
二 要件
三 第三者の詐欺（96Ⅱ）
四 効果
五 「善意でかつ過失がない第三者」

学習の指針

詐欺とは、欺罔行為によって人を錯誤に陥れ、それによって意思表示させることをいい、詐欺による意思表示は取り消すことができます（96Ⅰ）。詐欺の結果なされた意思表示は、表示に対応する意思はあるけれども、その意思が、他人の詐欺という不当な行為によって形成されています。そこで、民法は、詐欺による意思表示をした者（表意者）に、その意思表示を取り消す権利を与え、その保護を図ることとしています。その結果、詐欺による意思表示は取り消されるまでは一応有効で、取消しによって初めて無効となります。

この詐欺による意思表示に関しては、第三者による詐欺（96Ⅱ）と、「善意でかつ過失がない第三者」（96Ⅲ）について特別の規定があります。それぞれ、趣旨と要件を正確に理解しておきましょう。

ここでは、特に、96条3項の「善意でかつ過失がない第三者」の意義をしっかりと理解する必要があります。まずは、判例の立場を理解するのがポイントです。また、詐欺取消前の第三者については96条3項で処理し、詐欺取消後の第三者については対抗関係で処理することになります。

一 意義

詐欺とは、欺罔行為によって人を錯誤に陥れ、それによって意思表示させることをいう。

たとえば、Aが、実際は将来性のない原野を、「近々リゾート開発の対象となることが決まっており、またたく間に値段が上がる」と言って、時価より高い値段でBに売却した場合などである。

表意者が詐欺を受けてした意思表示には、表示と内心の効果意思との不一致は存しないので、これを無効とするには及ばない（上記の事例でいえば、Bにはこの土地を買う、という効果意思は存在しており、表示との不一致はない）。

2 **「問題の所在」**と**「考え方のすじ道」**で論理的思考プロセスを修得。さらに**「アドヴァンス」**で論点をより深く理解することができます。

問題の所在

仮装譲受人Bからの譲受人Cは、AB間が仮装譲渡であることを知らない（善意）が、Cから目的物を譲り受けたDが悪意の場合、かかる転得者Dは保護されるか。直接の第三者は94条2項の「第三者」として保護されうるが、その第三者と取引した転得者が悪意の場合、転得者は保護されるのかが問題となる。

A ---94Ⅰ---▶ B ── 譲渡 ──▶ C（第三者・善意） ── 譲渡 ──▶ D（転得者・悪意）

考え方のすじ道

無効主張の可否を転得者ごとの善意・悪意によって相対的に判断する立場（相対的構成）に立つ場合、悪意の転得者であるDは、たとえ94条2項により保護される善意の第三者であるCから目的物を取得しても、結局Aに取り戻されてしまう

↓そうすると

DがCから目的物を取得しようとすることはなくなるから、Cは正当な所有者であるにもかかわらず、目的物を処分する機会を事実上大きく失うこととなり、妥当でない

↓また

延々と法律関係が定まらず、法律関係の早期確定の要請に反する

↓そこで

ひとたび善意の第三者が現れて94条2項により保護されれば、その第三者が確定的に権利を取得し、真の権利者は権利回復への期待を失い、その後の転得者は、善意・悪意を問わず、第三者の地位を承継し有効に権利を取得するものと解する（絶対的構成）

↓したがって

善意の第三者であるCから目的物を取得した悪意の転得者であるDは、有効に権利を取得することができる

↓もっとも

悪意の転得者が意図的に善意の第三者を介在させたような場合には、実質的に悪意の「第三者」といえるから、信義則（1Ⅱ）違反により保護されないと解する

アドヴァンス

A 絶対的構成（判例）

ひとたび善意の第三者が現れて94条2項により保護されれば、その第三者が確定的に権利を取得し、その後の転得者は、善意・悪意を問わず、第三者の地位を承継し有効に権利を取得する。

3 重要な**「判例」**と、試験上有益な情報を記載した**「OnePoint」**で、合格に必要十分な知識を習得できます。

判例 最判昭47.6.2

社団の資産たる不動産について、社団の代表者個人の名義で所有権の登記をすることが行われているが、「これは、不動産登記法が社団自身を当事者とする登記を許さないこと、社団構成員全員の名において登記をすることは、構成員の変動が予想される場合に常時真実の権利関係を公示することが困難であることなどの事情に由来するわけであるが、本来、社団構成員の総有に属する不動産は、右構成員全員のために信託的に社団代表者個人の所有とされるものであるから、代表者は、右の趣旨における受託者たるの地位において右不動産につき自己の名義をもって登記をすることができる」。

登記簿上、社団の代表者である旨の肩書を付した記載を認めるべきであるとの主張に対しては、「かような登記を許すことは、実質において社団を権利者とする登記を許容することにほかならないものであるところ、不動産登記法は、権利者として登記せらるべき者を実体法上権利能力を有する者に限定し、みだりに拡張を許さないものと解すべきであるから、所論のような登記は許されない」。

(b) 代表者が交代した場合

代表者が交代すると、新代表者名義への所有権移転登記をする必要がある。この場合において、旧代表者がこれに応じないときは、新代表者のほか、権利能力なき社団も、旧代表者に対し、新代表者名義への所有権移転登記手続をするよう請求することができる（最判平26.2.27／民訴百選〔第5版〕〔10〕）。

3 不法行為による責任

権利能力なき社団の代表者が、職務を行うにつき不法行為を行った場合には、一般法人法78条を準用して社団の不法行為責任を肯定するのが通説である。

One Point ▶民事訴訟上の当事者能力

権利能力なき社団の総有財産をめぐり争いが生じた場合、権利能力なき社団の名で訴え、あるいは訴えられることができるのかが問題となります。この点について、民事訴訟法29条は、「法人でない社団又は財団で代表者又は管理人の定めがあるものは、その名において訴え、又は訴えられることができる。」と規定しています。

司法試験＆予備試験対策テキストの決定版

4

「短答式試験の過去問を解いてみよう」
では実際に出題された**本試験問題を掲載。**
該当箇所とリンクしているので、効率良く学んだ知識を確認できます。

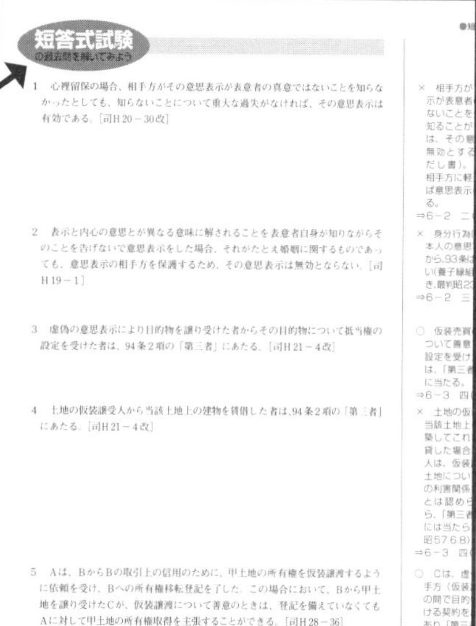

短答式試験の過去問を解いてみよう

1　心裡留保の場合、相手方がその意思表示が表意者の真意ではないことを知らなかったとしても、知らないことについて重大な過失がなければ、その意思表示は有効である。[司H 20－30改]

2　表示と内心の意思とが異なる意味に解されることを表意者自身が知りながらそのことを告げないで意思表示をした場合、それがたとえ婚姻に関するものであっても、意思表示の相手方を保護するため、その意思表示は無効とならない。[司H 19－1]

3　虚偽の意思表示により目的物を譲り受けた者からその目的物について抵当権の設定を受けた者は、94条2項の「第三者」にあたる。[司H 21－4改]

4　土地の仮装譲受人から当該土地上の建物を賃借した者は、94条2項の「第三者」にあたる。[司H 21－4改]

5　Aは、BからBの取引上の信用のために、甲土地の所有権を仮装譲渡するように依頼を受け、Bへの所有権移転登記を了した。この場合において、Bから甲土地を譲り受けたCが、仮装譲渡について善意のときは、登記を備えていなくてもAに対して甲土地の所有権取得を主張することができる。[司H 28－36]

論点一覧表

＊「問題の所在」が記載されている箇所やその他重要な論点が掲載されている箇所を一覧化しました。「考え方のすじ道」が掲載されている論点には「○」マークを付しています。

論　点　名	考え方のすじ道	該当頁
民法序説		
私権の主体		
1　「既に生まれたものとみなす」(721、886、965) の意味	○	55
2　「善意」(32 I 後段) は両当事者に必要か		74
3　婚姻と失踪宣告の取消し		74
4　32条2項ただし書と704条の関係		75
5　目的による制限 (34)	○	82
6　代表権の制限を知っていた第三者の保護		86
7　「職務を行うについて」(一般法人78・197) の解釈	○	88
8　権利能力なき社団①～財産の帰属形態		91
9　権利能力なき社団②～不動産の登記名義	○	92
私権の客体 (物)		
10　他人の所有物でも従物といえるか		105
11　従たる権利	○	105
法律行為総説		
12　狭義の契約解釈 (当事者が定めた事項の解釈)		115

5

巻末には**「論点一覧表」**が付いているので、**知識の確認、総復習**に役立ちます。

C-Bookラインナップ

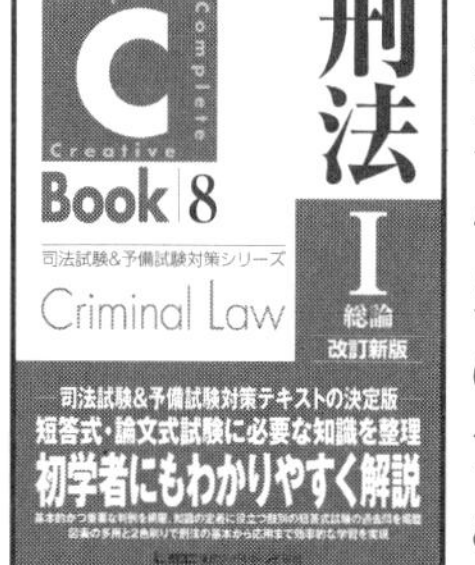

1　憲法Ⅰ〈総論・人権〉　本体3,600円+税
2　憲法Ⅱ〈統治〉　本体3,200円+税
3　民法Ⅰ〈総則〉　本体3,200円+税
4　民法Ⅱ〈物権〉　本体3,500円+税
5　民法Ⅲ〈債権総論〉　本体3,200円+税
6　民法Ⅳ〈債権各論〉　本体3,800円+税
7　民法Ⅴ〈親族・相続〉　本体3,500円+税
8　刑法Ⅰ〈総論〉　本体3,800円+税
9　刑法Ⅱ〈各論〉　本体3,800円+税
10　会社法　本体4,200円+税

※上記の内容は事前の告知なしに変更する場合があります。

LEC司法試験・予備試験

書籍のご紹介

INPUT

司法試験＆予備試験対策シリーズ

司法試験＆予備試験 完全整理択一六法

徹底した判例と条文の整理・理解に！
逐条型テキストの究極形『完択』シリーズ。

	定価
憲法	本体2,700円+税
民法	本体3,500円+税
刑法	本体2,700円+税
商法	本体3,500円+税
民事訴訟法	本体2,700円+税
刑事訴訟法	本体2,700円+税
行政法	本体2,700円+税

※定価は2025年版です。

司法試験＆予備試験対策シリーズ

C-Book【改訂新版】

短答式・論文式試験に必要な知識を整理！
初学者にもわかりやすい法律独習用テキストの決定版。

	定価
憲法Ⅰ〈総論・人権〉	本体3,600円+税
憲法Ⅱ〈統治〉	本体3,200円+税
民法Ⅰ〈総則〉	本体3,200円+税
民法Ⅱ〈物権〉	本体3,500円+税
民法Ⅲ〈債権総論〉	本体3,200円+税
民法Ⅳ〈債権各論〉	本体3,800円+税
民法Ⅴ〈親族・相続〉	本体3,500円+税
刑法Ⅰ〈総論〉	本体3,800円+税
刑法Ⅱ〈各論〉	本体3,800円+税
会社法	本体4,200円+税

OUTPUT

司法試験＆予備試験 単年度版 短答過去問題集（法律基本科目）

短答式試験（法律基本科目のみ）の問題と解説集。

	定価
令和元年	本体2,600円+税
令和２年	本体2,600円+税
令和３年	本体2,600円+税
令和４年	本体3,000円+税
令和５年	本体3,000円+税
令和６年	本体3,000円+税

司法試験＆予備試験 体系別短答過去問題集【第３版】

平成18年から令和５年までの司法試験および平成23年から令和５年までの予備試験の短答式試験を体系別に収録。

	定価
憲法	本体3,800円+税
民法（上）総則・物権	本体3,600円+税
民法（下）債権・親族・相続	本体4,300円+税
刑法	本体4,300円+税

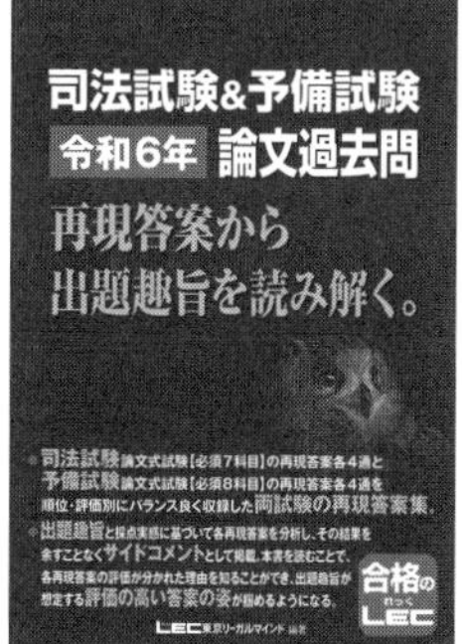

司法試験＆予備試験 論文過去問 再現答案から出題趣旨を読み解く。

※単年度版

出題趣旨を制することで論文式試験を制する！各年度再現答案を収録。

	定価		定価
令和元年	本体3,500円+税	令和４年	本体3,500円+税
令和２年	本体3,500円+税	令和５年	本体3,700円+税
令和３年	本体3,500円+税	令和６年	本体3,700円+税

司法試験＆予備試験 論文10年過去問 再現答案から出題趣旨を読み解く。

※平成 27 年～令和 6 年

10年分の論文式試験再現答案を収録。

※2025年6月上旬より順次発刊予定。

	定価		定価
憲法	本体3,900円+税	刑事訴訟法	本体3,900円+税
民法	本体4,300円+税	行政法	本体3,900円+税
刑法	本体3,900円+税	法律実務基礎科目（予備試験）	本体3,900円+税
商法	本体3,900円+税		
民事訴訟法	本体3,900円+税		

※画像はイメージです。※上記の内容は事前の告知なしに変更する場合があります。

司法試験の最終合格に必要な知識を短期間で修得する

【速修】矢島の速修インプット講座

➔ Input

講義時間数

216時間

憲法 32時間　民訴法 24時間
民法 48時間　刑訴法 24時間
刑法 40時間　行政法 24時間
会社法 24時間

通信教材発送／Web・音声DL配信開始日

2024/9/2(月)以降、順次

Web・音声DL配信終了日

2025/9/30(火)

使用教材

矢島の体系整理テキスト2025
※レジュメのPDFデータはWebup致しませんのでご注意ください。

タイムテーブル

講義4時間　途中10分休憩あり

担当講師

矢島 純一
LEC専任講師

おためしWeb受講制度

おためしWEB受講制度をお申込みいただくと、講義の一部を無料でご受講いただけます。

詳細はこちら→

講座概要

本講座（略称：矢島の【速修】）は、既に学習経験がある受験生や、ほとんど学習経験がなくても短期間で試験対策をしたいという受験生が、**合格するために修得が必須となる事項を効率よくインプット学習**するための講座です。**合格に必要な重要論点や判例の分かりやすい解説**により科目全体の**本質的な理解を深める講義**と、覚えるべき規範が過不足なく記載され**自然と法的三段論法を身に付けながら知識を修得できるテキスト**が**両輪**となって、**本試験に対応できる実力を養成**できます。忙しい毎日の通勤通学などの隙間時間で講義を聴いたり、復習の際にテキストだけ繰り返し読んだり、自分のペースで無理なく合格に必要な全ての重要知識を身に付けられるようになっています。また、本講座は**直近の試験の質に沿った学習**ができるよう、**テキストや講義の内容**を**毎年改訂**しているので、本講座を受講することで**直近の試験考査委員が受験生に求めている知識の質と広さ**を理解することができ、試験対策上、誤った方向に行くことなく、**常に正しい方向に進んで確実に合格する**力を修得することができます。

講座の特長

1 重要事項の本質を短期間で理解するメリハリある講義

最大の特長は、**分かりやすい講義**です。全身全霊を受験指導に傾け、寝ても覚めても法律のことを考えている矢島講師の講義は、思わず惹き込まれるほど面白く分かりやすいので、忙しい方でも途中で挫折することなく受講できると好評を博しています。講義中は、日頃から過去問研究をしっかりとしている矢島講師が、**試験で出題されやすい事項を、試験で出題される質を踏まえて解説**するため、講義を聴いているだけで**確実に合格に近づく**ことができます。

2 司法試験の合格レベルに導く質の高いテキスト

使用する**テキストは、全て矢島講師が責任をもって作成**しており、合格に必要な重要知識が体系ごとに整理されています。**受験生に定評のある基本書、判例百選、重要判例集、論証集の内容がコンパクト**にまとめられており、試験で出題されそうな事項を「矢島の体系整理テキスト」だけで学べます。矢島講師が**過去問をしっかりと分析した上で、合格に必要な知識をインプット**できるようにテキストを作成しているので、**試験に不必要な情報は一切なく、合格に直結する知識を短時間で効率よく吸収**できるテキストとなっています。すべての知識に**重要度のランク付け**をしているため一目で覚えるべき知識が分かり、受験生が講義を**復習しやすい工夫**もされています。また、テキストの改訂を毎年行い、**法改正や最新判例に完全に対応**しています。

受講料

受講形態	科目	回数	講義形態	一般価格	大学生協・書籍部価格	代理店書店価格	講座コード
				税込（10%）			
通学・通信	一括	54	Web※1	112,200円	106,590円	109,956円	通学：LA24587 通信：LB24597
			DVD	145,750円	138,462円	142,835円	
	憲法	8	Web※1	19,250円	18,287円	18,865円	
			DVD	25,300円	24,035円	24,794円	
	民法	12	Web※1	30,800円	29,260円	30,184円	
			DVD	40,150円	38,142円	39,347円	
	刑法	10	Web※1	26,950円	25,602円	26,411円	
			DVD	35,200円	33,440円	34,496円	
	会社法/民訴法/刑訴法/行政法※2	各6	Web※1	15,400円	14,630円	15,092円	
			DVD	19,800円	18,810円	19,404円	

※1音声DL+スマホ視聴付き　※2いずれか1科目あたりの受講料となります

■一般価格とは、LEC各本校・LEC提携校・LEC通信事業本部・LECオンライン本校にてお申込される場合の受付価格です。■大学生協・書籍部価格とは、LECと代理店契約を結んでいる大学内の生協、購買会、書店にてお申込される場合の受付価格です。■代理店書店価格とは、LECと代理店契約を結んでいる一般書店（大学内の書店は除く）にてお申込される場合の受付価格です。■上記大学生協・書籍部価格、代理店書店価格を利用される場合は、必ず本冊子を代理店窓口までご持参ください。

【解約・返品について】 1.弊社所定書面をご提出下さい。実施済受講料、手数料等を清算の上返金します。教材等の返送料はご負担頂きます（LEC申込規定第3条参照）。
2.詳細はLEC申込規定（http://www.lec-jp.com/kouzamoushikomi.html）をご覧下さい。

教材のお届けについて　通信教材発送日が複数回に分けて設定されている講座について、通信教材発送日を過ぎてお申込みいただいた場合、それまでの教材をまとめてお送りするのに10日程度のお時間を頂いております。また、そのお待ちいただいている間に、次回の教材発送日が到来した場合、その教材は発送日通り送られるため、学習順序と、通信教材の到着順序が前後する場合がございます。予めご了承下さい。*詳細はこちらをご確認ください。→ https://online.lec-jp.com/statics/guide_send.html

【新傾向に対応！】過去問を徹底的に分析

【論完】矢島の論文完成講座

Input

講義時間数

120時間

憲法 16時間　民訴法 16時間
民法 20時間　刑訴法 16時間
刑法 20時間　行政法 16時間
商法 16時間

通信教材発送／Web・音声DL配信開始日

2025/1/14（火）以降、順次

Web・音声DL配信終了日

2025/9/30（火）

使用教材

矢島の論文メイン問題集2025
矢島の論文補強問題集2025
※レジュメのPDFデータはWebup致しませんのでご注意ください。

タイムテーブル

講義 4時間　途中休憩あり ※2回（合計15分程度）

担当講師

矢島純一
LEC専任講師

講座概要

本講座（略称：矢島の【論完】）は、論文試験に合格するための**事例分析能力、法的思考力、本番の試験で合格点を採る答案作成のコツを、短期間で修得**するための講座です。講義で使用する**教材は解答例を含め全て矢島講師が責任を持って作成**しており、問題文中の**事実**に対してどのように**評価**をすれば**試験考査委員に高評価**を受けられるかなど、**合格するためには是非とも修得しておきたいことを分かりやすく講義**していきます。論文試験の答案の書き方が分からないという受験生はもちろん、答案の書き方はある程度修得しているのに本試験で良い評価を受けることができないという受験生が、**確実に合格答案を作成する能力を修得**できるように**矢島講師が分かりやすい講義**をします。なお、教材及び講義の内容は、**令和7年度**試験の出題範囲とされている**法改正**や**最新の判例に全て対応**しているので、情報収集の時間を省略して、全ての時間をこの講座の受講と復習にかけて効率よく受験対策をすることができます。

講座の特長

1 論文対策はこの講座だけで完璧にできる

限られた時間で論文対策をするには**検討すべき問題を次年度の試験の合格に必要なものに限定**する必要があります。そこで、本講座は、**次年度の論文試験の合格に必要な知識や法的思考能力を効率よく修得するのに必須**の**司法試験の過去問、近年の試験の形式に合わせた司法試験の改問やオリジナル問題、知識の隙間を埋めることができる予備試験の過去問**を、試験対策上必要な数に絞り込んで取り扱っていきます。**取り扱う問題を合格に真に必要な数に絞り込んでいるので、途中で挫折せずに合格に必要な論文作成能力を確実に修得**できます。

2 矢島講師が責任をもって作成した解答例

合格者の再現答案には不正確な部分があり、こうした解答例を元に学習をすると、悪いところを良いところだと勘違いして、**誤った思考方法を身につけてしまうおそれ**があります。**本講座で使用する解答例は、出題趣旨や採点実感を踏まえて試験考査委員が要求する合格答案となるよう、矢島講師が責任をもって作成**しています。矢島講師作成の解答例は法的な正確性が高く、**解答例中の法的な規範のところは、そのまま論証例**として使うことができ、**あてはめのところは、規範に事実を当てはめる際の事実の評価の仕方を学ぶ教材**として用いることができるため、**論文試験用の最強のインプット教材**になること間違いなしです。矢島講師の解答例なら繰り返し復習して**正しい法的思考能力を修得**することができるので、余計なことを考えずに安心して受験勉強に専念できます。なお、矢島講師作成の解答例は、**前年度以前の過去問**について以前作成したものであっても、**直近の試験で試験考査委員が受験生に求める能力**を踏まえて**毎年調整**し直しています。

受講料

受講形態	科目	回数	講義形態	一般価格	大学生協・書籍部価格	代理店書店価格	講座コード
				税込（10%）			
通学・通信	一括	30	Web※1	112,200円	106,590円	109,956円	通学：LA24514 通信：LB24504
			DVD	145,750円	138,462円	142,835円	
	民法/刑法※2	各5	Web※1	28,600円	27,170円	28,028円	
			DVD	36,850円	35,007円	36,113円	
	憲法/商法/民訴法 刑訴法/行政法※2	各4	Web※1	20,350円	19,332円	19,943円	
			DVD	26,400円	25,080円	25,872円	

※1 音声DL＋スマホ視聴付き
※2 いずれか1科目あたりの受講料となります

■一般価格とは、LEC各本校・LEC提携校・LEC通信事業本部・LECオンライン本校にてお申込される場合の受付価格です。■大学生協・書籍部価格とは、LECと代理店契約を結んでいる大学内の生協、購買会、書店にてお申込される場合の受付価格です。■代理店書店価格とは、LECと代理店契約を結んでいる一般書店（大学内の書店は除く）にてお申込される場合の受付価格です。■上記大学生協・書籍部価格、代理店書店価格を利用される場合は、必ず本冊子を代理店窓口までご持参ください。

【解約・返品について】 1.弊社所定書面をご提出下さい。実施済受講料、手数料等を清算の上返金します。教材等の返送料はご負担頂きます（LEC申込規定第3条参照）。
2.詳細はLEC申込規定（http://www.lec-jp.com/kouzamoushikomi.html）をご覧下さい。

直前期に短時間で効率よく知識を総復習　通学　通信　➔ Input

【スピチェ】矢島のスピードチェック講座

講義時間数

72時間

憲法　8時間	民訴法 8時間
民法　16時間	刑訴法 8時間
刑法　16時間	行政法 8時間
会社法 8時間	

通信教材発送／Web・音声DL配信開始日

上3法：2025/4/28（月）
下4法：2025/5/12（月）

Web・音声DL配信終了日

2025/9/30（火）

使用教材

矢島の要点確認ノート2025
※レジュメのPDFデータはWebup致しませんのでご注意ください。

タイムテーブル

講義 4時間　途中10分休憩あり

担当講師

矢島純一
LEC専任講師

講座の特長

1　72時間で最重要知識が総復習できる

本講座で必修7科目の論文知識を72時間という短時間で総復習することができます。日ごろから試験考査委員が公表している出題趣旨や採点実感を分析している矢島講師が、直近の試験傾向を踏まえて本番の試験で受けがよい見解や思考方法を講義しますので、「試験直前期に最終確認しておくべき最重要知識」の総まとめには最適なものとなっています。講義時間は矢島の速修インプット講座の2分の1未満で、試験前日まで繰り返し講義を聴くことで最重要知識が修得できるため、試験が近づいてきたのに論文知識に自信がない受験生受験生にもお勧めです。

2　情報量を絞り込み、繰り返し復習することで知識を確実に

講義時間が短いことから、隙間時間を利用して**各科目の全体を試験直前期まで続けて復習**することができます。全て覚えるまで復習を繰り返せば、本番で重要論点を落とすミスを回避できます。**矢島の速修インプット講座を受講されている方でも本講座を受講することにより短時間で論文試験の合格に必要な最重要知識を総復習して確実に合格**できる力を身に付けることができます。

3　論証集としても使えるテキスト

本講座のテキストは論文知識の中でも**本試験で絶対に落とせない重要度の高い論点**の要件、効果及び判例ベースの規範と論証例が掲載されています。市販の論証集は読んでも意味が分からないものが多々あるといわれていますが矢島講師作成の本テキストは初学者から上級者まで誰が読んでも分かりやすい論証が掲載されている上に、講義の際に論証の使い方のポイントを説明します。市販の論証集を購入して独学しても身に付けられない論証力を短時間で修得できることをお約束します。

通学スケジュール

※通学講義は教室で教材を配布します（発送はございません）。

科目	回数	日程	
憲法	1	25/3/29（土）	13:00~17:00
	2		18:00~22:00
民法	1	4/1（火）	13:00~17:00
	2		18:00~22:00
	3	4/3（木）	13:00~17:00
	4		18:00~22:00
刑法	1	4/5（土）	13:00~17:00
	2		18:00~22:00
	3	4/8（火）	13:00~17:00
	4		18:00~22:00

科目	回数	日程	
会社法	1	4/10（木）	13:00~17:00
	2		18:00~22:00
民訴法	1	4/12（土）	13:00~17:00
	2		18:00~22:00
刑訴法	1	4/15（火）	13:00~17:00
	2		18:00~22:00
行政法	1	4/17（木）	13:00~17:00
	2		18:00~22:00

※休憩時間含む

生講義実施校

水道橋本校　03-3265-5001

〒101-0061
千代田区神田三崎町2-2-15
Daiwa三崎町ビル（受付1階）

JR水道橋駅東口より徒歩3分。都営三田線水道橋駅より徒歩5分。都営新宿線・東京メトロ半蔵門線神保町駅A4出口から徒歩8分。
■受付
平日11:00～21:00 土・日・祝9:00～19:00
■開館
平日9:00～22:00 土・日・祝9:00～20:00

【通学生限定、欠席WEBフォロー】
講義の翌々日～通常のWEB配信開始日まで、WEB上で講義をご覧いただけます。
講義の復習にもご利用ください。
欠席WEBフォロー配信日終了後は、通常のWEB配信またはDVDにて学習してください。

受講料

受講形態	科目	回数	講義形態	一般価格	大学生協・書籍部価格	代理店書店価格	講座コード
				税込（10%）			
通学	一括	18	Web※1	56,100円	53,295円	54,978円	LA24992
			DVD	72,600円	68,970円	71,148円	LA24991
	上3法	10	Web※1	31,900円	30,305円	31,262円	LA24992
			DVD	41,250円	39,187円	40,425円	LA24991
	下4法	8	Web※1	28,600円	27,170円	28,028円	LA24992
			DVD	37,400円	35,530円	36,652円	LA24991
通信	一括	18	Web※1	56,100円	53,295円	54,978円	LB24994
			DVD	72,600円	68,970円	71,148円	
	上3法	10	Web※1	31,900円	30,305円	31,262円	
			DVD	41,250円	39,187円	40,425円	
	下4法	8	Web※1	28,600円	27,170円	28,028円	
			DVD	37,400円	35,530円	36,652円	

※音声DL＋スマホ視聴付き

■一般価格とは、LEC各本校・LEC提携校・LEC通信事業本部・LECオンライン本校にてお申込される場合の受付価格です。■大学生協・書籍部価格とは、LECと代理店契約を結んでいる大学内の生協、購買会、書店にてお申込される場合の受付価格です。■代理店書店価格とは、LECと代理店契約を結んでいる一般書店（大学内の書店は除く）にてお申込される場合の受付価格です。■上記大学生協・書籍部価格、代理店書店価格を利用される場合は、必ず本冊子を代理店窓口までご持参ください。

【解約・返品について】　1.弊社所定書面をご提出下さい。実施済受講料、手数料等を清算の上返金します。教材等の返送料はご負担頂きます（LEC申込規定第3条参照）。
2.詳細はLEC申込規定（http://www.lec-jp.com/kouzamoushikomi.html）をご覧下さい。

合格答案の最終イメージトレーニング&ヤマ当てで学習効率UP!　通学　通信

【最新】矢島の最新過去問&ヤマ当て講座

講義時間数

28時間

憲法・民法・刑法・商法・民訴法・刑訴法・行政法　(4時間/回)

通信教材発送/Web・音声DL配信開始日

上3法:2025/6/2(月)
下4法:2025/6/23(月)

Web・音声DL配信終了日

2025/9/30(火)

使用教材

講師オリジナルレジュメ
※レジュメのPDFデータはWebup致しませんのでご注意ください。

タイムテーブル

講義 4時間　途中10分休憩あり

担当講師

矢島純一
LEC専任講師

講座の特長

1　合格答案作成の最終イメージトレーニング

論文試験に合格するには、法規範などの基本知識をインプットするだけでは足りず、その基本知識を**問題文で解答が求められている形式に合わせて理論構成をする能力**を身に付ける必要があります。日ごろ学習した基本知識を、**直近の過去問を題材に問題文の形式に合わせて理論構成をすることを経験して合格答案のイメージを作っておくと、試験本番で再び似たような理論構成が求められたときに、いっきに有利**になります。そこで、本講座の各科目前半では「合格答案のイメージ作り」ができるように直近の論文過去問である令和6年度司法試験の論文試験の問題と**矢島講師作成の解答例を用いて直近の過去問の質と傾向を踏まえた上で合格答案のイメージ作り**をしていきます。**本試験で求められる法的三段論法や事実の評価の仕方を試験直前期にイメージ**することで本試験で**未知の問題が出題されても法的三段論法を貫いて合格答案を作成**できるようになります。

2　ヤマ当てを通じた効率のよい復習

試験科目が多く、理解し記憶すべき事項が極めて多い司法試験では、直前期におさらいすべきことを的確に選び出す必要があります。しかし、直前期になると、あれもやらなくてはこれもやらなくてはと気が焦るばかりで、充実した学習ができない受験生も沢山いらっしゃいます。そうした不安を抱えた受験生は、**過去問分析のエキスパートである矢島講師が、出題傾向を踏まえて令和5年度の論文試験で出題されそうな事項をピックアップ**し、**理解・記憶しやすいように解説**を加えていくヤマ当て講座の復習をするだけで、効率的なおさらいをすることが可能です。直前期にしっかり復習した分野から出題されると、本試験でも自信を持って書くことができます。毎年多くの論点の予想を的中させている矢島講師のヤマ当て講座で、合格に一気に近づいてください。

なお、司法試験と予備試験の試験考査委員は同一人が兼任していることが多いため、今期の司法試験の出題内容を予想するには、司法試験だけでなく予備試験の出題傾向を分析することで精度が上がります。本講座のヤマ当てのパートでは、こうした分析をして今期の出題を予想しています。

通学スケジュール

※通学講義は教室で教材を配布します(発送はございません)。

科目	回数	日程	
憲法	1	25/4/24(木)	18:00~22:00
民法	1	5/1(木)	
刑法	1	5/8(木)	
商法	1	5/15(木)	
民訴法	1	5/22(木)	
刑訴法	1	5/29(木)	
行政法	1	6/5(木)	

生講義実施校

水道橋本校　03-3265-5001
〒101-0061
千代田区神田三崎町2-2-15
Daiwa三崎町ビル(受付1階)
JR水道橋駅東口より徒歩3分。都営三田線水道橋駅より徒歩5分。都営新宿線・東京メトロ半蔵門線神保町駅A4出口から徒歩8分。
■受付
平日11:00~21:00 土・日・祝9:00~19:00
■開館
平日9:00~22:00 土・日・祝9:00~20:00

【通学生限定、欠席WEBフォロー】
講義の翌々日~通常のWEB配信開始日まで、WEB上で講義をご覧いただけます。講義の復習にもご利用ください。欠席WEBフォロー配信日終了後は、通常のWEB配信またはDVDにて学習してください。

受講料

受講形態	申込形態	回数	講義形態	一般価格	大学生協・書籍部価格	代理店書店価格	講座コード
				税込(10%)			
通学	一括	7	Web※	19,800円	18,810円	19,404円	LA24573
			DVD	25,850円	24,557円	25,333円	LA24570
通信	一括	7	Web※	19,800円	18,810円	19,404円	LB24571
			DVD	25,850円	24,557円	25,333円	

※音声DL+スマホ視聴付き

■一般価格とは、LEC各本校・LEC提携校・LEC通信事業本部・LECオンライン本校にてお申込される場合の受付価格です。■大学生協・書籍部価格とは、LECと代理店契約を結んでいる大学内の生協、購買会、書店にてお申込される場合の受付価格です。■代理店書店価格とは、LECと代理店契約を結んでいる一般書店(大学内の書店は除く)にてお申込される場合の受付価格です。■上記大学生協・書籍部価格、代理店書店価格を利用される場合は、必ず本冊子を代理店窓口までご持参ください。

【解約・返品について】 1.弊社所定書面をご提出下さい。実施済受講料、手数料等を清算の上返金します。教材等の返送料はご負担頂きます(LEC申込規定第3条参照)。
2.詳細はLEC申込規定(http://www.lec-jp.com/kouzamoushikomi.html)をご覧下さい。

LEC Webサイト ▷▷ www.lec-jp.com/

情報盛りだくさん!

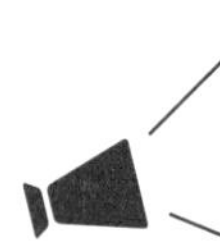

資格を選ぶときも,
講座を選ぶときも,
最新情報でサポートします!

最新情報

各試験の試験日程や法改正情報,対策講座,模擬試験の最新情報を日々更新しています。

資料請求

講座案内など無料でお届けいたします。

受講・受験相談

メールでのご質問を随時受付けております。

よくある質問

LECのシステムから,資格試験についてまで,よくある質問をまとめました。疑問を今すぐ解決したいなら,まずチェック!

書籍・問題集(LEC書籍部)

LECが出版している書籍・問題集・レジュメをこちらで紹介しています。

充実の動画コンテンツ!

ガイダンスや講演会動画,
講義の無料試聴まで
Webで今すぐCheck!

動画視聴OK

パンフレットやWebサイトを見てもわかりづらいところを動画で説明。いつでもすぐに問題解決!

Web無料試聴

講座の第1回目を動画で無料試聴!気になる講義内容をすぐに確認できます。

LEC全国学校案内

＊講座のお問合せ，受講相談は最寄りのLEC各校へ

LEC本校

北海道・東北

札　幌本校　☎011(210)5002
〒060-0004 北海道札幌市中央区北4条西5-1　アスティ45ビル

仙　台本校　☎022(380)7001
〒980-0022 宮城県仙台市青葉区五橋1-1-10　第二河北ビル

関東

渋谷駅前本校　☎03(3464)5001
〒150-0043 東京都渋谷区道玄坂2-6-17　渋東シネタワー

池　袋本校　☎03(3984)5001
〒171-0022 東京都豊島区南池袋1-25-11　第15野萩ビル

水道橋本校　☎03(3265)5001
〒101-0061 東京都千代田区神田三崎町2-2-15　Daiwa三崎町ビル

新宿エルタワー本校　☎03(5325)6001
〒163-1518 東京都新宿区西新宿1-6-1　新宿エルタワー

早稲田本校　☎03(5155)5501
〒162-0045 東京都新宿区馬場下町62　三朝庵ビル

中　野本校　☎03(5913)6005
〒164-0001 東京都中野区中野4-11-10　アーバンネット中野ビル

立　川本校　☎042(524)5001
〒190-0012 東京都立川市曙町1-14-13　立川MKビル

町　田本校　☎042(709)0581
〒194-0013 東京都町田市原町田4-5-8　MIキューブ町田イースト

横　浜本校　☎045(311)5001
〒220-0004 神奈川県横浜市西区北幸2-4-3　北幸GM21ビル

千　葉本校　☎043(222)5009
〒260-0015 千葉県千葉市中央区富士見2-3-1　塚本大千葉ビル

大　宮本校　☎048(740)5501
〒330-0802 埼玉県さいたま市大宮区宮町1-24　大宮GSビル

東海

名古屋駅前本校　☎052(586)5001
〒450-0002 愛知県名古屋市中村区名駅4-6-23　第三堀内ビル

静　岡本校　☎054(255)5001
〒420-0857 静岡県静岡市葵区御幸町3-21　ペガサート

北陸

富　山本校　☎076(443)5810
〒930-0002 富山県富山市新富町2-4-25　カーニープレイス富山

関西

梅田駅前本校　☎06(6374)5001
〒530-0013 大阪府大阪市北区茶屋町1-27　ABC-MART梅田ビル

難波駅前本校　☎06(6646)6911
〒556−0017 大阪府大阪市浪速区湊町1-4-1
大阪シティエアターミナルビル

京都駅前本校　☎075(353)9531
〒600-8216 京都府京都市下京区東洞院通七条下ル2丁目
東塩小路町680-2　木村食品ビル

四条烏丸本校　☎075(353)2531
〒600-8413　京都府京都市下京区烏丸通仏光寺下ル
大政所町680-1　第八長谷ビル

神　戸本校　☎078(325)0511
〒650-0021 兵庫県神戸市中央区三宮町1-1-2　三宮セントラルビル

中国・四国

岡　山本校　☎086(227)5001
〒700-0901 岡山県岡山市北区本町10-22　本町ビル

広　島本校　☎082(511)7001
〒730-0011 広島県広島市中区基町11-13　合人社広島紙屋町アネクス

山　口本校　☎083(921)8911
〒753-0814 山口県山口市吉敷下東 3-4-7　リアライズⅢ

高　松本校　☎087(851)3411
〒760-0023 香川県高松市寿町2-4-20　高松センタービル

松　山本校　☎089(961)1333
〒790-0003 愛媛県松山市三番町7-13-13　ミツネビルディング

九州・沖縄

福　岡本校　☎092(715)5001
〒810-0001 福岡県福岡市中央区天神4-4-11
天神ショッパーズ福岡

那　覇本校　☎098(867)5001
〒902-0067 沖縄県那覇市安里2-9-10　丸姫産業第2ビル

EYE関西

EYE 大阪本校　☎06(7222)3655
〒530-0013　大阪府大阪市北区茶屋町1-27　ABC-MART梅田ビル

EYE 京都本校　☎075(353)2531
〒600-8413　京都府京都市下京区烏丸通仏光寺下ル
大政所町680-1　第八長谷ビル

LEC提携校

＊提携校はLECとは別の経営母体が運営をしております。
＊提携校は実施講座およびサービスにおいてLECと異なる部分がございます。

北海道・東北

八戸中央校【提携校】 ☎0178(47)5011
〒031-0035　青森県八戸市寺横町13　第1朋友ビル
新教育センター内

弘前校【提携校】 ☎0172(55)8831
〒036-8093　青森県弘前市城東中央1-5-2
まなびの森　弘前城東予備校内

秋田校【提携校】 ☎018(863)9341
〒010-0964　秋田県秋田市八橋鯲沼町1-60
株式会社アキタシステムマネジメント内

関東

水戸校【提携校】 ☎029(297)6611
〒310-0912　茨城県水戸市見川2-3079-5

所沢校【提携校】 ☎050(6865)6996
〒359-0037　埼玉県所沢市くすのき台3-18-4　所沢K・Sビル
合同会社LPエデュケーション内

日本橋校【提携校】 ☎03(6661)1188
〒103-0025　東京都中央区日本橋茅場町2-5-6　日本橋大江戸ビル
株式会社大江戸コンサルタント内

北陸

新潟校【提携校】 ☎025(240)7781
〒950-0901　新潟県新潟市中央区弁天3-2-20　弁天501ビル
株式会社大江戸コンサルタント内

金沢校【提携校】 ☎076(237)3925
〒920-8217　石川県金沢市近岡町845-1
株式会社アイ・アイ・ピー金沢内

福井南校【提携校】 ☎0776(35)8230
〒918-8114　福井県福井市羽水2-701
株式会社ヒューマン・デザイン内

中国・四国

松江殿町校【提携校】 ☎0852(31)1661
〒690-0887　島根県松江市殿町517　アルファステイツ殿町
山路イングリッシュスクール内

岩国駅前校【提携校】 ☎0827(23)7424
〒740-0018　山口県岩国市麻里布町1-3-3　岡村ビル　英光学院内

新居浜駅前校【提携校】 ☎0897(32)5356
〒792-0812　愛媛県新居浜市坂井町2-3-8
パルティフジ新居浜駅前店内

九州・沖縄

佐世保駅前校【提携校】 ☎0956(22)8623
〒857-0862　長崎県佐世保市白南風町5-15　智翔館内

日野校【提携校】 ☎0956(48)2239
〒858-0925　長崎県佐世保市椎木町336-1　智翔館日野校内

長崎駅前校【提携校】 ☎095(895)5917
〒850-0057 長崎県長崎市大黒町10-10　KoKoRoビル
minatoコワーキングスペース内

高原校【提携校】 ☎098(989)8009
〒904-2163　沖縄県沖縄市大里2-24-1
有限会社スキップヒューマンワーク内

※上記は2025年3月1日現在のものです。

書籍の訂正情報について

このたびは，弊社発行書籍をご購入いただき，誠にありがとうございます。
万が一誤りの箇所がございましたら，以下の方法にてご確認ください。

1 訂正情報の確認方法

書籍発行後に判明した訂正情報を順次掲載しております。
下記Webサイトよりご確認ください。

www.lec-jp.com/system/correct/

2 ご連絡方法

上記Webサイトに訂正情報の掲載がない場合は，下記Webサイトの入力フォームよりご連絡ください。

lec.jp/system/soudan/web.html

フォームのご入力にあたりましては，「Web教材・サービスのご利用について」の最下部の「ご質問内容」に下記事項をご記載ください。

- 対象書籍名（○○年版，第○版の記載がある書籍は併せてご記載ください）
- ご指摘箇所（具体的にページ数と内容の記載をお願いいたします）

ご連絡期限は，次の改訂版の発行日までとさせていただきます。
また，改訂版を発行しない書籍は，販売終了日までとさせていただきます。

※上記「2ご連絡方法」のフォームをご利用になれない場合は，①書籍名，②発行年月日，③ご指摘箇所，を記載の上，郵送にて下記送付先にご送付ください。確認した上で，内容理解の妨げとなる誤りについては，訂正情報として掲載させていただきます。なお，郵送でご連絡いただいた場合は個別に返信しておりません。

送付先：〒164-0001 東京都中野区中野4-11-10 アーバンネット中野ビル
株式会社東京リーガルマインド 出版部 訂正情報係

- 誤りの箇所のご連絡以外の書籍の内容に関する質問は受け付けておりません。
  また，書籍の内容に関する解説，受験指導等は一切行っておりませんので，あらかじめご了承ください。
- お電話でのお問合せは受け付けておりません。